**Zur Erinnerung
an Sisyphos**

Aus den Erzählungen des Odysseus „Aus dem Schattenreich":

„Auch Sisyphos sah ich, der sich in vergeblicher Pein abquälte: er war bemüht, ein großes Felsstück einen Berg emporzuschieben; mit Händen und Füßen arbeitete er sich ab und wälzte den Stein die Berghöhe hinauf. Sooft er aber glaubte, ihn schon auf dem Gipfel zu haben, glitt ihm das Felsstück aus den Händen und rollte wieder den Berg hinunter.

Da begann er seine Anstrengungen von neuem!"

Zitiert nach Gustav Schwab, Die schönsten Sagen des klassischen Altertums, Tosa, Wien, o. J., S. 462/463

Kriminalistische Studien
Schriftenreihe der Kriminalistischen Studiengemeinschaft

Sonderband V

Beweismethoden

und

Beweisorganisation

25 Jahre Kriminalistische Studiengemeinschaft e.V.

von Bock und Polach, Hans-Georg – Dr. Buchner, Axel –
Frankenfeld, Günther – Dr. jur. Janknecht, Hans – Koetzsche, Helmut –
Mordhorst, Eckard – Dr. jur. Schäfer, Herbert – Stock, Jürgen –
Walther, Peter – Wilkens, Hans Jörg – Zachert, Hans-Ludwig

Bearbeitung: Dr. jur. Herbert Schäfer

Kriminalistische Taschenbücher für die Schutz- und Kriminalpolizei
Fachschriftenverlag Dr. jur. H. Schäfer, Bremen

Deutsche Bibliothek – CIP-Einheitsaufnahme

Beweismethoden und Beweisorganisation : 25 Jahre Kriminalistische
Studiengemeinschaft e. V. / Hans-Georg von Bock . . .
Bearb.: Herbert Schäfer. – Bremen : Fachschr.-Verl. Schäfer, 1995
   (Kriminalistische Studien : Sonderband; 5)
   ISBN 3-925730-20-6
NE: Bock, Hans-Georg von; Schäfer, Herbert [Bearb.]; Kriminalistische
   Studiengemeinschaft; Kriminalistische Studien / Sonderband

© 1995 bei Fachschriftenverlag Dr. jur. Herbert Schäfer, Bremen
Gesamtherstellung: Kessler Verlagsdruckerei, 86399 Bobingen
Fotos: Liedtke, Bremen

Beweismethode und Beweisorganisation
Festschrift zum 25. Jahrestag der Gründung der Kriminalistischen Studiengemeinschaft e. V.

Inhaltsverzeichnis

Vorwort

Die KSG vertritt – orientiert an den kriminalistischen Bedürfnissen hauptsächlich der Polizeibeamten, Staatsanwälte und Richter – das logistische
Prinzip des life long learning. Daher sammeln sich bei ihr die fachlich Neugie-
rigen, die in der kriminalistischen Sachkenntnis Vorwärtsstrebenden, die bil-
dungshungrigen, fleißigen Kriminalisten aller Dienstgrade und Interessen-
richtungen. Und es kommen die politisch bewußten Bürger, die über die täglichen Horrormeldungen hinaus an der öffentlichen Sicherheit interessiert
sind und die lernen und verstehen wollen, wie wichtig die Vorbeugung von
Straftaten und deren Aufklärung ist.

Die KSG geht davon aus, daß es unter jenen, die ihr Berufsleben der öffentlichen Sicherheit und dem Rechtsfrieden gewidmet haben, kreative, (auch
spätberufene) Potentiale gibt, die lediglich des Anstoßes aus der Theorie, der
Anregungen durch praktische Erfahrungen, des zündenden Gedankens aus
der kritisch aufbereiteten Kombination von Hypothesen und Realität bedürfen, um sich kriminalistisch entwickeln zu können. Die Erfahrungen der
KSG scheinen die Richtigkeit dieses Denkansatzes zu beweisen.

Die Bemühungen der KSG werden von der anfeuernden Vorstellung getragen, daß es eine in unsere Rechtsordnung eingebettete Kriminalistik als
System und Methode gibt, mit der man sich der Wahrheit und der Einsicht in
die Kriminalität und in einzelne Straftaten regelhaft in kleinen Schritten
nähern kann, um humane und gerechte Entscheidungen administrativ und
judikativ im Interesse aller Bürger vorbereiten zu können.

Diese Vorstellung schließt den in sozialer Gemeinschaft lebenden, besse-
rungsbedürftigen, besserungsfähigen und besserungswilligen Menschen ein,
ja geht von ihm aus. Sie wird von der Überzeugung getragen, durch eine ge-
wissenhafte Wahrheitsfindung zur Gerechtigkeit beitragen zu können.

Die Kriminalistische Studiengemeinschaft wird von einer Vision bestimmt. Diese Vision zeigt, daß die Entwicklung der Präventions- und Strafverfolgungsorganisationen wesentlich von den auch in ihnen bestimmenden Kulturideen abhängt. Sie zeigt, daß verbesserte Methoden der Wahrheitsbeweisführung als Teil einer Kulturidee vom gerechten Recht das Verhältnis der Menschen zur Freiheit und zu den Methoden der Freiheitssicherung bestimmen.

Dahle

Frankenfeld

Dr. Heines

Mordhorst

Dr. Schäfer

Walther

Satzung der Kriminalistischen Studiengemeinschaft e. V.

§ 1 Name und Sitz

Die „Kriminalistische Studiengemeinschaft" (Krim StG) ist ein im Vereinsregister des Amtsgerichts Bremen eingetragener Zusammenschluß von Kriminalisten und kriminalistisch interessierten Personen.

Sitz der Studiengemeinschaft ist Bremen.

§ 2 Zweck und Ziel

Die „Kriminalistische Studiengemeinschaft" soll in jeder Weise unter Einbeziehung aller kriminologischen Erkenntnisse die Weiterentwicklung der Kriminalistik fördern und damit praktisch verwertbare Beiträge zur Kriminalitätsbekämpfung liefern.

§ 3 Gemeinnützigkeit

Die KrimStG verfolgt ausschließlich und unmittelbar gemeinnützige Zwecke im Sinne des Abschnitts „Steuerbegünstigte Zwecke" der Abgabenordnung. Sie ist politisch, gewerkschaftlich und weltanschaulich neutral und unabhängig. Der Verein ist selbstlos tätig, er verfolgt nicht in erster Linie eigenwirtschaftliche Zwecke.

Mittel des Vereins dürfen nur für die satzungsmäßigen Zwecke verwendet werden. Die Mitglieder erhalten keine Zuwendungen aus Mitteln des Vereins. Es darf keine Person durch Ausgaben, die dem Zweck der Körperschaft fremd sind oder durch unverhältnismäßig hohe Vergütungen begünstigt werden.

§ 4 Mitgliedschaft und Beitrag

Jede natürliche oder juristische Person kann Mitglied der KrimStG werden, wenn sie deren Ziele bejaht und selbst imstande und willens ist, einen entsprechenden Beitrag zu leisten.

Die Höhe des Mitgliedsbeitrages entscheidet die Mitgliederversammlung. Der Vorstand kann in begründeten Einzelfällen Beitragsnachlaß gewähren.

§ 5 Beginn und Ende der Mitgliedschaft

Die Mitgliedschaft beginnt nach Entscheidung über den schriftlichen Aufnahmeantrag durch den Vorstand. Sie endet mit dem Tod, dem freiwilligen Ausscheiden oder dem Ausschluß aus wichtigem Grund auf Beschluß der Mitgliederversammlung.

§ 6 Mitgliedschaft bei anderen Organisationen

Die KrimStG kann Mitglied bei anderen Organisationen werden, wenn dadurch das in § 2 genannte Ziel gefördert wird.

§ 7 Vorstand und Geschäftsführung

Der Vorstand der KrimStG besteht aus dem Vorsitzenden, seinen beiden Stellvertretern und mindestens zwei fachkundigen Beiräten. Der Vorstand führt die Geschäfte. Ihm obliegt die Kassen- und Vermögensverwaltung.

Der Vorstand wird von der Mitgliederversammlung für die Dauer von drei Jahren gewählt. Er bleibt bis zur Neuwahl im Amt. Eine Wiederwahl ist möglich.

Der Vorsitzende vertritt die Studiengemeinschaft gerichtlich und außergerichtlich.

§ 8 Mitgliederversammlung

Die Versammlung der Mitglieder beschließt mit einfacher Stimmenmehrheit der Anwesenden.

Die ordentliche Mitgliederversammlung findet einmal im Jahr statt. Der Vorstand kann weitere Versammlungen einberufen. Aus besonderem Anlaß können 30 % der Mitglieder die Einberufung einer außerordentlichen Mitgliederversammlung fordern.

Die Mitglieder sind vom Vorstand schriftlich unter Angabe der Tagesordnung mit einer Ladungsfrist von 14 Tagen einzuladen.

§ 9 Satzungsänderung und Auflösung

Zur Änderung der Satzung der KrimStG ist ein Beschluß durch dreiviertel aller Mitglieder erforderlich. Die Abstimmung kann im schriftlichen Verfahren erfolgen.

§ 10 Auflösung und Vermögensübertragung

Bei Auflösung oder Aufhebung der KrimStG oder beim Wegfall ihres bisherigen Zweckes ist ihr Vermögen, soweit es die einzelnen Kapitalanteile der Mitglieder und den gemeinen Wert der von den Mitgliedern geleisteten Sacheinlagen übersteigt, je zur Hälfte an die Deutsche Kriminologische Gesellschaft und an die Gesellschaft für gesamte Kriminologie mit der Auflage zu übertragen, daß die Vermögenshälften zur Förderung kriminalistischer Untersuchungen zu verwenden sind.

Bremen, den 12.2.1970

Gründungsmitglieder

Dr.jur. Hanns Dünnebier, Generalstaatsanwalt
Walter Hollstein, Kriminaloberrat, Bremerhaven
Dr.med. Jobst von Karger, Diplompsychologe, Medizinaldirektor
Dr.med. Helmut Koch, Senatsdirektor
Werner Mey, Vizepräsident beim Hanseatischen Oberlandesgericht Bremen
Dr.jur. Herbert Schäfer, Kriminaldirektor
Wilhelm Schneider, Leitender Oberstaatsanwalt
Dr.med. Jürgen Seeberger, Obermedizinalrat.

Mitgliederliste
nach dem Stand vom 31.03.1995
mit Angabe des Eintrittsjahres und des Wohnortes

Abeler, Silvia	1994	Wilstedt
Ach, Stefan	1989	Bremen
Acksteiner, Volker	1993	Remscheid
Albrecht, Jan Olaf	1983	Suderburg
Allianz-Versicherung AG	1988	Köln
Armand, Volker	1981	Delmenhorst
Arnold, Susanne	1994	Vögelsen
Asche, Hans-Jürgen	1973	Bremen
ASV GmbH	1982	Bremen
Baenisch, Andreas	1993	Springe
Bakenhus, Gerold	1990	Oldenburg
Banse, Michael	1988	Wolfsburg
Bartels, Carmen	1994	Delmenhorst
Becker, Claus	1986	Bremerhaven
Beckmann, Dieter	1972	Bremen
Beckmann, Werner	1991	Ahaus
Behde, Vera	1992	Delmenhorst
Behncke-Zittier, Ilona	1982	Braunlage
Behrendt, Wilfried	1986	Bremen
Behrens-Talla, Klaus	1972	Bremen
Beier, Manfred	1982	Weyhe
Beilken, Enno	1988	Bremen
Beismann, Karl-Heinz	1990	Lahstedt
Beissner, F. W.	1977	Bremen
Bertrams, Paul	1993	Aschersleben
Bertsch, Richard	1991	Kapsweyer
Besser, Gerhard	1972	Bremen
Bicker, Kurt	1988	Syke
Bisanz, Stefan	1988	München
Bischoff, Susanne	1994	Bremen
Blancke, Diedrich	1986	Oldenburg
Blömeling, Bernd	1988	Lüneburg
Bock und Polach, H.-G. v.	1982	Bremen
Bockhofer, Reinhard	1982	Bremen
Bockhop, Dietfried	1989	Wietzen
Bödeker, Holger	1983	Bremen
Boehme, Brigitte	1982	Bremen
Böhmer, Werner	1995	Cuxhaven
Boer, Lüder de	1987	Bremen
Bohnhorst, Helmut	1973	Hellwege

Bohse, Wilfried	1994	Lingen
Boldt, Monika	1986	Bremen
Bolze, Wolfgang	1971	Bremen
Borchers, Manfred	1990	Lemwerder
Bornemann, Walter	1992	Lüneburg
Borttscheller, Ralf H.	1982	Bremen
Böttrich-Scholz, K.-H.	1987	Hamburg
Bradt, Heinrich	1972	Bremen
Brandt, Helmut	1984	Düsseldorf
Brauer, Heinz Hermann	1972	Bremen
Breithaupt, Holger	1994	Gehrden
Brendel, Alfred	1983	Scheeßel
Brockmann, Claudia	1988	Hamburg
Bruggemann, Hans Dieter	1972	Stuhr
Brüggemann, Andreas	1995	Salzgitter
Bruns, Peter	1971	Bremen
Bruse, Thomas	1995	Wallhöfen
Buchzik, Karlheinz	1984	Steinheim
Budde, Rolf-Dieter	1993	Bremervörde
Budick, Peter	1989	Wolfsburg
Bühs, Waltraud	1993	Bremen
Bullerdiek, Dr. W.	1989	Süstedt
Büntjen, Harald	1984	Delmenhorst
Burhop, Harald	1992	Ganderkesee
Burmeister, Dieter	1984	Bremerhaven
Busch, Hartmuth	1972	Bremen
Bütow, Manfred	1989	Amelinghausen
Crome, Berndt-Adolf	1978	Bremen
Dahle, Ekke	1982	Bremen
Dahlendorf, Stefan	1985	Achim
Damm, Günther	1984	Ganderkesee
Detje, Hans-Jürgen	1992	Horneburg
Diederich, Bernd	1994	Vechelde
Dirks, Wolfgang	1989	Delmenhorst
Dittbrenner, Erwin	1995	Westersellensen
Dötter, Thomas	1992	Henstedt-Ulzb.
Drewes, Uwe	1982	Weyhe
Dreyer, Christian	1994	Eltville
Dulias, Rainer	1987	Hannover
Dunkel, Klaus D.	1982	Gifhorn
Dzialek, Holger	1989	Bremen
Ebbeke, Ralf	1982	Bremen
Eckert, Wolfgang	1985	Wörth/Rhein
Eckhardt, Anke	1993	Buchholz/Nordh.
Ehlers, Bernd	1987	Zeven
Eichhorst, Helge	1989	Bremen
Eilers, Jörg	1989	Nordenham

Eissing-Nickol, Ingrid	1982	Bremen
Elfenbein, Hans	1982	Bremen
Emminghaus, Alf	1975	Osnabrück
Erftenbeck, Martin	1987	Kirchlinteln
Ewald, Wolfgang	1993	Worpswede
Fa. Hoyer & Jonatis	1982	Hamburg
Famulla, Josef	1974	Bremen
Fangk, Axel	1983	Bremen
Fehrmann, Hans	1981	Bremen
Feldmann, Manfred	1988	Etelsen
Feuerhahn, Klaus-Peter	1992	Lüchow
Feuerlein, Hermann	1982	Nürnberg
Flathmann, Silke	1991	OHZ-Scharmbeck
Flechner, Wolfgang	1991	Wilhelmshaven
Florian, Harald	1995	Graz
Frankenfeld, Günter	1981	OHZ-Scharmbeck
Franz, Werner	1972	Ganderkesee
Fricke, Eckhard	1972	Bremen
Friedrichs, Hartmut	1983	Achim
Frischmuth, Jan	1972	Bremen
Fröhlich, Detlef	1991	Berlin
Fuhr, Johannes	1988	Rotenburg/W.
Funck, Wolfgang	1994	Bremen
Geerkens, Johannes	1993	Bremen
Gehrke, Friedrich	1985	Bremen
Geisler, Frank	1987	Stolpe
Geisler, Jutta	1988	Ganderkesee
Gellert, Axel	1983	Bremen
Gerboth, Hans-Joachim	1985	Bremen
Gerger, Günther	1995	Graz
Gerke, Reiner	1994	Hude
Geschonke, Udo	1987	Delmenhorst
Giebel, Ulf	1984	Bremen
Glemnitz, Werner	1978	Bremen
Glinsky, Joachim	1982	Bremen
Göpel, Rolf	1980	Bremen
Görg-Herm, Jutta	1994	Bremen
Goritzka, Ulrich	1993	Bremen
Gottschalk, Jürgen	1988	Bremerhaven
Gottschalk, Michael	1982	Bremen
Graalmann-Scheerer, Dr. jur., K.	1987	Bremen
Gramberg, Hans-Günther	1986	Wardenburg
Graßmann, Werner	1984	Bremerhaven
Graubohm, Joachim	1972	Bremen
Graubohm, Karl	1972	Bremen
Greupner, Dietmar	1972	Bremen
Grewe, Bernhard	1992	Berne

Grimberg, Sylvia	1994	Bochum
Grimme, Stefan	1987	Scharnebeck
Grisstede, Hedde	1986	Remscheid
Groß, Ute	1988	Schwanewede
Günther, Manfred	1995	Oldenburg
Haase, Michael	1972	Bremen
Hagen, Wilfried	1985	Ganderkesee
Hainke, Wolfgang	1988	Achim
Harder, Sabine	1982	Bremen
Harders, Harald	1986	Bremen
Harlep, Gustav	1983	Schiffdorf
Harling, Wolfgang	1994	Hellwege
Hartung, Joachim	1989	Northeim
Hasch, Roland	1990	Bremen
Hauke, Rolf	1975	Bremen
Haunschild, Michael	1984	Hannover
Hecker, Karl August	1971	Bremen
Hegner, Gerhard	1989	Nörten-Hardenb.
Hein, Karsten	1993	Bremen
Heines, Dr. med., Karl-Dieter	1993	Bremen
Hennicke, Klaus-Dieter	1973	Bremen
Hennig, Reinhard	1985	Bremen
Herb, Michael	1974	Bremen
Herrmann, Charlotte	1974	Bremen
Herrmann, Elke	1986	Bremen
Herrmann, Frank	1970	Bremen
Herzer, Hans-Christ	1989	Wüsting
Himstedt, Friedrich	1986	Hannover
Hintmann, Jörn	1986	Hamburg
Hinzmann, Jürgen H.	1994	Köln
Hobelmann, Dr. jur., Fritz	1974	Bremen
Hoffmann, Erk	1986	Bremen
Hoffmann, Joachim	1993	Achim
Hoffmann, Uwe	1993	Bremen
Hofmann, Peter	1994	Düsseldorf
Hohmann, Ulrich	1989	Bremen
Holzmann, Wolfgang	1992	Hannover
Homes, Uwe	1995	Langwedel-Etelsen
Hoppe, Eckart	1987	Kiel
Horbach, Andreas	1992	OHZ-Scharmbeck
Hörnschemeyer, Dieter	1992	Bawinkel
Hübner, Jochen	1982	Bremen
Hübner, Ralf	1995	Bremerhaven
Hustedt, Jörg	1991	Hamburg
Ihlau, Joachim	1970	Bremen
Jackisch, Ines	1993	Bremen
Jakobs, Klaus	1971	Bremen

Janknecht, Dr. jur., Hans	1984	Bremen
Jedamski, Georg	1973	Bremen
Jendrsczok, Rainer	1993	Edemissen
Johannsen, Rolf	1988	Niebüll
Jordan, Uwe	1985	Verden
Jug, Holger	1993	Bremen
Junius, Wolfgang	1982	Bremen
Junker, Rolf	1981	Bremen
Kaiser, Michael	1994	Rotenburg/W.
Kaiser, Rolf	1989	Köln
Kalleicher, Hermann	1976	Schenefeld
Kärchner, Karl J.	1987	Reinheim
Karger, Dr. Jobst von	1970	Bremen
Karm, Rein	1984	Kirchseelte
Karpenstein, Rolf	1987	Schiffdorf
Käufer, Dieter	1986	Oldenburg
Kindermann, Gottfried	1995	Graz
Kiprowski, Stefan	1984	Bremen
Kirchberger, Hans-Jürgen	1974	Bremen
Kirchner, Adrian	1994	Wildeshausen
Klamandt, Renate	1985	Jever
Kleis, Jürgen	1983	Möhnesee
Klische, Hans-Bernd	1994	Bremen
Knapp, Sven	1989	Osnabrück
Knoop, Jürgen	1972	Bremen
Knospe, Christian	1988	Delmenhorst
Koch, Jürgen	1986	Zeven
Koenig, Ulrich	1993	Bremen
Koetzsche, Helmut	1970	Rosdorf
Kohnen, Gerhard	1992	Haren
Köhnken, Uwe	1994	Bremen
Kopainig, Angelika	1983	Bremerhaven
Kopp, Irma	1983	Bremen
Körber, Jens	1985	Bremen
Kothe, Thomas	1988	Bremen
Kraniger, Klaus	1989	Hamburg
Krause, Erhard	1988	Gnarrenburg
Kraxner, Hubert	1995	Graz
Krempien, Klaus	1993	Buxtehude
Kreuz, Fred	1988	Saarbrücken
Kroll, Wolfgang	1993	Bremen
Kröger, Johann	1995	Werlte
Kröplin, Christian	1994	Hohenhameln
Krüger, Jürgen	1995	Achim
Krumsiek, Lothar	1985	Hildesheim
Krupski, Manfred	1972	Bremen
Kruse, Uwe	1992	Achim

Kuban, Birgit	1988	Hamburg
Kuban, Horst	1984	Siedenburg
Kuhlmann, Klaus	1977	Bremen
Kunze, Frank	1990	Bremen
Kusatz, Klaus-Dieter	1995	Braunschweig
Kuzyk, Lonio	1993	Weyhe
Lahmann, Heinz Georg	1988	OHZ-Scharmbeck
Landgraf, Tim	1993	Lilienthal
Lankenau, Karl-Heinz	1971	Bremen
Lederer, Eberhard	1995	Bremen
Lehmkuhl, Volker	1987	Delmenhorst
Lengauer, Dr. rer. nat., Konrad	1991	Linz/A
Link, Torsten	1993	Bremen
Lissewski, Thomas	1987	Deutsch Evern
Lohmann, Joachim	1983	Delmenhorst
Lohmann, Klaus	1989	Bremen
Lohse, Albert	1981	Bremen
Lucas, Georg	1993	Stuhr
Ludwiczak, Michael	1994	Bremen
Lühmann, Thomas	1995	OHZ-Scharmbeck
Lüken, Rolf	1982	Bremen
Lütten, Horst	1982	Bremen
Maar, Peter	1982	Hamburg
Mahlstedt, Manfred	1986	Bremerhaven
Marten, Horst	1982	Schwanewede
Matz, Dr., Joachim	1982	Bremen
Mayer, Thomas	1994	Bonn
Medenwald, Heinz	1974	Bremen
Meier, Bernd	1993	Peine
Meise, Friedhelm	1985	Hückelhoven
Mengel, Rolf	1992	Peine
Mengelkamp, Theo A.	1988	Dortmund
Mensch, Uwe	1995	Bochum
Merdes, Wolfgang	1970	Bremen
Meurer, Gerhard	1983	Bremen
Mey, Dr. phil., H.-G.	1987	Bremen
Meyer, Achim	1987	Delmenhorst
Meyer, Günther	1970	Bremen
Meyer, Heinrich	1971	Bremen
Meyer, Helmut	1993	Verden
Meyer, Rolf	1995	Zeven
Michalek, Dieter	1984	Bremen
Mischke, Heidrun	1990	Vechelde
Mischke, Ralf	1990	Vechelde
Mittag, Susanne	1994	Delmenhorst
Mojen, Helmut	1991	Wilstedt
Möller, Peter	1972	Stuhr

Mönner, Ralf	1995	Salzgitter
Monnerjahn, Hans-Werner	1972	Bremen
Monsees, Friedel W.	1983	Schiffdorf
Mordhorst, Eckard	1970	Bremen
Mühe, Axel	1988	Wolfsburg
Muhle, Joachim	1986	Bremen
Müller, Bernd	1987	Hannover
Müller, Bernd	1994	Bremen
Müller, Ernst Ulrich	1990	Langenfeld
Müller, Fritz	1990	Bassum
Müller, Hartmut	1995	Hude
Müller, Martina	1993	Bremen
Müller, Otto-Werner	1982	Ahrensburg
Müller, Wolfgang	1982	Delmenhorst
Nap, Ido	1994	Wennigsen
Nechutny, Friedrich	1995	Graz
Neumann, Birgit	1994	Beselich
Nibbrig, Gerhard	1993	Bremen
Niemeyer, Herbert	1989	Bremen
Niethmann, Andreas	1988	Wolfsburg
Nixdorf, Volker	1971	Bremen
Oberstuke, Wolfgang	1993	Bad Oeynhausen
Ohlenmacher, Albert	1989	Bremen
Opitz, Rüdiger	1990	Bremen
Osterloh, Adolf	1982	Bremen
Otte, Edgar	1992	Geesthacht
Otten, Ralf	1994	Hamburg
Pacher, Werner Helmut	1983	Bremen
Panschar, Walter	1986	Wildeshausen
Partsch, Karl	1989	St. Pölten/A
Patron, Markus	1990	Wardenburg
Pätzold, Hans Joachim	1970	Bremen
Paul, Dieter	1992	Buxtehude
Petermann, Axel	1992	Bremen
Petkewitsch, Claus von	1975	Bremen
Pilz, Dieter	1974	Bremen
Poppe, Wolfgang	1982	Bremen
Püschel, Dr. med., Klaus	1986	Hamburg
Pyde, Klaus	1994	Oldenburg
Ralfs, Andreas	1985	Bremen
Randecker, Olaf	1995	Bremen
Redmer, Thomas	1992	Dresden
Rehbein, Manfred	1990	Ilsede
Rehse, Jörg	1975	Bremen
Reimler, Fred B.	1978	Bremen
Reinecke, Manfred	1971	Bremen
Richter, Michael	1993	Bremen

Riech, Volker	1985	Kirchweyhe
Rieder, Dr. med., Theod.	1982	Bremen
Riemenschneider, Heinrich	1995	Lilienthal
Rimpler, Bernd	1983	Bremerhaven
Rinne, Gerhard	1982	Bremen
Rittierodt, Hartwig	1983	Bremen
Röben, Heinz	1994	OHZ-Scharmbeck
Roß, Werner	1972	Bremen
Rößler, Wolfgang	1989	Hamburg
Rulfs, Wolfgang	1987	Bremen
Rusch, Stephan	1993	Bremerhaven
Rusche, Andreas	1989	Lüchow
Rutscher, Gerd	1989	Zeven
Satalik, Rainer	1990	Mülheim
Sattler, Volkmar	1987	Bremen
Schäfer, Bernd	1995	Köln
Schäfer, Dr. jur., Herbert	1970	Bremen
Schinkel, August Wilhelm	1983	Bremen
Schittkowski, Dierk	1993	Stuhr
Schlosser, Joachim	1984	Bremen
Schmall, Katja	1993	Bremen
Schmelz, Gerhard	1994	Runkel
Schmidt, Hans-Joachim	1987	Wildeshausen
Schmidt, Klaus-Ehrenfr.	1987	Augsburg
Schmidt, Matthias	1994	Syke
Schmidt, Volker	1989	Sottrum
Schmolz, Walter	1975	Bremen
Schneider, Fritz Karl	1971	Bremen
Schneider, Jochen	1989	Bochum
Schneider, Karl	1985	Syke
Schneider, Michael	1994	Auhagen
Schneider, Wilhelm	1970	Bremerhaven
Schnittger, Fred	1988	Syke
Scholz, Ulrich	1988	Bremen
Schön, Uwe-Peter	1984	Bremen
Schraa, Maik	1992	Wildeshausen
Schröder, Frank	1989	Bremen
Schröder, Gerburg	1971	Bremen
Schröder, Heinz	1973	Achim-Baden
Schubert, Annerose	1988	Winkelsett
Schudel, Martin	1989	Zug/Schweiz
Schüler, Norbert	1993	Bremen
Schütt, Eckehard	1995	Holste
Schulz, Arno	1976	Bremerhaven
Schulz-Eckhardt, Bernd	1994	Buchholz
Schulze, Michael	1986	Delmenhorst
Schulze, Wolfgang	1991	Wildeshausen

Schuster, Thomas	1995	Graz
Schwack, Frank	1991	Bremen
Schwake, Rolf	1987	Worpswede
Schwanke, Peter	1990	Göttingen
Schwarz, Joachim	1985	Bremen
Schwitzer, Gertrud	1974	Spaden
Securitas Versicherungen	1982	Bremen
Seeler, Peter-Jürgen	1984	Harmstorf
Seeliger, Frank	1994	Bremen
Segeberg, Holger	1982	Bremen
Segnitz, Hermann	1981	Lilienthal
Sicherheits-Service-Nord	1991	Bremen
Siebert, Wolfgang	1992	Brunsbüttel
Sielaff, Wolfgang	1990	Hamburg
Skottke, Lothar	1990	Bremen
Spangenberg, Jürgen	1974	Bremen
Specht, Arni	1993	Bremen
Spendel, Rüdiger	1993	Hamburg
Spielhoff, Lothar	1977	Bremen
Sponer, Dr. med., Hans-Wolfgang	1993	Stemwede
Stadion, Harald	1989	Hamburg
Stadler, Dr. phil., Michael	1983	Bremen
Steffen, Gerd	1982	Bonn
Steiner, Jochen	1987	Köln
Stief, Siegfried	1987	Gettorf
Stiewe, Hilmar	1982	Bremen
Stilke, Jörn	1985	Ganderkesee
Stoperan, Günter	1982	Schenefeld
Striethörster, Thomas	1987	Bremen
Stuhr, Gerd	1971	Bremen
Suhr, Ulrich	1988	Vechta
Surwilow, Bernd	1987	Stuhr
Süßmann, Barbara	1991	Göttingen
Szemeitzke, Bernd	1989	Bremen
Tamm, Karl-Heinz	1995	Bremen
Terstiege, Peter	1973	Bremen
Teschke, Gerhard	1989	Kassel
Tetzlaff, Heinz	1986	Bremerhaven
Tetzlaff, Ulrich	1983	Brake
Teuber, Christoph	1988	Zürich/Schweiz
Teuteberg, Walter	1974	Hildesheim
Thäger, Walter	1981	Bremen
Thomas, Dr. jur., Karl	1985	Bremen
Thurm, Winifred	1993	Hamburg
Timm, Udo	1988	Bremen
Toeberg, Heinrich	1982	Burgdorf
Töllner, Ralf	1988	Bremen

Treffkorn, Lorenz	1993	Hamburg
Trittmacher, Jens	1993	Hamburg
Trzeba, Ulrich	1982	Bremen
Turnowsky, Horst	1995	Graz
Uhlhorn, Jens	1990	Bremen
Uhlhorn, Klaus	1972	Bremen
Unternehmen für Sicherheit	1990	Bremen
Urmann, Werner	1990	Lauter
Uschtrin, Günter	1987	Regesbostel
Vaillant, Oliver T.	1991	Regensburg
Vivis, Gudrun von	1982	Bremen
Voige, Hans-Heinrich	1993	Bremen
Vries de, Rainer	1995	Bremerhaven-Wulsdorf
Wach- und Sicherheitsges. mbH	1977	Bremen
Wachsmuth, Hans-Chr.	1982	Ritterhude
Wächter, Erich	1984	Bremen
Walther, Peter	1990	Bremen
Warnke, Claus	1987	Bremen
Warnken, Gerd	1984	Bremen
Warrelmann, Heinrich	1982	Bremen
Waschkowski, Alfred	1994	Parchim
Weber, Ferdinand	1971	Bremen
Wehr, Josef	1984	Bremen
Weidlich, Edmund	1987	Bremen
Weiser, Werner	1983	Langenhagen
Weitkamp, Joachim	1995	Stuhr
Wendisch, Günter	1971	Bremen
Wendisch, Joachim	1982	Bremen
Wendl, Ulrich	1987	Achim-Bierden
Wendt, Heinz	1971	Bremen
Werk, Rosemarie	1990	Dortmund
Wermke, Hans-Joachim	1993	Bargteheide
Wesemann, Horst	1989	Bremen
Westedt, Adolf	1984	Altenmedingen
Wichardt, Heinz Dieter	1971	Bremen
Wieske, Petra	1995	Stuhr
Wiezoreck, Siegfried	1990	Hamburg
Wildemann, Werner	1987	OHZ-Scharmbeck
Wilkening, Günter	1972	Bremen
Wirtjes, Hans-Henning	1990	Bremen
Wolff, Karsten	1992	Wennigsen
Wollenberg, Reinhard	1993	Bremen
Wolters, Helmut	1985	Halle
Wörner, Roland B.	1993	Hennef
Wulf, Friedrich	1983	Bremen
Würdemann, Wilhelm F.	1984	Bederkesa
Zabel, Frank	1994	Bremen

Zeller, Reiner	1973	Ottersberg
Zinnhardt, Arnold	1995	Ganderkesee
Zorn, Christian	1982	Bremen
Zorn, Michael	1987	Pattensen
Zwadlow, Frank	1973	Bremen

Vorstandsliste

1970–1973
Kriminaldirektor Dr. jur. Schäfer
Medizinaldirektor Dr. med. von Karger
Ltd. OStA. Schneider
nach dessen Ausscheiden in Nachwahl
Ltd. OStA. Brauer

1973
Neuwahl versäumt

1974–1977
Kriminaldirektor Dr. jur. Schäfer
Medizinaldirektor Dr. med. von Karger
Ltd. OStA. Brauer

1978–1981
OStA. Litzig
LG Präsident Crome
EKHK Wendt
Beirat:
OStA i.R. Dr. jur. Klempahn
Medizinaldirektor Dr. med. von Karger
KHM Monnerjahn
Reg.-Rat Hoßfeld
Bewährungshelfer Ohlandt
Kaufmann Beissner

1981–1984
Ltd. Kriminaldirektor Dr. jur. Schäfer
Medizinaldirektor Dr. med. von Karger
OStA. Litzig
Beirat:
Ltd. OStA Brauer
LG Präsident Crome

1984–1987
Ltd. Kriminaldirektor Dr. jur. Schäfer
Medizinaldirektor Dr. med. von Karger
OStA. Litzig
Beirat:
Ltd. PD Lohse
Kriminaldirektor Möller

1987 – 1990	Ltd. Kriminaldirektor a.D. Dr. jur. Schäfer
	Med. Direktor Dr. med. Richard
	OStAin Dr. jur. Graalmann
Beirat:	Ltd. PD Lohse
	Ltd. Kriminaldirektor Möller

1990 – 1993	Ltd. Kriminaldirektor a.D. Dr. jur. Schäfer
	Prof. Dahle
	Pastor Walther

| Beirat: | Polizeioberrat Frankenfeld |
| | Ltd. Kriminaldirektor Möller |

1993 – lfd.	Ltd. Kriminaldirektor a.D. Dr. jur. Schäfer
	Prof. Dahle
	Pastor Walther
Beirat:	Polizeidirektor Frankenfeld
	Kriminaldirektor Mordhorst
	Dr. med. Heines

Zum planungsorientierten Aus- und Fortbildungsbedarf der Polizei

Hans-Ludwig Zachert

I. Konsequenzen an der Beurteilung der Kriminalitätslage

Wir leben in einer Zeit, in der die vielfältigen Erscheinungsformen der Kriminalität einen so hohen Stellenwert in unserem Denken und Handeln besitzen wie selten zuvor. In der Wahrnehmung der Bevölkerung ist die Bedrohung durch Kriminalität gestiegen, auch wenn objektive Gesichtspunkte diesen subjektiven Eindruck nicht in jedem Fall stützen. Daß dieses Gefühl nicht völlig ungerechtfertigt erscheint, belegen Daten der Polizeilichen Kriminalstatistik. Ihr zufolge hat sich die Zahl der registrierten Straftaten von 1970 bis 1990 auf 4,5 Millionen verdoppelt. Die erste gemeinsame Statistik mit den neuen Bundesländern für 1991 wies 5,3 Millionen Fälle und 1,6 Millionen Tatverdächtige aus. 1993 wurden mehr als 6,7 Millionen Straftaten und über 2 Millionen Tatverdächtige registriert. Es ist anzunehmen, daß sich an diesem hohen Zahlenniveau in absehbarer Zeit kaum etwas ändern dürfte.

Eine Seite der Kriminalität stellen Erscheinungsformen der Alltags- oder Massenkriminalität dar. Diebstahlsdelikte machen nach wie vor rund 60 % der bekanntgewordenen Straftaten aus. Zum Alltag gehören Betrugsfälle, Körperverletzungen und Sachbeschädigungen, Straßenraub, Sexualdelikte und Kindesmißhandlungen, ebenso wie fremdenfeindliche Gewalttaten, gewalttätige Auseinandersetzungen zwischen linken und rechten Extremisten, Terrorismus oder politisch motivierte Ausländerkriminalität.

Besondere Aufmerksamkeit müssen wir der Organisierten Kriminalität zuwenden. Illegaler Rauschgiftschmuggel und -handel, Waffen- und Menschenhandel, Wirtschaftskriminalität, Korruption, illegale Verschiebung und Beseitigung von Abfällen, Umweltgiften und Nuklearmaterial sind Deliktsbereiche, die aufgrund ihres Unrechtsgehaltes und ihrer Gemeingefährlichkeit die Innere Sicherheit in besonderem Maße beeinträchtigen.

Strafverfolgungsbehörden und Justiz müssen sich dabei nicht nur mit deutschen Straftätern und Täterstrukturen befassen. Mit wachsender Freizügigkeit und Mobilität über durchlässige internationale Grenzen hinweg bildet Deutschland aufgrund seiner günstigen wirtschaftlichen Situation ein Betätigungsfeld für die Mafia, südamerikanische Kartelle, fernöstliche Organisationen und osteuropäische Straftäter.

Die weitere Entwicklung der Kriminalität in Deutschland ist vor diesem Hintergrund nur schwer einzuschätzen. Schon heute stellen aber Quantität, Qualität und geographische Bezüge der Kriminalität höchste Anforderungen an die Polizei. Die Polizei sieht sich angesichts knapper Ressourcen mehr und mehr gezwungen, ihre Kräfte zu bündeln und Schwerpunkte in der Kriminalitätsbekämpfung zu bilden.

Die polizeilichen Führungskräfte und Sachbearbeiter stehen dabei vor einer Vielzahl neuer Aufgaben. Erkenntnisinteressen der Vollzugsbeamten bestehen in erster Linie im Hinblick auf die Bearbeitung von Ermittlungsvorgängen. Grundkenntnisse für ihre Tätigkeit auf diesem Sektor werden ihnen im Rahmen der Ausbildung vermittelt. Ihre Leistungsfähigkeit wird mit der Zahl der erfolgreich erledigten Vorgänge zunehmen, wenn zu dem theoretischen Wissen in der Praxis erlernte Kenntnisse hinzukommen, die sich zum (kriminalistischen) Erfahrungswissen summieren. Fortschritte der Täterseite bei der Begehung von Straftaten, zum Beispiel im Rahmen gut organisierter Gruppierungen, und spezifische Erscheinungsformen wie etwa Wirtschaftskriminalität, Straftaten gegen die Umwelt, Computerkriminalität, Schutzgelderpressung oder Menschenhandel lassen die Praxis allein als Lehrmeisterin oft nicht mehr genügen. Das Erfahrungswissen des ermittelnden Polizeibeamten muß solide theoretisch untermauert werden. Über gezielte Aus- und Fortbildung müssen ihm die neuesten Erkenntnisse der kriminalistisch-kriminologischen Forschung vermittelt werden, die ihn befähigen, sich professionell auf die gestiegenen Anforderungen einzustellen.

In den 25 Jahren ihres Bestehens hat es die Kriminalistische Studiengemeinschaft einer Vielzahl von Referenten aus Polizei, Justiz und Wissenschaft mit einem breiten Spektrum an Vorträgen möglich gemacht, die praktischen Kenntnisse wie das Hintergrund-Wissen der Veranstaltungsteilnehmer zu mehren. Themenbereiche wie Kriminalstrategie und -taktik, Kriminalpolitik und Kriminologie, Deliktsbereiche wie Organisierte Kriminalität, Rauschgiftkriminalität, Wirtschaftskriminalität und Vermögensdelikte bildeten verständlicherweise Schwerpunkte des Veranstaltungsspektrums. Zum Denken in Zusammenhängen trugen Vorträge aus den Bereichen Rechtsmedizin, Psychologie, Psychiatrie und dem Justizbereich bei, die sich als Quellen für nützliche praxisbezogene Ansätze erweisen. Auch konnten die Teilnehmer ihre eigene Situation durch Vorträge über die Institution Polizei und die darin handelnden Menschen reflektieren, ein Themenkreis, der durch die jüngst bekannt gewordenen Verfehlungen an Aktualität und Bedeutung gewonnen hat.

II. Analytische Erkenntnisauswertung und Inpol-neu

In der alltäglichen Aufgabenerfüllung müssen wir zunehmend feststellen, daß viele Straftäter sich zusammengeschlossen haben, ihre Methoden zur Straftatbegehung ständig verfeinern, sich fortwährend modernstes technisches, kaufmännisches und juristisches Know-how aneignen und durch hochkonspirative Verhaltensweisen die Ermittlungsarbeit der Strafverfolgungsbehörden unterlaufen. Dies gilt mittlerweile nicht mehr nur für Täter im Bereich der Organisierten Kriminalität, wenn auch dort in besonderem Maße. Daher erweisen sich traditionelle Ermittlungsansätze bei der Aufklärung von Straftaten immer öfter als erfolglos. Justiz und Polizei müssen sich heute (gerade bei der OK-Bekämpfung) deliktsübergreifend auf kriminelle Netzwerke zielend orientieren und sich dabei mit staatenübergreifenden Problemstellungen befassen. Kriminalitätsbekämpfung erlangt hier nicht nur mehr Kreativität und Flexibilität, sondern auch einen erheblich höheren Kraftaufwand als bei der Bekämpfung konventioneller Kriminalität. Wenn es uns gelingt, effiziente OK-Bekämpfungskonzepte und -methoden zu entwickeln, dürfen wir darauf hoffen, daß die Erfahrungen, die wir daraus ziehen können, auch bei der Ermittlung allgemeinkrimineller Straftäter weiterhelfen können.

Es gibt eine Vielzahl von Überlegungen auf verschiedenen Ebenen, wie zukünftig mit neuen oder erweiterten Denkansätzen und Handlungsweisen den Herausforderungen durch Kriminalität zu begegnen ist. Ein wichtiger Einzelaspekt ist zweifellos der Bereich der Kriminaltechnik, der 1994 erneut Gegenstand der BKA-Arbeitstagung gewesen ist. Die Vorträge und praktischen Anwendungsbeispiele anläßlich der Tagung haben gezeigt, daß die kriminaltechnischen Einrichtungen der Strafverfolgungsbehörden sich einerseits auf einem hohen technologischen Stand befinden, andererseits aber vielfältige Grenzen auszumachen sind, die es zu überwinden gilt. Zudem wurde herausgestellt, daß wir im Hinblick auf die Bedeutung des Sachbeweises unsere Technik zwar kontinuierlich weiterentwickeln müssen, auf die Verfeinerung des hergebrachten kriminalistischen Handwerkszeugs wie kriminalistische Denkmethoden und Handlungsweisen aber keinesfalls verzichten können.

Unter diesem Gesichtspunkt möchte ich etwas ausführlicher auf zwei Entwicklungsrichtungen eingehen, die Planungen im Zusammenhang mit der Einführung des neuen Informationssystems der Polizei (INPOL-neu) und die Überlegungen zur kriminalistisch-kriminologischen Fallanalyse (KKF). Es ist absehbar, daß beide im Bereich der Aus- und Fortbildung von Polizeibeamten in den nächsten Jahren eine wesentliche Rolle spielen dürften.

In den vergangenen Jahren haben Praktiker immer wieder auf das Bedürfnis hingewiesen, das Konzept der polizeilichen Informationssammlung und -auswertung, insbesondere der Kriminalpolizeilichen Meldedienste, zu überdenken und den modernen Erfordernissen anzupassen. Bei den jetzt noch weitgehend bestehenden Systemen zur Informationsverarbeitung, bei denen die Anwendungssysteme im Mittelpunkt stehen, sind die notwendigen Datenbestände um diese herum organisiert worden. Kamen neue Anwendungen hinzu, mußten zum Teil gleiche Daten erneut erfaßt werden. Daten, die im Hinblick auf die Meldedienste eingestellt wurden, erwiesen sich zudem häufig als wenig auswertungsrelevant. Ziel von INPOL-neu ist es, eine gemeinsame, anwendungsunabhängige Datenbasis zu schaffen, derer sich alle denkbaren Anwendungsfunktionen gemeinsam bedienen können. Eine solche „Anwendung" stellt der geplante Polizeiliche Informations- und Auswertungsdienst (PIAD) dar. Im strengen Sinne handelt es sich bei PIAD allerdings nicht um eine eigenständige INPOL-Anwendung, sondern um eine der Erfüllung der Informations- und Auswertungsbedürfnisse dienende spezielle Sicht auf die Daten. Nach Vorstellung der Projektgruppe, die sich mit fachlichen Inhalten von PIAD beschäftigt hat, sollen die Datenbestände bedarfsorientiert zur Abdeckung der unterschiedlichsten polizeilichen Bedürfnisse – dazu werden etwa Kommunikation, Information, Lagebilder, Führungsdaten, Statistiken, ermittlungsunterstützende Auswertung, Tat-Tat-Zusammenführung sowie Täterermittlung gezählt – regional und überregional für Verknüpfungen und Recherchen bereitgehalten werden.

INPOL-neu soll unter dieser Prämisse dem Sachbearbeiter eine Recherche im Datenbestand ermöglichen, um Tat-Tat- bzw. Tat-Täter-Zusammenhänge effektiver als mit dem bisherigen Ansatz des Kriminalpolizeilichen Meldedienstes (KPMD) ermitteln zu können. Dabei liegt aber gleichzeitig die Entscheidung über Auswertungsrelevanz und überregionale Bedeutung beim Sachbearbeiter selbst. Er muß, soll die Möglichkeit der Datenzusammenführung voll ausgenutzt werden können, seine fallbezogenen Informationen zudem nach dem Vertextungsmodell erfassen, das auf der Basis der Forschungsergebnisse von Oevermann und Mitarbeitern von der Fachkommission Kriminalpolizeilicher Meldedienst vorgeschlagen worden ist. Sowohl das auswertungsorientierte Vertextungsmodell als auch die erfolgreiche weitere Arbeit mit den Datenbeständen bedingen eine spezifische Ausbildung, der sich alle polizeilichen Sachbearbeiter in Bund und Ländern unterziehen müssen. Darauf weist die Fachkommission KPMD in ihrem PIAD-Konzept ausdrücklich hin. Dort wird ausgeführt: „Zu beachten bleibt, daß das Ergebnis aller Vergleichsvorgänge trotz exakter Vorgaben/präziser Fragestellungen ein Produkt automatisch geführter Prozesse ist. Das Ergebnis kann daher nur Hinweiswert besitzen, es ist durch den veranlassenden Auswerter einer intellektuellen Bewertung durch Analyse und Interpretation zu unterziehen. Nicht selten wird es auch dann noch erforderlich sein, auf polizeiliche Unterlagen und/oder das Gedächtnis des Sachbearbeiters zurückzugreifen."

Es ist absehbar, daß bis zur Einführung von INPOL-neu und damit auch bis zur Verfügung über die Möglichkeiten von PIAD noch einige Zeit vergehen dürfte. Sie sollte nach Auffassung der Projektgruppe PIAD dazu genutzt werden, die Anwender – und das sind nach den grundlegenden Vorstellungen von INPOL-neu alle Polizeivollzugsbeamten – intensiv auf die neuen Aufgaben und Möglichkeiten vorzubereiten und die Akzeptanz des neuen Systems zu fördern. Experten im Aus- und Fortbildungsbereich sehen es aber offenbar als wenig aussichtsreich an, bereits jetzt diese Schulungen durchzuführen. Man sieht die Gefahr, daß bis zur Möglichkeit der praktischen Umsetzung des Gelernten ein Teil davon mangels Übung wieder verlorengegangen sein könnte und daß es im Hinblick auf die Akzeptanz und Motivation beim Sachbearbeiter kontraproduktiv wäre, ihn momentan nicht umsetzbare Dinge lernen zu lassen, wenn im Rahmen der Ausbildung andere Themen eine höhere Priorität besitzen.

Bemühungen der Aus- und Fortbildung erstrecken sich demzufolge zur Zeit vorzugsweise auf die Vermittlung von Spezialkenntnissen zur (kriminal-)polizeilichen Analyse und Auswertung vorhandener bzw. noch erst nach neuen Gesichtspunkten aktiv zu erschließenden Informationssammlungen und Fallschilderungen. Ziel eines derartigen Pilotvorhabens im BKA ist es, sowohl die theoretischen Grundlagen für ein Analysekonzept zu vermitteln als auch die Aneignung entsprechender Fähigkeiten durch praktische Übungen zu ermöglichen. Auswerter und Ermittler sollen aus den angeführten Quellen nutzbare Daten extrahieren, sie bewerten, Beziehungen herstellen, folgerichtige Schlüsse ziehen und Ergebnisse aussagekräftig deskriptiv und visuell darstellen können. Auch kann in diesem Zusammenhang die Fähigkeit vermittelt werden, aus den auszuwertenden Fällen Rechtstatsachen herauszufiltern, die Anlaß für kriminalpolitische Initiativen bieten.

Daß es erforderlich ist, derartige systematische Vorgehensweisen zu entwickeln, ist seit langem bekannt und immer wieder gefordert worden. Bisher fehlte es aber an der praktischen Umsetzung dieser Erkenntnis. Auch in anderen Staaten ist man sich der

Bedeutung moderner Analyse- und Intelligence-Aufgaben bewußt und hat sie in vielfältiger Form in die polizeiliche Praxis eingeführt. So stützt sich das BKA-Schulungskonzept unter anderem auf Erfahrungen aus den USA, Großbritannien und den Niederlanden, wo seit längerem ähnliche Lehrgänge durchgeführt werden. Dort sind bereits EDV-gestützte Anwendungen entwickelt worden, die es etwa ermöglichen, weitgehend automatisiert Beziehungsdiagramme zu erstellen, die beispielsweise zur Darstellung von Personen- und Geschäftsverbindungen im Bereich der Organisierten Kriminalität wertvolle Hilfe leisten. Eine derartige Anwendung wird auch im BKA genutzt. Das Interpol-Generalsekretariat in Lyon hat ebenfalls die Zeichen der Zeit erkannt und Anfang 1994 eine Organisationseinheit für kriminalpolizeiliche Erkenntnisauswertung (Analytical Criminal Intelligence Unit – ACIU) eingerichtet. Es erscheint notwendig und sinnvoll, Methoden und Erfahrungen anläßlich gemeinsamer Veranstaltungen untereinander auszutauschen, damit nicht in jedem Fall das Rad noch einmal neu erfunden werden muß.

Parallel zu den Pilotlehrgängen, welche die Sachbearbeiter zu professioneller Auswertungsarbeit befähigen sollen, wird beim BKA derzeit untersucht, wie Auswertung und Kriminalitätsanalyse auch inhaltlich, organisatorisch und hinsichtlich der Umsetzung der Erkenntnisse optimiert werden können. So soll beispielsweise festgestellt werden, ob die gegenwärtig erstellten Auswertungs- und Lageberichte den unterschiedlichen Erkenntnisinteressen der vielfältigen Zielgruppen entsprechen und wie sie ggf. den Erfordernissen angepaßt werden können. Ziel ist es unter anderem zu erreichen, daß die Auswerter und Analytiker nicht abwarten, bis sie im Einzelfall zur Abgabe ihrer Informationen aufgefordert werden, sondern bei Vorliegen selbständig erarbeiteter Ergebnisse proaktiv auf relevante Abnehmer zugehen.

III. Die kriminologisch-kriminalistische Fallanalyse

Nicht nur die erwartete Effizienzsteigerung im Zusammenhang mit dem Kriminalpolizeilichen Meldedienst läßt die Einführung von INPOL-neu als wesentlichen Fortschritt für die polizeiliche Informationsverarbeitung erscheinen. Die Arbeit mit den nach dem vorgeschlagenen Vertextungsmodell eingestellten Daten, auch in eher forschungsorientiert modifizierten Varianten, stellt eine unverzichtbare Grundlage für die methodische Entwicklung neuer Ermittlungsansätze dar. Ein Beispiel dafür ist die sogenannte kriminalistisch-kriminologische Fallanalyse (KKF). Bei ihr handelt es sich um ein kriminalistisches Werkzeug-System, in das umfangreiches kriminologisches und polizei-organisatorisches Wissen sowie systematisch aufgearbeitete kriminalistische Erfahrungen zu einer ganzheitlichen Analyse von Kriminalfällen integriert werden. Sie vereinigt Erkenntnisse aus einer Vielzahl von Teilbereichen in sich. Dazu gehören beispielsweise Organisationsstrukturen ermittelnder Einheiten, kriminologische und viktimologische Erkenntnisse, präventive Aspekte, kriminalistische Schlußprozesse, Vernehmungstechniken, Nutzung von Täterwissen, Expertenwissen über sozialwissenschaftliche Methodik und DV-technische Umsetzung, kriminalistisches und kriminaltechnisches Expertenwissen aus den unterschiedlichsten Bereichen, Kriminalitätsanalyse sowie Fachwissen über den zu bearbeitenden Deliktsbereich.

Ausgangspunkt der Bestrebungen sind gleichgelagerte internationale Aktivitäten, die sich bisher vorzugsweise mit Fallanalysen zur Erstellung von Täterprofilen befaßt haben. Aus einer deliktsbezogenen Datenbasis – in der Forschungsphase sind dies besonders ergiebige Fälle der Bereiche Erpressung und erpresserischer Menschenraub – werden Grundregeln und Muster sowie typische Täterpersönlichkeitsstrukturen extrahiert. Ziel ist es, charakteristische Schemata und Verlaufsstrukturen zu isolieren und nach bestimmten Gesichtspunkten zu systematisieren. Die erkannten Charakteristika sollen in der Anwendungsphase als eine Art Maßstab an den aktuellen Fall angelegt werden, um z. B. Prognosen über den weiteren Verlauf des Falles und entsprechend angepaßte polizeiliche Maßnahmen zu ermöglichen. Auf diese Weise können Unsicherheiten und Fehleinschätzungen reduziert und die Risiken für die Opferseite minimiert werden.

Das in der kriminalistisch-kriminologischen Forschungsgruppe des BKA in der Entwicklung befindliche Verfahren soll zu einem Beratungssystem in geeigneten Fällen ausgebaut werden, das der sachbearbeitenden Dienststelle auf Abruf schnell zur Verfügung steht. Erweist sich der Einsatz im zunächst vorgesehenen Deliktsbereich als erfolgreich, kann die gleiche Methodik auch auf andere Kriminalitätsbereiche übertragen werden. Erkennbar ist bereits jetzt, daß dieses neue Werkzeug nur voll greifen kann, wenn seinem Einsatz eine profunde Ausbildung der Polizeibeamten vorausgeht und alle relevanten Entscheidungsträger über Fortbildungsmaßnahmen mit den generellen Möglichkeiten vertraut gemacht worden sind.

Auswertung und Analyse von Datenbeständen polizeilicher Informationssysteme und die Entwicklung der kriminalistisch-kriminologischen Fallanalyse zur Einsatzreife haben das Ziel, vor allem die Sachbearbeitung im Einzelfall oder in komplexen Ermittlungsverfahren zu optimieren. Aber auch im strategisch-planerischen Bereich geht das Erkenntnisinteresse der planenden Instanzen dahin, die Wissensbasis zu verbreitern. Hier besteht das Instrumentarium vor allem aus einem Spektrum unterschiedlicher Lagebilder zur Kriminalität. Da diese Lagebilder sich aus einer Vielzahl von Einzeldaten und -informationen zusammensetzen, die an der polizeilichen Basis entstehen, kann der Wert einer sachgerechten, differenzierten Erhebung und Darstellung von polizeilichem Wissen auf der Mikroebene gar nicht hoch genug eingeschätzt werden.

Als bedeutendstes Lagebild gilt nach wie vor die Polizeiliche Kriminalstatistik (PKS). Ihres Einflusses auf planerische Vorhaben wegen ist der Methodendiskussion zur Entstehung, Aussagekraft und Interpretation ihrer Daten immer wieder breiter Raum in Wissenschaft und Praxis eingeräumt worden. Dem Gegenstand dieser Diskussion wird in Aus- und Fortbildung der Polizei folgerichtig ebenso große Bedeutung zugemessen. Die PKS kann als ein Abbild der Kriminalität – so wie es sich der Polizei darstellt – angesehen werden. Weitere, sich (und die PKS) zudem direkt beeinflussende Kriminalitätsbilder sind beispielsweise (zum Teil medienvermittelte) Sichtweisen der Bevölkerung, das wissenschaftliche Bild von Kriminalität oder der Eindruck von Kriminalitätswirklichkeit, der sich in den Köpfen der Polizeibeamten und anderer Vertreter der formellen Sozialkontrolle festgesetzt hat. Eine Annäherung an die objektive Wirklichkeit von Kriminalität ist vermutlich nur möglich, wenn es gelingt, alle diese

Abbilder der Realität in einem Gesamtbild zusammenzuführen und dieses um weitere wesentliche Aspekte zu ergänzen.

IV. Die kriminologische Regionalanalyse

Der Erweiterung der von der PKS vorgeprägten Sichtweise von Kriminalität diente beispielsweise ein vom BKA durchgeführtes Projekt zur Erstellung überregionaler Kriminalitätslagebilder auf der Basis von Kriminologischen Regionalanalysen (KRA). Es wurden Möglichkeiten untersucht, neben den bisher vorzugsweise der PKS, dem Kriminalpolizeilichen Meldedienst (KPMD) oder anderen (kriminal-)polizeilichen Datensammlungen entnommenen quantitativen Daten auch qualitative Komponenten verstärkt in die Kriminalitätslagedarstellung und -analyse einzubeziehen. Damit sollen Einflußfaktoren auf Ausmaß, Struktur und Veränderung der Kriminalität umfassender als bisher beschrieben und die Informationsbasis für insbesondere polizeiliche Planungen und Maßnahmen optimiert werden.

Im Rahmen dieser Untersuchungen wurde ein idealtypisches Datenmodell, das Aufbauschema Kriminologische Regionalanalyse, erarbeitet. An diesem haben sich sowohl am Projekt beteiligte Dienststellen als auch unabhängig davon durchgeführte Modellversuche mehr oder weniger eng orientiert, um die Grundüberlegungen einem Praxistest zu unterziehen. Das beachtlichste Ergebnis dieser Testphase ist die Feststellung, daß eine tiefgehende Analyse der Kriminalität und der sie quantitativ und qualitativ beeinflussenden Faktoren mit Hilfe der KRA derzeit an wesentliche Grenzen stößt. Zum einen fehlen theoretische Modelle, um die gesammelten Daten zu einem Gesamtbild zu verknüpfen, das eindeutige Aussagen über Wirkzusammenhänge und Abhängigkeiten in der Kriminalitätsentstehung und -ausprägung zuläßt. Die vorhandenen, vor allem polizeiexternen Daten erweisen sich als nur bedingt geeignet, mit Kriminalitätsdaten verknüpft zu werden, da sie nicht für diese Zwecke gedacht sind und daher nach ihrer Entstehung, Abbildungstiefe, Interpretierbarkeit und Verläßlichkeit nicht abschließend beurteilt werden können. Zum anderen sind in Methoden der Kriminalitätsanalyse ausgebildete polizeieigene, aber auch wissenschaftlich vorgebildete Kräfte für diese Aufgabenstellungen kaum vorhanden. Ebenso fehlen der Polizei organisatorische, vor allem aber ausstattungsmäßige Voraussetzungen wie etwa geeignete DV-Einrichtungen und -Programme für Lageberichterstattung und -darstellung.

Die mit den Untersuchungen befaßten Wissenschaftler und Praktiker machen stets die Erfahrung, daß forschungsrelevante polizeiinterne Daten an der Basis nur schwer zu erheben sind, wenn nicht gleichzeitig eine Art Erfolgsgarantie für den praktischen Nutzen geleistet werden kann, der sich aus dem Forschungsprojekt für die datenliefernde Basis ergibt. So befindet man sich hier in einem Dilemma: Einerseits braucht die Wissenschaft umfangreiche Daten, um Kriminalitätsmodelle und Hypothesen zu entwickeln und empirisch zu überprüfen. Andererseits fehlen diese Modelle, um eindeutige Bedürfnisse nach Daten zu formulieren. Keinesfalls darf aber aus Sicht der Praxis eine Sammlung aller möglicherweise irgendwann relevant werdenden Daten „auf Vorrat" angelegt werden. Fehlt deren Nutzung, erlischt das Interesse, die Sammlungen zu aktualisieren oder überhaupt zu beliefern.

Unter pragmatischen Gesichtspunkten bieten sich möglicherweise kürzerfristig realisierbare Alternativen zu dem anspruchsvollen Vorhaben KRA und der darauf aufbauenden Erstellung überregionaler Kriminalitätslagebilder. Verbesserungen des überregionalen Lagebildes für eine höhere Aggregatebene könnten z. B. durch eine Verfeinerung des statistischen Instrumentariums (PKS und Meldedienste) erreicht werden: denkbar ist auf der Makroebene – nach einer grundsätzlichen Neugestaltung der Erfassung im Rahmen von INPOL-neu – ein Zugriff auf die Datenbestände (Einzeldatensätze) der Mikroebene. Sind dort alle mit der Statistik und deren Bewertung verknüpften Informationen erfaßt, lassen diese sich auch auf einer höheren Ebene abrufen und auswerten. Dem stehen zur Zeit allerdings methodische, politisch-datenschutzrechtliche und technische Probleme entgegen.

In die Überlegungen einzubeziehen wäre zudem eine Verbesserung der Aussagefähigkeit der aktuellen Statistik durch ein wissensbasiertes System, das die Einflüsse auf Aussagekraft, Quantität und Veränderung der statistischen Daten erfaßt und fortschreibt. So ließen sich im Laufe der Zeit mit zunehmendem Umfang der Wissensbasis deutlich aussagekräftigere Lagebilder als bisher erstellen, ein Ergebnis, von dem nicht nur die polizeilichen Planer, sondern auch Wissenschaft und Kriminalpolitik profitieren würden.

Nach wie vor hochaktuell ist das Problem der Gewichtung von Straftaten. Aussagen dazu relativieren die absoluten Zahlen der amtlichen Statistiken und können im Zusammenwirken mit Kontextanalysen – methodisch z. B. auf der Basis kriminologischer Regionalanalysen – dazu beitragen, sowohl auf der Mikroebene als auch im kriminalpolitischen Bereich die Planungs- und Entscheidungsbasis zu verbreitern. Ein wesentlicher Beitrag zu diesem Themenkomplex wäre darüber hinaus eine seit langem geforderte, wohl vorzugsweise von seiten der Justiz zu entwickelnde Verlaufsstatistik.

V. Die Kriminalitätsprognose

Ein überaus interessanter Themenbereich neben diagnostischen Fragestellungen ist die Kriminalitätsprognose. Sie wird zwar immer als unabdingbar gerade für strategische Planungen bezeichnet, führt aber in der polizeilichen Praxis – anderes als auf vielen Politikfeldern – eher ein Schattendasein und ist kaum jemals Gegenstand der Aus- und Fortbildung. Äußerungen zur Kriminalitätslage enthalten zwar überwiegend auch prognostische Komponenten in Form allgemein gehaltener Ausblicke und meist unverbindlicher Trendaussagen. Wissenschaftlich fundierte Prognosen hingegen besitzen Seltenheitswert.

Im Zusammenhang mit Kriminalität haben lange Zeit Individualprognosen, z. B. Urteils- und Entlassungsprognosen den Schwerpunkt der Bemühungen gebildet. Allerdings sind eine Reihe von polizeilichen Teilbereichen auszumachen, die sehr wohl prognostische Komponenten beinhalten, auch wenn diese nicht in jedem Falle explizit als solche formuliert werden. Dazu gehören – um nur wenige Beispiele zu nennen – die Anlage von Kriminalakten (wobei man davon ausgeht, daß der Tatverdächtige möglicherweise erneut in Erscheinung treten wird), bei Serienstraftaten die Antizipation des weiteren Vorgehens des oder der Tatverdächtigen (derer man noch nicht habhaft geworden ist), oder (fast) jede Form polizeilicher Planung, z. B. zum zukünftigen Ressourcenbedarf, aber auch im konkreten Einsatzfall zum taktisch richtigen Ansatz von Kräften und Material.

Im Vordergrund der Bemühungen, Kriminalitätsprognosen für polizeiliche Planungen nutzbar zu machen, steht der Wunsch, die Entwicklung der Anzahl von Straftaten und Tatverdächtigen vorhersagen zu können mit dem Ziel, eine ungünstige Prognose zu falsifizieren – der prognostizierte Zustand soll nicht eintreten. Im Verlauf der bisher durchgeführten Prognoseprojekte hat sich gezeigt, daß insbesondere mit Expertenbefragungen, bei denen verschiedene etablierte sozialwissenschaftliche Methoden zum Einsatz kommen, die Vorhersage von Entwicklungen in bestimmten Einzeldeliktsbereichen möglich ist. Es können mit einem Methodenmix praktischen Planungsanforderungen durchaus angemessene Prognoseergebnisse erzielt werden. Beispiele für untersuchte Deliktsbereiche sind Straftaten gegen die Umwelt und Organisierte Kriminalität, über die es bis zur Erstellung von OK-Bundeslagebildern keine statistischen Daten gegeben hat, was die Anwendung mathematisch-statistischer Methoden von vornherein ausschloß. Es bleibt fraglich, ob selbst bei Vorliegen von Zahlen solche Methoden die Vorhersagegenauigkeit entscheidend verbessern können, wenn bei einem Deliktsbereich wie diesem von einem umfangreichen Dunkelfeld ausgegangen werden muß.

Die Durchführung derartiger Prognosen bleibt, solange nicht sozialwissenschaftliche Methoden generell Eingang in die polizeiliche Praxis finden, eine typische Aufgabe für Zentralstellen und da wiederum für solche, die – wie das BKA – über Organisationseinheiten verfügen, in denen kriminalistisch-kriminologische Forschung betrieben wird. Da diese Methoden aber auch unverzichtbar erscheinen, um hohen Ansprüchen genügende Kriminalitätsanalysen zu erstellen und um strategische Planung zu betreiben, stellt sich den Fortbildungseinrichtungen die Aufgabe, diesen Komplex mehr als bisher in die Veranstaltungsplanung einzubeziehen. Ein Teilausschnitt wird bereits von dem erwähnten Pilotlehrgang im BKA abgedeckt. Es dürfte sich aber als förderlich erweisen, auch auf diesem Gebiet einen „Blick über den Zaun" zu tun. So wird etwa in den Niederlanden ein Lehrgang zur Kriminalitätsanalyse durchgeführt, der in bezug auf die Methodenlehre über das hinausgeht, was in unserem Lehrgang vermittelt wird. So wird sowohl im Zuge des Pilotprojektes als auch im Rahmen unseres Auswertungsprojektes der Frage nachzugehen sein, ob und ggf. in welchen Bereichen dieses Mehr an Fertigkeiten für die Praxis notwendig ist. Erste Aussagen dazu erwarten wir im Laufe dieses Jahres.

Daß auch auf der Mikroebene prognostische Methoden weiterentwickelt werden (müssen), beweisen die Bemühungen um die kriminalistisch-kriminologische Fallanalyse. Gerade im derzeit forschungsrelevanten Deliktsbereich der Erpressung und speziell beim erpresserischen Menschenraub spielen wissenschaftlich fundierte Wahrscheinlichkeitsaussagen über das weitere Täterverhalten im konkreten Fall eine entscheidende Rolle im Hinblick auf das Schicksal potentieller oder konkreter Opfer.

Trotz der weitverbreiteten Prognoseskepsis muß weiterhin der Versuch unternommen werden, zumindest in Teilbereichen der Kriminalität Prognosen zu erstellen, diese soweit möglich zu überprüfen und so zu lernen, bessere Prognosen zu machen. Zur Erweiterung der als mangelhaft empfundenen Begründungsbasis für Prognosen muß vor allem die kriminologische Forschung Anstrengungen unternehmen, komplexe theoretische Modelle zu entwerfen, auf denen man Prognosen aufbauen kann. Ob dies in absehbarer Zeit gelingt, bleibt fraglich. Möglicherweise lassen sich Teilerfolge erzielen, denn die Forderung, sämtliche für eine Prognoseaufgabe wesentlichen Informationen über Hypothesen und Anfangsbedingungen zu sammeln und auszuwerten, trifft uneingeschränkt auch für das Modell der kriminalistisch-kriminologischen Fallanalyse zu. Wenn es gelingt, damit zumindest für einige Delikte funktionierende Bearbeitungsstandards zu entwickeln, erweitert sich gleichzeitig die Datenbasis für Aussagen auf einer höheren Aggregatebene.

VI. Der defizitäre Zustand der Kriminalstrategie

Es ist unbestrittener Grundsatz, daß Kriminalitätsanalyse und -prognose unverzichtbare Bestandteile kriminalstrategischer Planungsprozesse darstellen. Unüberhörbar sind allerdings Stimmen, die besagen, daß strategische Planung bei der Polizei bisher nur einen defizitären Ausbaustand erreicht habe. Überhaupt bestehe die grundlegende Schwierigkeit, daß detaillierte empirische Erhebungen darüber, wie in der Polizei insbesondere bei der Verbrechensbekämpfung heute geplant wird, nicht verfügbar seien. Eine Bestandsaufnahme der polizeilichen Planung der Verbrechensbekämpfung stehe noch aus. Dies kann, berücksichtigt man unseren derzeitigen Kenntnisstand in bezug auf Auswertung, Analyse und Prognose, nicht verwundern. Das Niveau der Basisarbeiten für die anspruchsvolle Aufgabe der strategischen Planung bleibt hinter den Erwartungen zurück. Daher kann das Ergebnis des Planungsprozesses (im Planungsdeutsch der Output) naturgemäß nicht deutlich besser sein als das, was die Voraussetzungen (der Input) zulassen.

Strategische Planung benötigt Ziele. Konzepte, Programme, Einzel- und Gesamtstrategien können die angestrebte Wirkung nur entfalten, wenn Planung und Entscheidung von klar definierten, in sich widerspruchslosen Zielvorgaben gesteuert werden. Diese bilden zudem die Basis für eine systematische Bewertung der Ergebnisse. Aus den Zielvorgaben müssen sich eindeutige und operationalisierbare Leitlinien und Handlungsvorgaben ableiten lassen. Dazu sollten Strategien auf möglichst konkrete Probleme zugeschnitten werden. Je detaillierter und transparenter diese Feinziele sind, desto besser sind später auch die Kontrollmöglichkeiten, um den Grad der Zielerreichung feststellen zu können. Gleichzeitig dürften sich auch die (systeminternen) Konfliktmöglichkeiten reduzieren. Bei der Vielzahl von (Fein-) Zielen erscheint es zweckmäßig, ein Ziel-System zu entwickeln, gerade dann, wenn wegen der Komplexität der Aufgabe mehrere Ziele gleichzeitig verfolgt werden sollen bzw. müssen. Hier gilt es besonders auf die Verträglichkeit der Ziele zu achten. Konkret ausformulierte, operationalisierbare Ziele in einer durchdachten Ziel-Hierarchie werden ergänzt um darauf gestützte und daraus abgeleitete Maßnahmen. Diese bestimmen weitgehend die Mittel und Instrumente zur Zielerreichung. In ein Strategiemodell müssen darüber hinaus die Bedingungen einbezogen werden, die für ein wirksames Funktionieren der Mittel und Instrumente von Bedeutung sind. Außerdem sollte Klarheit bestehen über mögliche Aus- und Nebenwirkungen der Maßnahmen.

Praxishandeln steht immer im natürlichen Spannungsverhältnis zwischen der theoretischen Lösung und der realistischen Verwertungschance. Siunnvoll erscheint daher die Konzentration auf das Erreichen bestimmter Nahziele, wobei in Kauf genommen werden muß, daß in vielen Fällen mangels ausreichender wissenschaftlicher Absicherung und spezifischer praktischer Erfahrung ein Rest an Ungewißheit über die Wirksamkeit oder auch Angemessenheit einer Maßnahme besteht. Ein großes Hemmnis scheint indessen schon darin zu bestehen, daß zwar die Problematik der Bildung von Zielsystemen hinreichend bekannt ist, aber nur wenig praktische Erfahrung vorliegt. Hier besteht ein wichtiger Ansatzpunkt für Fortbildung, um das offensichtlich reichlich vorhandene theoretische Wissen in die Praxis zu transformieren, eine Fortbildung, die alle Entscheidungsträger erreicht, zu deren Aufgaben die Festlegung von Zielen gehört. Über den polizeilichen Führungsbereich hinaus gehören dazu auch Planer im Bereich der Kriminalpolitik, die aber ihrerseits auf Entscheidungshilfen aus dem Polizeibereich angewiesen sind.

Zur Lösung kriminalstrategischer Problemstellungen ist angesichts der komplexen Zusammenhänge eine wohlorganisierte Teamarbeit notwendig. Organisationsformen wie Stäbe, Fachkommissionen und -ausschüsse, Arbeits-, Planungs- und Projektgruppen, zu denen ggf. externe Berater hinzugezogen werden können, koordinieren Informationsgewinnung, -auswertung und -weitergabe. Diese Gremien könnten und sollten auch wegen ihrer Nähe zum Planungsgegenstand die Koordination der Umsetzung der Vorschläge und die Beratung von Entscheidungsträgern übernehmen. Gerade in diesem Bereich polizeilicher Planungsarbeit ist möglicherweise ein gewisses konzeptionelles und planungstechnisches Dunkelfeld auszumachen.

So haben sich polizeiexterne Planer verwundert darüber gezeigt, daß beispielsweise die Projektorganisation des Vorhabens INPOL-neu offensichtlich ein Novum polizeibezogener Planung darstellte. Die Leitung der Teilprojekte wird Managementberatungsfirmen übergeben, die Projektmitglieder rekrutieren sich aus Polizeivollzugsbeamten der Länder, des BKA und des BGS. Alle Projektmitglieder sind für die Projektdauer vollzeitlich im Projekt tätig. Besonderer Wert wurde auf das Projektumfeld gelegt: die räumlichen Bedingungen, die logistische Unterstützung durch Personal und DV-Hard- und -Software werden als optimal angesehen. Im Bericht der Projektleitung für die Entwicklung des fachlichen Grobkonzeptes heißt es dazu: „Die Projektmitglieder arbeiteten ausnahmslos mit hohem Engagement und großer Motivation. Dies ist auch deshalb erwähnenswert, weil die Projektarbeit und die damit verbundenen Methoden und Werkzeuge für die meisten Projektmitglieder ein völlig neues Arbeitsumfeld darstellten. Die Projektmitglieder selbst äußerten sich ausnahmslos positiv über die Projektarbeit. Sie machten dabei insbesondere die enorme Erfahrung, daß durch iterative Arbeits- und Entscheidungsprozesse unter ‚gleichrangigen Projektarbeitern' optimale Ergebnisse auch auf völlig neuen Arbeitsfeldern erzielbar sind."

VII. Die kreativen Reserven der Polizei

Nicht zuletzt die Veranstaltungen der Polizei-Führungsakademie bieten immer wieder einen Blick „über den Zaun", beispielsweise in den Bereich der wissenschaftlichen Arbeitsmethodik oder der Planungsarbeit in der Wirtschaft. Auch das BKA hat sich im Rahmen eines Projektes zur Effektivität und Effizienz von Sonderorganisationsformen auf Zeit mit der Arbeitsgruppentätigkeit befaßt. Es macht deshalb nachdenklich, daß in polizeilichen Gremien gerade auf dem wichtigen Feld der Strategieentwicklung, aber auch in vielen anderen Bereichen offensichtlich noch viel zu wenig modernes Projektmanagement sowie Techniken für Ideenfindung und kreatives Denken Eingang gefunden haben. Planungsgremien, selbst mit wichtigsten Aufgabenstellungen, tagen nur sporadisch und beschäftigen nur wenige feste Mitarbeiter. Die Ausbildung auch der Projektgruppenleiter in Grundkenntnisse allseits verfübar zu machen. Optimale technische Ausstattung, insbesondere DV-unterstützte Projektdokumentation und Visualisierungstechnik, fehlt überwiegend. Zudem ist nur selten eine spezielle Informationsstrategie auszumachen, so daß oftmals eine laufende, projektbegleitende Information über den Stand der Untersuchungen unterbleibt. Dies hat zur Folge, daß Redundanzen in der Informations- und Datenbeschaffung entstehen oder erzielte Fortschritte der einen Planungsgruppe bei einer anderen nicht oder nur teilweise Berücksichtigung finden.

So eröffnet sich auch in dieser Hinsicht ein weiteres umfangreiches Themenfeld für die Umsetzung von Wissen in die Praxis durch Aus- und Fortbildung. Hier erscheint das Anbieten von Problemlösungen besonders dringlich und zugleich sinnvoll, weil Möglichkeiten innovativen und kreativen Denkens und Planens nicht nur in strategischer Hinsicht von ausschlaggebender Bedeutung sind, sondern in allen Bereichen kriminalistischer Betätigung zur Anwendung kommen können. Gleichzeitig tragen erfolgreich verlaufende Problemlösungsprozesse erheblich zur Motivation des einzelnen bei, ein Aspekt, der angesichts der überall feststellbaren Arbeitsbelastung in der Polizei nicht hoch genug bewertet werden kann.

Eine Vielzahl positiver Beispiele belegt, daß auch in der Polizei kreative Reserven schlummern, die allerdings nicht immer von allein ans Tageslicht treten, sondern gezielt geweckt und in die richtigen Bahnen geleitet werden müssen. Kriminalitätsbezogene Wissenschaft, noch so engagiert betrieben, kommt nicht ohne Einbeziehung polizeipraktischen Hintergrundwissens aus. Wir dürfen uns dem Planungsbereich trotz der alltäglichen Überflutung mit Vorgängen nicht verschließen. Je mehr der einzelne hier mitmacht oder initiativ wird, desto eher kann er auf Entlastung hoffen. Die vorhandenen Kräfte können indessen nur ausgeschöpft werden, wenn eine wohldurchdachte praxisbegleitende Fortbildung stattfindet, die von den Betroffenen auch inhaltlich akzeptiert wird.

In allen Bereichen, in denen Aus- und Fortbildung stattfindet, muß sich die Veranstaltungsplanung an den sich wandelnden Bedürfnissen orientieren. „Sie muß, soll sie ihren Zweck erfüllen, eine Vielzahl von Themen abdecken. Die mit der „Geschichte der Kriminalistischen Studiengemeinschaft" veröffentlichte Liste aller seit 25 Jahren in dieser von hochengagierten Mitgliedern getragenen Arbeits- und Lerngemeinschaft behandelten Themen liefert anschauliche Beispiele für die Erfüllung dieser Forderung. Dadurch werden auch, wie ich weiß, in jedem einzelnen Bereich die für den Kriminalisten vor Ort so wichtigen konkreten Handlungsanleitungen auf ihrem jeweils neuesten wissenschaftlichen und praktischen Erkenntnisstand vermittelt. Zugleich kommen Hintergrundwissen und insbesondere die Erfahrungen aus der taktischen Fallbearbeitung nicht zu kurz.

Der „Kriminalistischen Studiengemeinschaft" kommt das Verdienst zu, seit 25 Jahren engagiert an der Verwirklichung dieser Vorstellungen mitgearbeitet und damit einen wichtigen Beitrag zur Gewährleistung der Inneren Sicherheit geleistet zu haben.

Literaturverzeichnis

Baurmann, Michael C., Kriminalistisch-kriminologische Fallanalyse (KKF). Vorläufige Konzeption nach ersten praktischen Erfahrungen; in: Bundeskriminalamt, Kriminalistisch-kriminologische Forschungsgruppe (Hrsg.), Polizeibezogene kriminologische Forschung im zusammenwachsenden Europa, Sonderband der BKA-Forschungsreihe, Wiesbaden, 1993, S. 77 – 82

Bundeskriminalamt (Hrsg.), Zweites Symposium: Wissenschaftliche Kriminalistik, Sonderband der BKA-Forschungsreihe, Wiesbaden, 1985

Dörmann, Uwe, Beck, Hans-Werner, Kriminalitätsanalyse und -prognose, Möglichkeiten und Grenzen; in: Kube/Störzer/Brugger (Hrsg.), Wissenschaftliche Kriminalistik, BKA-Forschungsreihe, Bd. 16/2, Wiesbaden, 1984, S. 37 – 76

Hartung, Hans-Joachim, Polizeilicher Informations- und Auswertungsdienst (PIAD), Kriminalistik 1992, S. 612 – 614

Heinz, Wolfgang, Koch, Karl-Friedrich, Kriminalistische Diagnose, Prognose und Strategie auf Makro- und Mikroebene (Methodendarstellung; in: Kube/Störzer/ Timm (Hrsg.), Kriminalistik, Handbuch für Praxis und Wissenschaft, Bd. 1. Stuttgart, 1992, S. 82 – 165

Heinz, Wolfgang, Die deutsche Kriminalstatistik. Überblick über ihre Entwicklung und ihren gegenwärtigen Stand; in: Bundeskriminalamt (Hrsg.), Kriminalstatistik, BKA-Bibliographiereihe, Bd. 5. Wiesbaden, 1990, S. 1 – 169

Jäger, Joachim, Kriminologische Regionalanalyse; in: Polizei-Führungsakademie (Hrsg.), Planung der Verbrechensbekämpfung I – Kriminalitätslagebilder, Münster, 1992, S. 113 – 124

Klink, Manfred, Kordus, Siegfried, Kriminalstrategie. Grundlagen polizeilicher Verbrechensbekämpfung, Stuttgart, 1986

Koch, Karl-Friedrich, Kriminalitätslagebilder. Sonderband der BKA-Forschungsreihe, Wiesbaden, 1992

Kube, Edwin, Planung in der Verbrechensbekämpfung auf der Grundlage wissenschaftlicher Erkenntnisse – Stand und Perspektiven; in: Polizei-Führungsakademie (Hrsg.), Planung der Verbrechensbekämpfung, 4. Kriminalitätskontrolle und Öffentlichkeitsarbeit, Münster, 1986, S. 227 – 258, und Die Polizei 1987, S. 77 – 82

Kühne, Hans-Heiner, Polizeiliche Erfahrung und wissenschaftliche Methodik. Kriminalistik 1993, S. 223 – 225

Oevermann, Ulrich, Leidiger, Erwin, Simm, Andreas, Störmer, Thomas, Tykwer, Jörg (mit einem Beitrag von Dern, Harald), Kriminalistische Datenerschließung. Zur Reform des Kriminalpolizeilichen Meldedienstes. Sonderband der BKA-Forschungsreihe, Wiesbaden, 1994

Polizei-Führungsakademie (Hrsg.), Führung in der Polizei – Der Führungsprozeß I – Zielbildung, Planung, Entscheidung (VS-NfD), 2. Aufl., Münster, 1985

Polizei-Führungsakademie (Hrsg.), Grundlagen der Strategieentwicklung (VS-NfD). Münster, 1992, S. 73 – 119

Steinke, Wolfgang, Das „Oevermann-Projekt" oder die Umkrempelung des Kriminalpolizeilichen Meldedienstes (KPMD). Kriminalistik 1993, S. 187 – 190

Zachert, Hans-Ludwig, Die zukünftige Bedeutung kriminalpolizeilicher Zentralstellen für die nationale und internationale Verbrechensbekämpfung; in: Bundeskriminalamt (Hrsg.), Standortbestimmung und Perspektiven der polizeilichen Verbrechensbekämpfung, BKA-Vortragsreihe, Bd. 38, Wiesbaden, 1993, S. 31 – 42

Strategische, taktische und sozialpsychologische Aspekte einer präventiven Kriminalitätsabwehr

Aus finanziellen Gründen war in dieser Festschrift der Anteil an freien, nicht zur Geschichte der KSG gehörenden Beiträge zu beschränken. Es war leider nicht möglich, alle geeigneten und vorliegenden Manuskripte zu veröffentlichen.

Angesichts der steigenden Bedeutung der polizeirechtlich verankerten Präventionskriminalistik wurden deshalb zukunftsorientiert mit Bedacht einige Beiträge aus diesem Themenkreis ausgewählt. Auf detektionskriminalistische Referate wurde bewußt verzichtet.

Die Beiträge entstammen Referaten, die bei Veranstaltungen der Kriminalistischen Studiengemeinschaft vorgetragen wurden. Eine Ausnahme bildet der Beitrag des Mitglieds der KSG, Generalstaatsanwalt Dr. Janknecht, Bremen, der bei Polizeibeamten Symptome eines auf dem Felde der Strafrechtspflege subjektiv verletzten Präventionsbewußtseins feststellte. Er rügt die heftigen Reaktionen eines aufbegehrenden Unbehagens und Unverständnisses. Sein Referat zeigt dort eine ideale Basis für eine in Zukunft verständnisvollere Zusammenarbeit zwischen Staatsanwaltschaft und Polizei auf, wo nämlich ein wechselseitiges Gespräch zwischen Polizeibeamten und Staatsanwälten vorgesehen ist: hier bietet sich eine Chance, dem Staatsanwalt den polizeilichen Auftrag zur Kriminalitätsbekämpfung, zur Prävention, zur Gefahrenabwehr zu erklären und andererseits dem Polizeibeamten an jedem kritisierten Fall aufzuzeigen, in welchem beschränkten Umfang die Strafprozeßordnung eine Einzelfallahndung (als Minipart einer nur taktischen Reaktion) zuläßt.

Die Kriminalistische Studiengemeinschaft hat sich seit 25 Jahren sicherheitspolitisch und sicherheitspsychologisch um die Festigung dieser Nahtstelle und um Enthornungsmethoden bemüht.

Der willkommene Beitrag Dr. Janknechts bekräftigt diese Bemühungen, die zugleich Eckpunkte der allseitigen Professionalisierung skizzieren.

Präventionskriminalistische Strategien
Helmut Koetzsche

I. Die geschichtliche Gegenwart

1. Dreißig Jahre „go slow"

Kriminalistische Präventionsstrategien, die ansatzweise seit dreißig Jahren und seit Weinbergers Forderungen[1] nach gezieltem Vorgehen entstanden, beschränken sich im wesentlichen auf die Beratung von (potentiellen) Opfern und die Empfehlung von Maßnahmen zur Erhöhung der Hindernisse bei potentiellen Angriffsobjekten durch technische Hilfsmittel („target hardening"). „Durch Strategien und Maßnahmen soll die Gelegenheitsstruktur zur Begehung von Delikten verändert werden"[2]. In dieser Zielvorstellung erkennen wir, daß die in der Polizei übliche Verwendung des Begriffs „Kriminalprävention" sehr eng gefaßt ist. Hinzu kommt, daß die Begriffe „Kriminalitätsprophylaxe", „Kriminalitätsverhütung", „vorbeugende Verbrechensbekämpfung", „Kriminalprävention" oder „Verbrechensvorbeugung" sich nur schwierig abgrenzen lassen. Trotz aller wissenschaftlichen Bemühungen um eindeutige Zuordnungen unterschiedlicher Verfahrensweisen ist eher ein Begriffswirrwarr in der Literatur entstanden. Um die im deutschen Sprachgebrauch verwendeten Begriffe dem internationalen Standard anzupassen, wären die Begriffe „Kriminalprävention" oder schlicht „Prävention" am ehesten geeignet.

Kriminalistische Präventionsstrategien haben sich in den zurückliegenden Jahrzehnten darauf beschränkt, mit der Projektleitung Kriminalpolizeiliches Vorbeugungsprogramm (PL KPVP) als „eine Dienstleistungseinrichtung des Bundes und der Länder die Finanzmittel in Höhe von rd. 3,2 Mio. DM möglichst effektiv einzusetzen und zu bündeln", sowie im Verständnis als „länderübergreifendes Dachprogramm weitestgehend einheitliche Präventionsaussagen zu gewährleisten, föderale Interessen hinsichtlich Drogen-, Jugend- und Ausländerproblemen zu harmonisieren und inhaltliche Vorgaben im Rahmen übertragener Kompetenzen zu erarbeiten"[3].

Mit der Kommission Vorbeugende Kriminalitätsbekämpfung (KVK) gibt es eine weitere Bund-/Länderinstitution, in der die Leiter der Präventionsdienststellen der Landeskriminalämter und das Bundeskriminalamt zusammenarbeiten. Die Präventionsstellen der LKA sind zugleich auch zentrale kriminalpolizeiliche Beratungsstellen, so daß mit Hilfe der KVK einheitliche Aussagen gegenüber den Bürgern gewährleistet werden.

Flächendeckend sind Präventionskriminalisten in weit über 200 örtlichen und regionalen Beratungsstellen tätig. Die überaus knappe personelle Ausstattung (meist nur zwei bis drei Mitarbeiter) schränkt den Wirkungsgrad ein. Diese Beratung erreicht nur interessierte Bürger. Zwischen der ersten Information, der Überzeugung von der Notwendigkeit des präventiven Handelns und der tatsächlichen Vorbeugung aber gibt es erhebliche Unterschiede.

Für den Bereich einer Polizeidirektion in Hamburg hatte ich vor Jahren errechnet, daß die drei Berater trotz ihres hohen Arbeitseinsatzes und trotz der vielen Gespräche und Informationsveranstaltungen fast einhundert (100) Jahre benötigen würden, um alle Bürger bzw. wenigstens alle Haushalte ihres Zuständigkeitsbereichs anzusprechen.

In nahezu allen Bundesländern, ebenso in den Stadtstaaten, wird die Beratung so dicht wie möglich an den Bürger gebracht. Nordrhein-Westfalen hat bei 50 Kreispolizeibehörden während der im Gange befindlichen Organisationsreform Kriminalkommissariate „Vorbeugung" geschaffen und damit als erstes deutsches Bundesland die Prävention auf eine organisatorisch überzeugende Basis gestellt. Diese Präventionskommissariate nehmen die Aufgabe der Beratungsstelle wahr, widmen sich den technischen Hilfen, der Verhaltensprävention und dem Jugendschutz[4]. Psychologen wurden nicht mit eingeplant[5].

Ob die Anbindung der beiden länderübergreifenden Gremien bei den Landeskriminalämtern Baden-Württemberg (PL KPVP) und Nordrhein-Westfalen (KVK) als die beste aller Lösungen zu bezeichnen ist, ist mehr als fraglich. Die Doppelfunktionen der LKA-Bediensteten als Mitarbeiter des eigenen LKA und als Geschäftsführer bzw. Mitarbeiter in einem dieser bundesweit wirkenden Gremien lassen diese Gremien als landesabhängig erscheinen. Der routinemäßige Wechsel nach einigen Jahren von einem zum anderen LKA unterbricht die fachliche Kontinuität. Die jeweils beiden LKA machen mit ihrem Briefkopf deutlich, daß sie über der gemeinsamen Aufgabenstellung dominieren.

Soweit zum Sachstand der Organisation der polizeilichen Prävention, hinter der Strategien zu vermuten sind. Es hat sich in dreißig Jahren trotz vieler Seminare, Konferenzen und Gesprächsrunden in Deutschland im Sinne einer inhaltlichen Vertiefung und einer langfristigen Strategie wenig verändert. Auch die Teilnahme hochrangiger deutscher Vertreter an internationalen Zusammenkünften und Arbeitsgruppen (z.B. UNO-Konferenzen im Fünf-Jahre-Rhythmus seit 1955 (die Europarat-Empfehlung [19] 1987) haben kaum etwas bewirkt. Die Arbeit der „Brandt-Kommission" (AK Kripo 1993), die neue organisatorische Wege aufzeigte, führte bisher nur dazu, daß jetzt eine gemeinsame Geschäftsstelle bei einem LKA geschaffen werden s o l l. Selbst die Fortschreibung des Sicherheitsprogramms durch die Innenminister/-senatoren des Bundes und der Länder im November 1994 räumt nur verbal der Prävention eine hervorragende Rolle ein. Konkrete Angaben über Aufgabenzuweisungen, zeitliche Planungen und Modalitäten der Durchführung von kriminalpräventiven Programmen fehlen völlig.

2. Dreißig Jahre Sickereffekt

Wer sich mit den sozialpsychologischen Entwicklungen in den demokratischen Industrienationen befaßt, kommt nicht an der Feststellung vorbei, daß ein Mehr an Freiheit, ein Mehr an individuellem Gestaltungsspielraum, ein Mehr an Wohlstand, die große Freizügigkeit und die Reisemöglichkeiten erfreulich vielen Bürgern ein freies

Leben zeigt und Selbstbestätigungen gibt. Andererseits gibt es eine zunehmende Zahl von Menschen, die dieses Wohlstandssyndrom nicht (mehr) miterleben können, weil sie obdachlos, suchtabhängig oder auf andere Weise gesundheitlich und/oder sozial behindert sind. Sie leben in Stadtteilen mit hohen Kriminalitätsraten. Es sind dies Menschen, die aus anderen Kulturkreisen stammen und die u.a. plötzlich mit den „Wertvorstellungen" der westlichen Industriewelt konfrontiert werden.

Die allgemeinen Hoffnungen, die sich an den Zusammenbruch sozialistisch-kommunistischer Herrschaftssysteme knüpften und die den vollständigen „Frieden" erwarten ließen, haben sich bisher nicht erfüllt. Zu groß sind die Unterschiede zwischen wohlhabenden und armen Nationen; zu groß ist die Kluft zwischen Demokratie und Sozialismus; zu groß ist das Gefälle zwischen Ost und West. Jeder will besitzen und den Besitz behalten.

Der permanente Nachholbedarf an individuellem Eigentum ist daher groß. Gleichzeitig werden aber die Schranken gegenüber fremdem Eigentum abgebaut. So kam es in den letzten Jahren zu jener Explosion an Eigentumsdelikten, insbesondere beim Kraftfahrzeug- und Ladendiebstahl, welche die Kriminalitätsstatistiken aufblähen. Dieser Nachholbedarf neuerdings vor allem im Einzugsbereich ehemaliger Ostblockstaaten schafft für westliche Länder besondere Probleme.

Diese eskalierende Entwicklung trifft in Deutschland auf ein weitgehendes Unverständnis für nahezu alle Präventionsfragen. Es wird ignoriert, auf welche Weise Kriminalität verhindert werden könnte. Über die erwähnten kriminalistischen technisch-taktischen Präventionsbemühungen im engeren Sinne hinaus stecken mittelfristig angelegte präventive Anstrengungen selbst auf dem Gebiet der präventablen Delikte immer noch in den wildwüchsigen, teilgeregelten Anfängen. Zwar hat die Polizei-Führungsakademie in Münster mit vielen Seminaren immer wieder versucht, das Anliegen der Prävention nach allen Seiten hin zu verdeutlichen. Auch das Bundeskriminalamt hat in mehreren Arbeitstagungen Fragen der Prävention aufgegriffen. Wer weiß, wie wenig an Informationen von zurückkehrenden Seminar- oder Tagungsteilnehmern in den Heimatdienststellen umgesetzt, vermittelt und weitergegeben werden kann, wird erkennen, wie schwach und langsam der „Sickereffekt"[6] zu den gewünschten Veränderungen führt.

3. Makro-, Meso- und Mikroprävention

„Keine Regierung und keine Bataillone vermögen Recht und Freiheit zu schützen, wo der Bürger nicht imstande ist, selber vor die Haustüre zu treten und nachzusehen, was es gibt." (Gottfried Keller, „Zürcher Novellen")[7]. Der Dichter erwähnt die Aufmerksamkeit des Bürgers, der vor die Tür tritt (und seinen „defensable space" markiert), als Indikator für Bürgersinn, Aufmerksamkeit, Gemeinschaftsgesinnung und Handlungsbereitschaft. Genau das aber sind auch die Elemente jeder erfolgreichen in der Bevölkerung verankerten Prävention. Nur die Mitwirkung aller Bürger[8] und die gemeinsame, ressortübergreifende und partnerschaftliche Zusammenarbeit von Organisationen, Behörden, Wirtschaftsunternehmen, Vereinen und Privatpersonen können dazu beitragen, daß wenigstens die präventablen Delikte verringert werden könnten.

Paul Kennedy hält in seiner Zukunftsvision[9] die heutigen Nationalstaaten für einige Probleme zu groß, um effektiv operieren zu können, für andere Probleme jedoch zu klein. Dieses Mißverhältnis scheint auch für die Probleme der Kriminalitätsverhütung zu stimmen. Kennedy meint, daß „starke Tendenzen vorhanden sind, um eine Verlagerung der Autorität sowohl nach oben als auch nach unten zu erreichen, um Strukturen zu schaffen, die besser in der Lage sind, auf die heutigen und zukünftigen Kräfte des Wandels zu reagieren". Die Vorbeugung gegen die gemeinschaftszerstörende Kriminalität könnte von diesem Gedanken profitieren, meine ich.

Einerseits müssen internationale und nationale Präventionsnetzwerke entwickelt werden, um Erfahrungen sammeln und austauschen zu können. Andererseits können nur lokale Strukturen dafür sorgen, daß den jeweiligen Verhältnissen entsprechend angepaßte präventive Maßnahmen durchgeführt werden.

Neben den bisher in der Literatur üblichen Begriffen der primären (eher auf soziale Grundfragen gerichteten), der sekundären (auf Gefährdungsmomente bezogenen) und der tertiären Prävention (überwiegend dem Umgang mit Gestrauchelten gewidmet)[10] lassen sich in einer zweiten Dimension außerdem auch situations-, täter- oder opferbezogene Vorgehensweisen unterscheiden[11].

Daneben ist eine dritte Dimension zu beschreiben, die sich grundsätzlich nach der Organisationsebene richtet. Hierbei lassen sich nationale, landesweite Makro-Präventionen, regionale (Bezirks-, Kreis-, Stadt-) Meso-Präventionen und lokale (kleinere Gemeinde, Wohngebiet, Ortsteil, Straßenzug) Mikro-Präventionen unterscheiden. Anhand praktischer Erfahrungen, die in jüngster Zeit in der Literatur genannt werden[12], wird deutlich, daß gerade den Meso- und Mikro-Präventionen besondere Bedeutung zukommt.

Die Makro-Ebene ist in Deutschland nicht nur einmal, sondern gleich in 17 Varianten vorhanden. Nationale Maßnahmen (z.B. in Belgien ab 1985 und in Frankreich ab 1983, nachdem dort Nationale Räte für Kriminalitätsverhütung eingeführt wurden), weisen geringe Erfolge auf der Makro-Ebene auf. Nur dort, wo es gelang, im lokalen Bereich langfristig und nachhaltig Projekte und Maßnahmen durchzuführen, zeichnen sich nennenswerte Erfolge ab. Dabei ist wesentlich, lokal engagierte Personen zu finden, die sich der Prävention aus voller Überzeugung widmen[13].

Vom Schwedischen Rat für Kriminalitätsvorbeugung[14] werden zwei Hauptursachen für Kriminalität, nämlich
    – die hohe Zunahme der Tatgelegenheiten
auf der einen und die
    – gleichzeitige Abnahme informeller und formaler sozialer Kontrollen
auf der anderen Seite als Ausgangspunkte für präventive Bemühungen eingeschätzt.

Es wird für richtig und wichtig gehalten, daß die Präventionstaktiken operativ sinnvoll zusammengefaßt

- so dicht wie möglich an deliktsträchtigen Orten ansetzen,
- von möglichst vielen unmittelbar lokal zu beteiligten Individuen und Organisationen getragen werden,
- weitestgehend unter Beteiligung der Betroffenen erfolgen,
- von den ranghöchsten Vertretern der Gemeinde gemeinsam mit dem lokalen Rat für Kriminalitätsverhütung durchgeführt werden,
- hauptsächlich auf junge Menschen (Vorschulalter, Schule, Berufsausbildung, Freizeitgestaltung, Arbeitsvermittlung) abzielen.

Vorrangige Ziele sind die Aufhellung der mentalen Voraussetzungen der Kriminalität und die Anstrengungen, kriminogene Situationen zu entschärfen und die Funktionalität des Zusammenwirkens von Straftaten z.B. durch Verhinderung von Organisation und Logistik zu unterbrechen.

Die erfolgreiche Sozialisation aller Bürger durch das Erarbeiten zukunftsverheißender Bedingungen[15] muß dabei an erster Stelle stehen. Barry Poyner[16] hat 122 Bewertungsstudien analysiert, die über 47 unterschiedliche Arten präventiver Maßnahmen berichten.

Im Rahmen von Öffentlichkeitskampagnen hält er persönliche Besuche und das Informieren von Bürgern durch Polizeibeamte für besonders wirkungsvoll. Im Mittelpunkt der Begegnung steht das persönliche, vielleicht sogar suggestive Gespräch. Die Öffentlichkeit für Präventionsprojekte allgemein sowie die Verwendung von Plakaten und Hinweisen gegen Ladendiebstahl werden als wirksam eingeschätzt.

Bei Aufsichts-, Kontroll- und anderen Überwachungsmaßnahmen erwiesen sich zusätzliche Fahrkartenkontrolleure, Bewachungspersonal für Wohnblöcke und verstärkter Personaleinsatz bei öffentlichen Einrichtungen als besonders wirksam.

Bei der äußeren Umfeldgestaltung zeigten Einrichtungen zur Erleichterung der Arbeit von Aufsichtsorganen, breitere Gänge bei Marktständen und Parkuhren mit Schaugläsern für Münzeinwurf besondere Wirkung.

Im Bereich sozialer und gemeinschaftsorientierter Dienstleistungen wiesen Erziehungsprojekte bessere Erfolge auf als Beratungen, die Bildung von Anwohnervereinigungen oder die Organisation von Freizeitveranstaltungen für junge Menschen.

Bei Sicherheitseinrichtungen waren Lenkschlösser, gesicherte Drogenschränke in Apotheken und die Ankettung von Waren in Verkaufsräumen besonders geeignet. Bei den Veränderungen von Tatgelegenheiten wirkten abgezähltes Fahrgeld in Omnibussen, reduzierte Bargeldsummen in Kassenboxen und der Fortfall von Münzautomaten bei Gas- und Elektrizitätszählern in Wohnungen kriminalitätsverhütend.

An sonstigen Maßnahmen ragten persönliche Identifizierung bei Scheckzahlungen[17], öffentliche Hinweise auf besonders ladendiebstahlsgefährdete Waren und die Belohnung (standhafter) Kinder als Methode gegen Ladendiebstahl hervor.

In dem bereits zitierten britischen Morgan-Bericht wird die Rolle der Medien bei Projekten der Kriminalitätsverhütung besonders herausgestellt und die Bedeutung unterstrichen, die der Einsatz von Koordinatoren hat. Neben den Organisationsformen örtlicher Gremien der Kriminalitätsverhütung, die von unabhängigen Persönlichkeiten, der Ortsverwaltung oder von den Polizeibehörden des Ortes oder Bezirks geleitet, angeregt und unterstützt werden, kommt große Bedeutung auch den Gremien zu, die allein auf dem Enthusiasmus besonders engagierter Einzelpersonen beruhen.

Der Bericht stellt drei Punkte in den Vordergrund:

- Die Anerkennung von Kriminalitätsverhütung als eine Aufgabe, die durch die Gemeinden zu lösen ist. Gesetzliche Regelungen sind notwendig.
- Die Übereinstimmung von Zuständigkeiten und Kompetenzen der Teilnehmer an den örtlichen Gremien für Kriminalitätsverhütung und ihre Vereinbarkeit mit den örtlichen politischen Strukturen.
- Die Bedeutung des Einsatzes hauptamtlicher Koordinatoren für diese Aufgabe und die Bedeutung von Begleitung und Bewertung von Projekten bzw. Maßnahmen der Kriminalitätsverhütung.

Landesweite Vorhaben werden als „Programme", örtliche Vorhaben als „Projekte" bezeichnet. Diese können aus mehreren oder einzelnen „Maßnahmen" bestehen. Die niederländische Meta-Evaluation von Polder et al.[18] mündet zusammenfassend in drei wesentlichen Feststellungen:

- Präventionschancen sind dann größer, wenn sich gegenseitig verstärkende und vielschichtige Bemühungen auf ein relativ kleines Ziel gerichtet sind;
- die Chancen der Einwirkung wachsen umgekehrt zur Gewichtung der Kriminalität;
- die Wirksamkeit der Kriminalprävention wird größer, wenn Täter erkennen, daß sie sich infolge der Präventionsmethoden stärker bemühen müssen, um ihr Ziel zu erreichen und wenn gleichzeitig für sie die Gefahr vor Entdeckung größer wird.

II. Der unterste politische Nenner

1. Die partikularistische Prävention

Deutschland zeigt im Vergleich zu westlichen Nachbarländern bei der Prävention in zweierlei Hinsicht deutliche Unterschiede.

Erstens wird Kriminalprävention immer noch vornehmlich als Aufgabe der Polizei angesehen; die Neigung, gesamtgesellschaftlich und ressortübergreifend zusammenzuarbeiten, läßt deutlich zu wünschen übrig.

Zweitens sind die Zuständigkeiten für Polizei und Schule eindeutig Sache der Länder. Es bleibt kein Raum für wirklichkeitsgerechte einheitliche Präventionsmethoden.

Bund/Ländergremien (wie die Ständige Innenministerkonferenz (IMK), die Konferenz der Kultusminister (KMK), der Arbeitskreis Innere Sicherheit der IMK (AK II) usw.) können immer nur Kompromisse schließen. Der Föderalismus stellt den für Prävention wirksamen Ansätzen mehr als nur ein Bein. Internationale Erfahrungen oder gar Empfehlungen zu negieren scheint eine deutsche Eigenart zu sein. Dafür gibt es Beispiele. Der Streit um die Geschwindigkeitsbegrenzungen, um Benutzung des Fahrlichts am Tage oder der Widerstand gegen die Empfehlung des Europarates zur Organisation der Kriminalprävention sind hier anzuführen.

Die Bundesrepublik lehnt eine Zuständigkeit für kriminalpräventive Maßnahmen ab, wie sich aus der Antwort der Bundesregierung vom 20. Juli 1993 auf eine große Anfrage zum Thema „Sicherheitsbedürfnis der Bevölkerung und Massenkriminalität" (Bundestagsdrucksache 12/5452) lesen läßt.

Darin heißt es u.a. in Ziffer 3.18 auf Seite 27:

„Für den Bereich der Kriminalprävention fehlt es an einer Aufgabenzuweisung an den Bund. Bei der vorbeugenden Gefahrenabwehr handelt es sich um eine klassische Aufgabe der Länder." Gleichzeitig wird aber „die Einrichtung ressortübergreifender Präventionsgremien" begrüßt (Ziffer 3.20, Seite 28). In der Vorbemerkung heißt es außerdem: „Kriminalität ist aber allein mit polizeilichen oder strafrechtlichen Mitteln nicht einzudämmen. Sie ist auch ein Indikator für gesellschaftliche Mißstände." Und weiter: „Die Sicherheits- und Kriminalpolitik der Bundesregierung war und ist daher immer darauf ausgerichtet gewesen, Kriminalitätsbekämpfung nicht nur repressiv zu sehen, sondern eingebunden in eine gesamtgesellschaftliche Verantwortung, die ein Zusammenwirken aller gesellschaftlichen Kräfte erfordert...".

Trotz dieser Erklärungen werden auf Bundesebene durchaus präventive Programme durchgeführt, beispielsweise auf dem Gebiet des Drogenmißbrauchs.

Der Slogan „Keine Macht den Drogen" war unschwer auf der Kleidung der deutschen Fußballmannschaft auch während der Weltmeisterschaft zu erkennen; im Aktionsprogramm gegen Aggression und Gewalt von Jugendlichen (AGAG) werden in den neuen Bundesländern rund 140 Projekte mit jährlich 20 Millionen DM vom Bundesministerium für Frauen und Jugend (BMFJ) gefördert; mit dem Informations-, Fortbildungs- und Forschungsdienst Jugendgewaltprävention (IFFJ) des Vereins für Kommunalwissenschaften e.V., Berlin, ist ein wichtiges Instrument der Prävention entstanden. Weitere Forschungsprojekte werden von anderen Bundesministerien (z.B. auf dem Gebiet des Öffentlichen Personennahverkehrs) betrieben.

Neben staatlichen Vorhaben ist die bundesweite private Initiative erwähnenswert: Der gemeinnützige Verein Weißer Ring e.V. hat neben seinem Hauptsatzungsziel (der Hilfe für Opfer von Straftaten) auch die Prävention in Form von Unterstützung staatlicher Stellen auf seine Fahne geschrieben und dafür seit seiner Gründung 1976 inzwischen 27 Mio. DM ausgegeben[19]. Außer der bundesweiten Verbreitung der Aufklärungsbroschüre aus Baden-Württemberg („Rauschgift – ohne mich"), einer Arbeitsmappe mit Unterrichtsmaterial aus Nordrhein-Westfalen („Jugendkriminalität – wir diskutieren") und einer Serie von Warnschildern gegen Diebstahl hat sich der Weiße Ring an einigen örtlich begrenzten Präventionsprojekten beteiligt, darunter auch am Pilotprojekt der KVK „Die sichere Tür" in Karlsruhe.

Wegen der fehlenden Zentralstelle für Prävention liegen zuverlässige Informationen über Präventionsaktivitäten zwangsläufig nur beschränkt vor. Fünf Bundesländer (BB, HE, MV, SH, ST) haben Gremien auf Landesebene mit den Bezeichnungen „Rat für Kriminalitätsverhütung", "Präventionsrat" oder „Konzentrierte Aktion – Kommunale Kriminalitätsverhütung" geschaffen. Die unterschiedlichen Bezeichnungen für die Organisationen sind letztlich unwichtig, solange es sich um ressortübergreifende Partnerschaften handelt, die mehr öffentliche Sicherheit schaffen wollen. In einigen Orten und Kreisen sind weitere Gruppierungen entstanden. Aufgrund ministerieller Weisungen beteiligt sich meistens die örtliche Polizei. Sie gibt Anregungen, informiert über ihre Feststellungen, soll aber im übrigen die Initiative den Gemeindevertretern bzw. anderen Beteiligten überlassen. Weitere Bundesländer (NI, NW) forderten ihre Landespolizeien dazu auf, auf örtlicher Ebene initiativ auf die Konstituierung koordinierter, übergreifender Gremien hinzuwirken. In BB wurde in zehn Gemeinden ein Pilotprojekt „Sicherheitspartner" eingeführt, das die Bürger in die aktive Mitwirkung an der Kriminalitätsverhütung einschaltet. Dieser Versuch ist nicht mit der „Sicherheitswacht" zu verwechseln, die in Bayern versuchsweise in drei Städten eingerichtet wurde. In HB, NW, RP und SN entstanden außerdem in einigen Orten Präventionsgremien. Ähnliches gilt auch für NI. In Delmenhorst begann 1987 die erste deutsche Präventionsbeauftragte zu arbeiten. Deren Arbeit ruht z.Z. und soll durch eine ABM-Kraft wieder aufgenommen werden.

Über die Schwierigkeiten, die in der Anlaufphase des „Ressortübergreifenden Präventionsmodell Osnabrück (RePrOs)" zu erleben waren, wird in der Fachzeitschrift „Kriminalistik" berichtet[20]. Bezeichnenderweise sollen auch die Gemeinden in NW die angebotene finanzielle Unterstützung des Landes in Höhe von insgesamt 17 Mio. DM für diesen Bereich wegen der Zweckbindung – ungeachtet ihres sonstigen Finanzbedarfs – kaum abgerufen haben.

In RP wurden kommunale „Kriminalpräventive Räte" bzw. „Räte für Kriminalitätsverhütung" in Ludwigshafen und Trier im Frühjahr 1994 gegründet; in Kaiserslautern, Koblenz, Bad Kreuznach (hier unter der Bezeichnung: „Runder Tisch zum Thema Innere Sicherheit"), Mainz und im Polizeipräsidiumsbereich Rheinhessen sollen noch in diesem Jahr vergleichbare Gremien gegründet werden[21].

In SN fand am 18. August 1994 eine Fachtagung[22] unter Leitung des Staatsministers des Inneren statt, die in den Kreisen und Gemeinden Anstöße zur Gründung ressortübergreifender und gesamtgesellschaftlicher Gremien auslösen soll und möglicherweise zur Gründung eines Rates auf Landesebene führen wird. Eine weitere Veranstaltung in dieser Zielrichtung wird mit den Spitzenvertretern der Kreise und Gemeinden folgen.

In BW rief das Innenministerium im Dezember 1983 das Pilotprojekt „Kommunale Kriminalprävention" ins Leben, an dem sich die Städte Freiburg, Calw, Heilbronn, Ravensburg und Weingarten beteiligten. Wahrscheinlich wird 1995 ein vorläufiges Ergebnis vorliegen, von dem das weitere kriminalpräventive Vorgehen in diesem Bundesland abhängen wird[23].

Aus den übrigen Bundesländern liegen kaum Informationen vor, die über Ansätze auf der Mikro-Ebene herausgehen. Allgemein wird aber erkennbar, daß es kein Bundesland mehr gibt, in dem die Frage der Kriminalitätsverhütung noch aus polizeilichem Blickwinkel allein betrachtet wird.

Zum Teil werden allerdings Veränderungen an sozialen Brennpunkten durch andere Ressorts bewirkt, ohne als Kriminalprävention bezeichnet zu werden. Dazu gehören beispielsweise in Berlin eingeführte Projekte nach Abschluß des Forschungsvorhabens „Berlin gegen Gewalt", und in Hamburg die Bemühungen der Stadtentwicklungs-Behörde unter Einsatz von 15 Millionen DM in acht Pilotstadtteilen (1992/1993) die Eigenkräfte vor Ort zu stärken, um den sozialen Abstieg der Stadtteile aufzuhalten. Trotz der Haushaltskürzungen im übrigen Haushalt des Senats sollen künftig 10 Millionen DM jährlich für die Aktivierung der autogenen Präventionen eingesetzt werden. In Bremen sind in diesem Zusammenhang – beispielsweise die Einführung von Eingangslogen mit Pförtnern in den Hochhäusern im Stadtteil Osterholz-Tenever und in Bremerhaven zu nennen.

2. Der geringste psychologische Aufwand

Bei Würdigung der (polizeilichen) Bemühungen um kriminalistische Präventionsstrategien läßt sich also feststellen, daß die in den sechziger Jahren mit Beratungsstellen begonnene Arbeit in den Ländern nur sehr begrenzt Erfolge aufweist. Besondere Deliktstrategien betrafen Delikte im Zusammenhang mit dem Kraftfahrzeug oder richteten sich speziell gegen Fahrrad- oder Ladendiebstähle[24]. Bis zur Öffnung der Grenzen im Osten wurde Deutschland im weltweiten Vergleich wegen der gesetzlich vorgeschriebenen Sicherheitseinrichtungen in Kraftfahrzeugen als Vorbild betrachtet.

Zwischen der Informationsvermittlung, dem dadurch ermöglichten Verständnis für präventive Maßnahmen und der tatsächlichen Anwendung dieser Kenntnisse bestehen in praxi erhebliche Abweichungen. Häufig werden Abwehrmaßnahmen erst dann getroffen, nachdem der Betrieb oder die Personen bzw. Familien bereits Opfer einer Straftat wurden.

Leider ist die präventive Gefahrenabwehr innerhalb der Polizei immer noch nicht so selbstverständlich geworden, wie der eindeutig formulierte gesetzliche Auftrag dies erfordert. Die Präventionskriminalisten erlangen keineswegs die volle Anerkennung ihrer Kollegen. Präventionsaufgaben gelten als „weiche" Arbeitsleistungen. Die

„harte" Arbeit der Ermittlung und Überführung von Straftätern wird der Prävention vorgezogen.

In der Aus- und Fortbildung hat die Prävention – im In- und Ausland – ebenfalls noch nicht den ihr gebührenden Stellenwert erreicht. In einer kürzlich erschienenen Veröffentlichung[25)] des niederländischen Sekretariats für „Soziale Sicherheit im Öffentlichen Personenverkehr"[26)] heißt es: „Noch zu oft wird die Arbeit für soziale Sicherheit als eine Angelegenheit betrachtet, die von einem Grüppchen davon begeisterter Enthusiasten betrieben wird." Der Ausspruch Albert Einsteins „Holzhacken ist deshalb so beliebt, weil man bei dieser Tätigkeit den Erfolg sofort sieht" weist auf die Problematik der „spurenlosen Arbeit" als dem Hauptproblem jeder präventiven Arbeit hin[27)].

3. Die ewigen „Müßte-man"-Vorstellungen

Die Kriminalprävention müßte allgemein als gesamtverantwortliche, ressortübergreifende und partnerschaftliche Aufgabe der Bürger anerkannt werden. Regierungsprogramme in den Niederlanden und in Großbritannien z.B. haben seit 1984 diese Anerkennung in vollem Umfang erreichen können. Das bedeutet nicht, daß alle Projekte in allen Orten zu jeder Zeit bereits deutliche Erfolge aufweisen. Das Bewußtsein der Bevölkerung hat sich aber verändert. In den Gemeinden entstand Verständnis für Vorbeugung gegen Kriminalität.

In Deutschland muß ein zentrales Präventionsinstitut geschaffen werden. Geeignet wären dazu das Bundeskriminalamt, die Polizei-Führungsakademie oder – vielleicht besser, um die Rolle der Polizei nicht hervorzuheben – die von den Justizministern ins Leben gerufene Bund/Ländereinrichtung der Kriminologischen Zentralstelle e.V. in Wiesbaden. Ähnliche Forderungen werden seit langen Jahren erhoben. Sie wurden in den letzten Jahren im politischen Raum durch den Bundesinnenminister vorgestellt[28)].

Auch bei Arbeitstagungen des BKA und der PFA wird diese Forderung immer wieder betont. Damit würde zugleich endlich ein zuständiger Ansprechpartner und Koordinator für internationale Kommunikation und Erfahrungsaustausch vorhanden sein. Dazu gehören entsprechende Gremien auf der Länder(Makro)-Ebene. Wirksame Projekte können am besten von der örtlichen Bevölkerung entwickelt und getragen werden. Landesprogramme sind hierbei hilfreich, weil sie den Willen der Regierung dokumentieren. Informationen über Art und Weise kollektivgesellschaftlicher, partnerschaftlicher Ansätze für kriminalpräventives Vorgehen sind für lokale Vorhaben unerläßlich.

Ob auf Landesebene übergreifende Gremien (z.B. „Räte für Kriminalitätsverhütung" oder „Interministerielle Arbeitsgruppen" o.ä.) unbedingt erforderlich sind, kann hier offen bleiben. Die unterschiedlichen Erfahrungen, die zur Zeit in Deutschland auf allen Ebenen gesammelt werden, werden dazu beitragen, die Frage in Zukunft zu klären. Ob den Erfahrungen dann ein entsprechender politischer Wille folgen kann, bleibt abzuwarten.

Unsere europäischen Nachbarn halten jedenfalls zentrale Stellen für erforderlich. Erwähnt sei das Ständige Sekretariat für Kriminalprävention in Belgien, die Direktion Kriminalprävention im niederländischen Justizministerium, die private Organisation Crime Concern neben entsprechenden Abteilungen des Britischen Innenministeriums oder die Räte für Kriminalitätsverhütung in Dänemark, Norwegen und Schweden.

Der Gedanke der taktisch und psychologisch untermauerten Kriminalprävention muß schließlich fest in der polizeilichen Aus- und Fortbildung verankert werden. Nur wenn alle Bediensteten innerlich vom Nutzen der Vorbeugung überzeugt sind, können sie diese Aufgabe nach außen vertreten. Die Schwierigkeiten beginnen bereits bei der Bewertung polizeilicher Präventionstätigkeit, weil die politische Grundentscheidung für die Vorbeugung nicht genügend akzentuiert vorgetragen und durchgesetzt wird.

„Die Kriminalitätentwicklung einerseits und auf der anderen Seite die in der Demokratie bewußt begrenzten Ressourcen der Sicherheitsorgane machen nach Meinung aller Fachleute verstärkte Bemühungen in der Kriminalitätsverhütung unter Einbeziehung aller gesellschaftlichen Kräfte zu einer zwingenden Zukunftsaufgabe"[29].

Fußnotenverzeichnis

1) Rolf Weinberger hat als erster deutscher Kriminalist 1964 in Bayern für gezielte polizeiliche Präventionsmaßnahmen zur Beratung von potentiellen Opfern und zur Beseitigung von Schwachstellen gesorgt. Aus seinen Ansätzen entstanden die Bund/Ländergremien, die heute noch – in abgeänderter – Form bestehen. Den „Deutschen Rat für Kriminalitätsvorbeugung", den er ebenfalls forderte, gibt es heute noch nicht.

2) Kube, Edwin, Systematische Kriminalprävention, Sonderband der BKA-Forschungsreihe, 2. Auflage, Wiebaden, 1987, 326

3) zitiert nach einem Vortrag von Peter Raisch im Rahmen des 15. KPVP-Seminars an der PFA Münster im Juli 1993

4) der Informationsschrift „Polizei im Wandel" (IM NW, Düsseldorf, Januar 1994) entnommen.

5) Die vom Landeskriminalamt Bremen vor 20 Jahren erarbeiteten Vorschläge für ein Präventionsreferat im LKA, in dem auch ein Psychologe tätig sein sollte, blieben unbeachtet.

6) Schäfer, Herbert, Der Sickereffekt, Kriminalistik, 1985, S. 231

53

7) Mit diesem Zitat leitet das brandenburgische Ministerium des Innern die Presse-mitteilung 45/94 vom 2. Mai 1994 ein, mit welcher der Modellversuch „Sicherheitspartner: Bürger wirken mit für mehr Sicherheit" vorgestellt wurde.

8) In diesem Referat wird bewußt die historische Art gewählt, um Personen zu bezeichnen. Weder die „geschlechtergerechte Rechtssprache" noch emanzipatorisch wirkende Bezeichnungen können die tatsächliche Gleichbehandlung von Frau und Mann bewirken, sondern nur die innere Überzeugung und gemeinsame Problembewältigung. Ich lehne die nach Art des Orwell'schen „newspeak" neuen Wortschöpfungen bewußt ab, weil sie mehr Gräben schaffen statt Brücken zu bauen.

9) in seinem Buch „In Vorbereitung auf das 21. Jahrhundert", Frankfurt/Main, 1993

10) u.a. zitiert nach Kube/Koch, Kriminalprävention, Lehr- und Studienbriefe Kriminologie Nr. 3, Hilden 1992, 9

11) nach Jan von Dijk/Jaap de Ward, A two dimensional typology of crime prevention projects, Den Haag, 1991

12) z.B. Home Office (ed.), Safer Cities – Progress Report 1992/1993, London, 1993; auch: Etman et al. (Hrsg.), Preventie von criminaliteit – Mogelijkheden in gemeenten, Houten/Zaventem, 1992

13) sehr überzeugend dargestellt im „Morgan-Report", herausgegeben von der Ständigen Konferenz für Kriminalitätsverhütung des Britischen Home Office, Safer Communities – The local delivery of crime prevention through the partnership approach, London, 1991

14) National Council for Crime Prevention Sweden (Hrsg.), Crime and Measures against Crime in the City. Stockholm, 1990, 7 ff.

15) so z.B. John Graham, Crime Prevention Strategies in Europe and North America, HEUNI Report No. 18, Helsinki, 1990

16) Poyner, Barry, What Works, in Crime Prevention?, Kings Langley, 1991

17) Solche taktischen Erkennungsmethoden sollen dem Vernehmen nach jetzt endlich auch in Deutschland eingeführt werden!

18) Nachzulesen in Heft 2/92 der Justitiellen Verkenningen, herausgegeben vom Wissenschaftlichen Forschungs- und Dokumentationszentrum (WODC) des niederländischen Justizministeriums, Arnhem 1992, 8 ff.

19) so Eduard Zimmermann am 18. August 1994 in Dresden während eines Referats anläßlich der Fachtagung „Kriminalprävention"

20) Unter der Überschrift „Lokale Basisprävention" beschreibt Ernst Hunsicker die Umstände, die mit der Gründung örtlicher Präventionspartnerschaften verbunden sind (Kriminalistik 1994, S. 543–544). Dabei unterstreicht er vor allem den Einfluß der örtlichen Presse bei solchen Vorhaben. Ähnliche Erfahrungen machte der Referent bei Präventionsbemühungen in Hamburg nach 1980.

21) einem Antwortschreiben (Az. 347/18 250 vom 12. Juli 1994) des rheinland-pfälzischen Ministeriums des Inneren und für Sport an den Verfasser entnommen

22) Bei dieser Fachtagung referierten neben dem Staatsminister des Inneren, Heinz Eggert, und dem Präsidenten des LKA, Peter Raisch, u.a. Dr. Lars Jensen aus Odense/Dänemark, Eduard Zimmermann, der Vorsitzende des Vereins WEISSER RING, Roland Finkel, Geschäftsführer des schleswig-holsteinischen Rates für Kriminalitätsverhütung sowie der Verfasser.

23) Weitere Einzelheiten des Pilotprojekts beschreibt ein Rundbrief des Landespolizeipräsidiums Baden-Württemberg, Az. 31219/4 vom 2. Februar 1994.

24) Zur Abgrenzung der Begriffe „Teil-, Delikts- oder Regionalstrategie" vgl. Herbert Schäfer: Die Systematisierung von Präventionsstrategien; in: Beiträge zur Entwicklung eines Präventionskonzeptes; Schlußbericht der Polizei-Führungsakademie, Münster, 1972, 35 ff.

25) Rundbrief 6 des genannten Sekretariats, das im Verkehrsministerium angesiedelt ist, Den Haag, September 1994, 2

26) Soziale Sicherheit wird dort als Oberbegriff für Sicherheit vor Straftaten analog zur „Verkehrssicherheit" verwendet.

27) Kube, Edwin, Systematische Kriminalprävention, Sonderband der BKA-Forschungsreihe, Wiesbaden, 1987, 351, zitiert

28) z.B. der damalige Bundesinnenminister Wolfgang Schäuble am 23. Mai 1991 bei einer Tagung in Düsseldorf; aber auch Rolf Weinberger, Die Polizei, 1977, 388–392

29) Jäger, Joachim, Kommune und Kriminalprävention; in: Die Gemeinde SH 3/1991, 271

Anmerkungen zur Kriminalitätsprävention in Bremen

Eckard Mordhorst

Vorbemerkung

Prävention ist die vornehmste Aufgabe der Polizei. Nur der Polizei? Nicht auch des Bürgers? Nicht auch anderer Behörden?

Der Satz von der „vornehmsten Aufgabe" wird als Grundsatzbekenntnis seit Jahrzehnten propagiert und den Vollzugsbeamten der Polizei stereotyp aufgegeben, aber eben nur den Polizeibeamten[1].

Gleichwohl liegt das Hauptgewicht der polizeilichen Arbeit in der Repression, werden hier fast ausschließlich die Ressourcen konzentriert, werden begangene, registrierte Straftaten verfolgt, wird die Kriminalität bekämpft und dabei die „Effektivität" gemessen. Die Staatskinder sind inzwischen schon in die offenen Brunnen gefallen, die niemand rechtzeitig abdeckte, und das Jammern ist deshalb laut und groß.

Nach der Tat nehmen gewichtige Institutionen der formellen Sozialkontrolle die Arbeit auf (Anzeigenaufnahme, Tatortbefunde, Berichterstattung, Ermittlungen, Anklageerhebung, Verhandlung und ggf. Verurteilung zu Strafen). Wer aber deckt endlich die offenen Brunnen zu?

Nahezu abseits dieser regulierten Arbeitsabläufe existieren die Tatopfer, die Bestohlenen, die Betrogenen, die Überfallenen, die Vergewaltigten, die Eingriffe in ihre Rechtsgüter hinnehmen, erleiden und erdulden mußten. Das sind die Tatopfer, denen nicht nur materielle, sondern auch immaterielle Schäden zugefügt wurden, geschädigte Opfer, die Traumatisierungen und Angstzustände erleben, die sich möglicherweise aus der Öffentlichkeit zurückziehen, die sich entsozialisieren und sich zum Teil psychologisch verweigern und tatsächlich verbarrikadieren[2].

Wir erleben sehenden Auges die Entstehung einer Lage, die von den Bürgern schon jetzt nicht hingenommen werden kann. Einer weiteren Verschlechterung dieser Lage muß entgegengewirkt werden. Gegenmaßnahmen dürfen und können nicht allein mit den zu spät einsetzenden Mitteln und Methoden des Strafrechts organisiert werden. Alle Bemühungen müssen früher außerstrafrechtlich und vorpolizeilich ansetzen.

I. Die Prädominanz der Prävention

Die Prädominanz der Prävention entscheidet das Spannungsverhältnis zwischen Repression und Prävention[3]. Es ist daher richtig, in einer Geiselnahme-Lage der Prävention im Interesse des Tatopfers den Vorzug zu geben und die Strafverfolgung – zumindest für eine gewisse Zeit – zurücktreten zu lassen. Das Zurücktreten des Strafverfolgungsanspruches ergibt sich zwangsläufig aus einer verfassungskonformen Abwägung der verschiedenen Rechtsgüter und Rechtsaufgaben. Das Leben einer Geisel wiegt nun einmal schwerer als der Anspruch der Strafverfolgung.

Allerdings muß der Blick für die Prädominanz der Prävention erheblich weiter über die Aufgaben der Polizei hinausreichen. Gemeint ist eine generelle Prädominanz der Prävention im Sinne auch einer zeitlichen Reihenfolge und Bedeutung selbst im Verhältnis zur Strafverfolgung. Es geht um die Motivation, die Organisation und Koordination aller gesellschaftlichen Kräfte zur Bekämpfung der Kriminalität, die in der Prävention beginnt. Es geht um das frühe Erkennen und das Beseitigen von kriminogenen Strukturen in ihren relativ unauffälligen mentalen und sozialpsychologischen Zusammensetzungen. Und jedermann muß rechtzeitig verinnerlichen, daß alle für die Prävention zuständig sind, daß der Staat kein Präventionsmonopol besitzt. Unterlassungen heute rächen sich durch Straftaten an den Unterlassern schon morgen.

Die gegen Regeln und Ordnungen Empfindlichen reagieren an diesem Punkt bereits machtallergisch. Sie befürchten Bevormundungen und meinen, daß eine beschränkende Prävention das Kind der großen Freiheit mit dem Bade ausschütten könnte[4].

Die seit Paracelsus bestehende Erkenntnis, daß „alles Gift ist und es immer nur auf die Dosierung" ankomme, kann im übertragenen Sinne auf das Maß der Prävention angewendet werden. Niemand möchte in einem total reglementierten Sozialwesen leben und ständig durch Kontrollen, Ermahnungen, Verwarnungen und Bußen in einem sterilen Raum gehalten werden, der zwar die Ordnung steigert, die Lebensrisiken mindert, aber auch die Freiheitsrechte entsprechend tangiert und einschnürt. Auch die Prävention muß in einer vernünftigen Balance zu den Rechten auf persönliche Selbstentfaltung stehen. Sie darf nicht zu einem Dogma werden. Würde sie zum freiheitsverletzenden Selbstzweck, würden ihre Regeln nicht mehr angenommen werden[5].

Die Prädominanz der Prävention gegenüber dem Gesamtsystem der Strafverfolgung wird nicht dazu führen, daß die Repression ihren Stellenwert verliert. Auch die Repression erfüllt letztlich präventive Aufgaben.

Trotz aller präventiven Bemühungen zur Vermeidung von Straftaten wird es nie eine kriminalitätsfreie Gesellschaft geben[6]. Kriminalität ist jeder Gesellschaft immanent. Sie unterliegt einem ständigen Anpassungsprozeß an die wirtschaftlichen und psychosozialen Lagen. Die Art und Weise dieser Anpassung an den Markt der kriminellen Möglichkeiten läßt immer nachfolgend erkennen, bei welcher Gelegenheit die Vorbeugung vor (oft langer) Zeit versagt hat, welche Mentalitäten nicht rechtzeitig berücksichtigt und Funktionalitäten nicht korrigiert wurden.

Den sozialpsychologischen Entwicklungsprozessen müssen die Methoden der Prävention flexibel und vor allem frühzeitig entsprechen, will sie nicht Gefahr laufen, an den Bürgern und ihren Interessen vorbei an der Lösung von Problemen zu arbeiten, in denen die Menschen sich nicht mehr engagieren, weil sie davon nicht angerührt sind.

Es darf nicht übersehen werden, daß auch das repressive Strafrecht präventive Folgen sowohl für den Einzelnen als auch für die Gemeinschaft auslöst. Während aber der repressive Zugriff des Strafrechts nach der Tat selbst von Straftätern eher begriffen und – selbst von überführten Straftätern – angenommen wird, wird die Prävention, die doch Straftaten verhindern soll, als Bevormundung, als Eingriff in bürgerliche und soziale Freiheitsrechte gesehen.

Der Bürger erlebt in der von außen auf ihn zukommenden Prävention eine Spannung zwischen unbeschränkter Freiheit und einnehmender, einordnender und eingreifender Bevormundung. Das macht die Schwierigkeiten jeglicher Prävention aus, ganz zu schweigen von der Konkurrenz zwischen strategisch unterschiedlichen Präventionen und den Einflüssen durch fast kontroverse politische Auffassungen.

II. Die Probleme der Prävention

Die Prävention kann sich häufig nicht einmal verständlich und noch seltener beliebt machen. Das gilt in gleicher Weise für die Prophylaxe. Beide können sich nur selten auf ihre Erfolge beziehen, die zwangsläufig sich in einem „Nichtgeschehen" zeigen. Ist die Prävention erfolgreich, so wird nicht eingebrochen, wird nicht geraubt, überfallen etc. Das Ausbleiben von Straftaten läßt sich nicht zwingend (oder doch nur selten) durch die vorgängigen präventiven Anstrengungen erklären, weil kausale Zusammenhänge nicht bewiesen werden können. Die Prävention hat es daher schwer: sie kämpft stets um ihre gesellschaftliche Anerkennung, mit vollem Fachwissen und leeren Statistiken.

Davon gibt es Ausnahmen.

Es wird kaum jemand bestreiten, daß psychotaktische Maßnahmen in Gesundheitsfragen (z.B. die Empfehlung des Zähneputzens, der Warnung vor dem Rauchen etc.) sinnvoll und nützlich sind und auch finanzielle Förderung erfahren sollten. Von Kopf bis Fuß, Zehen und Gelenk, Gewicht und Herz gilt auch dort die alte Erkenntnis, daß die vorausgehende Vorbeugung (die Begriffe Prophylaxe und Prävention hier einmal zusammengefaßt) besser ist als nachfolgende Heilungsbemühungen. Für die Sicherheitsprävention wird dieser strategische Grundsatz nicht so leicht angenommen. Gleichwohl wird das Verlangen nach vorbeugendem, rechtzeitigem Sicherheitsschutz unter dem massiven Druck der Kriminalität immer lauter, findet immer mehr Befürworter. In erster Linie wird als das einfachste und bequemste Rezept gefordert, die Polizei habe mit immer mehr Präsenz dafür zu sorgen, daß Kriminalität nicht stattfinden kann. „Neben jedem Dieb ein Schutzmann!", das wäre wohl die hochgerechnete Komfortlösung.

Ein weiteres Problem liegt darin, daß trotz der prognostischen Erkenntnisse der Polizei[7] und deren rechtzeitig angemeldeten Befürchtungen hinsichtlich der Kriminalitätsentwicklung, die tatsächlich an der Vorbeugung mitwirkenden Personen und verantwortlichen Institutionen sich nicht leicht in abgestimmten und übergreifenden Aktionen bündeln lassen[8][9].

Jede Prognose der Kriminalitätsentwicklung ist – weil sie auf Annahmen, Arbeitshypothesen und Hochrechnungen beruht – leicht anzuzweifeln. Die präventiven Forderungen nach Vorsichtsmaßnahmen sind nicht leicht überzeugend darzustellen, die zu erwartenden Erfolge der Prävention sind kaum glaubhaft zu machen. Trotzdem ist dem politischen Statement zuzustimmen, in dem gefordert wurde:

„Kriminalitätsbekämpfung, gerade auch die Bekämpfung der Massen- und Alltagskriminalität, ist nicht allein Aufgabe des Staates bzw. der Polizei, sondern der ganzen Gesellschaft. Familie, Schule, berufliche, gesellschaftliche Institutionen sind bei der Erziehung und Stärkung von Wert- und Rechtsbewußtsein gefordert"[10].

Müssen deshalb aber kriminalitätsbezogene Präventionsaufgaben und staatliche Präventionsverantwortungen fast ausschließlich der Polizei überbürdet werden? Die durch utopische Vorstellungen der Bürger überforderte Polizei kann die Kriminalitätsprävention allein – und zu spät – nicht leisten. Davon kann nach den Erfahrungen von fast fünfzig Nachkriegsjahren ohne große Zweifel ausgegangen werden.

III. Die objektive Sicherheitslage und das subjektive Sicherheitsgefühl

Das Bedrohungspotential der Kriminalität erschrickt gerade den gut informierten Insider, der abwägen und relativieren kann. Aber auch nach Korrekturen am statistischen Kriminalitätsbild bleibt die Sicherheitslage instabil und bedrohlich, besonders für Polizeibeamte, die in dieser Lage täglich ihr Leben riskieren. In der subjektiven Erlebniswelt einzelner Tatopfer und dann in der Alltagsmeinung vieler Bürger ergeben sich laufend Potenzierungen von Ängsten und Befürchtungen. Dieses subjektive Sicherheitsgefühl der Bürger ist abhängig von den Faktoren Alter, Geschlecht und sozialer Status.

Nach Murk (im Anschluß an Kerner und Schneider u.a.m.) tritt Kriminalitäts a n g s t vornehmlich bei älteren, weiblichen und statusniedrigen Bürgern auf. Offensichtlich können jüngere, männliche und statushöhere Menschen besser mit der Angst vor Kriminalität umgehen. 60 % der Bürger im Alter bis 24 Jahre äußerten bei einer Umfrage, daß sie ihre Sicherheit auf den Straßen durch Kriminalität bedroht glauben.

Bei den über Sechzigjährigen aber waren bei den Männern 68 % und bei den Frauen 74 % von der Bedrohung durch Straftaten auf den Straßen überzeugt. Unterschiedliche Meinungen ergaben sich aus den Größen der jeweiligen Wohngemeinden. Bei Ortsgrößen bis 5 000 Einwohner fühlten sich 63 % bedroht, in Städten mit über 100 000 Einwohner waren es 79 %.

Zur Kriminalitäts f u r c h t ist aus diesem Bericht zu entnehmen, daß 1990 67 % und 1992 71 % der Bürger die Kriminalität als Bedrohung empfanden. Zu der weiteren Entwicklung erklärten 1990 54 %, 1991 63 % und 1992 71 %, daß sie von einer Zunahme der Bedrohungssituation ausgingen.

Ob diese Ausweitung der subjektiv empfundenen Bedrohungssituation mit der objektiven Sicherheitslage nun übereinstimmt oder nicht, kann dahingestellt bleiben. Entscheidend ist das Sicherheitsgefühl der Bürger, auf das reagiert werden muß. Die Angst wird umso größer, je tatenloser der Bürger in Furcht und Angst verharrt. Aktivitäten der Betroffenen helfen gegen Angst und Furcht.

Diese Aktivitäten kann die Polizei durch fachlichen Rat bahnen und vorbereiten. Ist die Gefahr einmal erkannt, so kann die Gefahr gebannt werden.

Sie kann „gebannt" werden durch die stärkere Einbindung der besser informierten Bürger in die präventiven Grundgedanken des Eigenschutzes. Vielleicht läßt sich auf diese Weise die sich einschleichende Minderung der Lebensqualität beheben und manche psychologische oder auch reale „Verbarrikadierung" aufheben.

IV. Die Endlichkeit der Repression

Die politischen Grundentscheidungen, wie sie in unseren Gesetzen formuliert wurden, begrenzen die strafrechtliche Repression und dann deren präventive Wirkung. Nicht jeder Normverstoß muß mit allen Mitteln zu jeder Zeit unnachgiebig verfolgt werden. Der Resozialisierungszweck steht im Vordergrund.

„Die Entscheidung zwischen einer funktionierenden Inneren Sicherheit und den Freiheitsrechten muß täglich neu getroffen werden. Sie ist eine Gratwanderung". Friedrich van Nispen, Innensenator in Bremen, gab diese Leitlinie in seiner Ansprache zur Vereidigung den jungen Polizeibeamten/Polizeibeamtinnen im Jahre 1993 im Rathaus zu Bremen mit auf den Weg.

Die Unterdrückung der Gefahren aus der Kriminalität durch das Strafrecht (Repression) muß sich unter Berücksichtigung freiheitsrechtlicher Gesichtspunkte, eines vernünftigen Mitteleinsatzes und der Qualität des Normverstoßes rechtfertigen lassen[11].

Die kurzschlüssigen Forderungen nach Verstärkung der Repression sind häufig ad hoc an persönliche gleichzeitig (apräventive) Interessen und (selbst antipräventive) Motivationen in anderen Bereichen geknüpft[12]. So muß der Staat z.B. das Eigentum seiner Bürger mit erheblichem Aufwand schützen, weil das grundrechtlich geschützte Eigentum eine wichtige Grundlage unserer Verfassungswirklichkeit ist. Es gibt andererseits keine verfassungsrechtliche Verpflichtung für den Eigentümer zur Selbstsicherung seines Eigentums, seines Vermögens, ja nicht einmal seines Lebens. Daher werden selbst vorzunehmende Sicherungsmaßnahmen apräventiv aus Kostengründen und aus Bequemlichkeit nicht durchgeführt. Sehr viel einfacher ist es, nach der Polizei zu rufen oder das Versagen der Gesellschaft bzw. den Verlust von Werten zu beklagen.

Oder es wird aus wirtschaftlichen Vorteilsgründen bewußt antipräventiv gehandelt. Wie verführerisch (und bewußt zum Zugriff verlockend) werden Waren in Selbstbedienungsgeschäften ausgelegt? Wie stark muß die in der Familie anerzogene Selbstdisziplin des Menschen sein, um den Verführungen des Warenangebotes zu widerstehen? Wie stark muß das Rechtsbewußtsein derer ausgeprägt sein, die nicht über die Mittel zum Erwerb der ausgelegten Waren verfügen? Müssen familiale Erziehungsmängel auf repressivem Wege durch Polizei und Strafjustiz ausgeglichen werden? Gibt es da keine anderen Methoden?

Staatliche Prävention kostet öffentliches Geld – und das ist knapp und teuer. Die repressive Kriminalitätsbekämpfung ist noch teurer und schon längst an den Grenzen der staatlichen Haushalte angelangt. Keiner kann mehr bezahlen, was eigentlich zu leisten wäre. Unter dem Kostendruck steht auch die Prävention in Form der Repression.

V. Die Priorität unter den Präventionsstrategien

Jede Präventionsstrategie hat zu prüfen, welche Straftaten am schwerwiegendsten in die Rechte des Bürgers eingreifen. Sie wird andererseits berücksichtigen müssen, wie weit die schützenden Präventionsmaßnahmen in die Freiheitsrechte der Bürger eingreifen dürfen und eingreifen müssen[13]. Bei der Wahl der Mittel und Methoden ist das Verhältnis zwischen Finanzaufwand und dem zu erwartenden Erfolg vorweg zu prüfen. Vor allem die Haushaltmittel zwingen dazu, bestimmte Präventionsbereiche zeitweilig unbeachtet zu lassen. Auch wird das Ausmaß der Präventabilität der jeweiligen Deliktsart zu prüfen sein. Es wäre unsinnig, nicht präventablen Delikten vorbeugen zu wollen. Andererseits macht es Sinn, alle Delikte präventiv anzugehen, welche das Sicherheitsgefühl der Bürger stark beeinträchtigen.

Wechselnde Prioritäten erbringen neu zu definierende Ziele und Abstufungen. Auch innerhalb einer sich präventiv verstehenden strafrechtlichen Repression sind solche Rangfolgen möglich. Dadurch könnten die bisher in anderen Bereichen gebundenen polizeilichen Potentiale freigesetzt und zur Reduzierung vor hochrangig eingestuften Gefahren verwendet werden. Eine solche dynamische Kriminalstrategie unter präventiven Gesichtspunkten würde der Strafprozeßordnung ihre Ordnung lassen und dem Bürgerinteresse mehr dienen.

Das heißt, daß Arbeitsansätze, die außerhalb der als vordringlich erkannten Ziele der Repression liegen, zu vernachlässigen sind. Das Ziel jeder Repression muß sein und bleiben, im Zusammenwirken mit wem auch immer Straftaten zu v e r m e i d e n . Jede Straftat, die nicht begangen wird, stabilisiert die objektive Sicherheitslage und das subjektive Sicherheitsgefühl der Bevölkerung.

Es ist dringend an der Zeit, diese Möglichkeiten zur Koordination der administrativen Potenzen und Konzentration der Bürgerinteressen intensiv auszuschöpfen, um nicht in absehbarer Zeit durch qualitativ schwere und quantitativ höhere Kriminalitätsformen überrollt zu werden. Die Entwicklung der organisierten Kriminalität z.B. setzt entsprechende Warnlichter, die kleine Massenkriminalität vernebelt die Einsicht.

Effektives und effizientes, stets präventionsorientiertes Vorgehen gegen die derzeitige Hochqualität der Kriminalität würde Änderungen des subjektiven Sicherheitsgefühls bewirken und die Lebensfreude verbessern.

Die flächendeckende Präsenz durch die bürgerliche Polizei wird dann möglich sein, wenn Potentiale der Polizei durch kluge Präventionsstrategien freigesetzt werden[14)15)].

VI. Die Belastung der Polizei

Bei der Entwicklung von Präventionsstrategien ist die bereits vorhandene Arbeitsbelastung der Polizei[16)] zu berücksichtigen, die sich wie folgt darstellen läßt:

Jahr	Anzahl der Polizeibeamten (Kriminal- und Schutzpolizei)	Erfaßte Delikte
1974	149 000	rd. 2 742 000
1980	165 000	rd. 3 813 000
1985	167 000	rd. 4 212 000
1990	174 000	rd. 4 455 000
1992	183 000	rd. 5 099 000

Die Zahl der Polizeibeamten ist in 18 Jahren um 34.000 (= 22,8 %) gestiegen. Mit der Entwicklung der Kriminalität hat diese Zahl nicht mitgehalten. Die Zahl der Delikte stieg nämlich im gleichen Zeitraum von 2 742 000 auf 5 099 000, also um 2 357 000 (= 85,9 %).

Hätte sich die Zahl der Polizeibeamten im gleichen Maße entwickelt, so würden heute ca. 128 000 Polizisten mehr (d.h. 311 000) Dienst verrichten. In dieser Berechnung bleiben die Qualitätssprünge der Kriminalität unberücksichtigt. Es ist also während der vergangenen zwanzig Jahre eine objektiv darstellbare Sicherheitslücke, ein personeller Unterdruck entstanden.

In dieses logistische Vakuum sind mittlerweile die über 1 100 privaten Sicherheitsfirmen mit ihren ca. 200 000 Mitarbeitern gestoßen, die präventiv eingesetzt werden[17)]. Die Sicherheitsfirmen erzielten 1993 einen Umsatz von mehr als 3,2 Milliarden DM durch Personenschutz, Revierkontrollen, Objektbewachung, Werttransporten etc. Die gesamte Sicherheitssparte (einschließlich der technischen Überwachungssysteme und Alarmanlagen) setzte 1993 mehr als 13 Milliarden DM um[18)].

Es scheint so, als ob die strafrechtliche Repression, wie sie heute schon praktiziert wird, die Entwicklung der Kriminalität nicht stoppen konnte. Die Folgerung daraus zog Burghard: „Die Entwicklung der Begehungsziffern und besonders die qualitativen Veränderungen der Erscheinungsformen der Kriminalität erfordern zwingend eine Intensivierung der Kriminalprävention"[19)].

VII. Die vernetzte Kriminalitätsbekämpfung

1. Die theoretische Präventionsstrategie

Kriminalitätsbekämpfung ist ein nicht unwesentlicher Teil der Prävention. Sie darf sich nicht überwiegend auf die strafrechtliche „Repression" stützen, sondern muß als Teil eines Netzwerkes begriffen werden, denn – so Burghard: „Die Menschen haben zunehmend Angst vor dem Verbrechen; sie haben – hauptsächlich in Großstädten und Ballungsräumen, besonders jedoch auf Grund der Umbruchsituation, der Unsicherheit von Polizei und Strafrechtspflege in den neuen Ländern – das Gefühl, auch ihre persönliche Sicherheit sei zunehmend beeinträchtigt"[20].

Die Konsequenz daraus lautet: „Die nötige Kriminalitätsverhütung erfordert **verstärkte** Anstrengungen und neue Initiativen"[21]). Eine solche Initiative könnte aus der Strategie der „vernetzten Kriminalitätsbekämpfung" entstehen, die sich unmittelbar aus dem verfassungsrechtlichen Prinzip der Einheitlichkeit der Staatsziele für jeden Verwaltungszweig ableiten läßt.

Die Kriminalitätsbekämpfung als **eine** Methode der Prävention in einem präventionsstrategisch vernetzten System, läßt sich an insgesamt vier Hauptebenen festmachen, nämlich auf den Ebenen

der ressortübergreifenden,
der klassischen,
der kommunalen,
der strafrechtlich repressiven Präventionsstrategien

2. Ressortübergreifende Präventionsstrategien

Die polizeirechtlich verankerte Prävention ist Sache der Länder, auch wenn sie im Wege der strafrechtlichen Repression erfolgt. (Die in der StPO vorgeschriebene Einzelfalluntersuchung jeder Straftat wird im Prinzip von der Prädominanz der Prävention nicht berührt.) Es ist unstrittig, daß heute schon in vielen Bereichen Präventionsbemühungen vorgenommen und durchgeführt werden. Leider erfolgt die Abstimmung nicht in einem machbaren und zu wünschenden Umfang. Es mangelt z.B. in Bremen immer noch an einem fertigen Gesamtkonzept, das darauf abgestellt ist, die vorhandenen Ressourcen gezielt und punktgenau einzusetzen, um zu einem größtmöglichen Erfolg zu kommen. Das ist eine Forderung, die Schäfer schon 1974 bis 1978 – folgenlos – erhoben hat[22]). Die Arbeiten dazu wurden mittlerweile aufgenommen.

Sozialpolitik, Jugendpolitik, Justizpolitik und Sicherheitspolitik, um einige zu nennen, gehören an einen Tisch, um die Probleme der einzelnen Ressorts herauszuarbeiten und in pragmatischen, miteinander kombinierten Programmen, gestützt auf Erfahrung und Wissen der jeweils anderen Bereiche, umzusetzen. Berührungsängste zwischen den Sozialarbeitern und Polizeibeamten, die in den taktischen Durchführungsebenen problematisiert werden, haben keine akzeptablen Hintergründe. Sie sind somit angesichts der Kriminalitätsbelastung absolut überflüssig. Sie widersprechen dem politischen Auftrag, dem Bürgerwohl zu dienen.

Bei dem von mir so dringend befürworteten Ansatz geht es darum, alle in den jeweiligen Ressorts tätigen Mitarbeiter an dem Prozeß zur Erhaltung der inneren Sicherheit zu beteiligen und für diese Problematik zu sensibilisieren und zu motivieren. Daraus ergeben sich dann alle weiteren Überlegungen, um auf kriminogene Strukturen einzuwirken und damit auch die Tatgelegenheitsstrukturen positiv zu verändern[23].

3. Die klassische Prävention

Seit dreißig Jahren bemühen sich die Polizeien im Rahmen der Kriminalpolizeilichen Vorbeugungskommission (KVK) und der Kriminalpolizeilichen Beratungsstellen um die Popularisierung des Präventionsgedankens[24].

Die „Technische Prävention" steht dabei im Vordergrund. Sicherheitstips in Broschüren und Video-Clips, Faltblätter und Beratungen werden dem Bürger angeboten. Diese Präventionsinformationen beziehen sich immer auf deliktorientierte Themen[25].

Die klassische Prävention bedarf dringend einer Ausweitung, einer Aufwertung und einer Modernisierung, die z.B. an der Zusammenarbeit mit der Werbewirtschaft Impulse beziehen kann. Es gibt eine Vielzahl von Möglichkeiten, die nützlichen Tips der Kriminalpolizeilichen Beratungsstellen in einem „Sicherheitsladen" weitaus werbewirksamer umzusetzen und an dem kreativen „know-how" der in diesem Bereich tätigen Firmen zu partizipieren.

Zu dieser Modernisierung oder Nutzung von Marketing-Strategien tritt hinzu, daß ganz spezielle den jeweils örtlichen temporären und deliktischen Bedarfslagen entsprechende Präventionsteilmaßnahmen ergriffen werden müssen, um den Bürger immer zeit- und insbesondere interessennah zu informieren.

Dazu gehört eine ständige Auswertung des Kriminalitätsbildes, der Medienlandschaft und der „Bürgermeinungslage", um anhand dieser „seismographischen" Erkenntnisse flexibel reagieren zu können.

Regionale, temporäre und deliktische Bedingungen bestimmen das Reaktionsverhalten dieser „Sicherheitsläden" oder Präventionsdienststellen. Besichtigungsmöglichkeiten, Sicherheits-Videotheken, Vorträge, optimale Erreichbarkeiten und eine ansprechende Ausstattung dieser Dienststellen erzeugen auch die entsprechende Bürgernähe. Es bleibt zu überlegen, ob diese Sicherheitsläden nicht auch in den Regionen/Stadtteilen eingesetzt werden können, um eine höhere Besuchsfrequenz und damit Umsetzung der Sicherheitshinweise zu erreichen.

Wesentlich ist aber, daß die zielgerichtete Reaktion dicht am Bürger erfolgt und seine Interessen und Probleme berücksichtigt.

Eine Optimierung ist dadurch zu erreichen, daß verstärkte und vertiefte Kontakte mit dem produzierenden Gewerbe und den Versicherungen aufgenommen werden, um in einem Rückkoppelungsprozeß die „kriminalitätsfestere Produktqualität" voranzutreiben und damit Tatbegehungsansätze zu beeinflussen und Demotivation bei potentiellen Straftätern herzustellen.

Bremen versucht zur Zeit in einem Programm der „Bremer Präventions-Initiative" diese zeit- und problemnahen Ansätze umzusetzen, indem z.b. ein „LangfingerProgramm" (aufgrund der aktuellen Zunahme von Taschendiebstählen), ein Präventionsprogramm für Frauen (wegen der aktuellen Sicherheitsdiskussion) und ein Malwettbewerb für Schulkinder (aktuelle Gewaltprobleme) aufgelegt wurden bzw. noch realisiert werden.

Weitere Programme werden parallel zu den üblichen Maßnahmen nachgesteuert.

4. Kommunale Prävention

Nichts wirkt erfolgreicher gegen die Angst, als die sachliche Information und das eigene Beschäftigen mit einer Problematik sowie die Suche nach Problemlösungen.

Aus diesem Grunde ist es zwingend, daß die Bürger verstärkt in die Bemühungen der Kriminalitätsbekämpfung und -vermeidung einbezogen werden, denn qualitative und quantitative Entwicklung der Kriminalität ist nicht wirkungsvoll mehr allein mit herkömmlichen, nur behördeninternen Strategien der Vorbeugung und Strafverfolgung zu bekämpfen. Kriminalitätsverhütung muß viel mehr als gesamtgesellschaftliche Pflicht erkannt werden[26]. Die Bürger wissen sehr genau, wo und zu welchen Zeiten sie sich unsicher fühlen. Diese Angstorte sind in einigen Fällen aus strukturpolitischen Gründen entstanden, weil in den Planungen die kriminogenen Ansätze nicht untersucht wurden.

Auf diese Weise entstehen in den Stadtteilen, möglicherweise hinunter bis zu einzelnen Straßenzügen, Kriminalitätsprobleme, die sich aber auflösen lassen, wenn alle Beteiligten und Betroffenen sich darum aktiv bemühen[27].

Bei der Planung von Bauvorhaben, bei der strukturellen Gestaltung des jeweiligen Stadtteils hinsichtlich der Zusammensetzung von Gewerbe- und Wohngebieten, bezüglich der Angebote von Freizeiteinrichtungen sowie beim Aufbauen von Nachbarschaften und bei der Übernahme von nachbarschaftlichen Verantwortungen sollte präventionsorientiert beraten werden.

Dieser Ansatz zur Kriminalitätsvermeidung läßt sich mit den gesellschaftlichen Kräften installieren, die in einem Stadtteil bereits vorhanden sind. Zu denken ist dabei an Vereine, Institutionen, Verbände, Gesellschaften, Einzelhändler, Initiativen und Medien, die auf ihren unmittelbaren Wirkungskreis bezogen Problemdefinition und Problemlösung betreiben oder solchen Bemühungen nahestehen[28].

Die Summe vieler kleiner bürgernaher Maßnahmen ergibt letztlich eine spürbare Präventionswirkung. Wie beim Billardspiel gilt der indirekte Stoß als sicherheitsstrategische Regel.

5. Repression

Repression ist ein unverzichtbares Element in der Bekämpfung der Kriminalität[29]. Sie gehört aber – präventionsstrategisch eingeplant – mit ihrem besonderen Stellenwert in das System des präventiven Netzwerkes hinein. Die hier geforderte Konzentration jeder polizeilichen Kriminalstrategie richtet sich auf die nachhaltig bedrohten schutzwürdigen Interessen der Bürger. Sie betont die latente Prädominanz der Prävention auch in jeder strafprozessualen Maßnahme.

Das heißt mit anderen Worten: Jede (repressive) Festnahme enthält präventive Elemente, die bewußt berücksichtigt werden müssen. Neben dem Gesichtspunkt der Eigensicherung und des Schutzes Dritter ist bei jeder Festnahme zu fragen, welche Art der Durchführung einerseits erforderlich und notwendig, andererseits aber auch vertretbar ist, um a) den Verdächtigen im Sinne einer künftigen Resozialisierung wieder in die Gemeinschaft zurückzuführen, b) ihn als Mensch nicht zu demütigen, c) ihn für künftige Gespräche mit dem Sachbearbeiter der Polizei offen zu halten bzw. zu gewinnen.

Eine solche die strafprozessualen Maßnahmen begleitende allgemeinrechtlich gebotene Überlegung und taktisch kluge Verhaltensweise berücksichtigen selbst im einzelnen Straffall auch die zukünftige Entwicklung des Festgenommenen wie der Kriminalität.

VIII. Präventionsräte

Kriminalitätsprävention ist zukunftsorientierte Daseinsvorsorge, d.h. planvolles Vermeiden oder Verringern von Gefahren aus dem abweichenden strafbaren Verhalten.

In der Daseinsvorsorge gegenüber den Gefahren aus Straftaten treffen sich der polizeiliche Sachverstand und das (ggf. erst noch zu weckende) Schutzinteresse des Bürgers[30].

Ist ein (politisch zu fördernder) Schutzwille des Bürgers stark genug, so kann er sich in gegenseitigen Unterstützungen (z.B. im Nachbarnschutz) formieren, in Hilfen also, wie sie früher in kleineren Gemeinwesen selbstverständlich waren[31][32].

Kommunale, ggf. nach Stadtteilen organisierte Präventionsräte könnten nach anderenorts bereits bewährten Vorbildern solche Bemühungen regionalstrategisch wollen und fördern. Aber – wie gesagt – dazu wäre ein politisch gewolltes präventionsstrategisches Gesamtkonzept mit vielen kleinen, alsbald zu realisierenden Facetten notwendig[33].

Fußnotenverzeichnis

1) Kerner bezeichnet die Polizei als präventiven gesellschaftlichen Hintergrundfaktor erster Ordnung. Von ihr erwartet er zunächst die „behördeninterne und im Fruchtlosigkeitsfalle auch öffentliche Benennung der zu lösenden grundlegenden fallübergreifenden, örtlichen bis regionalen Probleme und der dafür verantwortlichen Stellen".
Kerner, Hans Jürgen, Kriminalitätsprävention; ausgewählte strukturelle Überlegungen, Kriminalistik, 1994, S. 171 – 178

2) Bett und Zerr weisen darauf hin, daß die Angst des Bürgers als Folge der Kriminalität „fortwährend groteskere Formen" annimmt;
Bett, Raimund/Zerr, Norbert, Den Bürger in die Pflicht nehmen, Deutsche Polizei, 1994, S.24, 25, 34

3) Schäfer, Herbert, Die Prädominanz der Prävention - Ein Beitrag zu den Grundlagen der theoretischen Kriminalstrategie, Goltdammer's Archiv für Strafrecht, 1986, 49 ff.

4) Kniesl, Michael, Vorbeugende Bekämpfung von Straftaten im juristischen Meinungsstreit – eine unendliche Geschichte, ZRP, 1992, 164 – 167

5) Schäfer, Herbert, Die Prognose sicherheitsgefährdender Entwicklungen; in: Criminal Digest, 1988, Nr. 8 – 1989, Nr.1

6) Siehe hierzu Bothe, St. u.a., Die Angst des Bürgers vor dem Dieb; Im Niemalsland der öffentlichen Sicherheit, Fachschriftenverlag Dr. Schäfer, Bremen, 1994

7) Eine systematische, praktische wie wissenschaftlichen Ansprüchen genügende Kriminalitätsentwicklungsprognose gibt es noch nicht. Die Grundüberlegungen sind über bescheidene Anfänge hinaus (Seminar vom 10.–14.5.1976, Kriminalitätsanalyse und Prognose als Voraussetzungen für die kriminalpolizeiliche Planung, Münster-Hiltrup, 1976) noch nicht gediehen.

8) Kobza weist auf die wichtige, informationsvermittelnde Rolle der Polizei bei ressortübergreifenden Vorbeugungsmaßnahmen hin;
Kobza, Jürgen, Behördliche Zusammenarbeit im Vorfeld, ein sensibler Bereich, Deutsches Polizeiblatt, 1992, 5–7

9) Wieben, Hans Jürgen, Polizei und Sozialarbeit; in: Seminarbericht (30.8. – 3.9.1993) „Jugendkriminalität", Münster-Hiltrup, 1993, S. 163–173

10) Schäuble, Wolfgang, Der Rechtsstaat – Voraussetzung für Freiheit und Inneren Frieden, Innere Sicherheit Nr. 3 vom 12.7.1991

11) Die Kriminalstrafe ist als die schärfste Waffe das letzte Mittel des gesellschaftlichen Selbstschutzes. Das probate Mittel der Strafandrohung erspart die Ursachenforschung;

Hund, Horst, Entkriminalisierung – Königsweg oder Notlösung? ZRP, 1994, S. 200 ff.

12) Schäfer, Herbert, Die schwierige Prävention; in: Criminal Digest, 1990, Nr. 1 (S. 11 ff.)

13) Schäfer, Herbert, Verfassungsrechtliche Grenzen polizeilicher Gefahrenabwehr, Taschenbuch für Kriminalisten, 1993, 68 – 91

14) Stegemann zeigt aus seiner Erfahrung die präventiven Möglichkeiten der Streifen der Schutzpolizei im direkten Kontakt mit dem Bürger auf, in deren Mittelpunkt das helfende und orientierende Gespräch steht;
Stegemann, Hans Joachim, Im täglichen Vollzugsdienst – Beobachten – Erkennen – Umsetzen – Agieren, Deutsches Polizeiblatt, 1992, 13 – 16

15) Guninski, Horst, Vorfeldarbeit und Kriminalität, Defizit in der Gegenwart – Schwerpunkt in der Zukunft?, Deutsches Polizeiblatt, 1992, 27 – 29

16) O.V., Die Bürgerpolizei, Die Zeit, vom 9.4.1993; zitiert werden die Angaben aus dem Bundesministerium der Länder

17) Block, Birgit, Die privaten Sicherheitsunternehmen: Risiko der Privatisierung polizeilicher Aufgaben? Diplomarbeit Kriminologie, Hamburg, 1993

18) Wüst, Wolfgang, Das Sicherheits-Dienstleistungsgewerbe, Zur Lage der Wach- und Sicherheitsunternehmen in unserer Gesellschaft, WS, 1993, 721 – 723

19) Burghard, Waldemar, Auf der Suche nach besseren Wegen, Kriminalistik 1993, S. 104 ff.

20) Burghard, Waldemar, Auf der Suche nach besseren Wegen, Kriminalistik 1993, S. 104 ff.

21) Beschlußübersicht Nr. 3, S. 1 des Parteitages der SPD vom 16. bis 19. November 1993 in Wiesbaden

22) Schäfer, Herbert, Kriminalitätsprophylaxe und Kriminalitätsprävention – Ein zwischenbehördliches Kooperationsmodell –; in: Schwind/Ahlborn/Weiß, Empirische Kriminalgeographie (Kriminalitätsatlas Bochum), BKA-Forschungsreihe, Wiesbaden, 1978, S. 345 – 350
Von diesen Absprachen ist im wesentlichen nur das einseitig erstellte Formblatt „Erfassungsbogen zur sozialen Krisensituation" übrig geblieben.

23) Kriminalität ist ein Indikator sozialer Mißstände, die man nicht mit polizeilich-präventiven und strafrechtlich-repressiven Methoden beheben kann;
Striebel, Werner, Massenkriminalität – weiterhin nur verwalten?; in: Standortbestimmung und Perspektiven von der polizeilichen Verbrechensbekämpfung, Wiesbaden, 1992, S. 131 – 149

24) 1994 erschien das 360. Monatsprogramm des 1964 durch den bayerischen Kriminaldirektor Rolf Weinberger ins Leben gerufene Vorbeugungsprogramm;
Burghard, Wolfgang, 30 Jahre kriminalpolizeiliches Vorbeugungsprogramm, Kriminalistik, 1994, 259/260

25) Handwerklich und pragmatisch gedacht ist der technische Ansatz (target remo-
val, target hardening), d.h. der situative Ansatz bei der Tatgelegenheit am ehesten zu realisieren;
Roll, Winfried, Kriminalitätsverhütung durch Umfeldgestaltung – Der situative
Ansatz, Kriminalpolizei, 1993, 135 – 145

26) Allerdings stoßen erfahrungsgemäß solche Präventionsbemühungen schon in der
Phase der frühen Organisation auf massive, anders orientierte wirtschaftliche Interessen, wie sie Schäfer beschrieben hat; siehe hierzu Herbert Schäfer, Polizeiliche Probleme in Neubaugebieten; in: Städtebau und Kriminalität, BKA, Wiesbaden, 1979

27) Ziercke gab 1980 in Neumünster den ersten modellartigen Anstoß für eine ressortübergreifende kommunale Präventionsbewegung; siehe hierzu:
Ziercke, Jörg, Beitrag zur Entwicklung eines Präventionskonzeptes; der kriminalist, 1981, S. 588 – 594,
ders.: Begründung einer kommunalen Kriminalprävention am Beispiel Neumün-
ster/Schleswig-Holstein. Bericht einer Enquetekommission über Kriminalitäts-
ursachen; der kriminalist, 1984, S. 110 – – 115,
ders.: Prävention auf kommunaler Ebene – Praktische Probleme und Lösungsan-
sätze/Fallstudie Neumünster; Polizei-Führungsakademie Münster, Internationa-
les Kolloquium 1988: Gewalt in unseren Städten, S. 283 – 312.
Dadurch angeregt haben sich seither viele kommunale Bemühungen unterschiedlicher Qualität und Lebensdauer organisiert, wie z.B. „Der Runde Tisch – Jugendkriminalität" in Kassel (s. Peter Rausch, Runder Tisch Jugendkriminalität
Kassel, Hessische Polizeirundschau, 1994, S. 21–22), der e.V. „Kriminalprävention Gießen" (Maier/Schneider/Stock, Regionale Kriminalprävention in Gießen, Hessische Polizeirundschau, 1993, (4), 13 – 15) oder das „Ressortübergreifende Präventionsmodell Osnabrück" (beschrieben von Hunsicker, Ernst, in: Polizei, 1992, 173–177)

28) Zum Sicherheitsmosaik zählen alle insulären Sicherheitsbemühungen auch
durch Private; s. hierzu Günther Kratz, Haushüter; Ein geeigneter Ansatz zur
Einbruchverhütung, Polizei, Verkehr, Technik, 1993, 318 – 319

29) Die präventive Wirkung des repressiven Strafrechts ist umstritten. Die USA,
Canada u.a. haben mit einer wachsenden Zahl von Polizeibeamten, Richtern
und Gefängnispersonal auf den dortigen Anstieg der Kriminalität reagiert, ohne
diesen Anstieg beenden zu können. Koetzsche fordert daher auch für die Bundesrepublik „wirkungsvollere soziale Ansätze" gegen die Zunahme der Straftaten;
Koetzsche, Helmut, Grenzen der Strafverfolgung; Möglichkeiten und Rahmen
repressiver Aktionen, Kriminalistik, 1993, 153 – 155

30) Die gemeindeorientierte Polizeiarbeit – mit dem Bürger! – als eine präventions-orientierte Polizeiphilosophie scheint einen Spitzenplatz in den Überlegungen der amerikanischen Polizei einzunehmen. Dies berichten Lynette Lee-Sammons/ Jürgen Stock, Kriminalprävention, Das Konzept des Community Policing in den USA; Kriminalistik, 1993, S. 157–162

31) Allhusen-Siemer, Marion/Schütte, Gerd, Planung und Umsetzung der Kriminali-tätsvorbeugung auf kommunaler Ebene mit dem Instrument der kriminologi-schen Regionalanalyse, Zur Praxis in Delmenhorst; in: Kriminalitätslagebilder, BKA Forschungsreihe, 1992, S. 243–303

32) Ammer entwirft das Modell einer Stadtprävention; Ammer, Andreas, Kommu-nale Kriminalitätsprophylaxe; Mainzer Schriften zur Situation von Kriminalitäts-opfern, Münster, 1992

33) Helmut Koetzsche berichtet über die Arbeit der Präventionsräte in Schleswig-Holstein; Straftaten verhüten – aber wie?, Kriminalistik, 1992, 121–124

Ergänzende Literatur

Ammer, Andreas, Kommunale Kriminalitätsprävention; in: Kriminalitätsverhütung geht alle an: Dokumentationsreihe/Rat für Kriminalitätsverhütung in Sh., Innenmini-sterium Schleswig-Holstein, Kiel, 1993, Bd. 2, S. 5 – 57

Bennett, Trevor, Themes and variations in neighbourhood watch; in: Crime, Policing and Place, London, 1992, S. 272 – 285

Bright, John, Crime prevention: The british experience; in: The politics of crime con-trol, London, 1991, S. 62 – 86

Bull, Hans Peter, Sicherheit für Schleswig-Holstein, in: Kriminalitätsverhütung geht alle an: Dokumentationsreihe/Rat für Kriminalitätsverhütung in Sh., Innenministe-rium Schleswig-Holstein, Kiel, 1993 Bd. 1

Evans, David, u.a. (Hrsg.), Essays in environmental criminology; in: Crime, Policing and Place, London, New York: Routledge, 1992

Crowe, Timothy D., Crime prevention through enviromental design: Applications of architectural design and space management concepts, Boston, Butterworth Heine-mann, 1991, XII

Dahl, Gunnar/Tetzlaff, Torbjoern, Collaboration between the police and social wor-kers in Vaermlands Len (Region) and the municipality of Karlstad; in: Co-operation between social services and police, Esbjerg, 1990, S. 136 – 146

Dijk, Jan J.M. van, Crime prevention policy, current state and prospects; in: Crime and criminal policy in Europe, Freiburg/Br., 1990, S. 205 – 220

Ditton/Nair/Phillips, Crime in the dark, A case study of the relationship between streetlight and crime; in: Crime and the urban environment: The Scottish experience, Aldershot, 1993, S. 99 – 111

Fachtagung „Kriminalitätsverhütung geht alle an"; in: Kriminalitätsverhütung geht alle an: Dokumentationsreihe/Rat für Kriminalitätsverhütung in Sh., Innenministerium Schleswig-Holstein, Kiel, 1993, Bd. 3 S. 4 – 19

Feltes, Thomas, Prävention als gesamtgesellschaftliche Aufgabe; Möglichkeiten der Zusammenarbeit aus Sicht der Wissenschaft; in: Neue Wege in der Kriminalitätsbekämpfung – Notwendigkeit effektiver Präventionsstrategien, Stuttgart, 1993, S. 72 – 77

Graham, John, Crime prevention strategies in Europe and North America, Helsinki, 1990

Hauser, Werner, Prävention als gesamtgesellschaftliche; Möglichkeiten der Zusammenarbeit aus Sicht der Kommunen; in: Neue Wege in der Kriminalitätsbekämpfung – Notwendigkeit effektiver Präventionsstrategien, Stuttgart, 1993, S. 58 – 64

Heerbeek, Janny van, Collaboration between police and social workers on problems of sexual abuse of children; in: Cooperation between social workers and police, Esbjerg, 1990, S. 101 – 128

Hetger, Erwin, Prävention in der Praxis; Stand der kriminalpolizeilichen Vorbeugung in Bund und Ländern; in: Neue Wege in der Kriminalitätsbekämpfung – Notwendigkeit effektiver Präventionsstrategien, Stuttgart, 1993, S. 27 – 33

Otto, Hans-Uwe/Flösser, Gaby, (Hrsg.), How to organize prevention: Political, organizational and professional challenges to social services, Berlin, de Gruyter, 1992

Jäger, Joachim, Präventionsmodelle im In- und Ausland am Beispiel Schleswig-Holstein; in: Neue Wege in der Kriminalitätsbekämpfung – Notwendigkeit effektiver Präventionsstrategien, Stuttgart, 1993, S. 91 – 97

Jäger, Joachim, Kommunale Kriminalpolitik; in: Mehr Sicherheit in der Stadt, Dortmund, 1993, S. 10 – 16

Kerner, Hans-Jürgen, Notwendigkeit und Möglichkeiten der Prävention; Ausgewählte strukturelle Überlegungen; in: Neue Wege in der Kriminalitätsbekämpfung – Notwendigkeit effektiver Präventionsstrategien, Stuttgart, 1993, S. 34 – 57

King, Michael, The political construction of crime prevention; A contrast between the French and British experience; in: The politics of crime control, London, 1991, S. 87 – 108

Kistner, Peter, Prävention als gesamtgesellschaftliche Aufgabe; Möglichkeiten der Zusammenarbeit aus Sicht der Wirtschaft; in: Neue Wege in der Kriminalitätsbekämpfung – Notwendigkeit effektiver Präventionsstrategien, Stuttgart, 1993, S. 78–82

Kube, Edwin, Die Logistik als Präventionsansatz; Organisierte Kriminalität; Ansätze für proaktive Maßnahmen; in: Kriminalität, Heidelberg, 1990, S. 561 ff.

Kube, Edwin, Zum Entscheidungsverhalten von Straftätern; Konsequenzen für die Straftatenverhütung; in: Kriminalität, Heidelberg, 1990, S. 561 ff.

Kube, Edwin, Zu baurechtlichen Möglichkeiten der Prävention; in: Gesellschaftliche Umwälzung, Freiburg/Br., 1992, S. 93 – 98

Neitzel, Hans, Haushüter-Agenturen, idealer Schutz vor Wohnungseinbrecher; in: Polizei in Frankfurt am Main '91, Nürnberg, 1991, S. 26

Neumann, Dieter, Vorsorge und Verhältnismäßigkeit; Die kriminalpräventive Informationserhebung im Polizeirecht, Berlin, 1994

Otte, Klaus Dieter, Schutz vor Einbruch, Diebstahl, Überfall, München, Humboldt-Taschenbuchverlag, 1991

Quinsey, Vernon L., Dealing with dangerousness; Community risk management strategies with violent offenders; in: Aggression and violence throughout the life span, Newbury Park, 1992, S. 244 – 262

Schäfer, Herbert (Hrsg.), Präventive Sicherheitstaktiken gegen Wohnungseinbrecher, Bremen 1988
Schäfer, Herbert (Hrsg.), Einbruchdiebstahl und Tatverdacht, Bremen, 1990

Stümper, Alfred, Verbrechensvorbeugung, insbesondere die operative Straftatenverhütung; in: Kriminalistik, 1992, S. 365 – 411

Zühlke, Werner u. a., Mehr Sicherheit in der Stadt: Stadtentwicklungspolitische Aspekte der Kriminalprävention, Dortmund, 1993

Gefahrenprognostik und Prävention bei Polizeieinsätzen

Hans-Jörg Wilkens

Vorbemerkung

Der Verfasser ist Leiter des Stadtamtes Bremen (Ordnungsamt), welches nach Landesrecht allgemeine Gefahrenabwehrbehörde (Ortspolizeibehörde) ist. Der Autor war von 1977 bis 1989 Justitiar der Vollzugspolizei des Stadt- und Polizeiamtes. Ferner war er langjähriger nebenamtlicher Dozent an der Hochschule für Öffentliche Verwaltung, Bremen, u.a. im Polizei- und Ordnungsrecht. Aus seinen Erfahrungen entstand der nachfolgende Beitrag als ein Versuch, polizeiliches Denken und Handeln in klassischen, aktuellen Einsatzlagen auch unter Berücksichtigung präventiver Vorstellungen der Rechtslage einzupassen.

I. Die auseinandergelebte Prävention

1. Zwei Teile e i n e r Verwaltung

Die Aufgabe der Gefahrenabwehr obliegt neben anderen gesetzlich zugewiesenen Aufgaben der Polizei (§ 1 Abs. 1, Abs. 4 BremPolG). „Polizei" in diesem Sinne sind in Bremen auch die Verwaltungsbehörden, soweit ihnen Aufgaben der Gefahrenabwehr übertragen worden sind (Polizeibehörden, § 2 Nr. 1 BremPolG). Nach der Zuweisungs-(Zuständigkeits)-Norm des § 64 Abs. 1 Satz 1 BremPolG nehmen diese Polizeibehörden – vorrangig zum Polizeivollzugsdienst – **alle** polizeilichen Aufgaben der Gefahrenabwehr (§ 1 Abs. 1 und 2 BremPolG) wahr. Mit anderen Worten: auch sie dienen der Vorbeugung.

Daraus folgt die materielle Beziehung zwischen „Ordnungsamt" und Vollzugspolizei, und die Notwendigkeit, Fragen der Gefahrenanalyse und -prognostik g e m e i n s a m anzugehen. Mehr noch: die subsidiäre Zuständigkeit der Vollzugspolizei und die damit korrespondierende Informationspflicht (§ 64 Abs. 1 Satz 2 und 3 BremPolG) setzt eine vorrangige Beurteilungskompetenz in Gefahrenabwehrfragen bei den Polizeibehörden voraus. Eine solche Zusammenarbeit wird – bezogen auf den Ablauf von Einsatzlagen – oft nicht ausreichend praktiziert, da vom normalen Verwaltungsbeamten die Arbeit der Gefahrenabwehr als „gefährliche" Tätigkeit mißverstanden und deshalb ausschließlich der uniformierten und technisch ausgerüsteten Vollzugspolizei vorbehalten wird. Tatsächlich ist jedoch alltäglich „gefahrenprognostisch" zu arbeiten, wenn auch das Ziel der Verwaltungsarbeit in eher bürokratisch erscheinenden Klärungsprozessen liegt.

Warum diese „klassische" Verwaltungsarbeit, obwohl sie fast ausschließlich der Gefahrenabwehr dient[1], von den dafür Zuständigen oft nicht als Teil der Vorbeugung erlebt wird, wäre eine umfassende Analyse wert.

Hier soll es allein um die damit korrespondierende, aber weiterreichende Frage gehen, warum die Vollzugspolizei diesen originären, großen polizeirechtlichen Aufgabenkreis im Verhältnis zu den Nebenpflichten, auf die ohne nähere Erläuterungen § 1 Abs. 4 BremPolG hinweist, vernachlässigt. § 1 Abs. 4 BremPolG bietet der Strafprozeßordnung (§ 163 StPO) die Anknüpfungsstelle.

2. Präventiv- und Repressivpolizei

Dem Bild vom „Doppelkopf" der Polizei ist an anderer Stelle[2] schon widersprochen worden, weil das traditionelle Bild der „Janusköpfigkeit" eher zu Mißverständnissen Anlaß gibt, wie die Erfahrung zeigt. Die Aufgabenstellungen der Polizei nach der Strafprozeßordnung einerseits und die originäre polizeirechtliche Gefahrenabwehraufgabe andererseits stehen sich gerade nicht diametral gegenüber. Sie ergänzen sich und sie überschneiden sich regelmäßig in der Praxis.

Das herkömmliche doppelgesichtige Mißverständnis setzt sich leider in erheblicher Weise fort: die überkommene Organisationsstruktur der Polizeien der Länder entspricht dieser künstlichen Trennung in „Schutz" und „Verfolgungs"-Aufgaben, wobei „präventiv" überwiegend in die Aufgaben der Schutzpolizei gedacht, „repressiv" gleichbedeutend mit der Strafverfolgung durch die Kriminalpolizei gedeutet wird[3]. Erst die aktuelle Reformdiskussion, die unter dem Zeichen der Sparpolitik steht, orientiert sich auf eine funktionale Bündelung dieser zusammenhängenden Polizeiaufgaben.

Diese gleichzeitige doppelfunktionale Zuständigkeit der Vollzugspolizei als Strafverfolgungsorgan und eil-/allzuständige Gefahrenabwehrbehörde wird in der Praxis allzu oft nicht bewußt erlebt und wahrgenommen. Dazu trägt sicherlich die organisatorische Trennung der beiden polizeilichen Arbeitsbereiche bei.

Aber auch in der Tagespolitik taucht regelmäßig derselbe Begriffswirrwarr auf, wenn es um die Bewertung polizeilicher Aktivitäten geht. So laufen die rechtlich eindeutig der Gefahrenabwehr zuzuordnenden aktuellen Maßnahmen der Polizei gegen den Drogenstrich in Bremen in der politischen Bewertung als „Repressionsmaßnahmen" des Innenressorts.

Aus jeweils aktuellem Anlaß bringt der für Maßnahmen der Strafverfolgung primär nicht zuständige Innensenator in einer die Probleme verkürzenden Weise strafprozessuale Repressionsmethoden in die öffentliche Diskussion, indem er erleichterte Voraussetzungen für die Untersuchungshaft bei festgenommenen Drogendealern fordert[4], ohne darauf hinzuweisen, daß die Polizei ihren Gefahrenabwehrauftrag gegenüber den Rauschgifttätern erfolgreich bewältigen könnte, wenn die strafprozessualen Haftgründe die Eigenart bestimmter Tätergruppen sachgerechter berücksichtigen würden.

Es ist deshalb wichtig, diese funktionalen Begrifflichkeiten zu verdeutlichen und zugleich die spezifischen Aufgaben der Gefahrenabwehr zu einem neuen Verständnis und so zu einem neu zu bestimmenden Schwerpunkt in der Polizeiarbeit zu führen.

Ziel **aller** mit polizeilichen Sicherheitsfragen im materiellen Sinne befaßten Ämter und Behörden ist es, das Entstehen von Sicherheitsstörungen – und damit in der Regel Normverletzungen – zu **verhindern**. Es gilt, so früh wie möglich erkenntnis- und handlungsmethodische Ansätze dafür zu finden, um die Ausführung oder Fortführung einer sicherheitsstörenden Handlung zu verhindern. Handlungsanleitungen bietet die moderne Kriminalistik, deren Erfahrungen der gesamten Polizei – auch der Verwaltungspolizei – (etwa in Form der Präventionskriminalistik) zur Verfügung stehen: es muß nur das Angebot an solider Taktik und Technik angenommen werden, zu dem die „Kriminalistische Studiengemeinschaft" in Bremen einlädt.

3. Erkenntnismethodische Parallelität

Die Kriminalistik befaßt sich mittels juristisch orientierter polizeilicher Untersuchung mit der tatsächlichen Erfassung und Bewertung bestimmter rechtswidriger Handlungen. Sie ist eine spannende methodische Analysearbeit, die – vergleichbar mit der Arbeit des untersuchenden Wissenschaftlers anhand einer Materialprobe – einen vollendeten oder bevorstehenden Geschehensablauf zum Untersuchungsgegenstand hat. Ihre Analysen haben denselben Stellenwert wie beispielsweise in der Lebensmittelüberwachung der Ordnungsämter die von diesen veranlaßten chemischen oder biologischen Untersuchungen. Hier wie dort werden Sachverhalte geprüft, deren Feststellung retrospektiv der Strafverfolgung dienen, prospektiv der Prävention, d.h. der Warnung vor der wiederholten Begehung desselben Unrechts. Zumindest schrecken solche Untersuchungen den Tatverdächtigen und Beschuldigten (oft) vor weiteren Taten ab oder verhindern die Fortsetzung einer bereits begonnenen Tat.

Diese Individualprävention ist eindeutig Teil der rechtspolitischen Zielsetzungen unserer Strafgesetze. Sie hat nur den aktuellen Mangel, daß sie immer weniger wirkt.

Die Ursachen dafür sind bekannt: quantitative Überlastung von Polizei und Justiz einerseits, individueller und kollektiver Verlust von bewährten Wertmaßstäben und ein Abschlaffen der daraus entwickelten sozialen Selbstkontrolle andererseits. Früher hieß es „Ehr is Dwang gnog". Heute ist die präventive, kriminalistisch abgestützte Kontrolle besser als vorgeleistetes Vertrauen.

Der alltägliche Frust der Polizeibeamten, die Ladendiebe gerade festgenommen und verhört haben, um sie nach der (notwendigen) Freilassung alsbald erneut festnehmen zu dürfen, ist weithin bekannt. Daraus entwickelt sich ein Permafrust, der immer wieder zu Diskussionen führt, die meinen, vor allem in der Verschärfung der Strafgesetze oder in deren erleichterten Anwendung läge das friedensstiftende Heil. Es heißt, die Strafjustiz versage in ihrer gemeinschaftsschützenden Rolle.

Daraus leitet sich der Zwang zum Umdenken in den polizeilichen Arbeitsstrategien ab. Die Verhinderung der Taten selbst muß „neuer" Schwerpunkt von Polizeiarbeit sein. Das Aufschreiben und statistische Sammeln von Straftaten widerspricht dem rechtspolitischen Zweck der allzusehr in den Hintergrund gerückten Individual- und Generalprävention.

Die praktische und rechtlich unbedenkliche Handhabung des von Opportunitätsüberlegungen nicht freien Legalitätsprinzips durch Staatsanwaltschaft und Polizei lehrt, daß auch die Strafverfolgung eine bestimmte Arbeitsmethodik beinhaltet, die von taktischen Anlässen, zeitlichen Phasen und durch Arbeitslast beeinflußt werden. Diese müßte den Präventionsgedanken mehr im Blick haben.

Die polizeiliche Arbeit zur konkreten Verhinderung von Sicherheitsstörungen, die klassische Gefahrenabwehr also, muß hier und da wieder gelernt und fachkompetent gehandhabt werden, so scheint es.

Die Verwaltungsbehörden arbeiten tagtäglich in spezialisierten, schmalen Aufgabenbereichen der Gefahrenabwehr, soweit sie allgemeine oder besondere Polizeibehörden sind. Ihre Gefahrenprognosen verbinden sie mit juristischer Deduktions- und Subsumtionsmethoden. Sie prüfen die sich aus gründlichen Prognosen ergebenden Konsequenzen.

Die Vollzugspolizei könnte die Beurteilungs- und Prognosetechniken der spezialisierten Verwaltungsbeamten in Ausbildung und Arbeit übernehmen. Sie muß die Erfahrungen sogar noch effektiver anwenden können, weil sie unter dem Zeitdruck der „Eilzuständigkeit" anstelle der normalerweise zuständigen Gefahrenabwehrbehörden handeln muß. Das geht in der Regel nicht ohne juristische Absicherung und Gegenprüfung.

Bewährte Analysemethoden und kriminalistische Denkweisen, die auf Bewertung von Indizien, auf dem Handhaben von Arbeitshypothesen vor allem auf der Kunst der Prognose beruhen, sind in den präventiv-polizeilichen, stets auch prognostischen Beurteilungsprozeß künftiger Ereignisse einzubeziehen. Alle Überlegungen sind juristisch auf ihre rechtliche Relevanz zu prüfen.

So gesehen verbindet sich die nach Zuständigkeiten getrennte Polizeiarbeit auf der strategischen Ebene in der methodischen Parallelität oder Deckungsgleichheit der Erkenntnisstrategien der Verwaltungs- wie der Vollzugspolizei.

II. Das Versammlungsrecht unter Präventionsgesichtspunkten

1. Die Gefahrenprognose

Es scheint so, als ob sich in der Entwicklung von kurzfristigen Gefahrenprognosen der Polizei gelegentlich Schwächen zeigen, welche die Verwendbarkeit solcher Prognosen in Frage stellen und die darauf basierenden Planungen und Einsätze fehlerhaft werden lassen. Es besteht daher Anlaß, sich mit der Prognoseentwicklung anhand von zwei Beispielen zu befassen.

Zwei zu Versammlungseinsätzen der Polizei ergangene Gerichtsentscheidungen der Bremer Verwaltungsgerichte, die bundesweit Bedeutung erlangt haben, sollen im folgenden die Grundlage einer juristisch-methodischen Analyse der polizeilichen Erkenntnis- und Beurteilungsprozesse zur gefahrenbezogenen Einsatzlage bilden.

Fall 1: Zolltor Bremerhaven[5]

Eine sogenannte „Unterweserkonferenz" von demonstrationsbereiten Bürgern hatte im August 1983 beschlossen, in Bremerhaven gegen die Stationierung von Pershing II und Cruise Missiles zu demonstrieren und ab 13.10.1983 eine Blockade der amerikanischen Carl-Schurz-Kaserne durchzuführen. Ziel sollte sein, die bestehende Durchgangsmöglichkeit zu dieser Kaserne durch das Hafengebiet bei Passieren des Zolltores „Roter Sand" zu unterbinden. Diese Sitzblockade wurde von der Versammlungsbehörde mit Recht als Versammlung im Rechtssinne bewertet.

In der Annahme, diese Blockade sei von allem Anfang an und im vollen Umfang eine strafbare Nötigung und damit keine friedliche, sondern unfriedliche Versammlung und damit lediglich eine „Ansammlung", räumte die Einsatzleitung der Polizei ohne Auflösungsverfügung durch unmittelbaren Zwang gegenüber den Blockierern das versperrte Zolltor.

Das Verwaltungsgericht bemängelte neben der fehlerhaften Beurteilung des Geschehens als „Ansammlung" entscheidend auch die fehlende Gefahrenprognose für die im Rahmen des Sofortvollzuges von Zwangsmitteln erforderliche „unmittelbare Gefahr" (§ 15 Abs. 2 VersG). Letztere hätte – nach meinem persönlichen Eindruck aus der damaligen mündlichen Verhandlung bei Gericht – bei wohlwollender Bewertung durch den vorsitzenden Richter noch zur Annahme einer schlüssig erteilten „Auflösungsverfügung" innerhalb einer gebotenen sofortigen Anwendung des Zwangsmittels führen können (sog. „gesteigerte Gefahrenlage" im Sinne des § 11 Abs. 2 Brem. Verwaltungsvollstreckungsgesetz, § 44 Abs. 1 Satz 1, Abs. 3 BremPolG).

Der entscheidende polizeipraktische Mangel lag nach meinem damaligen Eindruck nun darin, daß die Einsatzleitung der Polizei es offenbar versäumt hatte, v o r dem Räumungseinsatz eine vollständige Gefahrenprognose anzustellen. Es gab zwar Erkenntnisse über zu befürchtende Eskalationen (einige Demonstranten hatten die Dächer der umliegenden Häuser besetzt und sich mit Steinen bewaffnet), aber eine konsequente Informationsgewinnung und juristisch qualifizierte Bewertung der vorhandenen Erkenntnisse war offenbar nicht erfolgt. Es fragt sich nachträglich, ob dies ein nicht erklärbares Mißgeschick im Einzelfall war oder ob dahinter nicht eine eher typische methodische Schwäche polizeilicher Arbeit in Einsatzlagen steht.

Fall 2: Der Bremer „Wander-Kessel"[6]

Am 2.7.1985 versammelten sich ca. 300 Teilnehmer/innen zur ordnungsgemäß angemeldeten Demonstration „Gegen die Bombenzüge" auf dem Bahnhofsvorplatz in Bremen. Von dort sollte der Marschweg durch die Straßen Rembertiring, Am Dobben, Sielwall/Ostertorsteinweg Richtung Marktplatz gehen. Auf dem ersten Streckenabschnitt, der (in größerem Abstand) sowohl am gefährdeten „Rüstungskonzern" Siemens als auch an der Bahnstrecke Bremen-Hannover vorbeiführte, begleitete die Polizei die Demonstranten auf jeder Seite zeitweise im Abstand von ca. zwei Meter durch eine dichte Reihe von Beamten, die überwiegend mit Kampfanzug, Helm und Schlagstock, teilweise mit Zivilkleidung und Armbinden mit der Aufschrift „Polizei" ausgerüstet waren.

Die Versammlungsteilnehmer/innen waren weder vermummt noch bewaffnet. Während des Sammelns am Bahnhofsvorplatz waren ein oder zwei Nebelkerzen gezündet worden. Einer der verantwortlichen Leiter der Versammlung war Tage vor der Demonstration bei der Blockade einer Bahnstrecke festgenommen worden. Zu ähnlichen Blockaden war es Tage vorher an verschiedenen Streckenabschnitten in und um Bremen gekommen.

Die Polizeieinsatzleitung begründete die Begleitmaßnahme als das erforderliche Mittel, um die zu erwartenden Übergriffe der Demonstranten auf die Bahngleise und gefährdeten Gebäude von Firmen abzuwehren. Dieses Mittel sei milder gewesen, als die bei der gegebenen Gefahrenprognose auch möglich gewesene Auflösung der Versammlung (§ 15 Abs. 2 VersG).

Das Verwaltungs- und Oberverwaltungsgericht stellten in ihren Urteilen jeweils fest, daß die einschließende Begleitung der Versammlung rechtswidrig gewesen sei. Zur Begründung wird u.a. darauf abgestellt, daß die für eine Eingriffsmaßnahme der gewählten Art erforderliche Prognose der unmittelbar bevorstehenden Gefahr i.S. des § 15 Abs. 2 VersG im vorliegenden Fall nicht begründet gewesen sei.[7]

In umfangreichen Ausführungen zur aktenmäßig belegten Einschätzung der erwarteten Übergriffe auf Bahnkörper und Gebäude kamen beide Gerichte jeweils übereinstimmend zu dem Ergebnis, daß sowohl aufgrund dieser Erkenntnisse als auch der weiteren Umstände im Zeitpunkt des Beginns der Versammlung (Nebelkerzen) „keine Rede davon sein könne, daß eine Störung des Bahnverkehrs mit an Sicherheit grenzender Wahrscheinlichkeit in allernächster Zeit zu erwarten gewesen wäre".

Auch hier stellt sich in der Auswertung der Urteile die Frage, ob es sich bei der unzulänglichen, weil nicht an ausreichenden Tatsachen anknüpfenden Prognose um ein Mißgeschick im Einzelfall gehandelt hat, oder ob es tieferliegende Ursachen für diese „taktisch" zwar erfolgreiche, rechtlich aber ungerechtfertigte Polizeimaßnahme gegeben haben könnte.

Es könnte der nicht unbegründete Verdacht auftauchen, daß es sowohl in der erkenntnismethodischen als auch in der rechtsmethodischen Vorbereitung und Durchführung von Polizeieinsätzen beachtliche Schwachpunkte gibt. Diese Schwächen könnten vordergründig auf Ausbildungsmängeln, auf Fortbildungs- und Führungsdefiziten beruhen, hintergründig aber auch durch weitergehende in der Tradition der Polizei liegende Strukturprobleme und Denkgewohnheiten begründet sein, die sich im übrigen bis in die Berichte hinein abzeichnen.

2. Einsatzlehre und die PDV 100

Neben der rechtlichen Grundlagenvermittlung durch das Fach „Polizei- und Ordnungsrecht" ist Gefahrenprognostik methodisch Teil der polizeilichen „Einsatzlehre".

Bezeichnenderweise wird allerdings in der dafür den Maßstab gebenden PDV 100 nicht speziell unterschieden zwischen den durchaus relevanten Unterschieden des präventiv-polizeilichen, nur auf Gefahrenabwehr gerichteten, und dem weitergehenden, auf Strafverfolgung (einschließlich Festnahme und Beweissicherung) gerichteten Polizeieinsatz.

Ohnehin erscheinen mir die sprachlichen Vorgaben dieser Dienstvorschrift eher an „militärischen" Erinnerungsschemen orientiert zu sein, die den taktischen Ablauf der eingesetzten Vollzugskräfte bestimmen. Ausdruck und Inhalt lassen erkennen, daß sie die an juristischer Analyse- und Abwägungsmethodik geübte Praxis der allgemeinen Verwaltung und die Vorstellungen der Verwaltungsrechtsprechung nicht kennen.

Für eine qualifizierte Gefahrenprognostik reichen die Hinweise in der PDV 100 eben nicht aus. Lapidar heißt es in der PDV 100, Nr.1.2.1: „... durch Information können Führungsleistungen im polizeilichen Einsatz ermöglicht oder verbessert werden"; Nr. 1. 2. 3.: „Jeder Polizeiführer muß stets um Information bemüht sein". Die Psychologie der Auslassung und der Wortwahl zeigt, daß die Bedeutung der Prognose absolut unterschätzt wird. Solche Nachlässigkeiten haben verhängnisvolle Konsequenzen. Information ist zwar die entscheidende Grundlage jeder Entscheidung. Art und Weise der Informationsgewinnung bestimmen auch ganz wesentlich das Beurteilungsbild und damit die zu treffende Entscheidung. Information ist eine Voraussetzung der Prognose, aber nicht die Prognose selbst.

Am Beispiel des „Wander-Kessel"-Falles insbesondere wird u.a. deutlich, daß ein Einsatzleiter neben der juristisch notwendigen, hier allerdings fehlgegangenen Subsumtion **im Anschluß** an die Erkenntnisgewinnung imstande sein muß, in methodisch richtiger Weise anhand der Informationen eine kompetente Analyse des sich ihm vor Ort zeigenden menschlichen Verhaltens abzugeben. Wer hilft ihm dabei, Eindrücke von einer drohenden Gefahr (– Abbrennen zweier Nebelkerzen –) einer rationalen Gegenkontrolle zu unterwerfen? Welche methodische Schulung hat er erfahren, das Verhalten von Menschen in bestimmten Situationen nach psychologischen Kriterien und wissenschaftlicher Erfahrung richtig zu beurteilen?

Die Polizei steht wie kein anderer Teil der Verwaltung in der großen Gefahr, gegenüber ihrer Klientel wechselseitig in „Rollenspiele" zu verfallen. In diesem Rollenspiel wird das polizeiliche Gegenüber symptomatisch als „Störer" bezeichnet. Subjektive Belastungen durch ungünstige Einsatzzeiten, schlechte Witterungsbedingungen oder einfach nur „unsinnig" erscheinende Zielsetzungen von Demonstranten machen es einzelnen Polizeibeamten, aber wohl besonders auch dem Einsatzleiter schwer, objektiv mit verhaltensbezogenen Erkenntnissen über die „andere Seite" umzugehen.

Hier muß eine den letzten Polizeibeamten erreichende Schulung und Anleitung Methoden vermitteln, die es ermöglichen, die Kommunikationshemmnisse durch Wissen um die Formen von menschlichem Verhalten abbauen zu helfen.

3. Die Psychologie der Kommunikation

Die allgemeine Psychologie der Kommunikation hilft verstehen und ermöglicht dadurch eine zutreffende Prognose. Gut in der Praxis zu verarbeitende Standardwerke[8] sind fortbildungsgeprägten Führungskräften sicherlich gut bekannt. Die darin enthaltenen kommunikationspsychologischen Erkenntnisse dienen keinesfalls nur Therapeuten oder Lehrkräften in Fortbildungskursen als Handlungsrahmen für die Aufarbeitung zwischenmenschlicher Konflikte. Sie sind als notwendiges Grundlagenwissen für jeden an der so wichtigen Nahtstelle der Kommunikation, zwischen Politik und Bürger tätigen Polizeibeamten unersetzlich.

Das bewußte psychologisch richtige und rechtsstaatlich angemessene Umgehen mit den eigenen kommunikationsrelevanten Signalen – wie Ausrüstung, Bewaffnung, einsatzmäßiges Verhalten, aber auch Gesichtsausdruck und Körpersprache – ist von Polizeieinsatzkräften ebenso zu verlangen, wie die erkenntnismethodisch sachgerechte Einordnung und Bewertung sogenannten „Störer-Verhaltens".

Das ist umso wichtiger, als heutzutage die Bekleidung, die Sprache, das allgemeine Auftreten und die damit verbundenen Signale eine andere Bewertung erfordern, wenn die Neigung zu Gewaltbereitschaft beurteilt werden soll. Vor etwa zehn oder zwanzig Jahren wurde mancher Aspekt der Körpersprache anders beurteilt als heute. Ist das Verdecken des Gesichts, um vor Kameraaufnahmen sicher zu sein, in jedem Fall ein Signal der Gewaltbereitschaft gegenüber der Polizei? Oder zeigt sich in solchen Fällen lediglich eine jugendtümliche ausweichende Feigheit, ein Mangel an Zivilcourage in erster Linie?

In Polizeikreisen ist der Sinn der Vermummungsverbotsregelung im Versammlungsgesetz (§ 17a Abs. 2 Nr. 1 VersG) gerade unter diesen Gesichtspunkten individueller und einzelfallbezogener Bewertungserfordernisse in Frage gestellt.

Die „richtige" Beurteilung von Gewaltbereitschaft setzt eben mehr voraus, als die Feststellung weniger vordergründiger Indikatoren.

Die Anleitung zum sachbezogenen, unverstellten Blick auf das Gegenüber ist das langfristige, frühzeitige Ziel polizeilicher Einsatzvorbereitungen und -führung. Die unvermeidlichen Emotionen, (Vor-)Urteile und Standarderfahrungen sind immer wieder neu und im Einzelfall erkenntnismethodisch zu reflektieren. Die Präventionskriminalistik gestattet die Berücksichtigung bisheriger Erfahrungen, erfordert aber deren wiederholte, analytische und kritische Gegenprüfung im konkreten Falle.

4. Die Methode der Prognose

Eine qualifizierte Gefahrenprognostik bei Polizeieinsätzen muß gelehrt, gelernt, geübt und gekonnt sein. Und die Gedankengänge des Prognoseverfahrens sind zumindest als Skizze zu dokumentieren. Ich halte es nach meinen Erfahrungen eher für fraglich, daß diese Voraussetzungen des Einsatzes im genügenden Maße in der heutigen Polizeipraxis beachtet werden[9].

Ich halte es deshalb für einen gewaltigen Fortschritt in der bremischen Polizeiaus- und -fortbildung, daß an der Hochschule für öffentliche Verwaltung Bremen nunmehr eine psychologisch geschulte Professorin sich diesem Themenkreis widmen kann[10].

Der Mangel kann durch verhaltensorientiertes Kommunikationstraining behoben werden. In der Privatwirtschaft ebenso wie in der allgemeinen Verwaltung gehört eine solche Ausbildung zum Standardrepertoire für Führungskräfte.

Für leitende Polizeibeamte sind Erkenntnisse und Methoden der Kommunikationstheorie unverzichtbar. Insbesondere im Umgang mit dem Bürger kann es nicht ausreichen, sich mehr oder weniger selbst entwickelte Erfahrungsmuster zum Maßstab für die Beurteilung des sogenannten „Gegenüber" machen zu dürfen.

Es bedarf somit einer polizeiorientierten Methodenlehre zur

– richtigen Beobachtung und Bewertung menschlichen Verhaltens auf der Basis anerkannter Grundlagen der Kommunikationspsychologie
und
– einer an diesen Maßstäben ausgerichteten Führungs- und Kommunikationsstruktur der Polizei nach innen und nach außen, die diese Erkenntnisprozesse fördert und selbst transparent anwendet.

Nach meinen Erfahrungen wird in der Polizeiausbildung leider allzu „spartenorientiert" gelehrt. Nach den klassischen Aufgabenfeldern der Strafverfolgung (= Kriminalistik) einerseits und der Prävention andererseits (Verkehrslehre, „Einsatzlehre") richten sich die Unterschiede in der Ausbildung.

Das Fortbildungsfach „Eingriffsrechte und Methodenlehre" steht über dieser funktionalen Trennung in der praktischen Polizeiarbeit, weil jeder Polizeibeamte dieses Wissen für seine Alltagsarbeit benötigt.

Die in zunehmendem Maße in allen Arbeitsbereichen Bedeutung gewinnende Aufgabe der präventiven Gefahrenabwehr wird üblicherweise als „Nebenfach" empfunden. Soweit es dem Aufgabenfeld „Polizei- und Ordnungsrecht" zugewiesen ist, wird es in der Regel auch nicht von Polizeilehrern im engeren Sinne vermittelt, sondern von externen Verwaltungsbeamten und Richtern. Es bleibt der Eindruck, als sei dieses Fachgebiet in der Polizei selbst nicht beheimatet. Es wird nicht gesehen, daß dieses Stück „Theorie" lediglich eine richtig formulierte Praxishilfe bedeutet.

Nach meinen Feststellungen fehlen bisher völlig in der Polizeiausbildung die erkenntnismethodischen Grundlagen und Übungen zur sachgerechten Informationsgewinnung und -bewertung als Voraussetzung für die erforderliche nachfolgende juristische Bewertung des polizeilichen Handlungsrahmens. Diese Vorgaben sind aber für die Beurteilung von präventiv-polizeilichen Einsatzlagen unverzichtbar. Ihr Fehlen läßt Einsätze scheitern.

Daß das Bewußtsein für diese Beurteilungsmaßstäbe tatsächlich vorhanden ist, zeigt sich am organisatorischen und fachlich-personellen Aufwand bei der Bewältigung von Geiselnahmen – einer idealtypischen Gefahrenabwehrlage – im Rahmen der dafür geschaffenen Stabs- und Beraterfunktionen[11].

Auch alltägliche Einsatzlagen verlangen nach prinzipiell gleichartigen Entscheidungsstrukturen.

III. Die juristische Beratung der Gefahrenabwehr

1. Erster Verwaltungsgrundsatz: „Das haben wir schon immer so gemacht"

Das auf IMK-Beschluß vom 29.8.1978 beruhende bundeseinheitliche Modell der polizeilichen Führungsstäbe, wie es auch in Bremen eingeführt wurde, weist für die hier relevanten Fragestellungen zwei scheinbar einschlägige Führungsbereiche aus:

– den Sachbereich „Recht" (PFST – Sb 34),
  und
– den Sachbereich „Sicherheit und Ordnung" (PFST - Sb 11).

Nicht nur aus eigener Erfahrung als Interimsfunktionär des „Sb 34" im ehemaligen Stadt- und Polizeiamt, sondern auch mit Blick auf den Bericht des parlamentarischen Untersuchungsausschusses zur Gladbecker Geiselaffäre in Bremen ist leider festzustellen, daß die für jeden Polizeieinsatz so wichtige Aufgabe der „Rechtsbetreuung" in einer nicht nachvollziehbaren Weise lediglich als Empfangsservice z.B. für Rechtsanwälte im Zusammenhang mit Festnahmen von Mandanten und als Anlaufstelle für eventuelle Beschwerden gedacht ist, also ausschließlich zur „Absicherung" bereits erfolgter Einsatzleistungen verstanden wird.

Warum gibt es keinen „notwendigen Rechtsberater" bei polizeilichen Einsatzlagen, z.B. im Zusammenhang mit Versammlungen oder erst recht im Zusammenhang mit Geiselnahmen? Wird in solchen und vergleichbaren Lagen nur tatsächlich, nicht aber auch rechtlich gehandelt?

Die Hamburger Polizei hatte als Folgemaßnahme (aber leider nur für kurze Zeit!) nach dem „Hamburger-Kessel"-Urteil aufgrund politischer Weisungen einen (oder zwei) „Stabsjuristen" in ihre Führungsorganisation einbauen müssen. In Bremen wie andernorts wäre in der Vergangenheit aus vielen Gründen der stabsmäßige Einbau und die tatsächlichen Inanspruchnahmen von Juristen und anderen Fachberatern rechtzeitig in verantwortlicher Einsatzposition wünschenswert gewesen.

Juristen als Polizeiführer bilden (mit Ausnahme in Bayern) heute immer noch die Ausnahme. Der Leiter des PFST 3 im Polizeipräsidium Bremen ist zwar ein Volljurist; dieser wird aber in Einsatzlagen nicht eingesetzt.

Auch der Sachbereich „Sicherheit und Ordnung" im klassischen Polizeiführungsstab kann leider ebensowenig dem entsprechen, was sich der unbefangene Beobachter unter einem Management von Gefahrenabwehraufgaben vorstellt.

Die hier erneut kritisch zu erwähnende PVD 100 zeigt sich in diesem Zusammenhang abermals von ihrer schlechten Seite. Im Abschnitt „Beurteilung der Lage und Entschluß" (Nr. 1. 3) heißt es zwar u.a., daß – soweit erforderlich – „Führungsgehilfen und Sachkundige als Berater hinzuziehen" seien. Die „Rechtslage" ist allerdings nach Nr. 1. 3. 2. (irrtümlich?) nur als eines von vielen Kriterien – und das auch nur „in der Regel" – zu berücksichtigen. Es kann nicht sein, daß diese Passage einfach nur unbedacht formuliert wurde und dann so rechtsvernachlässigend stehen blieb. Aus dieser Formulierung, Position und Zuordnung ergeben sich verhängnisvolle Konsequenzen.

Es verstärkt sich der bereits oben erwähnte Eindruck, wonach die Polizeidienstvorschriften – und damit verbunden die Polizeiausbildung und -führung – allzusehr auf die taktisch orientierte Fallösung ausgerichtet sind. Daher wird in der Einsatzplanung das „taktische Konzept" der rechtlichen Prüfung in der Regel vorangestellt.

Von daher entstehen Neigungen sowohl in der polizeilichen Ausbildung als auch in der späteren Praxis, das Einsatzgeschehen vordergründig am zu erreichenden Erfolg zu orientieren, freilich ohne diesen Erfolg vorzeitig rechtlich zu prüfen und zu wägen. Es könnte dadurch der Eindruck einer vorrechtlichen und außerrechtlichen Denkweise entstehen. Der „Bremer-Wander-Kessel" und der Vorgang „Räumung des Zolltores in Bremerhaven" lassen solche rechtsuntiefen Denkweisen vermuten.

Auf diese Weise gehen Verwaltungsgerichtsprozesse verloren, deren Kosten die öffentliche Hand trägt. Eine konsequent dem Rechtsstaat verschriebene Polizei und deren fachliche und politische Führung können diese Zusammenhänge nicht einfach unkritisch zur Kenntnis nehmen und zum nächsten Einsatz übergehen, ohne die rechtlichen Erfahrungen der Voreinsätze zu berücksichtigen.

Leider ist es aber immer wieder auch die politische Führung der Polizei (gelegentlich sind es auch andere Fachressorts), welche den von der Polizei selbst vorgetragenen rechtlichen Bedenken und Grenzen allzu schnell mißtraut, sie als „mangelnde Flexibilität" oder als „Einsatzverweigerung" zurückweist und Demonstrationen mißachtet. Beispiele dafür gibt es genug[12].

Die Polizei, welche die Grundsätze des maßvollen und differenzierten Vorgehens gegen betroffene Bürgerinnen und Bürger hochhält, nützt sich durch Beachtung des rechtlichen Maßes selbst und sie hilft ihrer politischen Führung durch Glaubwürdigkeit und Konsequenz. Recht kann nicht durch eine fragwürdige Flexibilität ersetzt werden[13].

Meine Kritik an Ausbildung, Organisation und Führung von Polizei stellt ab auf eine weitere Verbesserung und Verfestigung von psychologischer und juristischer Kompetenz. Sie zielt auf einen konstruktiven Verbesserungsprozeß in der aufgabenorientierten und strukturellen Fortentwicklung bereits erreichter rechtsstattlicher Strukturen und Bewußtseinsebenen.

2. Die Rückbesinnung auf den polizeirechtlichen Auftrag

Ein solcher gedanklicher und struktureller Prozeß muß sich natürlich an den aktuellen und künftigen Aufgaben polizeilicher Arbeit messen lassen.

Vielleicht ist die seit jeher bekannte Schwierigkeit der präventiven Gefahrenabwehr, in konkreten Gefahrenlagen ad hoc richtige, abgewogene und rechtlich zu vertretende Entscheidungen treffen zu müssen, Ursache dafür, daß Polizeiarbeit die Strafverfolgung bevorzugt. Die Aufarbeitung geschehenen Unrechts hat ihre eigenen Schwierigkeiten in der Beweisführung; sie hat aber nicht auch noch die Probleme einer rechtlich zu begründenden Prognose zu lösen. Außerdem taucht in der Strafverfolgung das psychologische Problem der spurenlosen Arbeit weniger eindringlich auf. Außerdem: die Nichtprävention nach Sachverhaltsfeststellung ist nicht strafbar, die Nichtverfolgung einer Straftat hat den Vorwurf der Strafvereitelung zur Folge.

Die schwerpunktmäßige Orientierung auf Maßnahmen der Strafverfolgung hat jahrelang die Arbeit zur Bekämpfung des Drogenhandels und der Drogenprostitution bestimmt. Das Legalitätsprinzip des Strafrechts hat offenbar diesen repressiven Vorrang erzwungen.

Die präventive, polizeirechtlich geforderte Prävention wird durch die Kriminalpolizei meist gedanklich ausgeblendet. Die Staatsanwaltschaft selbst ist mit Prävention auch gar nicht befaßt[14].

Es wäre daher m. E. von großer Bedeutung, könnte das fachliche Gesamtverständnis für die Prävention und die Polizeiarbeit erweitert werden, und zwar über die Ressortgrenzen hinweg.

Diese fachliche Führung und Integration kann und muß vor allem die Polizei selbst leisten. Sie verfügt unmittelbar über beide Zuständigkeiten: die der Strafverfolgung und die der Gefahrenabwehr. Die politischen Ebenen (Justiz-Inneres) sind – obwohl ressortmäßig voneinander getrennt – aufgerufen, dieses fachübergreifende Polizeiverständnis zu fördern und selbst zu vertreten.

Eine alltägliche Situationsbeschreibung mag diesen Gedanken erläutern: Es türmen sich Berge von Strafanzeigen gegen Drogenkonsumenten, Kleindealer und drogenabhängige Prostituierte. Der „Justiz" wird Zögerlichkeit oder gar Untätigkeit vorgeworfen, wenn es um Haftbefehle und erhoffte schnelle und harte Urteile geht. Die alltägliche Frustration der Polizeibeamten, die gerade Festgenommene nur Stunden später wieder als aktuelle Straftäter antreffen, gipfelt in der Forderung nach „härteren Gesetzen", mindestens aber nach „Anweisungen an die Richter". Die Unabhängigkeit des Richters wird dabei schnell vergessen[15]).

Solche Reaktionen sind verständlich. Die beklagenswerte Verfahrensdauer von Verfahren bis zur rechtskräftigen Gerichtsentscheidung geht an die Nerven. Nicht verständlich jedoch ist, daß die Rolle und Aufgabe des Richters als Vertreter der individuell, schuldangemessen zu urteilenden dritten Gewalt in dem Sinne interpretiert wird, daß polizeiliche „Erfolgserlebnisse" durch möglichst hohe Strafen gewährleistet werden sollen.

In der Strafverfolgung ist die Polizei – so will es die Strafprozeßordnung – **nur** das „Zuträgerorgan" der zur Strafverfolgung berufenen Staatsanwaltschaft, der sie als deren Hilfsbeamten dient. Die in Straftaten ermittelnde Polizei hilft, aber sie ist **in** dieser Tätigkeit ihr eigener Herr. Die funktionale Zuordnung an die Staatsanwaltschaft als der „Herrin des Verfahrens" hat ihre verfassungsrechtliche Begründung[16]).

3. Die Rückbesinnung auf den Präventionsauftrag

Was also liegt für die Polizei näher, als sich ihrer polizeirechtlichen Handlungsfelder stärker zu besinnen; sich nämlich der Aufgaben der allgemeinen und besonderen Gefahrenabwehr in Zusammenarbeit mit den zuständigen Gefahrenabwehrbehörden so intensiv anzunehmen, wie dies das Polizeirecht vorsieht. Sie kann und muß sich dabei ihrer eigenständigen und hochwirksamen Aufklärungs-, Beratungs- und Vorbeugungsorganisation einschließlich des so wichtigen Streifendienstes bedienen.

Dieser Umdenk- und Umsteuerungsprozeß hat in Bremen und andernorts (vornehmlich im Bereich der Drogenabwehr) bereits begonnen[17]).

Trotzdem scheinen immer noch Konzepte zu fehlen und die Vorstellungen, unter welchen fachlichen Schwerpunkten zum Beispiel gegen Drogenkonsum und -handel im Bereich von Vereinen und Gaststätten oder Wohnheimen konkret vorgegangen werden soll.

Der repressiv-kriminalistische Ansatz verlangt u.U. und somit vertretbar die möglichst langfristige Schonung eines als Umschlagplatz für Drogen verdächtigen Betriebes, um den entscheidenden Ermittlungserfolg und Beweise gegen die noch zu ermittelnden Hintermänner erreichen zu können. Das Ausheben der Hintermänner bringt in der Regel für längere Zeit auch eine präventiv wirksame Entlastung. Der präventiv-kriminalistische Ansatz, der gleichzeitig gedacht werden muß, lautet ähnlich, wenn er auch einschließt, daß infolge des Abwartens in der Zwischenzeit Giftportionen weiterverkauft werden und Straftäter sich gewissermaßen vor den Augen der Polizei betätigen dürfen. Um eben diese ermittlungsdienstliche Zeitspanne muß auch die Straftatenaufklärung durch rasches Zuschlagen unterbleiben. Das aktuelle Beispiel des Bremer Drogenstrichs macht die Problemlage sehr gut deutlich.

Die richtige Einsatzstrategie wird in rechtlich abgesicherter Weise in derselben Operation die präventiven Ziele wie die strafprozessualen Vorstellungen berücksichtigen und diese auch benennen und den eingesetzten Polizeibeamten erklären müssen.

Zur professionellen Polizeiarbeit gehört ein rechtlich und taktisch differenziert gestaltetes Vorgehen gegen strafbare und gefährdende Handlungen. Dazu gehört gerade angesichts der steigenden Gefährdungsraten, die sich bezeichnender Weise immer nur in der strafrechtlichen orientierten polizeilichen Kriminalstatistik ablesen lassen, auch die (möglichst früh einsetzende) Verhinderung von sicherheitsgefährdender Kriminalität, die leider nirgends statistisch erfaßt wird.

Wenn ich richtig informiert bin, ist es vor rund 20 Jahren nur dem konsequenten Einsatz und den Überwachungsstrategien der Kriminalpolizei in dieser Zeit gelungen, Bremen (im Gegensatz zu Hamburg) nicht zum Sammelpunkt zuhälterischer Prostitution werden zu lassen. Dieser überwiegend zufällige und sekundäre Präventionserfolg resultierte aus den psychologisch begleiteten, die Zukunft berücksichtigenden auch strafprozessualen und strafrechtlichen Bemühungen und hätte ohne diesen strafrechtlichen Zusammenhang noch schwieriger erzielt werden können.

Daß polizeiliche Prävention in diesem Sinne funktioniert, ist mehr als einmal bewiesen worden. Selbst das leidige Problem der Drogenprostitution ist durch primär präventivpolizeiliche Einsatzstrategien und deren operative und taktische Umsetzung im Laufe der Zeit zumindest eingedämmt worden.

Zur motivationserhöhenden Unterstützung der bisher von der Polizei und dem Stadtamt Bremen geleisteten Präventionsarbeit wäre es sicherlich nützlich zu wissen, welche Reduktionsquote eine nur einseitige Weiterverfolgung des Strafverfolgungsansatzes in diesem Problemfeld gebracht – oder besser gesagt – nicht gebracht hätte. Zu prüfen wäre aber auch, ob durch den Präventionsansatz alle gesetzlich zulässigen Möglichkeiten ausgeschöpft werden.

Es ist seit langem bekannt, daß der präventive Effekt der individuellen Bestrafung – wenn überhaupt – sehr spät eintritt, die Generalprävention durch (nur teilweise) öffentliche Kenntnisnahme von (später und milder) Bestrafung in der heutigen multimoralen Gesellschaft immer reduzierter wirkt.

Es müßten sich zur Steigerung bzw. Rückgewinnung der Präventionseffekte die durch elterliche und gesellschaftliche Erziehung und Sozialarbeit inhaltlich bestimmten und durch politische Grundentscheidungen zu fördernden Rahmenbedingungen ändern – aber auch für diese Prophylaxe ist „die Polizei nicht zuständig".

IV. Die politischen Rahmenbedingungen

1. Abgebrochene Diskussionen

Mandatsträger, Behörden und die Personen im öffentlichen Dienst sollten das rechtliche Spektrum vorhandener Gesetze tatsächlich, gewissenhaft, gründlich und differenzierter als bisher ausschöpfen. Wer sich mit den bereits geregelten gesetzlichen Möglichkeiten sachkundig befaßt, muß erkennen, daß der so oft geäußerte Wunsch nach neuen, „schärferen" Gesetzen nicht zu begründen ist. Es besteht lediglich ein oft motivationsbedingtes exekutives Wissens- und Vollzugsdefizit, nicht jedoch ein Regelungsdefizit.

Die Handhabung möglicherweise schwieriger, aber erlernbarer und vor allem auch umsetzbarer Methoden (wie die der präventiv-polizeilichen Kontrollen, Festnahmen, Betriebsschließungen, Platzverweise, Sicherstellungen und anderer Maßnahmen) ist eine Frage kompetenter Ausbildung und Führung, nicht der Umgestaltung von Gesetzen. Die Organisationsverantwortlichen werden zu bedenken haben, daß die Prävention u.U. schon in einer mißgestalteten Organisation vereitelt wird. Eine Organisation ist verformt und mißgestaltig, wenn sie für ihre Aufgaben nicht mit dem entsprechenden Personal ausgestattet wird. Für die effektive Umsetzung dieser hier empfohlenen Maßnahmen ist nämlich auch eine ausreichende Menge an geschultem Personal erforderlich. Nur dieses kann die Reproduktion des bisher Reproduzierten aufbrechen und ändern.

Vereinfachungsstrategien im Wege der ad hoc erfolgenden extensiven, rechtlich nicht vertretbaren Gesetzesauslegungen müssen durch „innere Prävention" verhindert werden. Am vordergründigen Resultat ausgerichtete Vereinfachungsstrategien schaden dem guten Ruf der Polizei im Umgang mit dem Bürger.

In diesem Zusammenhang ist die seit 1984 unfertig schwebende Fachdiskussion in Bremen anzuführen, in der es um die rechtlich zweifelhafte Interpretation der „Razziabefugnis" aus § 11 Abs. 1 Nr. 2 BremPolG geht. § 11 Abs. 1 Nr. 2 BremPolG lautet: „Die Polizei darf die Identität einer Person feststellen, ... wenn die Person sich an einem Ort aufhält, von dem aufgrund tatsächlicher Anhaltspunkte erfahrungsgemäß anzunehmen ist, daß – a) dort Straftaten von erheblicher Bedeutung für die Allgemeinheit verabredet, vorbereitet oder verübt werden oder b) sich dort Straftäter verbergen – und diese Maßnahmen zur vorbeugenden Bekämpfung von Straftaten geboten erscheinen."

Der Polizei kann nicht dadurch in ihrer Arbeit „geholfen" werden, daß der Begriff der „Ortsgefahr" als quasi „Generalermächtigung" für präventiv-polizeiliche Personenüberprüfungen umgedeutet wird.

Die gerichtlich anerkannte Methode der polizeirechtlichen Razzia, die an taktisch effektivere Bedingungen als die „Jedermann"-Kontrolle an „Gefahrenorten" geknüpft ist, bedarf dringend der Wiederbelebung. Eine jahrzehntelang praktizierte, erfolgreiche und rechtlich einwandfreie Präventionsmethode wurde über das nur scheinbar effektivere, allenfalls bequemere Mittel der „Gefahrenortkontrolle" abgelöst. Die Razzia hatte darüber hinaus den deutlichen Vorteil, der betroffenen Bevölkerung gegenüber unmittelbar transparent zu werden und die Verursacher von (auch strafrechtlich relevanten) Gefährdungen sichtbar abzuschrecken.

Es wäre ein schlechter Rat, wenn empfohlen würde, angesichts der gewaltigen Sicherheitsprobleme die polizeilichen Instrumentarien, die sich in früheren Zeiten durchaus bewährt haben, zu vereinfachen oder umgekehrt in den Folgen verschärfen zu wollen. Der richtige, weil auch die Bevölkerung eher überzeugende Weg führt über die offene Darstellung polizeilicher Rechtsanwendungskompetenz vor Ort. Die daraus abzuleitende Forderung müßte darauf abstellen, die Polizeiaus- und -fortbildung in besonderer Weise diesen Zielen zu verpflichten und die Polizeistrukturen in moderner Form handlungsfähig zu machen.

2. Diagnose und Korrekturen

„Strenge Hierarchie, komplizierte Kompetenzregeln und aufwendige Informationsmechanismen in Verbindung mit umfangreichen dienstrechtlichen Vorschriften hemmen effiziente Abläufe; moderne Managementmethoden, Arbeits- und Organisationsformen sind im öffentlichen Bereich weitgehend unbekannt"[18].

Diese Diagnose öffentlicher Dienstleistungen erstellte das Deutsche Institut für Wirtschaftsforschung (DIW) im Rahmen eines kritischen Berichts zur Finanzpolitik der Bundesregierung und über die im Öffentlichen Dienst versäumten Effektivierungs- und Sparansätze. Der Bericht trifft auf Strukturen der Vollzugspolizei nicht minder zu wie auf viele andere Bereiche der Verwaltung.

Korrekturen lassen sich nur schrittweise einbringen, selbst wenn ihre Notwendigkeit einmal erkannt sein sollte. Wenn unsere Zentralbehörden endlich einmal nicht nur den Mut hätten, einschlägige Papiere zu beschreiben, sondern auch die Grundsätze von Dezentralisierung, Delegation und Eigenverantwortung umzusetzen, so hätte m.E. die Polizei genügend kompetente und engagierte Kräfte, die in neuen Formen von Verantwortung und Teamgeist viele der hier dargestellten Ansätze effektiv in die praktische Polizeiarbeit einfließen lassen könnten.

M.E. ist die im alltäglichen Dienst am Bürger geforderte Verwaltung – und dazu gehört auch die Polizei – zu strukturellen Reformen, die auch die Arbeitsmotivation und Arbeitserfolge erhöhen, mehr bereit, als sich mancher „Reformer" in den Zentralbehörden vorstellen kann.

Führungskompetenz und fachliche Verantwortung sind keine Privilegien senatorischer Dienststellen. Es steht fest, daß die Aufgabenstrukturen des Bremer Senats zu 90 % kommunale Angelegenheiten betreffen[19]. Sie werden auf unmittelbarer, am Bürger orientierter Gemeindeebene relevant. Auf dieser Ebene gibt es in Bremen aber die in ihrer Umsetzungsarbeit zu stützenden, leider jedoch mehr und mehr vernachlässigten Ämter.

Hierbei bedarf es auch einer organisationspolitischen Steuerung mit dem Ziel, die polizei- **und** ordnungsbehördlichen Strukturen für die gemeinsame Aufgabe der Gefahrenabwehr voll handlungsfähig zu machen. Die aktuelle Reformdiskussion verlagert leider nur die Probleme von der Polizei weg auf die (kommunalen) Ordnungsbehörden (Stichwort: „polizeifremde Aufgaben") und verkennt das Wesen der gemeinsamen Gefahrenabwehr als bloße Administration.

Insoweit ist dieser Beitrag eine Anregung zur Prävention der Nichtprävention.

Fußnotenverzeichnis

1) U.a. die Berufszulassungsvorschriften (GewO, GaststättenGes, Heilpraktiker-Ges), die Aufgaben der Verkehrsbehörden (StVO, StVZO) und der Ausländerämter dienen der Gefahrenabwehr zum Schutz der Gemeinwohlinteressen.

2) Schäfer, Herbert, Die Prädominanz der Prävention; in: GA 1986, 49 ff.

3) Kniesel, in: ZRP 1989, S. 329, 332

4) Weser-Kurier vom 25.09.1993

5) siehe hierzu OVG Bremen, NVwZ, 235

6) siehe hierzu OVG Bremen, NVwZ, 1990, 1188 ff.

7) Vergleichbar läuft die aktuelle Diskussion um die Rechtmäßigkeit von polizeilichen Ingewahrsamnahmen (§ 15 Abs. 1 Nr.2 BremPolG) zur Frage der ausreichenden Begründung der Gefahrenprognose im Zusammenhang der Demonstrationen am 3.10.1994 in Bremen ab, vgl. u.a. Weser-Kurier vom 7.10.1994

8) Vgl. u.a.: Friedemann Schulz von Thun, Miteinander Reden (I und II), Rowohlt, Reinbek, Bd. 1, 1981, Bd. 2, 1989

9) Die einsatztypische Notwendigkeit der Trennung von Störern und Nichtstörern erzeugt immer wieder rechtliche Probleme dadurch, daß „im Zweifel" vom Störer ausgegangen wird. Diese Schiefsicht, die bei gerichtlichen Überprüfungen unterliegen läßt, zeigt einen gravierenden, sich wiederholenden Mangel an. Eine entsprechende berufliche Fortbildung könnte diesen Mangel auf der Ebene der polizeistrategischen Planung, der operativen Einsatzleitung mit Einschluß der taktischen Leitung und des taktischen Auftretens vor Ort beheben.

10) siehe Fortbildungsangebot der HfÖV Bremen, Mai 1994: Frau Prof. Dr. Wagner-Haase, „Verhaltensorientiertes Kommunikationstraining für Führungskräfte". Die Vorlesung (mit Übungen) mußte allerdings mangels Nachfrage ausfallen.

11) Siehe die sogenannte Verhandlungsgruppe und die Besonderen Berater. Die – in ihrer Bedeutung unterschätzte – juristische Beratung (des Polizeiführers) ist allerdings lediglich eine Aufgabe innerhalb der Hierarchie (Stabsbereich 3, Sachbereich 34).

12) Beispiele dafür gibt es genug. Die Erfahrungen des Verfassers beziehen sich auf Bremer Verhältnisse.

13) Diese Aussage nehme ich natürlich auch für den von mir vertretenen ordnungsrechtlichen Aufgabenbereich in Anspruch.

14) Ich erinnere mich sehr gut, daß bei der Frage der richterlichen Zuständigkeit und Verpflichtung, über polizeirechtliche Ingewahrsamnahmen zu entscheiden, sogar Richter (1978) über Inhalte und Zusammenhänge des Polizeigesetzes zunächst nicht im Bilde waren.

15) Der Innensenator und ein Staatsanwalt fordern – tagespolitisch opportun – die Erleichterung der Bedingungen für die U-Haft für Drogendealer. Das kann sicherheitspolitisch diskutabel sein, indiziert aber in erster Linie eine – wie auch immer bedingte – Hilflosigkeit.

16) Die Staatsanwaltschaft hat auf dem strafrechtlichen Gebiet die Aufgabe der Justizgewährung (BVerfGE 9, 223, 228)

17) Wilkens, H.J., „Konkurrenzverhältnis strafprozessualer und polizeirechtlicher Maßnahmen bei der Bekämpfung der Drogenkriminalität", Referat bei einer Fortbildungsveranstaltung Schutzpolizei Bremen, PFA Münster, am 19./20.11.1990.

18) Klotz, Jürgen, Wissenschaftler üben derbe Kritik an Finanzpolitik, Frankfurter Rundschau v. 2.9.1993, (Wirtschaftsteil)

19) Bericht der „Kommission Bremen 2000" des Bremer Senats, Weser-Kurier vom 16.9.1993

Möglichkeiten und Grenzen einer von Bürgern getragenen regionalen Kriminalprävention am Beispiel des Vereins Kriminalprävention Gießen e.V.
Zugleich ein kritischer Beitrag zur gegenwärtigen deutschen Kriminalpolitik[1]

Jürgen Stock

I. Drängende Lage, hohe Aktualität

Regionale Kriminalprävention unter Beteiligung aller gesellschaftlichen Gruppen erscheint gegenwärtig (auch) in Hessen als aktuelles und zentrales innenpolitisches Thema. So schrieb der ehemalige hessische Innenminister Günther (SPD) 1992:

„Es geht darum, alle gesellschaftlichen Kräfte für die Vorbeugung zu bündeln. Polizei, Bürger und Kommunen müssen Hand in Hand arbeiten, um Kriminalität möglichst erst gar nicht entstehen zu lassen (...) Die Kommunen sind aufgefordert, landesweit regionale oder örtliche Präventionsräte[2] ins Leben zu rufen."

Der hessische Landtagsabgeordnete Bouffier, stellvertretender Landesvorsitzender der CDU und innenpolitischer Sprecher der CDU-Landtagsfraktion, ließ in einer Pressemitteilung[3] verlautbaren: „Bei der Bekämpfung der Kriminalität sollten alle gesellschaftlichen Gruppen zusammenarbeiten." Der Politiker forderte im Bereich der Vorbeugung die Bildung „Runder Tische Innere Sicherheit" auf Kreis- und Regierungsbezirksebene.

Festgeschrieben sind diese Vorschläge in Hessen im Rahmen des innenpolitischen Strategiekonzepts „Sicherheitsoffensive Hessen '92". Parallel dazu wurde von der Hessischen Landesregierung am 27.10.1992 eine Sachverständigenkommission zur Kriminalprävention einberufen; das 24köpfige Gremium von Vertretern staatlicher Institutionen und gesellschaftspolitisch maßgeblicher Gruppen und Einzelpersonen soll konkrete Strategien erarbeiten, wie Kriminalität verhindert werden kann[4].

Auch in anderen Bundesländern sind derzeit Bemühungen im Gange, „Kriminalitätsvorbeugung an der Basis" zu installieren[5]. Dieses wichtige Anliegen haben seit jeher auch die mit dieser Festschrift geehrte Kriminalistische Studiengemeinschaft e.V. sowie ihr Vorsitzender Dr. Herbert Schäfer in vorbildlicher Weise vertreten[6].

II. Zum Verhältnis von Prävention und reaktiver Kriminalitätskontrolle

1. Der Ruf nach Polizei und Strafrecht

Gemeinhin wird auf die besorgniserregende Kriminalitätsentwicklung mit dem Ruf nach einer Verstärkung der Polizei reagiert. Dies entspricht einerseits einer sich verbreitenden Neigung, dem Staat in immer größerem Umfange Verantwortlichkeit für die Gestaltung eigener, persönlicher Lebensbedingungen zuzuweisen, andererseits dem Glauben an die verhaltenssteuernde Kraft des Strafrechts. Die Polizei ihrerseits versucht mit ihren begrenzten Mitteln, der Entwicklung Einhalt zu gebieten; vergeblich, wie inzwischen selbst Kriminalisten bekennen. Es läßt sich feststellen, daß die traditionellen, repressiv ausgerichteten Ansätze der Kriminalitätsbekämpfung nicht den erhofften Erfolg gebracht haben. Aus kriminologischer Sicht könnte man hinzufügen: Man traut ihnen seit jeher zuviel zu.

Einer Abschreckung durch Polizei, (verschärftes) Strafrecht und individuelle Strafsanktion kommt eine eher begrenzte Wirkung zu. Alle diese Maßnahmen, so unverzichtbar wie sie einerseits auch sein mögen, dürfen in ihrer Wirkung nicht überschätzt werden. Sie sind vordergründig populär und angeblich kostengünstig. Die Ergebnisse der kriminologischen Forschung deuteten eher darauf hin, daß das Kriminalitätsaufkommen einer Gesellschaft primär mit moralisch-ethischen, gesellschaftlichen, sozialen und ökonomischen Parametern abseits des Strafrechtssystems korreliert.

Ohnehin soll Strafrecht ultima ratio zur Ordnung des Zusammenlebens und polizeiliches Einschreiten letztes Mittel zur gesellschaftlichen Konfliktlösung sein.

Es gilt daher – auch verfassungsrechtlichen Geboten folgend –, sich endlich ernsthaft auf das lange vernachlässigte Gebiet der vorbeugenden Kriminalitätsbekämpfung zurückzubesinnen.

2. Prävention: Inhalte und Zuständigkeiten

Die Frage nach den Zuständigkeiten für Kriminalitätsvorbeugung bedarf einer differenzierten Betrachtung der Dimensionen von Kriminalprävention[7].

Primäre Prävention will die Kriminalität sozusagen „an der Wurzel" angehen. Hier ist der klassische Erziehungsbereich angesprochen, der u.a. Konfliktlösungsstrategien, Rechtsbewußtsein und normtreues Verhalten zu lehren hat. Die Vermittlung von Normen und Werten, von Verhaltensmustern und Lebenstechniken ist nicht Aufgabe der Polizei. Hierfür ausgebildet und/oder tätig sind andere Instanzen wie Familie, Kindergarten, Schule, Verein bis hin zum Arbeitsplatz. In diesen Bereichen sind vielfältige positive wie negative Prägungen möglich, lange bevor der sichtbare Rechtsbruch entstanden ist.

Die sekundäre Prävention, also die Bekämpfung von sichtbarer Kriminalität an der Oberfläche, entspricht der herkömmlichen polizeilichen Aufgabe etwa durch Sicherheitsberatungen (Stichwort „Reduzierung von Tatgelegenheiten"), Täterüberführung (Stichwort „Entdeckungsrisiko") und Polizeipräsenz. Maßgebliche Verantwortung in diesem Bereich tragen aber die Kommunen und die in ihnen lebenden Menschen. Die Kommune hat für eine Verhinderung von Tatgelegenheiten im öffentlichen Raum zu sorgen, z.b. durch entsprechende städtebauliche Maßnahmen. Den Bürger trifft die gleiche Verpflichtung hinsichtlich der Sicherung seines Eigentums. Diese Aufgabe ist durchaus vergleichbar mit der Gesundheitsfürsorge, für die primär jeder selbst verantwortlich ist. Schließlich hat auch die Wirtschaft im Vorfeld konkreter Gefahrenlagen für den Schutz ihrer Einrichtungen selbst Sorge zu tragen.

Die tertiäre Prävention, also die Rückfallvermeidung, ist eine zentrale Aufgabe anderer Instanzen wie etwa Strafvollzug, Bewährungshilfe etc.

Diese Auffassung eines eingeschränkten polizeilichen Tätigkeitsfeldes in der Prävention korrespondiert mit den Polizeigesetzen der Länder. Ganz i.S. der nach dem Kriege eingeleiteten Entpolizeilichung der Verwaltung sollten sich polizeiliche Aktivitäten originär auf die Beseitigung konkreter Gefahren beschränken. Für die Abwehr abstrakter Gefahren tragen die Gemeinden originäre Verantwortung. Gefordert sind die Gesundheits- und Sozialverwaltung, die Jugendbehörde, Ordnungs- und Bauverwaltung im örtlichen Bereich, kurzum die gesamte Kommunalverwaltung. Kommunale Kriminalpolitik, verstanden als eine auf die Reduzierung von Rechtsbrüchen gerichtete konzeptionelle Zusammenarbeit aller Verantwortungsträger auf kommunaler Ebene, muß ein Schwerpunkt gemeindebezogener Arbeit werden: Kriminalitätsverhütung als Aufgabe der kommunalen Selbstverwaltung, als Planungsgegenstand der Gemeinde[8].

3. Dominanz sekundärer Prävention

An der von Kube[9] bereits 1987 kritisch diagnostizierten Dominanz sekundärer Prävention hat sich bis heute nichts geändert. Dies mag zu einem gewissen Teil darin begründet sein, daß Vorbeugungsinitiativen angesichts knapper Haushaltsmittel in immer stärkerem Maße einem Rechtfertigungs- und Erfolgsdruck unterliegen. Mit primären langfristig wirksamen Präventionsaktivitäten lassen sich weder unmittelbare, kurzfristig wirkende Erfolge erzielen noch aktuelle Sicherheitsbedürfnisse der Bevölkerung befriedigen.

Im Sinne sekundärer Prävention arbeitet die Polizei an verschiedenen Modellen der Opferimmunisierung, wie etwa mit dem Programm „Nachbarn schützen Nachbarn"[10] (angelehnt an das US-amerikanische „Neighborhood watch"-Modell), einem „Sicherheits-Training" für Senioren[11] oder einem „Anti-Gewalt-Training"[12] zur Früherkennung und Abwehr gewalttätiger Angriffe.

Hier einzuordnen sind aber auch bedenkliche, sich der Selbstjustiz nähernde Initiativen innerhalb der Bevölkerung wie etwa die „Bürgerwehr" in Wilhelmshorst[13] oder

der – inzwischen aufgelöste – „Internationale Bewohnerschutz Starkenburgring"[14] in Dietzenbach. Gleichfalls zu diesem Bereich zählt die zunehmende Bestellung privater Wachdienste für bestimmte Wohnviertel[15]. Diese Re-Aktionen der Bürger sind Warnsignale für die Kriminalpolitik, die von – oft überzogener, selten mit dem objektiven Viktimisierungsrisiko übereinstimmender – Kriminalitätsangst und einem Vertrauensverlust gegenüber der Polizei zeugen. Sie stellen zudem eine Gefährdung des Gleichheitsgrundsatzes und des Gerechtigkeitsprinzips dar, sofern das Gut Sicherheit zur Luxusware degeneriert[16]. Selbst- und Prangerjustiz sind weitere, mögliche, jedoch unerwünschte Entwicklungen, da sie das Gewaltmonopol des Staates durchbrechen und den inneren Frieden gefährden. Darüber hinaus führt die sektoral geleitete sekundäre Prävention bestenfalls zu einer Verdrängung von Kriminalität, nicht aber zur positiven Bearbeitung ihrer Ursachen.

4. Präventionsdiskriminierung der Jugend

In der Öffentlichkeit, insbesondere in den Medien, wird seit längerer Zeit das Bild einer von sozialer Verwahrlosung und Gewalttätigkeit gekennzeichneten Jugend skizziert. Banden, Schläger, Skinheads, Neonazis beiderlei Geschlechts werden als akute Bedrohung der öffentlichen Sicherheit dargestellt. Fast keine Woche vergeht in einer mittelgroßen Stadt wie Gießen, in der nicht über Diskussionsveranstaltungen zu den Themen „Jugendgewalt" oder „Gewalt in der Schule" berichtet wird, in denen Erwachsene mit Erwachsenen über Jugend reden, meist ohne die Teilnahme der Jugendlichen und Kinder. Niemand kann sich solchen Diskussionen entziehen und so hat auch der Verein Kriminalprävention Gießen sich dieser Thematik nicht verschlossen.

Dabei sprechen die derzeit vorliegenden empirischen Befunde gegen eine generelle, unspezifische Zunahme der Jugendgewalt im Vergleich zu früheren Generationen[17]. Dem widerspricht nicht eine festzustellende Zunahme von Gewalt in bestimmten Lebensausschnitten, z.B. in der Gewalt gegen Fremde.

Dieser Fokussierung der – vermeintlichen – Jugendgewalt durch die Erwachsenenwelt scheint eine wichtige Rechtfertigungs- und Entlastungsfunktion zuzukommen. Verschleiert wird damit, daß die Bedingungen zur Entstehung von Jugendkriminalität - das kriminogene gesellschaftliche Klima – zu einem wesentlichen Teil von der durch Erwachsene konstruierten und beherrschten Lebenswelt geschaffen werden. Verschleiert wird weiter die Zunahme der subtilen in gesellschaftlichen Strukturen angelegten Gewalt der Erwachsenen, sichtbar als „strukturelle Gewalt"[18] als Gewalt gegen Ausländer, gegen Arbeitslose, ... und gegen die Jugend.

Im Zusammenhang mit Jugendkriminalität richtet sich der Blick vornehmlich auf das kriminogene Klima der postindustriellen Gesellschaft unseres Jahrzehnts, welches allgemein gekennzeichnet ist durch soziale Spaltung und soziale Deklassierung. Technische Modernisierung der industriellen Produktion und des Dienstleistungssektors haben zu einer Verfestigung struktureller Massenarbeitslosigkeit geführt, welche vor allem auch die Jugend trifft. Jeder dritte Sozialhilfeempfänger in Ostdeutschland ist nach einer soeben der Bundesregierung vorgelegten Expertenstudie unter 18 Jahre alt. Armut in den neuen Bundesländern stellt sich danach vor allem als Armut von Kindern und Jugendlichen dar[19].

In diesem Zusammenhang wird zu Recht von Modernisierungsgewinnern und -verlierern gesprochen[20]. Ein kleiner Teil der Gesellschaft erfährt eine soziale Deklassierung, darunter auch in zunehmendem Maße Jugendliche. Hinzu kommen soziokulturelle Begleiterscheinungen wie der Verlust der Erziehungskraft der Familie, ein ständig sich komplexer und konfliktreicher gestaltender Sozialisationsprozeß, eine materialistische Konsumorientierung, Verstädterung mit sozialer Entfremdung bei gleichzeitigem Abbau informeller Kontrollen[21]. Metaphorisch könnte man sagen, daß sich Erwachsene generell vor dem Hintergrund dieser Bedingungen als die – zumindest fahrlässig handelnden – mittelbaren Täter der Jugendkriminalität darstellen.

Die Vorbeugung von jugendlicher Delinquenz hat sich primär die Frage zu stellen, welche Möglichkeiten die nachwachsende Generation hat zur experimentell-positiven Entwicklung von Selbstbewußtsein, Selbstwertgefühl und Selbstbestimmung. Angesichts der einer positiven Entwicklung im Wege stehenden strukturellen Bedingungen der heutigen Gesellschaft wird deutlich, wie kurz die jüngst von Bundesinnenminister Kanther formulierten Appelle nach einer Stärkung der Erziehungskraft der Familie, nach Mitmenschlichkeit, Mitverantwortung, Rechtstreue sowie nach der „Wiederbelebung der Sekundärtugenden Fleiß, Ordnung, Ausdauer, Kameradschaft und Heimatliebe" greifen[22]. Sie lassen die Tatsache außer acht, daß auch diese – im Kern bedeutsamen – Tugenden nur in einem positiven gesellschaftlichen Klima gedeihen können. Ausdauer und Fleiß ohne entsprechende persönliche, soziale und berufliche Lebenschancen und -perspektiven sind zwecklos.

Prävention, die sich auf die Kriminalität Jugendlicher konzentriert, ohne den gesamtgesellschaftlichen Kontext zu berücksichtigen, läßt sich im Sinne der oben beschriebenen Verschleierungsmechanismen instrumentalisieren. Zudem darf in diesem Zusammenhang nicht unerwähnt bleiben, daß eine solche Vorbeugung von der „Kriminalität der Braven"[23] ablenkt, nämlich von der auf der moralischen Ächtungsstufe von Kavaliersdelikten stehenden, die Volkswirtschaft oft erheblich schädigenden Wirtschafts-, Steuer- und Umweltstraftaten. Auch der Verein Kriminalprävention Gießen hat diese kaum präventablen Delikte[24] nicht im Visier.

III. Zur Notwendigkeit einer regionalisierten Kriminalprävention

Der Entstehungsprozeß des Rechtsbruchs ist ein komplexes Geschehen, bei dem in der Persönlichkeit des Täters liegende und extern angesiedelte Faktoren zusammenspielen. Theorien zur Kriminalitätserklärung belegen dabei die Bedeutung, die dem sozialen Nahraum in diesem prozeßhaften Geschehen zukommt.

Zunächst gestalten hier die (potentiellen) Opfer mehr oder weniger bewußt die Tatgelegenheit. Bekannt ist die Volksweisheit „Gelegenheit macht Diebe". Ganz überwiegend wohnen auch die Täter in der Tatortgemeinde. Es sind dies Bürgerinnen und

Bürger, die hier ihre Sozialisation erfahren bzw. erlitten haben. In der unmittelbaren Lebenswelt erfolgt die Suche nach sinnerfüllender Orientierung, hier wirken oder versagen die unterschiedlichen Formen formeller und informeller sozialer Kontrolle: Sozialisation erweist sich als Dreh- und Angelpunkt jeder Prävention[25].

Als Grundlage einer erfolgversprechenden Vorbeugungsarbeit müssen zunächst die Einflußgrößen im Entstehungsprozeß von Kriminalität detailliert herausgearbeitet werden. Welche Bedingungen im Umfeld von Menschen können eine kriminelle Entwicklung begünstigen? Diese Bedingungen sind zugleich auch Ansatzpunkte für präventive Interventionen. Dabei sind gerade auch lokale sozialstrukturelle Merkmale zu berücksichtigen. Die Funktions- und Sozialstruktur einer Gemeinde bedingt weitgehend ihre Kriminalitätsstruktur. Präventionsbemühungen sollten daher auf einer eingehenden kriminologischen und sozialen Analyse desjenigen Bereichs basieren, in dem zu wirken sie bestimmt sind. Erst dadurch entsteht eine solide Informationsbasis für Zielbildung, Planung und Entscheidung[26].

Effiziente Straftatenvorbeugung muß sich daher auf einen lokal begrenzten überschaubaren, erlebbaren Bereich konzentrieren, z.B. eine Stadt, einen Stadtteil oder eine Nachbarschaft, ein begehbares Territorium.

Dabei sind Insellösungen der einzelnen öffentlichen und privaten Ressorts keine adäquate Antwort auf die Kriminalitätsentwicklung. Neue Prioritäten, gemeinsames Nachdenken, ein Dauerprozeß der Diskussion, koordiniertes Handeln mit entsprechenden Organisationsstrukturen und Methoden und spezifische Betrachtungsbrennpunkte sind nötig. Es bedarf neuer Koalitionen in einem Netzwerk vertikaler und horizontaler Kommunikation und Kooperation auf lokaler Ebene. Für diese Zielsetzung steht in Gießen der Verein „Kriminalprävention Gießen".

IV. Der Verein Kriminalprävention Gießen e. V.

1. Entstehungsgeschichte

Aus einer Arbeitssitzung von Polizeibeamten, Lehrern und Wissenschaftlern im Dezember 1991 zum Thema „Gewalt in der Schule" entstand im März 1992 die achtköpfige Projektgruppe „Kriminalprävention Gießen". Diese erarbeitete in einer siebenmonatigen Vorbereitungszeit ein Konzept für einen lokalen Präventionsrat. Vorbildcharakter hatte der „Rat für Kriminalitätsverhütung" des Landes Schleswig-Holstein[27].

Insbesondere war zu klären, in welcher Weise im regionalen Bereich sinnvoll um Akzeptanz und Mitarbeit geworben und wie die Belange – und ggf. auch Empfindlichkeiten – solcher Institutionen berücksichtigt werden konnten, die bereits im Bereich sozialer Prävention aktiv waren. Im Oktober 1992 wurde das Konzept erstmals der Öffentlichkeit vorgestellt. Die Projektgruppe wahrte dabei Neutralität: Es wurde betont, daß es sich um eine von öffentlichen Gremien unabhängige Initiative von Privat-personen handelt. Es wurden bewußt politische Amts- und Mandatsinhaber der Kom-mune nicht in die vorbereitende Arbeitsgruppe aufgenommen[28].

Am 19. November 1992 erfolgte die Gründung des Vereins mit 39 Gründungsmitglie-dern aus den Bereichen Polizei, Schule, Staatliches Schulamt, Schüler- und Elternver-tretungen, Kinderschutzbund, Stadt und Kreis Gießen, Universität, Aids-Hilfe, Aus-länderbeirat und Gewerkschaften. Der Mitgliederbestand ist inzwischen auf ca. 60 angewachsen.

2. Organisation

Vielfältige Gründe sprachen dafür, die Initiative in privatrechtlicher Form zu organi-sieren, also als eingetragener Verein. Neben der bereits erwähnten Unabhängigkeit von speziellen Interessengruppen spielten vornehmlich steuerliche und haftungs-rechtliche Gründe eine Rolle. Die Rechtsform des Vereins gewährleistet zudem eine flexible und schnelle Handlungsfähigkeit, gerade auch im Umgang mit Finanzmitteln. In diesem Zusammenhang ist angesichts leerer öffentlicher Kassen besonders an die Einwerbung von Sach- und Geldspenden zu denken.

Betont sei auch, daß die Verantwortlichkeit für das Projekt gerade nicht in den Hän-den der Polizei liegen sollte[29]. Damit wird auf die nach wie vor bestehenden Berüh-rungsängste zwischen den Bereichen Strafverfolgung und Sozialarbeit Rücksicht ge-nommen, aber auch dem Umstand Rechnung getragen, daß Primärprävention eben keine originäre Aufgabe der Polizei ist[30]. Zu angestrebter Neutralität und einem Kompetenzenpluralismus gehört es, notwendig mitwirkende Polizeibeamte als „nor-male" Mitglieder unter vielen einzuordnen und keine Berufsgruppe als dominant er-scheinen zu lassen[31].

Die laufenden Geschäfte werden von einem geschäftsführenden Vorstand besorgt. Diesem Gremium zur Seite stehen Beisitzer, welche die unterschiedlichen beteiligten Gruppen, Initiativen, Organisationen, Behörden und Vereine repräsentieren. Zu-sätzlich beruft der Vorstand zur Unterstützung seiner Arbeit aufgabenspezifische Bei-räte, z.B. einen wissenschaftlichen und einen juristischen Beirat.

Die konkrete, problembezogene Arbeit findet in Projektgruppen statt, die sich aus je-weils kompetenten Mitgliedern und Nicht-Mitgliedern zusammensetzen.

3. Zwecke und Ziele

In der Vereinssatzung sind die Zwecke und Ziele der Vereinsarbeit formuliert, die sich zusammenfassend wie folgt beschreiben lassen:

Präventionsorientierte Informationssammlung, -auswertung und -verbreitung, Förde-rung der regionalen wissenschaftlichen Forschung zu Kriminalität und Kriminalitätsverhütung, Durchführung eigener und Unterstützung externer Präventionsprojekte, Öffentlichkeitsarbeit, Fort- und Weiterbildung sowie Beratung in allen Fragen der Kriminalitätsprävention.

4. Erste Schritte in der Vereinsarbeit

Der Schwerpunkt der bisherigen Arbeit lag auf dem Sektor Beratung und Information in den verschiedenen Bereichen, z.B. durch Vorträge oder Teilnahme an Podiumsdiskussionen. Dabei soll nicht verschwiegen werden, daß die meisten Ziele aus den im folgenden zu beschreibenden Gründen nicht bzw. nicht im erhofften Maße erreicht wurden. Beispielhaft seien einige größere Projekte skizziert, die von der Aufgabenstellung her deckungsgleich sind mit den Vorhaben zahlreicher verwandter Initiativen in der Bundesrepublik:

Die umfangreichste Arbeit wurde bisher in der Arbeitsgruppe „Gewaltfreie Schule" geleistet. Gemeinsam mit verschiedenen Schulen und Elternvertretungen wurden pädagogische Tage bzw. Informationsveranstaltungen zum Thema „Gewalt in der Schule" organisiert und durchgeführt. Der Verein als Serviceinstanz stellte z.B. Referenten für Podiumsdiskussionen und Arbeitsgruppen, vermittelte Kontakte mit anderen Fachleuten, z.B. Experten für Kinder- und Jugendspiele, und richtete feste Gesprächsrunden ein. Zentrales Anliegen war, zur Versachlichung der auch in der Gießener Öffentlichkeit sehr emotional geführten Diskussion um dieses Kernthema beizutragen.

Bisher nur schleppend vorangekommen ist die Erarbeitung einer kriminologischen Regionalanalyse, also die Erhebung eines detaillierten Kriminalitäts- und Sozialstatus der Region als notwendige Planungs- und Arbeitsgrundlage[32]. Gerade bei dieser sehr aufwendigen Arbeit ist der Verein an die Grenzen seiner Möglichkeiten gestoßen. Kleinere Untersuchungen wurden in Zusammenarbeit mit Studiengruppen der Hessischen Polizeischule Wiesbaden sowie der Verwaltungsfachhochschule Wiesbaden, Fachbereich Polizei, durchgeführt und sollen allmählich mosaikartig zusammengesetzt werden. Für ein umfassendes Projekt standen die notwendigen finanziellen Mittel bisher nicht zur Verfügung.

Die Projektgruppe „Gewalt gegen Frauen" schließt an einen schon früher bestehenden Arbeitskreis mit Vertretern der Stadt, der Universität, der Polizei und Studentinnen an, der sich nach dem Mord an einer Joggerin spontan gebildet hatte. Er zeitigte allerdings das Schicksal, welches häufig solchen Spontaninitiativen widerfährt: In dem Maße, wie das Initialereignis in Vergessenheit gerät, lösen sich auch die Kooperationsstrukturen auf, anstatt diese für langfristig konzeptionelle Tätigkeiten zu nutzen und fortzuentwickeln. Der Verein Kriminalprävention bemüht sich um eine „Reanimierung" der Strukturen und Reaktivierung der Beteiligten.

Eine Arbeitsgruppe „Rechtsradikalismus" ist momentan in enger Zusammenarbeit mit der Polizei mit dem Aufbau eines Netzwerkes zur Erkennung und Behandlung der mit diesem Thema verbundenen Probleme in Stadt und Landkreis Gießen befaßt.

Das letzte Beispiel gegenwärtiger Vereinsarbeit, das Projekt „Krisenintervention", leitet über zu den eher (selbst-)kritischen Anmerkungen.

Hinter dem Vorgang, daß sich z.b. mehrere Behörden mit einem delinquenten Jugendlichen befassen und daß es nicht zu einem Informationsaustausch, geschweige denn zu koordiniertem Vorgehen zwischen den Beteiligten kommt, verbirgt sich ein altes organisationssoziologisches Phänomen. Verfestigte und Kooperationen blockierende Strukturen scheinen nach wie vor vielerorts stärker zu sein, als vereinzelte Bemühungen, eine Zusammenarbeit zu initiieren und durchzuhalten.

Der Verein Kriminalprävention hat damit begonnen, ein Informations- und Handlungsnetzwerk aufzubauen, das ohne großen Zeitverzug die zur Lösung eines konkreten Problems notwendigen Institutionen und Personen zur Absprache geeigneter Maßnahmen zusammenbringen soll.

Das Konzept wurde zwischenzeitlich weiterentwickelt. Es soll nach den Vorstellungen des Vereins in die Einrichtung der Stelle eines hauptamtlichen Präventionsbeauftragten bei der Stadt Gießen münden[33]. Dieser sollte zukünftig auch langfristig-konzeptuell angelegte präventive Maßnahmen in Stadt und Landkreis Gießen initiieren bzw. bei Bedarf koordinieren. Daneben wird vorgeschlagen, in allen relevanten Institutionen wie Polizei, Justiz, Schulen, Ausländerbeirat etc. ebenfalls Präventionsbeauftragte zu benennen, die Belange der Kriminalitätsvorbeugung nach innen vertreten und nach außen als kompetente Ressortvertreter für die interdisziplinäre Arbeit zur Verfügung stehen könnten.

Diese Initiative des Vereins ist auch vor dem Hintergrund der bereits beschriebenen Erkenntnis zu sehen, daß langfristige, konzeptionell ausgerichtete Vorbeugungsarbeit, vor allem im Bereich primärer Prävention, einen Einsatz an personellen und zeitlichen Ressourcen erfordert, den ehren- bzw. nebenamtliche Betätigung zu leisten nicht in der Lage ist. Dem Verein kommt innerhalb des Netzwerkes jedoch eine wichtige, die hauptamtlichen und sonstigen Träger der Prävention beratende und unterstützende Funktion zu. Seine Entsprechung findet dieses Modell im Bereich der Schulen. Auch hier zeigt sich eine Vielfalt sinnvoller Unterstützungsmöglichkeiten durch angekoppelte freie private Träger, was sich in einer rapiden Zunahme von Fördervereinen äußert. In dieser Position, übertragen auf den Bereich kommunaler Kriminalitätsvorbeugung, sieht der Verein in der Zukunft seinen Platz in einem lokalen Netzwerk, welches in dieser Form durchaus Pilotfunktion haben könnte.

V. Gesellschaftliche Präventionsbarrieren

1. Problemstellung

Dem großen Förderer einer wissenschaftlichen Kriminalpolitik, dem Ende 1992 verstorbenen Salzburger Strafrechtler Prof. Dr. Heinz Zipf, der die Kriminalpolitik durch die Einführung rationaler Kriterien zu einem Wissenschaftszweig gemacht hat[34], wird das Verdienst zugeschrieben, die Motive zur Gesetzgebung als „menschliche Motive" durchschaut zu haben[35]. Diese Prämisse verfolgend – geht es darum, neue Kriterien der Realisierung oder – besser – Nicht-Realisierung kriminalpolitischer Strategien auf der kommunalen Ebene im Rahmen einer kriminalpolitikwissenschaftlichen[36] Betrachtung zu thematisieren. Nachfolgend sollen einige der (mutmaßlichen) „menschlichen Motive" und Kriterien einer kommunalen Kriminalpolitik beleuchtet werden. Damit verbindet sich die grundsätzliche Frage, warum Kriminalprävention in unserer Gesellschaft immer noch ein Schattendasein fristet, obwohl über sie diskutiert wird, seit es eine organisierte staatliche Verbrechensbekämpfung gibt, und obwohl man sich in dem Bekenntnis meistens einig ist, daß ihr ein hoher Stellenwert zukommen sollte; ein Forschungsfeld, welchem sich die Wissenschaft, auch international, bisher allenfalls ansatzweise zugewandt hat[37].

Dies ist nicht nur eine akademische, sondern eine höchst pragmatische Fragestellung. Präventionsbarrieren können auf der Mikroebene „vor Ort" dafür sorgen, daß lokale Präventionsgruppen nach der Gründungseuphorie an den praktischen Widerständen scheitern, wie dies häufig der Fall zu sein scheint. Auch auf der Makroebene können die verdeckten Barrieren für den mangelnden Stellenwert der Kriminalprävention mit Verantwortung tragen.

2. Geld- und Personalmangel

Kriminalitätsvorbeugung kostet Geld und Geld fehlt den öffentlichen Händen. Angesichts der gespannten Haushaltssituation des Bundes, der Länder und vor allem der Kommunen, machen sich gegenwärtig allesamt intensive Gedanken, wie die Verwaltung „schlanker" und welche öffentlichen Aufgaben privatisiert werden könnten. Gerade vor dem Hintergrund dieser Situation kommt einem privatrechtlichen Zusammenschluß mit seiner größeren Entscheidungs- und Handlungsflexibilität besondere Bedeutung zu. Das soll jedoch nicht heißen, daß es gerade am Anfang einer solchen Initiative keine existenzbedrohenden finanziellen Probleme gäbe.

Eine vom Verein Kriminalprävention bei der Landesregierung und dem Landes-Präventionsrat Anfang 1994 dringend eingeforderte Anschubfinanzierung ist trotz grundsätzlicher Befürwortung bisher ausgeblieben. Politisch werden andere, zugegebenermaßen wichtige Haushaltsprioritäten im Bereich Innere Sicherheit gesetzt (etwa die Verwirklichung der zweigeteilten Laufbahn bei der Vollzugspolizei oder die jüngst erfolgte Schaffung einer Opfer- und Zeugenberatungsstelle in Gießen, für die jährlich 230 000 DM aus Landesmitteln zur Verfügung stehen).

Organisierte Präventionsstrukturen bedürfen gerade in der frühen Entwicklungsphase einer tragfähigen Logistik (Stichwort „Präventionsmanagement"). Hierzu gehört eine Geschäftsstelle mit der entsprechenden Telekommunikationsausstattung, um nur ein Beispiel zu nennen. Hierfür fehlen gegenwärtig noch die finanziellen Mittel. Der Verein hält sich mit Unterstützung anderer Behörden über Wasser.

Ein örtliches Präventionsgremium muß dicht an den Ereignissen bleiben, muß das lokale Geschehen genau verfolgen und ggf. schnell reagieren können. Es muß ein Mindestmaß an Professionalität gewährleistet sein, soll nicht das verbreitete Arbeitskreis-Vorurteil („Wenn ich nicht mehr weiter weiß, bild' ich einen Arbeitskreis") bestätigt werden. Nur mit dieser Professionalität ist es möglich, von der sicher auch nicht unwichtigen Gesprächsrunde zur konkreten Projektarbeit zu kommen.

Mangel herrscht an (qualifizierten) Mitstreitern. Ohnehin leben wir augenscheinlich in einer Zeit, in der unentgeltliche und altruistische Arbeit an Wertschätzung verliert. Generell haben Vereine und soziale Organisationen große Schwierigkeiten, Freiwillige für ihre Arbeit zu finden. Nach Umfrageergebnissen sind nur noch etwa 30 % aller Bundesbürger zu ehrenamtlicher Vereinsarbeit bereit; diejenigen, die sich binden, sind meist die, die auf „vielen Hochzeiten tanzen", was oft zum Rückzug auf halbem Wege nach kurzer Zeit führt[38].

3. Fehlende Akzeptanz

Diese Problematik hat eine allgemein-gesellschaftliche, eine kollektive sowie eine individuelle Dimension.

Medien schüren Bedrohtheitsgefühle. Es entspricht einer kriminologischen Binsenweisheit, daß solche Bedrohtheitsgefühle und das tatsächliche Opferrisiko weit auseinander liegen können. Vielleicht sind es solche teils irrationalen Ängste, vielleicht auch generelle Vorbehalte, die bewirken, daß gerade die mit „Belehrungen und Besserwissen" verbundenen Präventionen in der Bevölkerung – so die Erfahrung zahlreicher Bürgergespräche – nicht immer gut gelitten sind. Es scheint, dies indiziert auch der Boom des privaten Sicherheitsgewerbes, als sei der Bürger mit (angeblich) kurzfristig wirkenden Maßnahmen, etwa der Passivbewaffnung oder Selbstverteidigungskursen, eher zu erreichen, als mit langfristig angelegter Vorbeugungsarbeit im primären Bereich.

Gruppenspezifisch soll die Problematik beispielhaft an der Berufsgruppe Polizei dargestellt werden, die offiziell gerne erklärt, Prävention sei ihre vornehmste Aufgabe.

In den Reihen der Polizei bestehen jenseits vordergründiger Bekundungen verbreitete Vorbehalte und Skepsis gegenüber der Vorbeugung im allgemeinen. Dies läßt sich aus den Erfahrungen der bisherigen Vereinstätigkeit, aber auch aus eigenen Forschungsarbeiten schlußfolgern. Effektivität und Effizienz der polizeilichen Arbeit werden nach wie vor fast ausschließlich über repressiv ausgerichtete Aktivitäten bestimmt[39]. Infolge des Fehlens einer „Präventionsstatistik" lassen sich in der Vorbeugungsarbeit, wie sie innerpolizeilich heute noch betrieben wird, kaum entsprechende Erfolgserlebnisse vermitteln und individuelle Leistungsbewertungen der in der Prävention tätigen Polizeibeamten vornehmen[40].

In Hessen muß nach einem ministeriellen Erlaß auf jeder Polizeidienststelle ein sogenannter „Jugendkoordinator" vorhanden sein. Koordinierende Aufgaben sollen ihm vor allem auch im präventiven Bereich im Zusammenwirken mit anderen Institutionen zukommen. Die Wirklichkeit stellt sich so dar, daß zwar in jeder Dienststelle ein Beamter oder eine Beamtin für diese Funktion bestimmt, jedoch Hauptamtlichkeit nur bei den großen Polizeipräsidien festzustellen ist. In allen anderen Behörden soll der Koordinator neben seiner originären Aufgabe der kriminalistischen Sachbearbeitung koordinieren. Angesichts der polizeilichen Arbeitsbelastung ist dieser Planansatz zum Scheitern verurteilt und führt in vielen Fällen zu einem völligen Ruhen des zudem nicht immer freiwillig übernommenen Nebenamtes.

Behördenleiter machen teilweise – wider bessere Einsicht in der Sache – von ihrem Organisationsrecht, einfach einen Beamten für die Tätigkeit eines Jugendkoordinators freizustellen, aus gut nachvollziehbaren Gründen keinen Gebrauch, weil solche Personalentscheidungen vom übrigen Personal angesichts der Arbeitsbelastung in der Strafverfolgung nicht mitgetragen werden. Insider muß das nicht verwundern. Denn es ist bekannt, daß die Vorbeugung gerade auf der Ebene der Sachbearbeiter als „Polizeiaufgabe zweiter Klasse" gilt, und die Tätigkeit des Präventionsbeamten oder Jugendkoordinators als „Kaffeetrinker-Job" gewertet wird. Vor dem Hintergrund steigender Arbeitsbelastung in der detektiven Fallarbeit betrachtet man Prävention vielfach gar als ineffiziente Verschwendung polizeilicher Ressourcen. Polizeibeamte, das haben eigene Untersuchungen zur polizeilichen Drogenprävention ergeben, beurteilen Strafverfolgung als das mit Abstand wirksamste Mittel, um der Kriminalitätsentwicklung Einhalt zu gebieten[41].

Diesen hier dargestellten Einschätzungen entspricht es, daß aus dem Hause des Polizeipräsidiums Gießen mit seiner dreistelligen Mitarbeiterzahl trotz mehrerer Informationsaktionen lediglich vier Bedienstete Mitglied im Verein Kriminalprävention Gießen sind: der Polizeipräsident, sein Pressesprecher, einer der für Vorbeugung zuständigen Beamten und eine kriminalpolizeiliche Sachbearbeiterin. Das gleiche Bild zeigt sich übrigens hinsichtlich der Gießener Justiz.

4. Widerstreitende Interessen

Netzwerkartigen Zusammenschlüssen zur Verbrechensvorbeugung gehören naturgemäß Vertreter einer möglichst breiten Palette von Institutionen an, die in irgendeiner Weise einen Bezug zum Thema „Kriminalität" haben. Es ist evident, daß verschiedene Institutionen dieses Thema aus verschiedenen Blickwinkeln betrachten und behandeln (müssen)[42]. Polizeibeamte, Lehrer und Sozialarbeiter etwa haben, konfrontiert mit demselben Problem „Kriminalität", unterschiedliche Aufgaben, deren Erfüllung der Gesetzgeber teilweise mit Nachdruck abgesichert hat. Verletzt der Polizeibeamte z.B. seine Strafverfolgungspflicht, weil er im Einzelfall – gewissermaßen sozialarbeiterisch denkend – eine präventive Nicht-Intervention für sachlich geboten erachtet, so macht er sich wegen einer Strafvereitelung im Amt strafbar.

Unterschiedliche berufliche Sozialisationen führen darüber hinaus zur Ausbildung und Verfestigung bestimmter Einstellungen, Klischees und Stereotype, zu bestimmten Sichtweisen der Dinge, was ebenfalls fast zwangsläufig Konfliktstoff mit sich bringt[43]. Daraus resultieren im Extremfall „ideologische" Barrieren. So ist, trotz mancher positiver Erfahrungen, gerade das Verhältnis von Strafverfolgungsbehörden und sozialen Einrichtungen immer noch von Vor- und Fehlurteilen, Mißverständnissen und Berührungsängsten geprägt. An der Basis stellt sich in diesem Zusammenhang etwa die Frage, wie z.b. Polizisten und Sozialarbeiter – gemeint ist hier nicht die jeweilige Führungsebene – dazu zu bringen sind, eine dauerhafte Kooperation als sinnvoll zu erachten und auch nach dieser Einsicht zu handeln. Mit punktuellen Maßnahmen ist es hier nach aller Erfahrung nicht getan; oft sind sie gar kontraproduktiv. Erforderlich sind dauerhafte Dialoge und Kooperationen, die in der Ausbildung beginnen und in der Fortbildung fortgesetzt werden müssen, um dem Einzelnen eine möglichst facettenreiche Sicht der Dinge zu ermöglichen, bevor die (einseitig) prägende berufliche Sozialisation ihre Spuren hinterlassen hat.

Konflikte können unter einem weiteren Blickwinkel auftreten. Interessen, die der in einem Präventionsrat mitarbeitende Behördenvertreter in seiner beruflichen Funktion mitbringt, können mit denen des Vereins kollidieren, vor allem dann, wenn Aufgaben der Institution und des Vereins (partiell) deckungsgleich sind. Dies betrifft etwa Fragen, ob, wie und unter Beteiligung welcher Akteure ein Problem anzugehen sei. Nach wie vor „mauern" z.B. Schulleiter gegenüber einer offenen Auseinandersetzung mit dem Thema „Gewalt in der Schule" aus Angst vor negativer Publicity mit der gefürchteten und ggf. folgenreichen Konsequenz, daß sich Eltern für ihre Kinder eben ein anderes Lehrinstitut suchen. Umgekehrt ist gleichermaßen bedeutsam, wem der Erfolg eines präventiven Handelns gebührt bzw. gebühren soll; eine Aufgabe mit jemandem teilen, heißt auch immer, den sich ggf. einstellenden Erfolg teilen zu müssen. Daran mag man im Einzelfall kein Interesse haben, weil Erfolg und Karrierechancen auch über den Grad öffentlicher und damit medialer Aufmerksamkeit definiert werden. Dies trifft für Unternehmer, Politiker, Polizeiführer, Wissenschaftler, Kirchen und Präventionsgremien gleichermaßen zu und ist besonders dort ausgeprägt, wo starker Konkurrenzdruck herrscht. So kommt es dann, daß ein Präventionsrat, so lange es noch um den Erhalt des Mitgliederbestandes, neue Mitglieder, Bekanntheit und Reputation, öffentliche Mittel etc. kämpft, darauf achten muß, regelmäßig in der Zeitung aufzutauchen. Dabei werden u.U. auch ökonomische Zweck-Mittel-Erwägungen angestellt: Eine Aktion wird zwar nicht als (besonders) erfolgversprechend angesehen, jedoch durchgeführt, weil sie mit geringem Aufwand Presse und damit öffentliche Wahrnehmung sichert.

Auf kollektiver Ebene kann es gar zu einer Konkurrenz der „Runden Tische" kommen, die ihren Initiatoren ebenfalls die Aufmerksamkeit der Medien und damit Popularität sichern. Solche Runden Tische wurden in Gießen in der jüngsten Vergangenheit zum Beispiel zu folgenden Themen von folgenden Institutionen eingerichtet: Ausländerfeindlichkeit: Regierungspräsident; Ladendiebstahl: Polizei und Arbeitskreis Handel; Drogenproblem: Stadt und Polizei. Daraus resultiert ein Organisations- und Abstimmungsbedarf vor allem dann, wenn in einer Kommune eine Institution entsteht, die Kompetenz für den gesamten Kriminalitätsbereich beansprucht. Wichtig ist diese Abstimmung vor allem, um Kooperationen und Grenzen, Berührungspunkte und Überschneidungen zu lokalisieren und zu thematisieren. Für einen Präventionsrat muß es in diesem Zusammenhang vor allem darum gehen, nicht als

„subversive" Konkurrenz angesehen zu werden. Dazu mag es nützlich sein, auf öffentliche Akklamationen und Lob zugunsten einer bedürftigeren Institution bewußt zu verzichten.

5. Politik und Prävention

In dem öffentlich wahrnehmbaren Teil der innenpolitischen Debatte auf Bundesebene spielt Kriminalprävention zur Zeit eine allenfalls marginale Rolle. Daran ändert nichts die Tatsache, daß Bundeskanzler Kohl höchstpersönlich 1993 und 1994 als Reflex auf rechtsradikal motivierte Gewaltverbrechen dreimal Runde Tische im Bundeskanzleramt bildete mit zahlreichen Vertretern von Kirchen, Verbänden, Gewerkschaften, der Polizei und weiteren Institutionen[44], an deren Ende jeweils die allgemeinen und bekannten Bekenntnisse standen, daß jeder einzelne in der Gesellschaft aufgerufen sei, sich schon den Anfängen der Gewalt entgegenzustellen sowie Bürgersinn, Zivilcourage, Mut und Mitmenschlichkeit zu zeigen. Allerdings resümierte man auch, daß die ständig zunehmende Gewalt vor allem unter Jugendlichen in einer koordinierten und flächendeckenden Aktion von gesellschaftlichen Organisationen und den Kirchen auf kommunaler Ebene bekämpft werden solle, und daß die Medien aufgerufen seien, stärker über Initiativen zur Vermeidung von Gewalt zu berichten.

Den Schwerpunkt des politischen Aktionismus bildet hingegen eindeutig die Bekämpfung der als gesellschaftliche Bedrohung georteten Organisierten Kriminalität, zum Ausdruck gekommen gerade durch die 1994 in Kraft getretenen Verbrechensbekämpfungsgesetze.

So wurden denn auch die oben erwähnten Runde-Tisch-Aktivitäten des Kanzlers von der Vorsitzenden des Ausschusses für Frauen und Jugend als „plumpes Ablenkungsritual" bezeichnet. Diese Aussage kann durch nichts bewiesen werden. Es muß jedoch erlaubt sein, politische Maßnahmen auf ihre Sinnhaftigkeit zu hinterfragen, was an dieser Stelle nur anhand eines Beispiels geschehen kann. „Das eigentliche Gebiet der Überlegungen und Vorschläge des Präventionsrates sollte die Gewaltkriminalität sein, insbesondere auch die mehr oder weniger eindeutig politisch motivierte Gewalt"[45]. Dies ist der Arbeitsauftrag des eingangs bereits erwähnten Hessischen Landespräventionsrates, der mit dieser Zielsetzung denen Argumente liefert, die der Politik „Ablenkungsrituale" unterstellen. Denn tatsächlich erscheint es schwer nachvollziehbar, warum die hessische Kommission nochmals die Gewaltkriminalität in den Mittelpunkt ihrer Arbeit stellen soll. Bieten nicht die 1990 in vier Bänden veröffentlichten 2584 Seiten der 1987 von der Bundesregierung mit 36 renommierten Wissenschaftlern und Praktikern eingesetzten „Unabhängigen Regierungskommission zur Verhinderung und Bekämpfung von Gewalt", kurz „Gewaltkommission"[46] genügend Material zum strategischen Entscheiden und operativen Handeln? Hier muß man fragen dürfen, welche neuen Erkenntnisse von einer neuerlichen „Gewaltkommission", dieses Mal auf Landesebene, erwartet werden.

Angewandte Prävention scheitert auf der taktischen Ebene vielfach an der Umsetzung sinnvoller sozialpsychologischer Maßnahmen vor Ort, nicht an einem Mangel an ätiologischen Erkenntnissen. Unter Berücksichtigung auch der funktionalen Zusammenhänge an sich „unschuldiger" Ursachen müßte die taktische Vorbeugung mit der gleichen Energie verfolgt werden, wie dies beispielsweise bei der öffentlichen AIDS-Kampagne der Fall ist[47]. Denkbar ist, daß die Politik sehr wohl realisiert, wie hoffnungsvolle Primärpräventionen an Grundwerten und Strukturprinzipien der gegenwärtigen, kapitalistisch orientierten und dominierten Industriegesellschaft rütteln könnten.

Die Politik fördert in unseren Tagen in aller Hilflosigkeit eine schleichende Privatisierung der Verbrechenskontrolle. Hierzu wurden in jüngster Zeit angesichts knapper Finanzmittel und steigender Verbrechenszahlen teils überwunden geglaubte, teils neue, teils belächelte, teils Besorgnis erregende Modelle öffentlich diskutiert oder bereits institutionalisiert. So thematisierte man u.a. den „Polizei-Reservedienst statt Wehrdienst"[48], die Gründung einer „Polizeireserve"[49], eine „Freizeit-Polizei" (Polizeibeamte gehen in ihrer Freizeit gegen eine zusätzliche Vergütung Streife)[50] und eine „Rentner-Polizei" (pensionierte Polizeibeamte sollen nach diesem Vorschlag aus Hessen und Rheinland-Pfalz für den Streifendienst reaktiviert werden)[51]. Manchen steckt noch der Schreck des Schäuble-Vorschlages[52] von 1993 in den Gliedern, die „Bundeswehr als Sicherheitsreserve" nach innen einzusetzen.

Institutionalisiert wurde in Bayern inzwischen die halbstaatliche und ehrenamtlich[53] agierende „Sicherheitswacht", bei der mit einer Armbinde als Wächter gekennzeichnete freiwillige Bürger „der Straßenkriminalität entgegenwirken und vor allem Frauen und ältere Menschen schützen"[54].

All dies sind probembeladene[55] Billig-Sicherheitsprogramme, die nicht nur den Herausforderungen der Kriminalitätsentwicklung nicht gerecht werden, sondern zu Eskalationen beitragen können. Bestenfalls werden sie nicht schaden. Hinreichender Ersatz für eine personell und technisch gut ausgestattete, von mancherlei Verwaltungsaufgaben befreite, gut ausgebildete und sich des Vertrauens der Bürger erfreuende Polizei sind sie nicht.

Zumindest die Sicherheit des öffentlichen Raumes muß unter der Kontrolle des Staates und des staatlichen Gewaltmonopols bleiben. Die Politik ist aufgefordert, hier die Grenzen des privaten Sicherheitsgewerbes zu markieren[56]. Eine strenge staatliche Überwachung scheint jedenfalls geboten. Geläutert von dem mit der Technisierungs- und Zentralisierungswelle der letzten 25 Jahre einhergehenden Verlust des Kontaktes zwischen Bürger und Polizei sollte die Polizei jedenfalls nicht weiteres Terrain abgeben. Die gegenteilige Entwicklung wäre wünschenswert: Im Sinne des angelsächsischen „Community-Policing"-Konzepts sollte eingestanden werden, daß die Möglichkeiten der Verbrechensbekämpfung eben begrenzt sind, der „war on crime" nicht zu gewinnen ist. Es sollten neue (oder uralte, aber vergessene) Möglichkeiten einer gemeinwesenorientierten Basisarbeit vor Ort in engem Kontakt mit der Bevölkerung ausgelotet werden[57].

6. Konfliktfeld Wissenschaft – (Politik-)Praxis

Der Wissenschaftler kann der Praxis nützlich sein. Er kann Erkenntnisse, manchmal sogar Handlungsprogramme liefern und Aktivitäten der Praxis legitimieren. Der Wissenschaftler, insbesondere der sozialwissenschaftlich forschende, kann jedoch auch schnell in Ungnade fallen mit seiner Art, Dinge aufdecken und durchdringen zu wollen, kritisch zu hinterfragen (manche nennen das „zerreden"), Effektivität und Effizienz in Frage zu stellen, zu kritisieren. Bekanntes Beispiel ist der – heutzutage immer wieder aufflackernde – Streit zwischen der sogenannten „kritischen", soziologisch orientierten Kriminologie und der Polizei aus den siebziger Jahren, der zu einem Rückzugsverhalten der Polizei und zur Einrichtung behördeneigener Forschung führte.

Zur Rolle des Forschers und der Forschung in der Politik bemerkte ein namhafter Bielefelder Sozialforscher im Hinblick auf seine zahlreichen Auftritte bei Anhörungen vor Bundestagsausschüssen in Bonn, er habe inzwischen das Gefühl, die politischen Weichenstellungen seien bereits vor den Anhörungen vollzogen und mit den Anhörungen laufe lediglich ein Legitimationsritual ab.

Umgekehrt wird man auch der Wissenschaft gelegentlich Voreingenommenheit oder gar ideologische Verblendung, mangelnde Praxisorientierung und -kenntnis vorwerfen können in den Bereichen, in denen Lebensnähe und Erfahrung (anders als z.B. in der Grundlagenforschung) zur Interpretation der Lebenswirklichkeit unverzichtbar sind. Auch disziplinenübergreifende Kooperationen werden durch Voreingenommenheit, Ideologie, fehlende Praxiserfahrung und Tatsachenferne be- und verhindert.

VI. Ausblick

Vieles von dem hier Vorgetragenen wird dem, der praktisch vor Ort arbeitet, bekannt vorgekommen sein. Dies wäre gut, denn wegen des Verdachts, daß die angesprochenen Umstände die Arbeit vor Ort blockieren, können solche Hemmnisse nicht oft genug aufgezeigt werden. Diese Ausführungen sollten nicht als „Anklageschrift" mißinterpretiert, sondern als Versuch erkannt werden, durch das Benennen mutmaßlicher Störgrößen einen lebhaften Impuls zur Bewältigung von gesellschaftlichen Präventionsbarrieren zu leisten.

Jede Gesellschaft hat die Kriminalität, die sie verdient. Und: Jede Gesellschaft erfährt die Prävention, für die sie arbeitet. Der bundesdeutsche Alltag hat eine Entwicklung genommen, die (nicht schicksalhaft, unvermeidlich, zwangsläufig) ein Mehr an sozialen Konflikten und Kriminalität mit sich gebracht hat. Damit hat man sich nolens volens abzufinden, ohne darin resignieren zu müssen.

Pure Kriminalprävention wird diese durch gesellschaftliche, soziale und ökonomische Parameter bestimmte Entwicklung hin zu einem weiteren Plus an Kriminalität letztlich nicht aufhalten. Günstigstenfalls wird sie dem einzelnen oder der örtlichen Gemeinschaft eine gewisse unmittelbare Sicherheit liefern können.

Es läßt sich prognostizieren, daß wir in dem gleichen Maße auf amerikanische Kriminalitätsverhältnisse zusteuern, wie die hiesigen sozialen und ökonomischen Verhältnisse sich denen der USA angleichen. Die Entwicklung vollzieht sich seit vielen Jahren sukzessive. Die Kriminalitätstheorien nordamerikanischer Soziologen dieses Jahrhunderts[58] lassen sich immer weniger mit dem Hinweis auf unterschiedliche Verhältnisse hier und dort relativieren. Die Verhältnisse gleichen einander an.

Wichtig erscheint eine öffentliche und offene Diskussion um den moralisch-ethischen Ist- und Soll-Zustand unserer Gesellschaft unter Einbeziehung der Fragen, was dem Bürger die Kriminalitätsverhütung tatsächlich wert ist. Zu fragen ist, ob und in welchem Ausmaß regulierende Eingriffe des Staates da nötig sind, wo die „freien Kräfte des Marktes" augenscheinlich zu einer negativen Entwicklung geführt haben.

Mehr denn je gilt der Satz des ehemals in Marburg und Gießen lehrenden Strafrechtswissenschaftlers Franz von Liszt: Eine gute Sozialpolitik ist die beste Kriminalpolitik.

Fußnotenverzeichnis

1) Überarbeitete Fassung eines Vortrags, gehalten anläßlich des Seminars „Präventive Kriminalstrategie und private Sicherheitseinrichtungen" der Kriminalistischen Studiengemeinschaft e.V. am 29.10.1994 in Bremen

2) Der Begriff „Rat für Verbrechensverhütung" geht zurück auf Kriminaldirektor Weinberger im Bayerischen Landeskriminalamt, der seine Vorschläge bereits 1964 der Fachwelt unterbreitete, vgl. dazu o. Verf.: Länderumschau „Nordrhein-Westfalen"; in: Die Neue Polizei (1992), S. 568 – 569

3) Vgl. Sonntag-Morgenmagazin v. 26.7.1992

4) Vgl. Frankfurter Allgemeine Zeitung v. 28.10.1992; vgl. auch Sachverständigenkommission für Kriminalprävention der Hessischen Landesregierung (Präventionsrat): Bericht vom Dezember 1993, Wiesbaden, 1993

5) Vgl. zusammenfassend Koetzsche, Projekte der Kriminalitätsverhütung in Deutschland, Belgien, Dänemark, Frankreich, Großbritannien, Niederlande; in: Rat für Kriminalitätsverhütung beim Innenminister des Landes Schleswig-Holstein (Hrsg.), Dokumentationsreihe, Band 4, Kiel, 1994, S. 23 ff.

6) Vgl. schon Schäfer, Zwischenbehördliche Kriminalitätsprophylaxe; in: Kriminalistik 1977, S. 431 – 438. Als „Motor" der gegenwärtigen Revitalisierung des Gedankens der kommunalen Kriminalprävention ist auch der bundesdeutsche Nestor des Gedankens der Runden Tische gegen Verbrechen und der regionalen/kommunalen Verbrechensvorbeugung, Jäger, hervorzuheben; vgl. etwa ders.: Kommunale Kriminalpolitik, in: Polizeiführungsakademie (Hrsg.), Kriminal-

prävention – Neue Wege in der Kriminalitätskontrolle, Schriftenreihe der PFA, Hiltrup, 1992, S. 62 – 76; ders., Kriminalitätsverhütung in Kreis und Kommune; in: Rat für Kriminalitätsverhütung beim Innenminister des Landes Schleswig-Holstein (Hrsg.), Dokumentationsreihe, Band 1, Kiel, 1993, S. 7 – 16

7) Vgl. zum folgenden ausführlich Kube, Systematische Kriminalprävention, BKA-Forschungsreihe, Sonderband, 2. Auflage, Wiesbaden, 1987. Zu der verwandten, aber andere Ansatzpunkte wählenden Einteilung der Verbrechensverhütung in täterorientierte, opferbezogene und situative Prävention vgl. van Dijk/de Waard, A Two-Dimensional Typology of Crime Prevention Projects; in: Criminal Justice Abstracts 1991, S. 483 – 503

8) Vgl. Jäger, 1988, a.a.O.

9) Kube, Oft steht die Polizei allein auf weiter Flur. Ausschüsse für Kriminalitäts-Verhütung – oder: Wie läßt sich (endlich) das brachliegende Präventions-Potential ausschöpfen?; in: Kriminalistik, 1987, S. 568 – 573 (571 f.)

10) Programm des Polizeipräsidiums Offenbach, vgl. Frankfurter Rundschau v. 30.9.1994

11) Programm der Polizeidirektion Friedberg/H., vgl. Frankfurter Rundschau v. 23.11.1994

12) Programm der Berliner Polizei, vgl. Frankfurter Rundschau v. 2.12.1994

13) Vgl. Frankfurter Rundschau v. 4.9.1993

14) Vgl. Frankfurter Rundschau v. 2.9.1993

15) Bekanntestes Beispiel ist wohl das Kölner Villenviertel Hahnenwald, wo rund die Hälfte der 350 Haushalte gegen Zahlung von monatlich je 100 DM einen privaten Sicherheitsdienst patrouillieren läßt, vgl. DIE ZEIT v. 9.4.1993. Vgl. hierzu auch „Nachtwache für alle", DER SPIEGEL v. 30.5.1994, S. 34, zu einem ähnlichen Projekt im Hamburger Stadtteil Othmarschen

16) Vgl. Kreuzer, „Kripo 2000" – Kapitulation oder neue Wege?; in: der kriminalist, 1992, S. 281 – 285, 321 – 324 (283 f.)

17) Vgl. Scherr, Kulturelle Jugendbildung – ein Instrument der Gewaltprävention?; in: neue praxis, 1994, S. 427 – 434 (428)

18) Zum Begriff der strukturellen Gewalt, die sich in ungleich verteilten Ressourcen, ungleichen Machtverhältnissen, Lebens- und Bildungschancen äußert, vgl. Galtung, Strukturelle Gewalt, Hamburg, 1975

19) Vgl. Gießener Allgemeine Zeitung v. 8.12.1994

20) Vgl. Scherr, a.a.O., S. 432.

21) Vgl. Kreuzer, Nimmt die Jugendkriminalität zu?; in: UNIVERSITAS 1994, S. 967 – 978 (973)

22) Frankfurter Rundschau v. 22.7.1993; Gießener Allgemeine Zeitung v. 23.11.1994; Zitat nach Scherr, a.a.O., S. 429

23) Vgl. Roth, Die Kriminalität der Braven, München, 1991

24) Vgl. hierzu Kerner, Kriminalprävention. Ausgewählte strukturelle Überlegungen; in: Kriminalistik, 1994, S. 171 – 178 (171)

25) Vgl. Jäger, Kommunale Kriminalitätsbekämpfung; in: hessische polizeirundschau, 1988, S. 46 (5)

26) Vgl. zum ganzen Jäger, 1988, a.a.O.

27) Vgl. Jäger, a.a.O. 1992, S.67 ff.; Aben: Kriminologische Regionalanalyse Lübeck; in: Koch, Kriminalitätslagebilder, BKA-Forschungsreihe, Sonderband, Wiesbaden, 1992, S. 305 – 341; Koetzsche, Straftaten verhüten – aber wie? Aus der Arbeit des schleswig-holsteinischen Rats für Kriminalitätsverhütung; in: Kriminalistik, 1992, S. 121 – 124

28) Hierin unterscheidet sich der Verein grundlegend von anderen Gruppierungen und Institutionen, die auf dem Gebiet der regionalen Kriminalitätsprävention tätig sind; so etwa dem „Kriminalpräventiven Rat Lübeck" (Aben, a.a.O.), der Präventionsbeauftragten der Stadt Delmenhorst (Allhusen-Siemer/Schütte, Planung und Umsetzung der Kriminalitätsvorbeugung auf kommunaler Ebene mit dem Instrument der Kriminologischen Regionalanalyse (KRA) – Zur Praxis in Delmenhorst (Niedersachsen) –; in: Koch, Kriminalitätslagebilder, BKA-Forschungsreihe, Sonderband, Wiesbaden, 1992, S. 243 – 303, dem „Ressortübergreifenden Präventionsmodell Osnabrück" Hunsicker, Erfahrungen mit dem „Ressortübergreifenden Präventionsmodell Osnabrück" (Kommunale Kriminalprävention); in: Die Polizei, 1992, S. 173 – 177

29) Anders argumentiert Hunsicker, a.a.O., S. 173

30) Auf diesen Aspekt wird später nochmals eingegangen, vgl. Ziff. V.4

31) So im Ergebnis wohl auch Kerner, a.a.O., S. 178

32) Vgl. hierzu Jäger, 1992, a.a.O.; Koch, a.a.O.; Ammer, Kriminalität in Landau. Analyse und (Re-)Konstruktion des Kriminalitätsbildes einer Kleinstadt mit hoher Kriminalitätsbelastung, Holzkirchen, 1990

33) Vorbild, aber auch Enttäuschungsmaßstab hierfür ist die Stadt Delmenhorst, die für eine solche Stelle eine ABM-Kraft eingesetzt hat, vgl. Allhusen-Siemer/Schütte, a.a.O.

34) Vgl. das Standardwerk „Kriminalpolitik" von Zipf, Heidelberg, Karlsruhe, 1980

35) So Peter J. Schick in einem für die Mitglieder der „Neuen Kriminologischen Gesellschaft" verfaßten Nachruf für Heinz Zipf

36) Unter Kriminalpolitikwissenschaft sei „die systematisch geordnete Darstellung der gesellschaftlichen Strategien, Taktiken und Sanktionsmittel . . ., die auf eine optimale Verbrechenskontrolle gerichtet sind . . . (und) die wissenschaftliche Analyse der entsprechenden Überlegungen und Prozesse der Willensbildung des Gesetzgebers, insbesondere die Erneuerung des Verbrechensbegriffs und dessen Sanktionssystems" verstanden (so Kaiser: Stichwort „Kriminalpolitik", in: Kaiser/Kerner/Sack/Schellhoss (Hrsg.): Kleines Kriminologisches Wörterbuch, 2. Aufl., Heidelberg, 1993, S. 280 – 286 (281)

37) Vgl. etwa Bottoms: Crime Prevention facing the 1990s; in: Policing & Society 1990, S. 3 – 22 (15f.); Kube/Koch, Kriminalprävention; in: Burghard/Hamacher (Hrsg.), Lehr- und Studienbriefe Kriminologie Nr. 3, Hilden, 1992. Ammer Kommunale Kriminalitätsprävention; in: Rat für Kriminalitätsverhütung beim Innenminister des Landes Schleswig-Holstein (Hrsg.), Dokumentationsreihe, Band 2, Kiel, 1993, S. 32) z.b. benennt stichwortartig präventionshemmende Faktoren in der praktischen Arbeit vor Ort, ohne diesem Aspekt allerdings breiteren Raum zu widmen.

38) Vgl. Kube/Koch, a.a.O., S. 37

39) Vgl. Kube/Koch, a.a.O., S. 26

40) Vgl. Schreiber, Gedanken über Möglichkeiten unkonventioneller Prävention; in: Schwind/Berckhauer/Steinhilper (Hrsg.), Präventive Kriminalpolitik. Kriminologische Forschung, Schriftenreihe des Niedersächsischen Ministeriums der Justiz Bd. 1, Heidelberg, 1980, S. 379 – 393 (379)

41) Stock/Kreuzer, Erfahrungen, Einstellungen und Entscheidungsfindung in Betäubungsmittelstrafsachen bei der Polizei. Empirische Untersuchung polizeilicher Rechtsanwendung, 1995 (im Druck)

42) Erinnert sei an den geflügelten Satz: Für den Polizeibeamten ist der kriminelle Jugendliche das Problem, für den Sozialarbeiter hat er ein Problem

43) Vgl. hierzu ausführlich Stock/Klein, Hat die Polizei ein Ausländerproblem? Überlegungen zu Konfliktpotential und möglichen Gegenstrategien; in: Monatsschrift für Kriminologie und Strafrechtsreform 1994, S. 286 – 296

44) Vgl. Frankfurter Allgemeine Zeitung v. 28.9.1993; Gießener Allgemeine Zeitung v. 27.1.1994, Frankfurter Allgemeine Zeitung v. 19.4.1994

45) Präventionsrat, a.a.O., S. 6

46) Vgl. Schwind/Baumann et al. (Hrsg.), Ursachen, Prävention und Kontrolle von Gewalt, 4 Bde., Berlin, 1990

47) Oder muß man sagen „war", angesichts der sich auch in diesem Bereich einstellenden Mittelkürzungen?

48) So ein parteiübergreifender Vorschlag, vgl. Gießener Allgemeine Zeitung v. 11.9.1993, jüngst wieder aufgegriffen von Bundesinnenminister Kanther, vgl. Gießener Allgemeine Zeitung v. 28.9.1994.

49) So ein Vorschlag des Bundesinnenministers, zit. nach Gießener Allgemeine Zeitung v. 20.6.1994. Zu den „Polizeireserven" in Berlin und Baden-Württemberg vgl. Mandalka, Polizeidienst nach Feierabend – ein europäisches Hobby; in: Bürgerrechte & Polizei/CILIP, 1991, S. 80 – 83

50) Vgl. Frankfurter Rundschau v. 19.4.1994

51) Vgl. Frankfurter Rundschau v. 19.4.1994

52) Vgl. Frankfurter Allgemeine Zeitung v. 24.12.1993

53) Die als „Wächter" eingesetzten Bürger erhalten eine Aufwandsentschädigung von 12 DM/Stunde.

54) Zit. nach einem Informations-Faltblatt des Bayerischen Staatsministeriums des Innern.

55) Zu denken ist hier etwa an die Personalauswahl und -ausbildung, die Akzeptanz seitens der Bürger und der „normalen" Polizei, mögliche negative Einflüsse auf das Sicherheitsgefühl der Bevölkerung usw. Vgl. einen ersten Bericht im ZEIT Magazin v. 11.11.1994, S. 26 – 37. Fairerweise bleibt allerdings der „Erfolg" der bayerischen „Sicherheitswacht" abzuwarten. Leider findet nach einer Auskunft aus dem Bayerischen Innenministerium keine Evaluation statt, ausgenommen zu den Motivationsstrukturen der Wacht-Bewerber. Die FDP hat Formen freiwilliger Hilfspolizisten als „Verlegenheitslösung" mit dem Hinweis abgelehnt, man solle besser die 30000 fehlenden Polizeistellen besetzen; vgl. Frankfurter Rundschau v. 21.6.1994.

56) Zu der Problematik des privaten Sicherheitswesens vgl. ausführlich Voß, Privatisierung öffentlicher Sicherheit; in: Frehsee/Löschper/Schumann (Hrsg.), Strafrecht, soziale Kontrolle, soziale Disziplinierung, Jahrbuch für Rechtssoziologie und Rechtstheorie, Bd.15, Opladen, 1993, S. 81 – 102

57) Vgl. hierzu Sammelbände von Feltes/Rebscher (Hrsg.): Polizei und Bevölkerung. Beiträge zum Verhältnis zwischen Polizei und Bevölkerung und zur gemeindebezogenen Polizeiarbeit („Community Policing"), Holzkirchen, 1990; Dölling/Feltes (Eds.), Community Policing – Comparative Aspects of Commu-

nity Oriented Police Work, Holzkirchen, 1993; Feltes/Gramckow, Bürgernahe Polizei und kommunale Kriminalprävention; in: Neue Kriminalpolitik, 1994, S. 16 – 20; Lee-Sammons/Stock, Kriminalprävention. Das Konzept des „Community Policing" in den USA; in: Kriminalistik, 1993, S. 157 – 162

58) Vgl. etwa die Übersicht bei Schwind: Kriminologie, Heidelberg, 1993, § 7

Der Polizeibeamte als Zeuge vor Gericht

Ein Beitrag zur präventiv-taktischen Prozeßführung im Strafprozeß

Hans-Georg von Bock und Polach

I. Probleme des Rollenwechsels

1. Die Vorgaben der StPO

Als ich vor einiger Zeit während einer Diskussion über das Thema „Als Polizist vor Gericht" das Verhältnis von Justiz und Polizei erörterte, formulierte ich überspitzt: „Die Schwierigkeiten vor Gericht, über die viele Polizisten klagen, sind selbst verursacht". Meine weiteren Ausführungen bestanden in einer Aufzählung von Fehlern, die Polizeibeamte während des Ermittlungsverfahrens sowie vor und während der Hauptverhandlungen gemacht hatten. Es war dies eine nüchterne und nicht provozierende Wiedergabe eigener jahrelanger und wiederholter Beobachtungen[1]. Um so überraschter war ich über die Heftigkeit der Reaktionen einiger Diskussionsteilnehmer. Offenbar hatte ich ein Thema angeschlagen, das einige der zuhörenden Polizeibeamten über das Normalmaß hinaus betroffen machte. Trotz allem glaube ich, daß die hinter diesem Thema stehenden Schwierigkeiten nicht oft genug und mit aller Deutlichkeit angesprochen werden können.

Die Rolle des Polizeibeamten ist festgelegt. Seine Aufgabe ist es – abgesehen von der Prävention – Straftäter ausfindig zu machen und zu überführen, die Beweismittel aufzufinden und zu sichern. Damit liegt in dieser Aufgabe des Polizeibeamten das tatsächliche Fundament der Strafverfolgung. Er spielt dabei eine entscheidende Rolle. Allerdings sind ihm durch die Strafprozeßordnung enge Grenzen gesteckt. Es gibt in der StPO keinen Grundsatz der Wahrheitsforschung um jeden Preis. Vielmehr hat er die Verpflichtung, seine Aufgabe in einem justizförmigen, d.i. prozeßordnungsgemäßen, regelhaften und berechenbaren Verfahren unter Beachtung u.a. von Beweiserhebungs- und Verwertungsverboten, von Richter- und auch Staatsanwaltsvorbehalten wahrzunehmen, unter Befolgung des Gebots der Fairneß und Wahrung des Verhältnismäßigkeitsgrundsatzes.

Und was erwarten wir, wenn uns derselbe Polizeibeamte im Strafprozeß gegenübertritt? Hier besteht seine Aufgabe nicht darin, den Angeklagten zu überführen, den staatlichen Strafanspruch durchzusetzen, das Vertrauen in die Unverbrüchlichkeit des Rechts zu stärken. Diese Ziele darf er durchaus auch im Auge behalten, doch hat er primär dabei zu helfen, die prozessuale Wahrheit festzustellen. Er ist nicht Herr dieser Aufgabe, sondern hat ihr zu dienen, wenn er als Zeuge vor Gericht erscheint.

Als Mittler zur Wahrheit hat er den Eifer abzulegen, weil er nicht mehr Akteur ist, sondern in einer passiven Rolle lebt, in der er in der Regel nicht einmal Gegenfragen stellen darf. Hier wird von ihm nur noch Gedächtnis und präzise Formulierung erwartet. Hier erlebt er den ersten, den natürlichen Rollenwechsel von der aktiven „Arbeit am Fall" zum lediglich befragten Zeugen. Dieser Rollen- und Szenenwechsel bereitet einigen Polizeibeamten offenbar Schwierigkeiten, wenn es z.b. darum geht einzugestehen, daß das eigene Gedächtnis doch nicht so gut ist, wie man sich das vorgestellt hatte. Es bereitet offenbar doppelte Schwierigkeiten, wenn der Polizeibeamte, der endlich den tatsächlichen oder auch nur vermeintlichen Täter überführt zu haben glaubt, in der Hauptverhandlung erkennen muß, daß die Gerechtigkeit, wie er sie sich vorgestellt hatte, nun doch nicht seinen Lauf sondern ihren Lauf nimmt[2].

Fast zuviel wäre es, von diesem Zeugen den Gleichmut zu erwarten, der dem Staatsanwalt und erst recht dem Richter eigen ist.

Auch weil sich die Polizeibeamten als Zeugen von Berufs wegen darum bemühen, als besonders zuverlässige Zeugen zu erscheinen, geraten sie gelegentlich in Schwierigkeiten, wenn sie der Selbsterkenntnis „Ich weiß es nicht" auszuweichen trachten. Dabei würde der Glaubwürdigkeit eines Zeugen dieses Eingeständnis häufig mehr dienen, als der Versuch, sich über Streiche, die das Gedächtnis spielt, hinwegzuschummeln, indem es Nebensächlichkeiten der Erinnerung zur Verfügung stellt, aber ein wichtiges Glied in der Beweiskette unterschlägt.

Kennzeichen des natürlichen Rollenwechsels ist ein Verlust an Handlungsspielraum. Es gibt Möglichkeiten, diesen bei Mangel zu lindern: der Verletzte kann als Nebenkläger auftreten, kann Schadenersatz im Adhäsionsverfahren geltend machen, er kann als Geschädigter Akten durch seinen Anwalt einsehen lassen, die ihm sonst nicht (mehr) zugänglich sind, und schließlich kann er als Zeuge sich eines Zeugenbeistands bedienen. Darin bieten sich auch für den Polizeizeugen[3] Chancen, wieder Akteur zu werden, doch zugleich droht die Möglichkeit, seine Objektivität, sein berufliches Interesse in Frage zu stellen. Bekundet denn nicht der Nebenkläger in dieser ihm zugestandenen Rolle ein erhöhtes Strafverfolgungsbegehren? Will der Adhäsionskläger nicht (auch) legitimerweise materielle Interessen befriedigt sehen? Zeigt der mit einem Zeugenbeistand auftretende Polizeibeamte nicht gerade darin seine Unsicherheit oder ein schlechtes Gewissen, vielleicht sogar Angst?

Tatsächlich werden diese Möglichkeiten, Handlungsraum als Zeuge zu gewinnen, recht selten genutzt.

2. Frustrierte Polizeizeugen

Der natürliche Rollenwechsel bietet aber nicht das wesentliche Problem, das zu Frustrationen, zur Verbitterung führt. Vielmehr ist es jener meist überraschende Rolleninhalt, der den Polizeibeamten als Zeugen unter Umständen fragen läßt: „Wer ist hier eigentlich der Angeklagte?" Zu diesem Aufbegehren kommt es, wenn der Angeklagte in der Hauptverhandlung schweigt und Richter, Staatsanwalt und Verteidiger einerseits allein vom Zeugen die für die Entscheidung wichtigen Informationen erwarten, andererseits aber der Zeuge sich als kritisch beäugt, mißtrauisch geprüft oder hämisch abgetan erlebt. Insbesondere das in der Form oftmals ungerechtfertigte, überzogene Nachbohren des Verteidigers, verbunden mit Versuchen, den Polizeibeamten zu verunsichern, macht den Polizeizeugen zu schaffen und führt zu Enttäuschungen. Es heißt dann, der Staatsanwalt halte nicht dagegen und der Richter unterbinde diese Angriffe nicht. Der Polizeibeamte, der die Rechtsordnung und den Staat verteidigt und beschützt, fühlt sich in solchen Situationen von ranghöheren Staatsvertretern schutzlos im Stich gelassen.

Die Zeugen verkennen häufig, daß die Möglichkeit, ein bestimmtes Verteidigerverhalten abzuwehren, beschränkt ist. Es kann z.b. Situationen geben, in denen die Wiederholung einer Frage in ähnlicher Form oder in anderem Kontext zulässig ist, oder Zeugen zu Rechtsfragen Auskunft geben sollen (z.b. bei Verfahren wegen Widerstands gegen Vollstreckungsbeamte), wenn es um die Rechtmäßigkeit des Vorgehens von Polizeibeamten geht. Gleiches gilt für Erfahrungssätze, allgemeine Eindrücke, ja Mutmaßungen. Alle gehören eigentlich nicht zum Gegenstand des Zeugenbeweises, und doch können sie im konkreten Fall plötzlich von Bedeutung und damit zulässig sein.

Ich muß einräumen, daß Richter und Staatsanwälte die Geduld von Polizeizeugen gelegentlich arg strapazieren und deren Anspruch auf angemessene Behandlung durch alle Prozeßbeteiligten ein wenig aus dem Blick verlieren. Ich versuche gelegentlich, für die nachhaltige Form der Verteidigung jedenfalls ein gewisses Maß an Verständnis zu wecken, indem ich Polizeizeugen frage, welche Verteidigung sie sich wünschen würden, wenn sie sich dem Vorwurf der Körperverletzung im Amt ausgesetzt sähen. Bestehen sie dann nicht auch darauf, daß der Belastungszeuge ausgequetscht wird, wie die sprichwörtliche Zitrone, daß Widersprüche innerhalb der einzelnen Aussage und im Verhältnis zu anderen Zeugenaussagen rausgekitzelt werden, daß Zirkelschlüsse aufgedeckt, Fehldeutungen bewußt gemacht, fragwürdige Schlußfolgerungen vorgeworfen und Wahrnehmungs- sowie Erinnerungsfehler herausgearbeitet werden?

II. Die manipulierte Wahrheit

1. Die Fälle, die Fallen

So sehr ich Verständnis für die Kritik von Polizeizeugen an den Prozeßbeteiligten habe, so sehr ist auch Anlaß gegeben, die Fehler von Polizeizeugen immer aufs neue darzustellen und einer Wiederholung entgegenzuwirken. Fehler im Strafprozeß können die gesamten vorgängigen Ermittlungsresultate vereiteln.

Fangen wir mit d e r prozessualen Katastrophe an, dem Verstoß gegen die Wahrheitspflicht, auch Lüge genannt. Um für solche Verstöße Beweise zu finden, muß ich nicht erst auf die bundesweit bekanntgewordenen Fälle von Manipulationen hinweisen, die schließlich in der Hauptverhandlung aufgedeckt wurden und zu Freisprüchen führten.

Beispielhaft weise ich auf die Entscheidung des Landgerichts Hannover von 1984 (StrafV 85, 94) hin, aus der gelegentlich von Verteidigern genüßlich zitiert wird, um die Glaubwürdigkeit von Polizeizeugen in Frage zu ziehen. Ich empfehle die Lektüre dieses Berichts über Lügen und Manipulationen durch Polizeibeamte und durch einen Rechtsanwalt dem interessierten Leser.

Einschlägige Erfahrungen aber lassen sich auch in Bremen sammeln. In einer Hauptverhandlung sagte nach der üblichen Befragung zur Person über Namen, Beruf, Wohnort usw. der Polizeizeuge aus. Schließlich war ich an der Reihe, meine Fragen zu stellen. Ich begann: „Wohnen sie wirklich in Bremen?" Dies hatte der Zeuge nämlich behauptet. „Nein." „Wo wohnen sie wirklich?" In den anschließenden Versuch, der Angabe der privaten Anschrift über die Dienstanschrift auszuweichen, fiel der Verteidiger ein mit der Benennung des tatsächlichen Wohnorts, einer Ortschaft bei Bremen.

Ich hatte dies nicht gewußt. Lediglich ein kurzes Zögern vor der Antwort zum Wohnort hatten bei mir Zweifel an der Richtigkeit aufkommen lassen, denn warum sollte der Angeklagte sonst zögern? Ich war verwundert, daß diese Schwindelei nicht zum Anlaß genommen wurde, den Zeugen auf das heftigste zu attackieren und frage mich, welchen Verlauf die Dinge genommen hätten, wenn ich nicht die Unwahrheit aufgedeckt hätte und die insoweit unrichtige Aussage schließlich beeidet worden wäre.

Der Grund für das Verhalten des Polizeizeugen war klar: Er befürchtete Nachstellungen durch Freunde des Angeklagten, die seinerzeit tatsächlich Wohnanschriften von Polizeibeamten bestimmter Dienststellen auskundschafteten. Aber dennoch gab es keinen Grund zu lügen[4].

Glücklicherweise hat das OrgKG durch die Neufassung von § 68 Abs. 1 StPO Polizeibeamten die Möglichkeit verschafft, nicht mehr den Wohnort, sondern die Dienstanschrift zu nennen, ohne daß es dazu einer besonderen Begründung bedürfte. Dadurch sind viele Scheingefechte gegenstandslos geworden, ohne daß dem Angeklagten eine Verteidigungsmöglichkeit genommen worden wäre.

2. Über den Umgang mit der Wahrheit

Ein anderes Beispiel illustriert die Versuchung zum bedenklichen Umgang mit der Wahrheit:

Daß wir heute den Informanten mit Vertraulichkeitszusagen schützen können, ist bekannt. Diese Zusage ist aber an ganz enge Voraussetzungen geknüpft. Sie ist abhängig sowohl von der Schwere des Delikts als auch von der dem potentiellen Zeugen drohenden Gefahr. Die Anwendbarkeit des Vertraulichkeitsschutzes ist notwendigerweise eingeschränkt. Wie soll sich nun der polizeiliche Ermittler verhalten, der einen Tipgeber im Milieu hat, der partout nicht namentlich in den Akten erscheinen möchte, weil er nicht als Zuträger der Polizei dastehen will, weil er um seine Nachtruhe fürchtet oder Gefahren für sein Auto sieht? Da liegt es doch auf der Hand, die

Informationen einem Anonymus in den Mund zu legen, strafprozessuale Maßnahmen zu ergreifen und damit einen weiteren Fall aufgeklärt zu haben. Ein Verstoß gegen das Gebot der Aktenwahrheit ist damit gegeben[5].

Die „Problemlösung" ist auch dann abzulehnen, wenn nach Lage der Dinge diese Unrichtigkeit für die Verteidigung des Angeklagten ohne Bedeutung sein dürfte. Außerdem besteht die Gefahr, daß die Unrichtigkeit sich in die Verhandlung und die Vernehmung des Polizeizeugen hinein erstreckt. Wie sehen die Folgen aus, wenn der Zeuge wegen der langen Verfahrensdauer die Richtigkeit seines Vermerks beschwört, weil er sich so erinnert, wie beschworen, wenn sein Kollege dagegen, sich der Herkunft der Information besser erinnernd, den richtigen Sachverhalt schildert?

Mir sind die anonymen Quellen der Erkenntnis suspekt. Hinzukommt, daß ich anonyme Angaben allenfalls in Ausnahmefällen Anträge auf Durchsuchung u.ä. stütze, falls andere Tatsachen die Richtigkeit der anonymen Angaben wahrscheinlich machen.

3. Die Kameraderie-Taktik

Daß Kollegialität (oder was einer dafür halten kann) einen Polizisten in Teufels Küche bringen kann, davon berichtete die bremische Tagespresse. Da soll ein Polizist in einem Verfahren wegen Körperverletzung im Amt als Zeuge in der Hauptverhandlung die bestreitende Einlassung des angeklagten Kollegen bestätigt haben, während ein später vernommener Polizeizeuge angesichts seiner Eidespflicht ausgepackt haben soll. Es kam zu einer Verurteilung des Angeklagten. Das durch die Berichterstattung in der Öffentlichkeit bekannt gewordene Verfahren ist noch nicht abgeschlossen.

Unter der Überschrift „Zwei Kripo-Beamte machten Falschaussage" berichteten die „Bremer Nachrichten" (28. Januar 1987) über eine Verurteilung von zwei Beamten wegen uneidlicher Falschaussage. Was hatten sie in einem Prozeß wegen Brandstiftung und Versicherungsbetrug als Zeugen Falsches ausgesagt? Eigentlich nichts, so das Gericht, aber sie hatten aus taktischen Gründen verschwiegen, daß der Hauptbelastungszeuge für seine Aussagebereitschaft von der Versicherung 10.000,– DM Belohnung erhalten hatte. Es ist kein Zufall, daß auch in diesem Verfahren durch einen angeblichen anonymen Hinweis die Förderung der Ermittlungen durch den Zeugen verschleiert werden sollte.

Ich habe nicht mehr festgestellt, wie das Verfahren letztlich ausging, ob unklare Dienstvorschriften, die irrige Annahme einer Pflichtenkollision und der Diensteifer letztlich in zweiter Instanz einen glimpflicheren Verfahrensausgang herbeiführten – ich halte es für möglich. Doch kann ein für die Polizeizeugen milderer Ausgang des Verfahrens nicht darüber hinwegtäuschen, daß durch diesen zumindest leichtfertigen Umgang mit der Wahrheit das Ansehen der Polizei allgemein und der Polizeizeugen speziell beschädigt wurde.

Was führte die Richterin in jenem Verfahren laut Zeitungsbericht aus? „In Prozessen sind die Aussagen von Kriminalbeamten von besonderer Bedeutung, denn man kann ihnen am ehesten glauben."

Bis zu diesem Verfahren hatte ich das auch angenommen.

4. Der Berufszeuge

Der Polizeibeamte ist Zeuge von Berufs wegen[6]. Er weiß häufig schon vor dem Einsatz, daß irgendwann am Ende – und leider manchmal erst nach Monaten und Jahren – seine Vernehmung als Zeuge steht. Auf diese Aufgabe, für die er besoldet wird, hat er sich gewissenhaft vorzubereiten. Um so mehr verblüfft es mich immer wieder, daß offenbar die dienstkundlichen Methoden nicht besser genutzt werden und daß sich seit Jahren immer wieder Mängel im Berichtswesen zeigen. Warum mangelt es schon an den Tatsachenfeststellungen?

Da wurden z.B. im Hinblick auf die Beweissicherung bei nichtfriedlichen Demonstrationen Ablaufdiagramme und Checklisten erstellt und verschiedene Formulare für die einzelnen Abläufe entwickelt. Was habe ich aber als Staatsanwalt nach Ausschreitungen, die sich gelegentlich einer Demonstration ereigneten, eigentlich für die Strafverfolgung in der Hand? Leider zu häufig herzlich wenig, um nicht zu sagen: nichts. Die gescheiten Vorbereitungen zeigen keine Wirkung.

Ich frage mich, wie ist es möglich, daß Festnahmen stattfinden, bei denen anschließend keiner zu sagen vermag, wo und auf Grund welcher Umstände und welcher Anweisungen jemand vorgeführt wurde? Was nützt es, wenn ein Beschuldigter bei einer Demonstration im Besitz von Gegenständen angetroffen wird, die offensichtlich bestimmt sind, als Angriffs- oder Verteidigungsmittel eingesetzt zu werden, wenn anschließend kein Polizeibeamter erklären kann, wo genau, ob innerhalb eines Aufzugs oder davon abgesetzt, der Betreffende angehalten wurde? In solchen Fällen ist das Verfahren gegen „Beschuldigte" durch den Staatsanwalt schnellstens, nämlich sofort einzustellen und die sichergestellte Schleuder oder der Schlagstock zähneknirschend herauszugeben. Die an der Festnahme beteiligten Polizeibeamten können froh sein, wenn sie sich nicht irgendwelchen Forderungen wegen unbegründeter Festnahme (Freiheitsberaubung!) ausgesetzt sehen. So wurde bei früheren Krawallen verfahren und so wird offenbar auch heute wieder und wieder fehlerhaft gehandelt, besser gesagt: unterlassen. Die Professionalität der Tatsachenfeststellung und Tatsachendokumentation sollte erlernbar sein.

Als ich mich gelegentlich beim Polizeigewahrsam erkundigte, welche Aufzeichnungen über eine Festnahme vom Mai letzten Jahres vorlägen, da konnte gerade noch angegeben werden, daß nur Aufzeichnungen über eine Sammel-Ingewahrsamnahme vorhanden seien. Wo aber befindet sich der Kurzbericht über jene einzelne Festnahme? Weder in der Gewahrsamsverwaltung noch in den Akten war der Vorgang zu finden. Damit fehlte ein Beweismittel.

120

Ist es denn zuviel verlangt, daß wenigstens die Kurzberichte zur Festnahme unverzüglich und vollständig ausgefüllt werden? Nicht erst die Kriminalbeamten haben nach weiteren Erkundigungen die notwendigen Angaben nachzutragen. Die Tatsachen sind zu dokumentieren, so lange die Erfahrungen frisch im Gedächtnis haften.

Es überrascht nicht, daß auch die Tathergangsberichte allzu häufig nicht den Anforderungen genügen. Die darin enthaltenen Mängel setzen sich folgerichtig bis in die Hauptverhandlung fort. Die Berichtmängel führen dann zu peinlichen Fragen an den Verfasser.

Der Tathergangsbericht müßte umgehend erstellt werden. Das ist schon deshalb geboten, weil diesen Berichten häufig höchst komplexe Ereignisse zu Grunde liegen, die oft durch die Erinnerungen aus einer größeren Anzahl gleicher Vorkommnisse überlagert werden (z.B. Steinwürfe von Landfriedensbrechern). Eine präzise Nachzeichnung des Geschehens gelingt um so besser, je frischer der Eindruck ist. Statt dessen stelle ich häufig fest, daß die zugesagten Aktenvorlagen durch die Kriminalpolizei deshalb nicht möglich ist, weil ein Bericht – und sei es auch nur ein Ergänzungsbericht – von der in der Berichtspflicht stehenden Schutzpolizeieinheit nicht vorgelegt wurde und mehrere Anfragen nicht fruchteten. Es ist keine Seltenheit, daß erst durch eine für jeden Beteiligten unangenehme Anforderung über den Vorgesetzten die Vollständigkeit der Akten erreicht werden kann.

III. Wer schreibt, der bleibt

1. Die Bedeutung der Berichte

Während der Polizeizeuge von Berufs wegen sich auf diese Weise der Möglichkeit begibt, eine beruflich qualifizierte Leistung zu erbringen und ein detailreiches genaues Bild des Geschehens zu zeichnen, hat die „andere Seite" den Vorzug von Protokollen erkannt. „Alle Vorfälle wie Verhaftungen/Verletzungen sollten genauestens beobachtet und notiert werden", fordert ein Leitfaden für das Verhalten gegenüber der Polizei. Weiter heißt es darin, Angaben und Gedächtnisprotokolle seien „natürlich umgehend" an der geeigneten Stelle abzugeben.

Es gibt inzwischen genügend Beispiele in den Akten, die zeigen, daß selbst ganz junge Leute, ja Sechzehnjährige, mehrseitige Protokolle fertigen und diese jedenfalls bei Anzeigen gegen Polizeibeamte wegen Körperverletzung im Amt zu den Akten reichen oder als überraschend aufgebotene Entlastungszeugen im Prozeß vorlegen.

Warum ist es eigentlich nicht möglich, daß ein Polizeiführer nach dem Einsatz seine Beamten nicht eher entläßt, als diese die Berichte geschrieben haben? Die Bundesgrenzschutzbeamten sind jedenfalls dazu in der Lage. Sie würden das noch besser machen, wenn den Beamten die entsprechenden Formblätter und eine Schreibmaschine sowie Straßenskizzen, wie ich sie in jedem läppischen Verkehrsunfallvorgang auffinde, zur Verfügung gestellt würden. Statt dessen wurde mir von einem Fall berichtet, in dem die Formulare nur auf ausdrückliche Forderung mit der Bemerkung herausgegeben wurden, da komme ja sowieso nichts raus.

Der Bericht ist im gesamten Verfahren von großer Wichtigkeit, selbst in der Hauptverhandlung, wenn der Berichtende als Zeuge vernommen wird[7]. Seine größte Bedeutung erlangt er, wenn der Polizeizeuge wegen des großen Zeitablaufs seit der Tat keine genaue Erinnerung mehr an Einzelheiten hat. Dann werden ihm Passagen des Berichts vorgehalten und soweit der Zeuge noch gewisse Anknüpfungstatsachen erinnert und er erklärt, daß er die vorgehaltenen Details nicht mehr erinnere, er sie aber seinerzeit richtig festgehalten habe, so wird der Inhalt des Berichts in Form eines kombinierten Zeugen-Urkundsbeweises Gegenstand der Beweiswürdigung.

2. Ein häufiger Fehler mit weitreichenden Folgen

Ein häufiger Fehler der Berichte besteht darin, daß der Berichtende auch Tatsachen behauptet, die gar nicht auf eigenen Wahrnehmungen, sondern auf Informationen von Kollegen beruhen, ohne daß dieser Umstand in dem Bericht zum Ausdruck käme. Der Zeuge kann dann für die Richtigkeit der berichteten Wahrnehmungen die Verantwortung nicht übernehmen. In der Regel ist nur noch seine augenblickliche Erinnerung erheblich, denn es läßt sich nicht ausschließen, daß selbst Tatsachen, die der Zeuge beobachtet haben will, ihm doch nur von einem anderen mitgeteilt wurden.

Daß der Inhalt des Berichts mit allen Äußerungen, die der Berichtende sonst noch zu dem Tatgeschehen von sich gibt, übereinstimmen muß, ist eigentlich selbstverständlich.

Da erklärt ein Polizeizeuge in der Hauptverhandlung, die Festnahme des Angeklagten sei ohne Schwierigkeiten möglich gewesen. Warum sollte man eine solche Äußerung, die den Angeklagten nicht belastete und die mit dem Bericht in Einklang stand, in Frage stellen. Um so merkwürdiger erschien mir die genaue Nachfrage des Verteidigers nach den Umständen der Festnahme. Nachdem das Ergebnis der Befragung („ohne Schwierigkeiten") festgeklopft war, ließ der Verteidiger die Katze aus dem Sack, indem er dem Zeugen den Vorhalt machte, dieser habe an anderer Stelle über dasselbe Geschehen geäußert, die Festnahme sei erst „nach einer größeren Rangelei" möglich gewesen.

Ich widersprach diesem Vorhalt, denn es wurde damit etwas zum Gegenstand der Verhandlung gemacht, was nicht ordnungsgemäß eingeführt worden war. Schließlich gab der Verteidiger die Fundstelle bekannt, die seinem Vorhalt zugrunde lag. Nach eineinhalbstündiger Unterbrechung und meinen Nachforschungen im Polizeihaus hatte ich das Papier in der Hand: Der Polizeizeuge hatte im Einsatz seine Handschellen verloren und eine Verlustmeldung geschrieben. Dabei hatte er, wie ich überspitzt formuliere, eine den Regreß ausschließende Dramatisierung des eigentlich harmlosen Geschehens gewählt.

Weshalb wußte der Verteidiger dies, nicht aber der Staatsanwalt? Weil die Behörde – womit der Polizeizeuge nicht rechnete – den Angeklagten aufgefordert hatte, den Schaden (Verlust der Handschellen) zu tragen und dieser seinen Verteidiger mit der Abwehr der Schadenersatzforderung betraut hatte. Daß dieser Umgang mit der Wahrheit – und liege sie auch nur in Nebenvorgängen und Verwaltungsakten verborgen – die Glaubwürdigkeit des Polizeizeugen gewiß nicht erhöhte, liegt auf der Hand.

Für die Bewertung eines Polizeiberichts ist auch von Bedeutung, unter welchen Umständen er zustande gekommen ist. Kann z.B. durch Zeugenaussagen ausgeschlossen werden, daß mehrere Zeugen zwar verschiedene, sich jedoch gleichenden Berichte geschrieben haben, deren Deckungsgleichheit wahrscheinlich darauf beruht, daß die Zeugen vielleicht sogar im selben Raum ihre Berichte verfaßten und sich dabei austauschten? Wenn aber ein solcher kollektiver Wissensaustausch erfolgte oder möglich ist, dann darf das nicht verschwiegen werden und dies selbst dann nicht, wenn dadurch – peinlicherweise – dienstkundliche Fehler und dienstaufsichtliche Nachlässigkeiten eingestanden werden müssen.

Ich will nicht behaupten, daß absichtsvoll Berichte abgestimmt worden sind. Was ich ausschließen will ist, daß durch die gemeinsamen Gespräche ein ursprünglich nicht vorhandenes und deshalb falsches Erinnerungsbild sich ausformt, das vor allem durch unerfahrene Polizeibeamte als solches nicht erkannt wird. Häufig versuchen Verteidiger – und das mit Recht – aufgrund der übereinstimmenden Berichte einzelner Polizeizeugen solche Mängel zu vermuten und solche Fehler festzustellen. Dazu werden sie geradezu ermuntert, weil die Gleichförmigkeit der Darstellung in verschiedenen Berichten eine entsprechende Vermutung nahezu aufzwingt. In vielen Fällen dürfte es sich nur um eine der zahlreichen tradierten Berichtsstereotypien handeln, wie sie in vielen entsprechenden Verfahrensakten auftauchen: „Er leistete Widerstand, indem er mit Händen und Füßen um sich schlug" oder „Er ist wiederholt in Erscheinung getreten".

Daß bei den Zeugenbefragungen über die Situation bei Abfassung des Berichts häufig sehr unterschiedliche Antworten gegeben werden, läßt einen wachen Verteidiger hinter solchen Zeugenaussagen mehr vermuten, als nur, daß die Polizeizeugen sich nicht an die näheren Umstände der Berichtsabfassung erinnern können. Ich meine, schon um den bösen Schein zu vermeiden, sollten die Polizeibeamten diesem Ansatz mehr Aufmerksamkeit schenken.

3. Die Erinnerungsstütze

Dem Bericht kommt noch auf andere Weise eine wichtige Aufgabe zu: Der Polizeibeamte hat nämlich wie die Richter und die Staatsanwälte als Berufszeuge sich die ihm zur Verfügung stehenden, bei der jeweiligen dienstlichen Tätigkeit angefallenen eigenen schriftlichen Unterlagen zur Auffrischung seines Gedächtnisses zu bedienen[8]. Wer meint, darauf verzichten zu können, läuft Gefahr, wegen eines Aussagedelikts belangt zu werden, wenn er sein falsches Erinnerungsbild nicht durch ein richtiges ersetzt hat[9].

Bei denjenigen, denen ein schlechtes Gedächtnis eines Belastungszeugen gelegen kommt, wird diese Pflicht, dem eigenen Gedächtnis durch Nachlesen der eigenen Berichte auf die Sprünge zu helfen, bestritten.

Immer wieder habe ich erlebt, wie der Verteidiger im vorwurfsvollen Tone fragt, ob der Polizeizeuge etwa seinen damaligen Bericht vor der Vernehmung in der Hauptverhandlung noch einmal durchgelesen habe. Vielleicht zieren sich deshalb Polizeizeugen häufig, diesen Punkt von sich aus anzuschneiden. Dabei sind sie gut beraten, ganz offen darauf einzugehen, denn was von Zeugen ungefragt als selbstverständliche, pflichtgemäße Verfahrensvorbereitung dargestellt wird, kann kaum noch mit dem Odium des Unzulässigen versehen werden.

Im übrigen habe ich die bereits erwähnten jugendlichen Berichtschreiber bei Vernehmungen nach den Gedächtnisprotokollen befragt und Antworten erhalten, als seien sie in Polizeiseminaren vorbereitet worden:

„Ja, ich habe das Protokoll vor der heutigen Vernehmung noch einmal durchgelesen. Ich habe keinen Anlaß, in irgendeiner Hinsicht das Protokoll zu korrigieren." Oder aus einer anderen Erklärung: „Vor der heutigen Vernehmung habe ich mein Gedächtnisprotokoll vom . . . nochmals durchgelesen. Bis auf eine kleine Differenz, auf die ich noch eingehen werde, trifft das Protokoll vollinhaltlich zu und entspricht meiner heutigen Erinnerung."

4. Gespräche zwischen Zeugen

Wie der Hinweis auf die Durchsicht eigener Aufzeichnungen selbstverständlich erscheint, so sollte auch von sonstigen Maßnahmen im Vorfeld der Hauptverhandlung gesprochen werden. Es wäre z.B. zu erwähnen, daß der Zugführer den jungen Kollegen vor dem Gerichtstermin auf seine Pflichten hinweist, auf die Vergewisserungspflicht, das Auskunftsverweigerungsrecht und die Grenzen der Aussagegenehmigung. Daß dabei – und schon gar nicht mit anderen, ebenfalls geladenen Zeugen gleichzeitig – n i c h t über den konkreten Verfahrensgegenstand gesprochen wird, dürfte selbstverständlich sein.

Überhaupt sollte der Polizeizeuge (wie jeder Zeuge!) es vermeiden, angesichts eines Prozesses mit anderen über den jeweiligen Polizeieinsatz zu sprechen. Zu leicht werden nämlich derartige Gespräche in der Zeugenvernehmung zum zentralen Punkt der Befragung, wenn die Darstellung zur Sache sonst nicht angreifbar ist. Der Verteidiger wird an dieser Stelle versuchen, doch noch Differenzen zwischen verschiedenen Zeugenaussagen aufzudecken und lägen diese auch nur in Nebensächlichkeiten begründet. Wer sich dann selbst an belanglose Gespräche nicht erinnern kann, büßt nicht nur an Glaubwürdigkeit ein. Er kann mit großer Sicherheit in strafprozessuale und strafrechtliche Turbulenzen geraten. Dafür gibt es alltägliche Beispiele.

Zwei Polizeizeugen waren zum Termin erschienen und standen sich im Flur die Beine in den Leib, da der Prozeß nicht vorankam. Die Pause nutzten sie in der Kantine zum Kaffeetrinken. Nach abermaligem, vergeblichen Warten wurden sie für den Fortsetzungstermin umgeladen.

An diesem neuen Termin wurde der zunächst vernommene Polizeibeamte nach der eigentlichen Vernehmung durch den Verteidiger gefragt, ob er sich mit dem Kollegen über den Sachverhalt unterhalten habe. Der Zeuge verneinte dies. Er wurde unvereidigt entlassen.

Auch der zweite, ebenso befragte Zeuge meinte, er habe mit seinem Kollegen nicht über die Sache gesprochen. Als er nunmehr konkret auf die Pause beim ersten Termin auf die Kantine und die Unterhaltung dort mit dem Kollegen angesprochen wurde, da dämmerte es ihm: Man sei – weit entfernt von einer intensiven Unterhaltung über den Prozeßgegenstand, geschweige denn einer Absprache – auf die Sache kurz eingegangen.

Neben dem Glaubwürdigkeitsverlust beider Polizeizeugen war hier noch eine Strafanzeige wegen uneidlicher Falschaussage gegen den ersten Polizeizeugen eine Folge überflüssigen Redens und unvollständiger Aussage.

Ein besonders drastisches Beispiel für die später unterschiedlichen Aussagen über Gespräche zwischen Polizeibeamten auf den Gerichtsfluren habe ich aus einem Protokoll exzerpiert:

Zeuge A: „Heute vor meiner Vernehmung sprach ich mit den Kollegen auf dem Flur. Dieses Gespräch war von meiner Seite privater Natur. Soweit ich es mitbekommen habe, sprachen die anderen auch nicht über diese Hauptverhandlung . . . Mit keinem Kollegen habe ich seit Erhalt der Ladung über diese Sache gesprochen."

Zeuge B: „Über diesen Vorfall habe ich mit den weiter geladenen Kollegen heute auf dem Gerichtsflur gesprochen. Dabei habe ich herausgehört, daß A. beim Verbringen zur Zelle dabei war. D. oder A. sagten, es sei zu einem Sturz gekommen. Mit C. sprach ich dabei über die Festnahme, um mir ein Stück in Erinnerung zu rufen."

Zeuge C: „Vom Tattag bis heute habe ich nochmal ein bißchen mit Herrn D. über diese Sache gesprochen; das war nur Allgemeines und nichts Spezielles. Das waren Fragen nach der Dauer der vergangenen Hauptverhandlung . . .

Am ersten Verhandlungstag haben auf dem Gerichtsflur Gespräche stattgefunden, daß man sich mal wiedersieht und so. Dann haben wir kurz über die Nacht des Vorfalls gesprochen. Dann kam noch D. hinzu. Dann wurde das Gespräch beendet. Was über den Vorfall gesprochen wurde, weiß ich nicht mehr. Ich kann nicht wiedergeben, worüber gesprochen worden ist. Das Gespräch auf dem Gerichtsflur war nichts Außergewöhnliches."

Zeuge D.: „Ich war zum ersten Hauptverhandlungstag als letzter Zeuge geladen. Als ich gewartet habe, wurde auch über dieses Thema gesprochen. Ich habe es aber sofort unterbunden. Die anderen Kollegen waren schon da, als ich kam. Die hatten sich unterhalten. Ich habe das Gespräch sofort abgestellt. Schließlich sollte sich jeder auf seine eigene Erinnerung verlassen."

Es wird sich niemand wundern, wenn ein Richter bei derartigen Aussagen langsam die Geduld verliert und wenn auch der Staatsanwalt bei diesem Gerede seiner Hilfsbeamten keinen Anlaß sieht, der ungebremst geäußerten Empörung des Verteidigers Einhalt gebieten zu lassen.

Nach derartigen Fehlleistungen von Zeugen kann der Verteidiger natürlich leichter mit der Verlesung der oben zitierten Hannoveraner Entscheidung bei Schöffen Eindruck schinden und die Glaubwürdigkeit aller vier Polizeizeugen insgesamt in Zweifel ziehen.

IV. Vergessene Formalien

1. Die Routinebelehrung

Wer häufig Zeuge ist, weil er an vielen Einsätzen beteiligt war, wird naturgemäß häufig Schwierigkeiten haben, sich in einer Hauptverhandlung an eigentlich ganz selbstverständliche Dinge (wie z.b. die Belehrung des Beschuldigten über seine Rechte) zu erinnern. Diese Belehrung ist eine Routinehandlung, die keine erinnerungswerten Besonderheiten aufweist, die sich leicht einprägen könnten. Und wenn der Polizeibeamte diese Routinehandlung nicht genau dokumentiert hat, wird er als Zeuge unangenehme Minuten im Gerichtssaal durchzustehen haben, um schließlich den Freispruch eines tatsächlich Schuldigen zu erleben.

Die Bedeutung derartiger Routinehandlungen nimmt deshalb zu, weil der BGH – jedenfalls im Fall der Belehrung des Beschuldigten über sein Aussageverweigerungsrecht – strengere Maßstäbe anlegt als in früheren Jahrzehnten.

Früher zog ein Verstoß gegen die Belehrungspflicht gem. §§ 136 Abs. 1 S. 2, 163a Abs. 4, S. 2 StPO nur bei einer richterlichen Vernehmung ein Verwertungsverbot nach sich. Die Beschränkung der Folgen nur auf die richterliche Vernehmung war im Schrifttum nahezu einmütig abgelehnt worden. Den Bedenken hat der BGH nunmehr Rechnung getragen und auch für den Fall des durch Polizeibeamte unterlassenen Hinweises ein Verwertungsverbot angenommen (StrafV 92, 212).

Was dies praktisch bedeutet, sagt der BGH: „Ob der Polizeibeamte den in § 136 Abs. 1 S. 2 StPO bezeichneten Hinweis gegeben hat, muß der Tatrichter im Freibeweisverfahren klären, sofern tatsächliche Anhaltspunkte dafür bestehen, daß der Hinweis versäumt worden ist. Er wird im Freibeweisverfahren besonders darauf achten, ob der Polizeibeamte den Richtlinien für das Straf- und Bußgeldverfahren (Nr. 45 Abs. 1) entsprechend, die erfolgte Belehrung aktenkundig gemacht hat. Läßt sich nicht klären, ob der Hinweis gegeben worden ist oder nicht, so darf der Tatrichter den Inhalt der Vernehmung verwerten." (Der Zweifelsgrundsatz „in dubio pro reo" ist nämlich auf Prozeßvoraussetzungen oder Verfahrensfehler nicht anzuwenden.)

Etwas anderes soll nur dann gelten, wenn der Beschuldigte sein Recht zu schweigen bei Beginn der Vernehmung gekannt hat.

Wir werden künftig damit zu rechnen haben, daß der Angeklagte bestreitet, rechtzeitig belehrt worden zu sein. Wir wenden uns dann dem Polizeizeugen zu und fordern von ihm klare Auskunft.

Leicht dürfte die Antwort sein, wenn förmliche Vernehmungen auf Formblättern vorliegen, auf denen die Belehrung dokumentiert ist.

Aber wie sieht es mit dem Nachweis der Belehrung aus bei sogenannten „Vorgesprächen", z.b. auf der Fahrt vom Tatort zum Polizeigewahrsam im Fahrzeug oder auch nur auf dem Weg in das Vernehmungszimmer?

Unterbleibt die Belehrung, so muß der Beschuldigte darüber belehrt werden, daß seine Aussage vor der Belehrung nicht verwertbar ist. Wiederholt der Beschuldigte seine Aussage, so ist allein diese erneute Aussage verwertbar, selbst wenn die erste Aussage ausführlicher und detailreicher gewesen wäre. Schweigt der Beschuldigte dagegen nach der Belehrung oder sagt er nun etwas anderes aus, so gibt es keine Möglichkeit, die frühere Aussage in das Verfahren einzubringen.

Den Polizeizeugen ist zur Vermeidung peinlicher Situationen nur zu empfehlen, genau zu dokumentieren, wann und wo die Belehrung erfolgte. Zwar sagt der BGH, der Tatrichter dürfe den Inhalt der Vernehmung auch dann verwerten, wenn sich nicht klären läßt, ob die Belehrung erfolgte oder nicht, oder wenn der Beschuldigte sein Recht zu schweigen kannte. Auf diese leichte Abschwächung der Entscheidungstendenz sollte sich kein Ermittlungsbeamter verlassen, insbesondere deshalb nicht, weil nach langer Zeit eine nicht aktenkundige Belehrung nicht mehr erinnert wird und dann doch die bestreitende Einlassung des Angeklagten überwiegen könnte.

2. Das Hinzuziehen des Verteidigers

Noch eine zweite Entscheidung des BGH (BGH StrV 1, 93) muß erwähnt werden: Der BGH hob eine Verurteilung wegen Mordes in Tateinheit mit Vergewaltigung und Freiheitsberaubung auf, weil es dem Angeklagten verwehrt worden war, v o r seiner ersten polizeilichen Vernehmung mit dem von ihm zunächst verlangten Verteidiger zu sprechen.

Der Polizeibeamte hatte dem Beschuldigten erklärt, ob er aussagen wolle, müsse er selbst und nicht sein Verteidiger entscheiden. Nun werde er solange vernommen, bis Klarheit herrsche. Die Vernehmung wurde nicht sofort unterbrochen, wie dies der BGH fordert. Das Geständnis, welches sich immerhin auf schwerste Verbrechen bezog, war daher nicht verwertbar! Blinder Eifer, der sich über Rechtsvorschriften hinwegsetzt, vereitelt in solchen Fällen jeden Ermittlungserfolg. Solche Freisprüche testieren den Ermittlern mangelndes Fachwissen. Deshalb ist zu fordern, daß genau dokumentiert wird, ob ein Verteidiger verlangt wurde, was getan wurde, um einen Verteidiger zu erreichen und evtl. ob und weshalb sich der Beschuldigte schließlich doch zu einer Aussage entschloß.

Auch andere Erkenntnisquellen bieten Anlaß zu intensiver Überprüfung durch die Verfahrensbeteiligten, wenn sie nicht in ausreichendem Maße aktenkundig gemacht wurden. Es sei an die Art und Weise einer Gegenüberstellung erinnert oder an die Auswahllichtbildvorlage. Bei diesen Beweisführungsmethoden unterlaufen zu häufig und zu viele Fehler. Auf den ersten Blick scheint die Aussagekraft der auf diese Weise erzielten Zeugenaussagen eindeutig zu sein. Schließlich löst sich nach eindringlicher Nachfrage oft genug der Beweis in nichts auf. Es bleibt die bange Frage: Werden diese taktischen Beweisführungsmethoden gelehrt und geübt? Wer prüft dienstaufsichtlich die Protokollierungen? Die Schwierigkeiten, in welche die Polizeizeugen in der Hauptverhandlung bei den entsprechenden Vernehmungen geraten, sind oftmals nur die Folgen früherer rechtlicher und kriminaltaktischer Fehler.

3. Die Obstruktion durch den Verteidiger

Nach diesen tadelnden Bemerkungen über Polizeibeamte muß das Bild in etwa wieder gerade gerückt werden. Einerseits sei auf die riesige Zahl von Verfahren hingewiesen, die wegen fehlerfreier Arbeit aller beteiligten Polizeibeamten zügig abgewickelt werden können. Andererseits ist zu bedenken, inwieweit sich der Rahmen ändert oder bereits geändert hat, in dem sich der Zeuge bewegt. Daher muß auch vom Mißbrauch von Verteidigerrechten einerseits und vom Versagen von Richtern andererseits die Rede sein. Es gibt Verteidiger, die sich schon lange nicht mehr als selbständiges Organ der Rechtspflege begreifen, sondern als einseitige Interessenvertreter ihrer Mandanten. Diese nutzen Möglichkeiten der Strafprozeßordnung aus, um Obstruktion zu betreiben. Solche Obstruktionen haben inzwischen dazu geführt, daß in einigen deutschen Strafprozessen die Anklage zu einem Zeitpunkt noch nicht verlesen werden konnte, zu dem in anderen europäischen Rechtsstaaten bereits plädiert wird.

Beispiele für Verfahrenssabotage liefert ein Bericht des Generalbundesanwalts über eine Hauptverhandlung. Sie illustrieren die praktizierten Methoden. Danach geht der Verteidiger wie folgt vor:

– Verteidiger redet ohne Worterteilung dazwischen,
– Vorsitzender rügt das und stellt klar, daß er das Wort nicht erteilt habe,
– Antrag auf Wortmeldung,
– Ablehnung durch den Vorsitzenden,
– Antrag auf Senatsentscheidung nach § 238 Abs. 2 StPO,
– Bestätigung der Anordnung des Vorsitzenden durch Senatsbeschluß,
– Antrag auf Pause, um mit dem Mandanten unverzüglich einen „unaufschiebbaren Antrag" besprechen zu können,
– Ablehnung durch den Vorsitzenden,
– Antrag auf Senatsentscheidung,
– Bestätigung der Anordnung des Vorsitzenden durch Senatsbeschluß,
– Antrag auf Erteilung des Wortes, um eine Gegenvorstellung erheben zu können,
– Ablehnung durch den Vorsitzenden,
– Antrag auf Senatsentscheidung,

- Bestätigung der Anordnung des Vorsitzenden durch Senatsbeschluß,
- Ablehnung sämtlicher Richter des Senats wegen Besorgnis der Befangenheit, gegebenenfalls zu einem späteren Zeitpunkt, wenn hierzu das Wort erteilt wird.

Und die Richter? Hier ist von jenen Richtern zu sprechen, die Liberalität mit laissez faire und dies häufig auch auf Kosten der Polizeizeugen verwechseln. Ein besonders erschreckendes Beispiel entnehme ich einer Entscheidung des OVG Zweibrücken als Dienstgerichtshof für Richter (DRiZ, 1988, S. 21 f.). Der Dienstgerichtshof für Richter stellte in seinem Beschluß vom 23.03.1987 fest, ein Richter begehe ein Dienstvergehen, wenn er gegen Ordnungswidrigkeiten nicht energisch einschreite. Der Dienstgerichtshof ging von folgendem Sachverhalt aus:

Im Oktober 1984 fand unter der Leitung des Strafrichters eine mehrtägige Hauptverhandlung gegen fünf Angeklagte statt, die sich wegen gemeinschaftlich begangener Nötigung zu verantworten hatten, weil sie bei einer Demonstration vor einem Munitionslager der amerikanischen Streitkräfte die Zufahrt blockiert hatten.

Als der Richter zu Beginn der Sitzung den Saal betrat, erhoben sich die Angeklagten und die mit ihnen als Zuhörer erschienenen Personen nicht. Der Antragsteller nahm das mit der Bemerkung hin: „Bleiben Sie sitzen." Die Angeklagten hatten nicht auf der für sie vorgesehenen Bank, sondern an dem für den Verteidiger bestimmten Tisch Platz genommen, auf den sie Blumensträuße und eine Thermosflasche hingestellt hatten. Als der Vertreter der Staatsanwaltschaft den Richter bat, die Angeklagten auf die Anklagebank zu verweisen, erhoben diese und ein Teil der Zuhörer Protest. Die Angeklagten durften daraufhin ihre Plätze behalten. Am zweiten Verhandlungstag setzte sich eine Zuhörerin zu einem der beiden aus der Strafhaft vorgeführten Angeklagten. Als der Staatsanwalt die Bitte äußerte, sie möge wieder im Zuhörerraum Platz nehmen, wurde dort mißfälliges Murmeln laut, und der betreffende Angeklagte meinte, er brauche den Kontakt mit seiner Freundin. Sie durfte bis zum Schluß der Verhandlung neben ihm sitzen bleiben. Im weiteren Verlauf der Verhandlung nahm ein anderer Zuhörer ebenfalls bei den Angeklagten Platz, ohne daß der Richter das beanstandete. Er ließ es auch zu, daß während der Verhandlung gelegentlich Zuhörer nach vorn kamen, um sich mit den Angeklagten zu unterhalten. Da die beiden inhaftierten Angeklagten während der kurzen Verhandlungspausen von den übrigen Angeklagten und den Zuhörern nicht getrennt wurden, war es ihnen möglich, in dieser Zeit mit ihnen Kontakt aufzunehmen. Als sie sich nach der etwas längeren Mittagspause über die Unterbringung in der Zelle beschwerten und geltend machten, sie brauchten jetzt erst einmal den Kontakt mit Menschen, um der weiteren Verhandlung folgen zu können, erlaubte es ihnen der Richter, sich einige Zeit mit den Zuhörern zu unterhalten. Vor Beginn der Sitzung am nächsten Verhandlungstag wurde ihnen dazu gleichfalls Gelegenheit gegeben. Am Schluß der Hauptverhandlung verkündete der Richter das Urteil im Sitzen.

Der Dienstgerichtshof hat in seinen nachlesenswerten Gründen einiges zu den Sitzungspflichten des Richters gesagt, letztlich aber von einer Dienstordnungsmaßnahme (Verweis) abgesehen, weil es sich um eine einmalige Entgleisung gehandelt habe.

Wie entnervt mußte einer der Richter gewesen sein, der 1988 in einem Verfahren gegen einen jungen Mann, der sich in der RAF-Hungerstreikkampagne als Rathausbesetzer hervorgetan hatte, folgende Selbstanzeige gem. § 30 StPO zu Papier brachte, nachdem unbekannte Sachbeschädiger das Haus eines von mehreren zuständigen Richtern in Bremen mit der Forderung besprüht hatten, die Verfahren gegen Rathausbesetzer müßten eingestellt werden:

„Nach langer Abwägung unter Ausübung pflichtgemäßen Ermessens bin ich der Auffassung, daß es meine Dienstpflicht gebietet, im vorliegenden Fall aufgrund folgender Abwägung gemäß § 30 StPO eine Selbstanzeige zu fertigen:

Ausweichlich Bl. 43 Rs und Bl. 44 der Akte wurde der Versuch unternommen, durch illegale Maßnahmen auf das vorliegende Verfahren Einfluß zu nehmen. Durch die nicht durch die Strafprozeßordnung gedeckte „Warnung" wurde versucht, die – zuständigen – Richter zu einer Verfahrenseinstellung zu bewegen.

Da darin eine versuchte Nötigung liegen könnte, käme der vorliegende Fall in die Nähe des Ausschließungsgrundes des § 22 Abs. 1 Nr. 1 StPO.

Trotz intensiver Bemühungen um das Gegenteil kann ich mich subjektiv nicht davon freimachen, von der Annahme auszugehen, daß der Angeklagte an beiden „Sprüh-Aktionen" irgendwie – und sei es nur im weitesten Sinne – beteiligt gewesen sein könnte.

Ich kann mich subjektiv auch nicht von der Möglichkeit lösen, daß aufgrund des Gesamtzusammenhanges (vergl. Bl. 37 bis 39 der Akte) anzunehmen sein könnte, der Angeklagte könne dieselben nicht zulässigen Ansichten haben wie die „Sprüh-Täter".

Ich fühle mich subjektiv im vorliegenden Verfahren befangen."

Aus diesen Zeilen spricht die Angst eines Richters, die ihn befangen macht. Mit dieser Angst begründete auch die Staatsanwaltschaft einen nachfolgenden Befangenheitsantrag. Der Richter fand letztlich mit seiner eigenen Selbstanzeige Gehör.

Nach einem krassen Fall von Prozeßsabotage durch Verteidiger zog eine Strafkammer des Landgerichts in Wiesbaden (6 Js 8862.2/92) im Urteil vom 12.10.1994 folgende verblüffende Konsequenz:

An sich hätte die Kammer angesichts der getroffenen Feststellungen auch die Verurteilung wegen tateinheitlich begangenen Widerstands gegen Vollstreckungsbeamte vornehmen müssen. Die Kammer sah sich hieran jedoch aus prozessualen Gründen gehindert.

In der Hauptverhandlung gegen eine wegen Widerstands gegen Vollstreckungsbeamte, Hausfriedensbruch und Körperverletzung angeklagte Hausbesetzerin war deutlich geworden, daß sich die Verteidigung der Angeklagten von vornherein in der Richtung der sich in bestimmten Kreisen ausgebildeten „Konfliktverteidigung" bewegte. Diese „Konfliktverteidigung" ist darauf ausgerichtet, eine ruhige, die Wahrheitsfindung fördernde Gerichtsatmosphäre durch ständigen Widerspruch und Kritik am Gericht, durch Befangenheitsanträge, durch das Fordern von Pausen und schließlich durch eine Unzahl von Beweisanträgen (wobei Beweisthemen oder Beweismittel teilweise erfunden werden) ebenso wie den Abschluß eines Verfahrens in angemessener Zeit zu verhindern. Es handelt sich hierbei, von der Öffentlichkeit teilweise noch nicht erkannt, um den Kampf gegen die Rechtsordnung mit den Mitteln des Strafprozeßrechts.

Einer solchen Strategie gegenüber sei das Gericht machtlos. Es führte aus:

„Die Strafprozeßordnung geht in ihrer Ausprägung durch die Obergerichte davon aus, daß (so BGHSt 38, 140f) der Auftrag der Verteidigung nicht ausschließlich im Interesse des Beschuldigten liegt, sondern auch in einer am Rechtsgedanken ausgerichteten Strafrechtspflege. Den Verteidiger trifft eine Pflicht mit dafür Sorge zu tragen, daß das Verfahren sachdienlich und in prozessual geordneten Bahnen durchgeführt wird und auch der Abschluß des Verfahrens in einer angemessenen Zeit nicht in Frage gestellt werden darf. Verteidiger, welche sich der Konfliktverteidigung befleißigen, fühlen sich jedoch als einseitige Interessenvertreter und meinen, die schützenden Formen des Strafverfahrensrechts parteiisch und intensiv nutzen und sich dabei keine Gedanken darüber machen zu müssen, welche Konsequenzen ihr Verhalten für die Funktionstüchtigkeit der Strafrechtspflege haben könnte.

Soweit Verteidiger die letztgenannte Verteidigungslinie verfolgen, sind Strafprozesse nicht mehr in angemessener Zeit durchführbar. Das Strafverfahren wird unter solchen Umständen nicht mehr vom Vorsitzenden des Gerichts geleitet, sondern steht zur Disposition des Verteidigers. Damit ist der Kollaps der Justiz herbeigeführt (vgl. hierzu die Ausführung von Generalstaatsanwalt Dr. Heinrich Kintzi, Braunschweig in Deutsche Richterzeitung 1949, Seite 325f. und Dr. Rudolf Wassermann, NJW 1994 Seite 1106f.)."

Die Staatsanwaltschaft hatte (abweichend von der Verurteilung der ersten Instanz) eine Geldstrafe von 90 Tagessätzen gegen die Angeklagte beantragt. Die Verteidigung hatte neben einem Befangenheitsantrag gegen die Vorsitzende wegen der Verlesung eines Vorstrafenregisters eines Zeugen noch eine Anzahl von Beweisanträgen gestellt, welche verhindern sollten und konnten, daß das Verfahren nach drei Verhandlungstagen in der Berufungsinstanz abgeschlossen werden konnte. (In erster Instanz wurde das Verfahren bereits an fünf Tagen verhandelt.)

Das Gericht beurteilte deshalb:

„Die Verteidigung hätte es weiterhin in der Hand gehabt, das Verfahren immer wieder durch neue Beweisanträge hinauszuzögern, um den Kampf gegen die als repressiv diffamierte Staatsgewalt von der Straße in den Gerichtssaal zu verlagern.

Die Machtlosigkeit des Gerichts gegen solche Methoden beeinträchtigt in elementarer Weise auch die Würde des Gerichts und die Effektivität der Rechtsprechung.

Hierbei muß auch berücksichtigt werden, daß es sich um eine Verschleuderung der Rechtsgewährungskapazitäten handelt, denn es bleiben andere, wichtige Strafverfahren unerledigt.

Aus diesem Grund hielt es die Kammer bei der derzeit geltenden Rechtslage zur Aufrechterhaltung der Strafrechtspflege im übrigen für geboten, die Nichtverurteilung der Angeklagten wegen des tateinheitlich begangenen Widerstands gegen Vollstreckungsbeamte hinzunehmen, um das Gericht in die Lage zu versetzen, andere Strafverfahren durchführen zu können.

Da eine weitergehende Verurteilung der Angeklagten nicht erfolgte, hatte die Staatskasse die Kosten des Berufungsverfahrens, einschließlich der notwendigen Auslagen der Angeklagten zu tragen."

Soweit die Entscheidung des Landgerichts in Wiesbaden.

Diese letzten Bemerkungen sollten schlaglichtartig zeigen, wohin die Entwicklung im allgemeinen und im Strafprozeß gehen kann. Unter derartigen Bedingungen könnte die Rolle der Poizeizeugen bei Gericht unerträglich werden. Sie ist heute schon oft genug wesentlich erschwert. Daher bin ich häufig erstaunt und erfreut zugleich, wenn ich erlebe, mit welcher Bravour und mit welch beachtlichem Maß an Professionalität sich etliche Polizeizeugen dieser Aufgabe gewachsen zeigen.

Fußnotenverzeichnis

[1]   Es wird seit Jahren immer wieder darüber geklagt, daß Polizeibeamte als Zeugen in der Hauptverhandlung den an sie gestellten Anforderungen „nicht immer voll gerecht werden" (so Kube, Edwin, Polizeibeamte als Zeugen vor Gericht, Deutsche Polizei, 1983, S. 24ff.), daß sie ihre Aufgaben als Zeugen in der Hauptverhandlung „nicht annähernd so gut erfüllen, wie im Ermittlungsverfahren" (Schulz, Willi, Polizeibeamnte als Zeugen vor Gericht, Deutsches Autorecht, 1980, S. 75ff.). Franzheim hat schon vor einem Jahrzehnt Verhaltensgrundsätze für den Polizeibeamten vor Gericht entworfen, nachdem er das Versagen von Polizeibeamten als Zeugen beklagen mußte; Franzheim, Horst, Der Polizeibeamte als Zeuge vor Gericht, der Kriminalist, 1984, S. 265ff.

[2]   Auf den schwer zu bewältigenden Konflikt (vor allem nach einem frustrierenden Freispruch) im Spannungsfeld zwischen Gefühl (innere Verpflichtung, Auftrag) und Pflicht weist Häring hin. Er fordert daher – nicht nur für den Berufsanfänger – eine gründliche Vorbereitung auf jede Hauptverhandlung; Häring, Günter, Der Polizeibeamte im Strafprozeß, Bereitschaftspolizei heute, 1984, S. 19 – 20; vgl. auch Schäfer, Hans Christoph/Wolfermann, Stefan, Polizei und Justiz im Gespräch, Hessische Polizeirundschau, 1983, S. 30ff.

3) Die Strafprozeßordnung kennt den Polizeizeugen oder den polizeilichen Zeugen nicht, doch unterscheidet er sich als Berufszeuge de facto vom „Laienzeugen". Dieser Unterschied muß sich aber auch in der exakteren Leistung zeigen; Körner, Harald Hans, Der Polizist als Zeuge, Hessische Polizeirundschau, 1983, S. 12 ff.

4) vgl. noch Lohrentz, Joachim, Die Wohnortangabe des Polizeibeamten vor Gericht, Kriminalpolizei, 1991, S. 33 f.

5) Alle Praktiken, welche einen Zeugen dem Gericht entziehen, verletzen überdies den Unmittelbarkeits- und Aufklärungsgrundsatz des Gerichts und somit die Grundlagen des Beweisrechts. S. hierzu Füllkrug, Michael, Identitätsschutz im Strafverfahren, zugleich das Problem der vertraulichen Behandlung von Ermittlungshinweisen, Kriminalistik, 1990, 662 ff.

6) Daß er – im Gegensatz zum „normalen Zeugen" – einer (regelmäßig konkludent erteilten) Aussagegenehmigung durch seinen Dienstherren bedarf, sei am Rande bemerkt; vgl. Böhm, Klaus, Zum Erfordernis einer Genehmigung des Dienstherren für Zeugenaussagen eines Poizeibeamten, Neue Zeitschrift für Strafrecht, 1983, S. 158 f.

7) Über die Bedeutung der exakten Dokumenttion der Tatsachen siehe Ritter, Wolfram, Der Polizeibeamte als Zeuge vor Gericht, Bereitschaftspolizei heute, 1984, S. 21 f.

8) Auch Zoller weist darauf hin, daß gelegentlich der Eindruck entstehen kann, als nähme der polizeiliche Zeuge es mit der Wahrheit nicht genau, und zwar immer dann, wenn sich der Zeuge schlecht oder gar nicht auf seine Aussage vorbereitet habe; Zoller, Barbara, Polizeibeamte als Zeugen vor Gericht, der Kriminalist, 1987, 415 ff.

9) Die Vorbereitung des Zeugen auf die eigene Aussage ist zulässig und als Pflicht geboten; Krause, Dietmar, Vorbereitungsrecht und Vorbereitungspflicht des polizeilichen Zeugen, Polizei, 1981, S. 119 ff.

133

Weiterführende Literatur

Leineweber, Heinz, Polizeibedienstete als Sachverständige vor Gericht; in: Die Neue Polizei 33, 1979, Nr. 1, S. 12 – 14

Leineweber, Heinz, Probleme der Aussagegenehmigung, in: Die Neue Polizei 33, 1979, Nr. 3, S. 49 – 50

Leineweber, Heinz, Rollenspiel: „Polizeibeamte als Zeugen vor Gericht"; Einf. in d. Rollenspielmethode mit Anleitungen und Beispiel für die Aus- und Fortbildung, BKA, Wiesbaden, 1984, 42 S. (Berichte des Kriminalistischen Instituts)

Leineweber, Heinz, Wohnortangabe des Polizeibeamten als Zeuge vor Gericht; in: Deutsche Polizei, 1975, Nr. 7, S. 23 – 25

Knuf, Joachim, Polizeibeamte als Zeugen vor Gericht: eine Kommunikationswissenschaftliche Untersuchung; BKA-Forschungsreihe, Sonderband, Wiesbaden, 1982

Kube, Edwin, Kommunikationsprobleme zwischen Polizei und Gericht; in: Juristenzeitung 31, 1976, Nr. 1, S. 17 – 21

Kube, Edwin, Polizeibeamte als Zeugen und Sachverständige, 2. völlig neubearb. und erw. Aufl., Heymanns, Köln, 1980

Kube, Edwin, Polizeibedienstete als Zeugen und Sachverständige vor Gericht; in: Deutsche Richterzeitung, 1979, S. 38 – 43

Pristoph, Mathias, Schwachstellen bei Zeugenaussagen zu Tatbeständen; in: Einweisung in die Fortbildung über aktuelle Probleme der Beweissicherung, insbesondere aus Anlaß von unfriedlichen Aktionen, Münster, 1978, S. 115 – 135

Stoehlmacher, Gerd, Zeugenbetreuung: Aufgaben, Möglichkeiten, Grenzen; in: Einweisung in die Fortbildung über aktuelle Probleme der Beweissicherung, insbesondere aus Anlaß von unfriedlichen demonstrativen Aktionen, Münster, 1978, S. 165 – 169

Ungeheuer, Gerold, Problemstellung und Methoden der Untersuchung: Kommunikative Probleme von Polizeibediensteten als Zeugen und Sachverständige vor Gericht; in: Polizeibeamte als Zeugen vor Gericht, Wiesbaden, 1982, S. 12 – 83

Wetterich, Paul, Der Polizeibeamte als Zeuge, 2. überarb. Aufl., Boorberg, Stuttgart, 1977

Yarmey, A. Daniel, Evaluating the Police: Attitudes, Competency and Credibility; in: Police Selection and Training, Dordrecht, 1986, S. 365 – 373

Das Unbewußte und die sogenannte Willensfreiheit
– Einige präventive Hinweise an Ermittlungsbeamte –
Axel Buchner

I. Einleitung

Am 6. Oktober 1994 begann der Strafprozeß gegen die 35jährige Angelika T. aus Flachslanden, einem Dorf in der mittelfränkischen Provinz. Die Anklage lautet auf massive Mißhandlung und Mißbrauch von neun Kindern im Alter zwischen einem und zwölf Jahren. Die Hauptangeklagte ist zugleich die Mutter von fünf der betroffenen Kinder. Die Kinder sollen „Lustobjekte" bei den unter anderem von Frau T. organisierten „Orgien" gewesen sein, und einige Kinder soll sie sogar zur Prostitution gezwungen haben (ARD Tagesthemen vom 6. Oktober 1994).

Der geschilderte Fall mag besonders drastisch sein. Die jüngsten Diskussionen um das Thema Kindesmißbrauch haben uns jedoch gelehrt, daß die Problematik viel verbreiteter ist, als bislang geglaubt wurde (Wetzels, 1994). Wir können uns nur schwer vorstellen, was aus den Opfern solcher Taten wird – das hängt von viel zu vielen Faktoren ab, von denen eine gute therapeutische Betreuung sicher einer der wichtigeren ist (Green, 1993). Aber die meisten werden wahrscheinlich die Intuition teilen, daß solch ein traumatisches Ereignis tiefe Spuren hinterlassen muß und sich auf die eine oder andere Weise in Problemen im Erwachsenenalter niederschlagen wird.

Mit solchen – in der Regel später unbewußten – Einflüssen frühkindlicher, traumatischer Erfahrungen auf unser Verhalten und Erleben als Erwachsene wird normalerweise Sigmund Freud und die Psychoanalyse assoziiert. Nach psychoanalytischer Konzeption vermittelt eine *Ich* genannte Instanz zwischen den unbewußten Regungen der Triebe und verdrängten Gefühle im sogenannten *Es* und dem *Überich*, das die gelernten Ge- und Verbotsregeln beherbergt. Doch von *Es, Ich* und *Überich* wird dieser Beitrag *nicht* handeln. Statt dessen wird es darum gehen, was die *wissenschaftliche* Psychologie uns heute zum Thema „Unbewußtes" zu sagen hat.

Bleiben wir zunächst beim Thema Kindesmißhandlung. Vor allem in den USA ist das Thema seit einiger Zeit ein heißes Eisen und zwar gleich in mehrfacher Hinsicht. Zunächst hat die Veröffentlichung und die breite Diskussion einschlägiger epidemiologischer Daten dazu beigetragen, daß offenkundig wurde, wie verbreitet das Problem ist (Wetzels, 1994, schätzt für die Bundesrepublik Deutschland, daß 1991 etwa 82 000 Mädchen mißbraucht wurden). Viele Betroffene haben erst dadurch den Schritt gewagt, mit ihren traumatischen Erinnerungen und den daraus resultierenden Beeinträchtigungen professionelle Hilfe zu suchen. Ein Nebeneffekt war eine Welle von Prozessen, in denen Opfer von sexuellem Mißbrauch die Täter – oft die eigenen Eltern oder andere nahe Verwandte – anklagten, was zu einer Reihe spektakulärer Verurteilungen führte. Doch nicht immer waren diese Klagen berechtigt, wie sich zunehmend deutlicher herausstellt (Tavris, 1994). Bisweilen waren „Erinnerungen" an

(a)   (b)

Abbildung 1: Versuchspersonen werden gebeten zu entscheiden, welches Bild der Unfallszene entspricht und welches nicht

frühkindliche Mißbrauchserlebnisse auch einfach das Ergebnis häufiger therapeutischer Gespräche über diesen Themenkreis, eventuell sogar angestoßen durch die Vermutung von Therapeuten, hinter den Problemen der Klienten könnten sich „verdrängte" Mißbrauchserlebnisse verbergen[1]. Den „erinnernden" Personen ist dies oft nicht anzulasten, denn man weiß, daß viele Personen in dieser Situation auch beim besten Willen nicht mehr zwischen Gewesenem und nur suggerierten Erlebnissen unterscheiden können.

Diese Form der Erinnerungstäuschung ist der wissenschaftlichen Psychologie seit langem bekannt und etwa hinsichtlich der Frage der Verfälschung von Zeugenaussagen gut untersucht. So wundert es auch nicht, daß es einschlägig empirisch arbeitende Psychologen wie die Professorin Elisabeth Loftus von der University of Washington in Seattle, USA, waren, die immer wieder vor einer unkritischen Verwendung von Erinnerungen an frühkindliche Erlebnisse sexuellen Mißbrauchs gewarnt haben (z. B. Loftus & Ketcham, 1994, siehe auch Tavris, 1994).

In typischen experimentellen Untersuchungen zur Verfälschung von Zeugenaussagen beobachten die Versuchspersonen zunächst ein Ereignis wie etwa einen Autounfall oder ein Gewaltverbrechen. Die Hälfte der Probanden erhält danach Information, die zum Teil irreführende Bestandteile enthält. Wenn beispielsweise ein Autounfall an einer Kreuzung mit einem „Stop"-Schild beobachtet worden war, dann könnte die Versuchsperson um eine Antwort auf die Frage gebeten werden, welche Farbe das Fahrzeug hatte, das an dem „Vorfahrt achten"-Schild vorbeifuhr. Schließlich sehen die Probanden Paare von Bildern, von denen eines aus dem Originalereignis stammt und das andere die falsche Information enthält. Abbildung 1 liefert dafür ein Beispiel.

Wie sich in vielen Experimenten zeigte, wählen Leute, welche die teilweise irreführende Information erhalten haben, mit höherer Wahrscheinlichkeit das Bild, das mit der nachträglich gegebenen, aber falschen Information konsistent ist (Loftus, Miller & Burns, 1978), hier also Alternative (b) aus Abbildung 1. Wie subtil die Einflüsse der

Frageformulierung auf Erinnerungen sein können, zeigt eine Untersuchung von Loftus und Palmer (1974). Wenn bei der Befragung zu einem im Film betrachteten Zusammenstoß von zwei Fahrzeugen das Wort „kollidieren" verwendet wurde, schätzten die Probanden die Geschwindigkeit der Fahrzeuge deutlich höher ein als wenn statt dessen das Wort „berühren" auftauchte. Außerdem gaben ohne Befragung nur 12 % der Probanden fälschlicherweise an, zerbrochenes Glas gesehen zu haben. Nach einer Befragung, bei der der Unfall als „Zusammenstoß" geschildert worden war, berichteten dies 32 % der Probanden. Bisweilen waren die Effekte dieser teilweise irreführenden Information dramatisch und führten zu 30 % bis 40 % schlechteren „Erinnerungen" als bei der Kontrollgruppe, die diese Information nicht erhalten hatte (Loftus, 1992).

Es ist leicht vorstellbar, wie solche „Falschinformationseffekte" bei der Befragung von Zeugen entstehen können: Bereits dann, wenn die gestellten Fragen bestimmte Tatbestände implizieren, besteht die Gefahr, daß diese Tatbestände statt der „echten" Erinnerungen berichtet werden[2]. Dieser Verfälschungsprozeß geschieht unbewußt, und so ist es auch nicht verwunderlich, daß Wippich (1985) nach der Durchsicht von zwölf verschiedenen Studien zu Zeugenaussagen schließt: „Zwischen ‚Güte' und ‚subjektiver Sicherheit' besteht in der Regel keinerlei Zusammenhang" (S. 101). Noch bedrückender ist ein weiterer Zusammenhang, auf den Wippich hinweist: In mehreren amerikanischen Untersuchungen hat sich herausgestellt, daß Juroren vor allem jenen Zeugen glauben, die sicher auftreten. Nicht nur ist den Zeugen die mangelnde Güte ihrer Erinnerungen nicht bewußt, das falsche Vertrauen in die eigene Erinnerung kann auch noch einen äußerst problematischen Effekt haben.

Das Phänomen verfälschter Zeugenaussagen hat uns nun an unser Thema herangeführt, nämlich die Untersuchung von unbewußten Einflüssen darauf, wie wir die Welt erleben und wie wir in ihr handeln. Ich werde im folgenden einige weitere Bereiche darstellen, in denen sich die moderne wissenschaftliche Psychologie um die Untersuchung, die Erklärung und die Abschätzung der Tragweite unbewußter Effekte bemüht.

Dies kann im Rahmen dieses Beitrags natürlich kein systematischer und vollständiger Überblick sein. Vielmehr werde ich ein „Panoptikum" einschlägiger Befunde darstellen, also eine Sammlung von Sehenswürdigkeiten und Kuriositäten, die dafür sensibilisieren sollen, daß wir in weit größerem Ausmaß als wir normalerweise zu glauben bereit sind von unbewußten Erfahrungen und Mechanismen beeinflußt werden.

Im einzelnen werde ich eingehen auf unbewußte Effekte in der Wahrnehmung, auf unser Erinnern, auf unser Urteilen und auf unser Verhalten. Größtenteils werden die Befunde aus grundlagenwissenschaftlichen Untersuchungen stammen. Dennoch liegt der Bezug dieser Studien zur konkreten Anwendung in einigen Fällen relativ nahe. Entsprechend existieren, wie bei der Frage der Zuverlässigkeit von Zeugenaussagen, bereits eine Reihe technologischer Anwendungen, um etwa die Identifikationen bei Gegenüberstellungen trotz der bekannten Unzulänglichkeiten treffsicherer (Sporer, 1991; Wells, 1993) und Aussagen von Tatzeugen korrekter sowie vollständiger zu machen (Köhnken, Mantwill & Aschermann, 1991). Wo dies nicht der Fall ist, da bleibt immerhin der von Wippich (1984) in seinem spannenden „Lehrbuch der angewandten Gedächtnispsychologie" identifizierte Anwendungsfall 4: „Wissenschaftliche . . . Forschung sollte uns im Alltagsleben dazu verhelfen, bestimmte Sichtweisen einzunehmen, für Probleme sensibel zu werden, psychologisches Hintergrundwissen in unsere alltäglichen Unternehmungen einzubeziehen". Das Problem, für das ich sensibilisieren möchte, ist, getreu dem Titel dieses Beitrags, das der Willensfreiheit.

II. Unbewußte Wahrnehmung

Die Frage, ob unbewußte oder unterschwellige Wahrnehmung möglich ist oder nicht, hat oft die Gemüter bewegt. Zu denken wäre hier etwa an Berichte über Werbebotschaften, die als einzelne Bilder in Kinofilme eingefügt und damit unterschwellig präsentiert worden sein sollen. Wie wir heute wissen, sind solche Geschichten mit größter Vorsicht zu genießen. Zum einen existieren zwar, wie gleich noch zu erläutern sein wird, unbewußte Wahrnehmungseffekte, aber sie sind vermutlich vergleichsweise kurzlebig. Es ist wenig plausibel, daß sie komplexe Verhaltensweisen wie konkrete Konsumentscheidungen gezielt beeinflussen können.

Zum zweiten hat jene legendäre Untersuchung aus dem Jahr 1957, bei der angeblich einzelne Bilder mit Botschaften wie „Trink Coca-Cola" oder „Iß Popcorn" in einen Kinofilm eingearbeitet worden sein sollen, vermutlich nie stattgefunden (Hammerl & Grabitz, 1994). Vielmehr hat der vermeintliche Autor der Studie – James Vicary – später in einem Interview zugegeben, daß sie nur eine Werbemaßnahme für seine eigene, umsatzschwache Marketing-Agentur gewesen war. Außerdem wurde dieser angebliche Effekt in keiner Nachfolgeuntersuchung repliziert.

In einer vielbeachteten Serie von Untersuchungen hat Marcel (1983a; 1983b) Wörter so kurzzeitig präsentiert, daß die Versuchspersonen nicht entscheiden konnten, ob tatsächlich ein Wort dargeboten worden war oder nicht. Mußten dagegen die Versuchspersonen entscheiden, welches von zwei Wörtern dem zuvor unterschwellig präsentierten Wort ähnlich war, dann gelang ihnen das überzufällig gut. Dieses Ergebnis spricht dafür, daß die Bedeutung von Wörtern auch dann erfaßt wird, wenn subjektiv nichts gesehen wird. Bei einem ähnlichen Experiment (Eich, 1984, siehe Abbildung 2), aber mit gesprochenen Wörtern, bekamen die Versuchspersonen durch einen Stereokopfhörer zwei Texte gleichzeitig zu hören. Auf einem Ohr hörten sie einen Text, den sie nachsprechen sollten[3], und auf dem anderen Ohr hörten sie Wörter, die sie nicht beachten sollten. Anschließend waren akustisch präsentierte Homophone (Meer/mehr) zu buchstabieren. Es konnte gezeigt werden, daß die Versuchspersonen überzufällig häufig die weniger geläufige Variante der Homophone buchstabierten. Diese Bedeutungsvariante war zuvor über den unbeachteten akustischen Kanal eingespielt worden. Andererseits waren die Versuchspersonen nicht in der Lage, die kritischen Homophone bewußt wiederzuerkennen.

Die Effekte der beiden bisher berichteten Untersuchungen mögen, wie dies bei Grundlagenforschung oft der Fall ist, ein wenig artifiziell erscheinen. Es existieren aber auch Studien, die zeigen, daß soziale Urteile durch unbewußt wahrgenommene

Informationen beeinflußt werden können. Beispielsweise mußten Versuchspersonen eine Überwachungsaufgabe ausführen, bei der sie ohne ihr Wissen Wörtern ausgesetzt waren, die mit Feindseligkeit zu tun hatten (z. B. „unhöflich", „gedankenlos"). Kontrollbedingungen stellten sicher, daß die Wörter auch wirklich nicht wahrgenommen werden konnten. Anschließend wurde die Beschreibung einer Person vorgelegt, deren Persönlichkeit beurteilt werden sollte. Es zeigte sich, daß die beschriebene Person als umso feindseliger beschrieben wurde, je mehr feindselige Wörter den Versuchspersonen vorher unbewußt präsentiert worden waren (Bargh & Pietrompnaco, 1982).

Zusammengenommen liegen also einige empirische Belege dafür vor, daß unbewußt wahrgenommene Inhalte zwar nicht geeignet sind, unser Verhalten auf dramatische Weise zu kontrollieren, aber gewisse Konsequenzen in unserem Verhalten und Erleben können dadurch dennoch hervorgerufen werden.

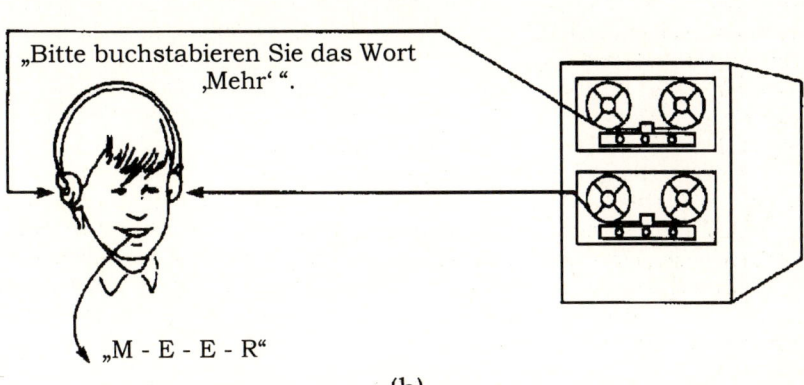

Abbildung 2: *Illustration zum Experiment von Eich (1984) mit Beschattungsprozedur (a) und indirekter Erinnerungsprüfung durch die Buchstabieraufgabe.*

III. Unbewußtes Erinnern

Ein unter Anwendungsgesichtspunkten sehr wichtiger unbewußter Einfluß auf unsere Erinnerungen wurde schon geschildert, nämlich die Erinnerung von Zeugen an Einzelheiten eines kritischen Ereignisses. Ein weiteres Problem bei Erinnerungen an komplexe Ereignisse entsteht dadurch, daß wir uns die Repräsentation unseres Wissens über die Welt nicht ungeordnet, sondern strukturiert in sogenannten Schemata oder Scripts organisiert vorstellen sollten (Schank & Abelson, 1977). So gehören etwa zu einem Restaurantbesuch typischerweise bestimmte Geschehnisse zwingend (bestellen, essen, bezahlen), andere sind optional (einen Kaffee trinken), und die Ereignisse haben eine bestimmte Sequenz. Schemata sind nützlich, weil sie das Verständnis der Situationen fördern, die uns begegnen. Bransford und Johnson (1972) beispielsweise haben ihren Versuchspersonen einen Text vorgelegt, aus dem ein Ausschnitt ungefähr so lautet:

„Falls die Ballons platzen würden, würde der Ton nicht übertragen werden, weil dann alles zu weit vom korrekten Stockwerk entfernt wäre. Ein geschlossenes Fenster würde ebenfalls die Tonübertragung behindern, weil die meisten Gebäude wohl gut isoliert sind. Weil die ganze Operation vom gleichmäßigen Fluß von Strom abhängt, würde ein Bruch des Drahts auch Probleme verursachen. . .“ (Übersetzung des Verfassers).

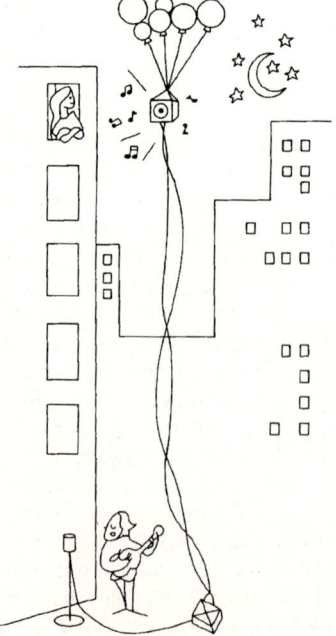

Abbildung 3: Die „Serenade".

Obwohl das alles bekannte Wörter und syntaktisch korrekte Sätze sind, ist die Passage schwer zu verstehen. Das ändert sich schlagartig, wenn man die in Abbildung 3 dargestellte Zeichnung zu Hilfe nimmt. Diese Abbildung stellt uns das Schema „Serenade" bereit, und schon ist die Geschichte verständlich und kann auch gut erinnert werden. Schemata bringen aber auch Probleme, und damit sind wir wieder bei den Zeugenaussagen.

Schemata führen zu Verzerrungen. So werden etwa bei schemageleiteter Informations-Aufnahme Dinge „erinnert", die gar nicht präsent waren, aber mit dem durch die Situation aktivierten Schema konsistent sind (Bower, Black, & Turner, 1979). Und das, was erinnert (oder fälschlicherweise für Erinnertes gehalten) wird, hängt auch noch von der „Perspektive" der Person ab. Bei Pichert und Anderson (1977) beispielsweise wurden von einer Geschichte über ein Haus ganz andere Dinge erinnert, je nach dem, ob die befragte Person zuvor gebeten worden war, sich in die Rolle eines Hauskäufers oder in die eines Einbrechers zu versetzen (im zweiten Fall wurde z. B. besonders gut erinnert, wo sich die Münzsammlung befand). Auch dies sind normalerweise unbewußte Einflüsse auf unser Erinnerungsvermögen.

Ein anderes Beispiel für unbewußte Einflüsse auf das Gedächtnis kennen wir ebenfalls aus unserem Alltag. Es passiert nicht selten, daß Personen dann, wenn ein bestimmtes Ereignis eingetreten ist, immer schon gewußt haben, daß das so kommen würde, jedenfalls der Tendenz nach. Ein auch bei Psychologen beliebtes Beispiel sind Wahlen. Fragt man Personen vor der Wahl, mit wieviel Prozent der Stimmen eine bestimmte Partei wohl rechnen könne, und bittet man dieselben Personen nach der Wahl dann, sich an die ursprüngliche Einschätzung zu erinnern, dann liegen die erinnerten Einschätzungen oft näher am tatsächlichen Wahlausgang als die ursprünglichen Einschätzungen. Dieser Sachverhalt ist in Abbildung 4 illustriert.

Dieses Phänomen nennt man den „Rückschaufehler" (engl. hindsight bias). Es ist in der Forschungsliteratur fest etabliert und tritt unabhängig davon auf, ob man nach der Wahrscheinlichkeit von Ereignissen fragt (Fischhoff & Beyth, 1975, beispielsweise „Wie wahrscheinlich ist es, daß Werder Bremen das nächste ,Nordderby' gegen den HSV gewinnen wird?"), ob man numerische Antworten auf Almanach-Fragen erwartet (Hell, Gigerenzer, Gauggel, Mall & Müller, 1988; Pohl, 1992, beispielsweise „Wie hoch ist der Eiffelturm?") oder ob man Almanach-Antworten auf Plausibilität hin einschätzen läßt (Fischhoff, 1977; Wood, 1978, beispielsweise „Absinth ist (a) ein wertvoller Stein oder (b) ein alkoholisches Getränk?"). Eine Übersicht über mehr als 40 Studien zu diesem Thema ergab, daß Personen sich des Einflusses des korrekten Ergebnisses auf ihre Erinnerung nicht bewußt sind (Hawkins & Hastie, 1990), daß selbst dann, wenn man sie über den Rückschaufehler informiert und sie explizit davor warnt, der Fehler unvermindert auftritt (Fischhoff, 1977), und daß auch hohe monetäre Belohnungen für korrekte Erinnerungen den Effekt nicht reduzieren (Christensen & Willham, 1991). Auch beim Zustandekommen dieses Effekts sind eine Reihe von Faktoren identifiziert worden, etwa die Veränderung des ursprünglichen Gedächtnisinhalts, die „Verankerung" eines neuen Urteils an der Information über das Ergebnis des Ereignisses, den Versuch der Rekonstruktion der Originalinformation mittels der Ergebnisinformation und so weiter (Erdfelder & Buchner, 1994). Wie auch

Mit wieviel Prozent der Wählerstimmen kann die Partei rechnen?

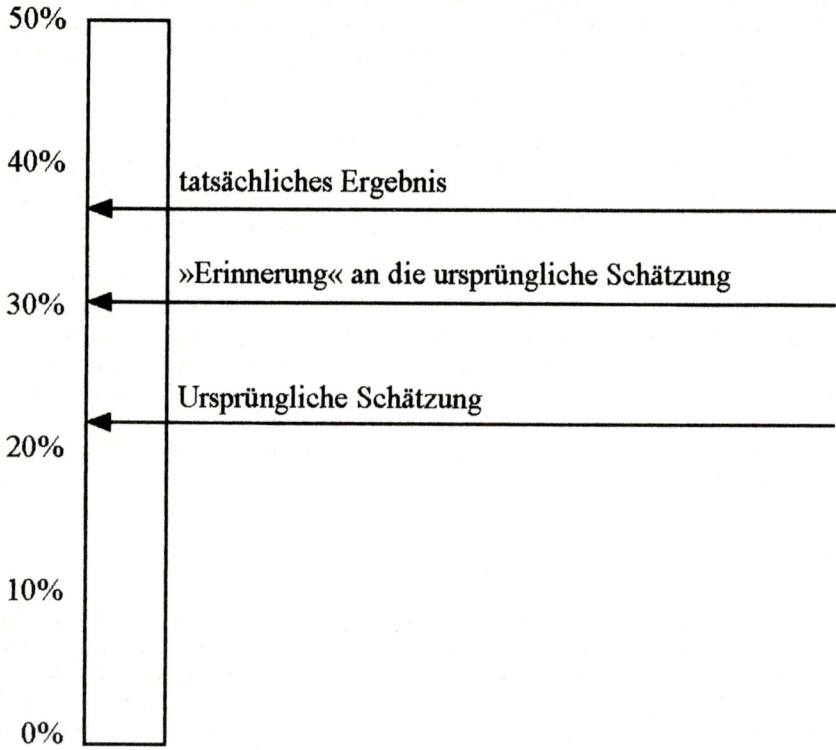

Abbildung 4: Schematische Darstellung zum „Rückschaufehler".

immer ein „Ich habe es immer schon gewußt"-Urteil zustandekam, wir tun gut daran, keine Absicht dahinter zu vermuten.

Sehr subtile, aber eindrückliche Wirkungen hat vorangegangene Erfahrung mit Dingen auf ganz verschiedene Urteile dann, wenn wir uns an diese Erfahrung nicht bewußt erinnern. So werden Personennamen, die bereits einmal gelesen wurden, als „berühmter" eingeschätzt als gänzlich neue Namen, vermutlich, weil sie „vertrauter" erscheinen, ohne daß den Urteilenden die Quellen dieser Vertrautheit klar sind (Jacoby, Woloshyn & Kelley, 1989). Dies hat natürlich praktische Implikationen etwa für die Identifikation von Tätern bei Gegenüberstellungen. So berichten etwa Brown, Deffenbacher und Sturgill (1977), daß (zu Versuchszwecken gespielte) Täter 4–5 Tage nach der tatsächlichen Beobachtung in einer Reihe von Photos identifiziert werden konnten. Andere Personen aber, deren Bild lediglich 2–3 Tage vor der Identifizierung in einer „Verbrecherkartei" gesehen worden war, wurden von 29 % der Personen fälschlicherweise als Täter benannt.

Es existieren weitere, zum Teil eher kuriose Befunde zum Einfluß von Vertrautheit auf verschiedene Urteile. So werden etwa auch nur kurzzeitig präsentierte Objekte später als „attraktiver" eingeschätzt als gänzlich neue Objekte (Bornstein, 1992; Seamon, Brody & Kauff, 1983; Zajonc, 1980). Es wird sogar der Fall eines Mannes berichtet, der an Prosopagnosie leidet (einer Unfähigkeit, eigentlich bekannte Gesichter wiederzuerkennen), und der dennoch zwischen bekannten und unbekannten Gesichtern auf der Basis von „Attraktivität" einigermaßen gut unterscheiden konnte. Als letztes Beispiel sei berichtet, daß etwa Hintergrundlärm als leiser eingeschätzt wird, wenn die bei diesem Lärm zu lesenden Sätze schon einmal gelesen wurden (Jacoby, Allan, Collins & Larwill, 1988). Dies tritt auch ein, wenn die Versuchspersonen über den Effekt aufgeklärt und gebeten werden, der Täuschung nicht zu unterliegen.

Entscheidend an diesen Befunden ist, daß auf unser gegenwärtiges Denken und Tun vergangene Erfahrungen einen Einfluß haben, die uns nicht bewußt sind, und die wir auch nicht kontrollieren können. Wir „erinnern" uns an Dinge, die wir nie gesehen haben. Wir glauben entgegen der Realität, bestimmte Dinge korrekt vorhergesehen oder gewußt zu haben. Wir finden Personen oder Objekte schon deswegen berühmter oder attraktiver als andere, weil wir sie schon einmal betrachtet haben. Wir identifizieren Personen deswegen fälschlicherweise als Täter, weil wir ihr Gesicht schon einmal vorher inspiziert haben, und so weiter.

IV. Unbewußtes Lernen

Lernen ist (leider) normalerweise eine ziemlich mühsame Angelegenheit und mit viel Willensanstrengung verbunden. Die Möglichkeit zu lernen, ohne sich dessen bewußt zu sein, also gleichsam beiläufig und automatisch, stimuliert daher verständlicherweise die Phantasie vieler Zeitgenossen, darunter, wie nicht anders zu erwarten, auch die einiger unseriöser Geschäftemacher (Kent, 1991). Man denke etwa an das Stichwort „Superlearning" oder an Tonbänder, auf denen angeblich unterschwellig zu lernende Information dargeboten wird. Oft befindet sich allerdings auf den angebotenen Tonbändern neben der hörbaren Musik weder subliminale Lerninformation noch sonst etwas (Merikle, 1988).

Unbewußtes Lernen wird in der grundlagenwissenschaftlichen Psychologie in einer Reihe von Aufgaben erforscht (Buchner, 1993), wobei unter Anwendungsgesichtspunkten am ehesten jene Forschungsbemühungen zu nennen sind, die untersuchen, ob und wie Menschen komplexe Maschinen kontrollieren können, ohne eine auch nur halbwegs befriedigende Auskunft darüber geben zu können, wie sie dies bewerkstelligen (Broadbent, 1977; Broadbent & Aston, 1978).

Ich will mich hier aber auf ein ansonsten als eher exotisch betrachtetes Feld mit möglicherweise nicht unbeträchtlichem Anwendungspotential beschränken, nämlich ob und was man unter vollständiger Anästhesie lernen kann, und welche Effekte dies haben könnte. Jahrelang hat man für sicher gehalten, daß Menschen unter Vollnarkose keine Informationen aus ihrer Umwelt registrieren können. Es bestand unter Medizinern Konsens, daß man sich bei Operationen ohne Einschränkung über den mitunter unerfreulichen Zustand der Patienten unterhalten könne. Allmählich jedoch wandelt sich das Bild. Man weiß inzwischen, daß mit sogenannten indirekten Prüfverfahren (also ohne eine explizite Erinnerungsinstruktion, dazu später mehr) klare Erfahrungsnachwirkungen auditiv wahrgenommener Information aus der Phase der Operation nachweisbar sind (Bennet, 1988; Roorda-Hrdlicková, Wolters, Bonke & Phaf, 1990). Folglich empfiehlt man entsprechend Zurückhaltung (Bonke, 1990). Mehr noch, es existiert sogar Evidenz dafür, daß Patienten für therapeutische Suggestionen empfänglich sind, und daß dies höchst positive Konsequenzen haben kann. Wird beispielsweise während einer Operation ein Band eingespielt, auf dem der Operationsverlauf als erfolgreich beschrieben und für die Zeit nach der Operation eine rasche Besserung mit geringen Beschwerden in Aussicht gestellt wird, dann bessert sich der Zustand der so „behandelten" Patientinnen signifikant schneller als der einer Kontrollgruppe, die sich einer vergleichbaren, aber „normalen" Operation unterzogen hat (Evans & Richardson, 1990)[4].

V. Unbewußte Einflüsse auf Urteilsbildung und Verhalten

Beginnen wir die Analyse von unbewußten Einflüssen mit einem kuriosen Beispiel der Beeinflußbarkeit menschlicher Urteilsbildung. Dieses Beispiel und etliche weitere, die ich in diesem Abschnitt benutzen werde, sind in dem vielbeachteten Buch von Richard Nisbett (University of Michigan) und Lee Ross (Stanford University) über „Human inference" zusammengetragen (Nisbett & Ross, 1980).

Stellen wir uns vor, daß wir vor einem Glücksrad stehen, es anwerfen und beobachten, wie es bei einer willkürlichen Zahl anhält, sagen wir bei der „10". Anschließend werden wir gefragt, wieviel Prozent der Staaten, die den Vereinten Nationen angehören, afrikanische Staaten sind. Haben beide Ereignisse etwas miteinander zu tun? Nicht auf den ersten Blick, faktisch aber doch, denn Versuchspersonen, deren Glücksrad „zufällig" bei „10" anhielt, tippten auf 25 %, andere Versuchspersonen, deren Glücksrad – wiederum „zufällig" – bei „60" anhielt, tippten auf 45 %. Warum? Offenbar haben wir die Tendenz, spätere Urteile an frühere anzupassen, und sei es auch nur aus dem Grund, weil beide Urteile kurz hintereinander zu fällen sind, und nicht, weil sie sachlich zusammengehören.

Aus alltäglichen Situationen sind solche Effekte der Urteilsintegration bekannt und beispielsweise in dem Sprichwort festgehalten, wonach „der erste Eindruck prägt". Wie sehr er prägt, veranschaulicht folgende Demonstration: Wie sympathisch ist uns eine Person, die als „intelligent, fleißig, impulsiv, stur und eitel" beschrieben wird? Vermutlich sympathischer als eine Person, die als „eitel, stur, impulsiv, fleißig und intelligent" beschrieben wird, und zwar obwohl beide Male dieselben Adjektive verwendet werden. Jedenfalls ist dies das typische experimentelle Ergebnis. Die erste Information dient hier sozusagen als „Interpretationsrahmen" für die Information, die wir später erhalten.

Doch die Reihenfolge, in der wir einzelne Informationen erhalten, ist nur einer unter vielen unbewußten Einflüssen auf soziale Urteile. Welche Information über eine

Person wir behalten und wie wir die Verhaltensweisen einer Person beurteilen, hängt zu einem nicht geringen Teil auch davon ab, welche Urteilskategorien, welches „Schema" (s. o.) uns im Augenblick verfügbar sind.

Nehmen wir ein Beispiel aus einer Serie von Untersuchungen von Srull und Wyer (1979; 1980). Versuchspersonen sollten hier zunächst einfach aus einer Reihe von vorgegebenen Wörtern Sätze bilden. Unter einer Bedingung ließen sich aus einigen der Wörter Sätze bilden, die „Feindseligkeit" ausdrückten (z. B. „seinen Arm brechen"). Unter einer anderen Bedingung ergaben sich gelegentlich Sätze mit eher „freundlichem" Inhalt (z. B. „den Jungen umarmen"). Danach nahmen die Versuchspersonen noch an einem vermeintlich anderen Experiment teil, in dem es um Eindrucksbildung ging. Sie lasen die Geschichte einer Person namens Donald, die an mehreren Stellen Beschreibungen enthielt, die man unterschiedlich in bezug auf „Feindseligkeit" interpretieren kann. Beispielsweise wird von Donald berichtet, er habe vor, so lange keine Miete zu bezahlen, bis der Vermieter das Haus, in dem Donald lebte, neu gestrichen habe. Anschließend mußte Donald hinsichtlich einer Reihe von Eigenschaften beurteilt werden. Je mehr „feindselige" Sätze zuvor gebildet werden mußten, desto feindseliger wurde Donald geschildert, und je mehr „freundliche" Sätze zuvor gebildet werden mußten, desto freundlicher wurde Donald beurteilt. Mit anderen Worten, ohne daß die Versuchspersonen es merkten, hat die Aufgabe, aus bestimmten vorgegebenen Wörtern Sätze zu generieren, die Konzepte „Feindseligkeit" bzw. „Freundlichkeit" aktiviert. Diese Konzepte wurden unbewußt auf einen ganz anderen Kontext, nämlich die Aufgabe zur Personenbeurteilung, transferiert und wirkten dort als Interpretationsrahmen.

Wirkt sich die selektive „Verfügbarkeit" bestimmter Kategorien nicht nur auf Beurteilungen von Personen, sondern auch auf tatsächliches Verhalten aus? Hornstein und Mitarbeiter (Hornstein, LaKind, Frankel & Manne, 1975) haben dies geprüft. Vor dem „eigentlichen" Experiment nahmen ihre Versuchspersonen in einem „Wartezimmer" Platz, in das ein „Radioprogramm" eingespielt wurde. Das Radioprogramm war natürlich nur ein Tonband, das von Hornstein und seinen Mitarbeitern präpariert worden war. Mitten während der Wartezeit wurde die Musiksendung für eine Meldung unterbrochen. Für eine Gruppe von Versuchspersonen war diese Meldung eine rührende Geschichte über einen Zeitgenossen, der einem Nierenpatienten, den er gar nicht kannte, eine seiner Nieren spendete. Die andere Gruppe hörte eine Nachricht über eine scheußliche Greueltat. Als die Wartezeit vorüber war, begann für die Versuchspersonen das „eigentliche" Experiment, in dem sie mit einer anderen Person ein Strategiespiel spielen mußten (ähnlich den Spielen, mit denen der im Oktober 1994 mit dem Nobelpreis ausgezeichnete Bonner Wirtschaftsprofessor Reinhard Selten arbeitet, der unter Psychologen kein Unbekannter ist und auf Kongressen der Deutschen Gesellschaft für Psychologie Vorträge über Modelle zu Wettbewerbs- und Konfliktsituationen gehalten hat). Bei diesem Strategiespiel kann man kontinuierlich mäßige Gewinne einfahren, wenn man kooperativ spielt und auch einen kooperativen Gegner hat. Verhält man sich unkooperativ einem kooperativen Partner gegenüber, kann man, zumindest kurzfristig, mit hohen Gewinnen rechnen. Verhalten sich beide Gegner unkooperativ, erleiden sie beide Verluste. Das Ergebnis war, daß die Versuchspersonen, welche die „rührselige" Geschichte gehört hatten, wesentlich kooperativer spielten als die Personen, die die Geschichte von der Greueltat gehört hatten. Die beiläufig eingespielten „Berichte" hatten den Effekt, daß sie bei den Teilnehmern unterschiedliche Schemata davon ansprachen, wie „der Mensch ist". Und je nach angesprochenem Schema verhielten sich die Personen – ohne daß sie diesen Einfluß bemerkten.

Es ist klar, daß solche „Voreinstellungen" und die Reihenfolge, in der wir bestimmte Erfahrungen machen, in vielen sozialen Situationen eine Rolle spielen. Leider ist ebenfalls klar, daß wir in alltäglichen Situationen nur eine höchst begrenzte Kontrolle darüber haben.

Wenn beispielsweise ein Polizeibeamter einen Verkehrsteilnehmer wegen eines Verstoßes gegen die Straßenverkehrsordnung anhält, darf man davon ausgehen, daß bei dem Verkehrsteilnehmer allein schon durch die Situationsmerkmale (z. B. Bedrohung) ein „feindseliges" Schema aktiviert ist, in dessen Licht alles interpretiert wird, was der Polizeibeamte sagt und wie er handelt. Das bedeutet, daß auch ansonsten neutrale Äußerungen und Handlungen als aggressiv interpretiert werden können (zum Beispiel die beliebte Frage: „Können Sie sich denken, warum wir sie angehalten haben?"). Entsprechend wird sich der angehaltene Verkehrsteilnehmer verhalten. Ausgehend von einem Schemaansatz genügt es hier nicht, „überhebliches, oberlehrerhaftes, aggressives und/oder vorwurfsvolles Auftreten" zu vermeiden, wie Krauthan und Wagner-Link (1990) empfehlen. Vielmehr sind Verhaltensweisen gefordert, die nicht mit dem Schema „Feindseligkeit" vereinbar sind (z. B. „Wir wissen, es ist oft sehr unangenehm, von der Polizei angehalten zu werden, aber wir werden versuchen, die Angelegenheit so reibungslos wie möglich über die Bühne zu bekommen"). Dies ist natürlich schwierig und verlangt ein hohes Maß an Selbstkontrolle von Polizeibeamten, die sich bei Verkehrskontrollen oft unangenehmen (weil leicht selbstwertbedrohenden) sozialen Situationen ausgesetzt sehen – etwa durch den sichtbar höheren sozialen Status ihres Gegenübers oder durch dessen überlegene Redegewandtheit. Interessanterweise zeichnen sich Polizeibeamte im Vergleich zur Normalbevölkerung zwar erwartungsgemäß durch niedrigere Angstneigung bei Situationen physischer Bedrohung aus, was wahrscheinlich durch die spezifische Ausbildung in diesen Bereichen bedingt wird, doch haben sie überdurchschnittlich viel Angst vor sozialen Auftrittssituationen, für die sie offenbar weniger gut vorbereitet sind (Becker, 1980).

Abbildung 5: Illustration zum „fundamentalen Attributionsfehler".

Gut zur Thematik der Konfliktsituationen paßt noch ein weiterer typischer Urteilsfehler, den Nisbett und Ross (1980) als den „fundamentalen Attributionsfehler" bezeichnet haben. Wir alle verfügen über einschlägige Erfahrungen, die wir etwa beim Autofahren machen. Wenn wir selbst einmal etwas (zu) schnell fahren, dann haben wir normalerweise einen Grund dafür, „weshalb wir *gerade jetzt* ausnahmsweise noch schnell einmal" zu diesem wichtigen Termin müssen. Treffen wir indes auf einen anderen Autofahrer, der sichtbar zu schnell fährt, dann handelt es sich dabei bestimmt um einen „Raser" (Abbildung 5).

Mit anderen Worten, wir haben die Tendenz, für ein und dieselbe Verhaltensweise einmal die Situation verantwortlich zu machen und ein anderes Mal die Person. Diese Verzerrung bei der Zuschreibung von Verhaltensursachen ist ziemlich allgegenwärtig. Der Zustand ist vielfach experimentell nachgewiesen (Nisbett & Ross, 1980). Verantwortlich gemacht wird ein kognitiver Inferenzmechanismus, den Psychologen die „Verfügbarkeitsheuristik" nennen: Wir suchen stets nach Ursachen für Verhalten. Bezogen auf unser eigenes Verhalten kennen wir die Gründe, zum Beispiel den Zeitdruck, der nun gerade in dieser speziellen Situation, sonst aber nicht vorhanden ist. Außerdem erleben wir uns vor wechselnden Situationen, denen wir uns anpassen. Bezogen auf das Verhalten anderer sehen wir nur die Person als handelndes Subjekt, dessen wechselnder situationaler Kontext uns verborgen bleibt. Also nehmen wir als verhaltensverursachend einmal die Situation – wenn es um uns geht – und einmal die Person – wenn es um andere geht. Dieser Attributionsfehler kann natürlich kritisch sein für das Entstehen von interpersonalen Konfliktsituationen.

Die Effekte dessen, was als „Verhaltensursache" herausragt, gehen aber auch über einzelne Individuen hinaus. Zum Beispiel kann aus einer Gruppe von Menschen eine Person herausragen, weil sie eine andere Hautfarbe hat als die Mehrheit der anderen. In solchen Situationen wird – entgegen den tatsächlichen Verhältnissen – derjenigen Person der höhere Einfluß auf das Gruppenverhalten zugeschrieben, die „herausragt" (Nisbett & Ross, 1980). Man kann sich leicht denken, wie solche in der Regel unbewußten Kausalitätszuschreibungen etwa das Identifizieren von „Rädelsführern" in Gruppen verzerren können.

Ich möchte diesen Abschnitt beenden, wie ich ihn begonnen habe, nämlich mit einem für den Nichtfachmann vermutlich kuriosen Befund zu unbewußten Einflüssen auf unsere Gefühle, die ja ebenfalls bestimmen, wie wir uns anderen Menschen gegenüber verhalten. In dieser Untersuchung von Strack, Martin und Stepper (1988) mußten Versuchspersonen unter einem Vorwand einen Bleistift auf zwei verschiedene Arten mit dem Mund halten. Eine Gruppe von Personen hielt den Bleistift mit der Spitze vom Gesicht weisend mit den Lippen, die andere hielt ihn mit den Zähnen. Letzteres führt dazu, daß solche Gesichtsmuskeln angespannt werden, die normalerweise auch am Lachen beteiligt sind. Die andere Haltung dagegen ist mit der typischen Lachhaltung inkompatibel. Der Vorwand war, daß untersucht werden sollte, wie Menschen Aufgaben mit Körperteilen erledigen können, die sie normalerweise nicht dafür benutzen – etwa so, wie verletzte oder körperbehinderte Personen dies tun. An einer anderen Stelle in dem Experiment sollte die Güte von Bilderwitzen eingeschätzt werden. Es zeigte sich, daß die Gruppe von Personen, die den Bleistift mit den

Lippen halten mußte, die Witze weit weniger humorvoll fand als diejenigen, die den Bleistift mit den Zähnen festhielten. Die vermuteten Mechanismen wirken offenbar so, daß wir eine humorvollere Grundhaltung einnehmen, wenn wir uns so verhalten, wie wir uns normalerweise in witzigen Situationen verhalten – also zum Beispiel unsere „Lachmuskeln" betätigen. Die Versuchspersonen waren sich dieses Effektes nicht bewußt.

VI. Zur Frage der Willensfreiheit

Die hier referierten Befunde stellen nur eine kleine und von meinen eigenen Arbeitsschwerpunkten geprägte Auswahl von Untersuchungen dar, mit denen die wissenschaftliche Psychologie untersucht, ob und wie unbewußte Einflüsse unser Erinnern, Erleben, Urteilen und Verhalten beeinflussen. Die Auswahl entstammt einer beeindruckenden Fülle von Befunden, die zeigen, daß wir dauernd unzähligen Einflüssen ausgesetzt sind, die wir – zumal als psychologische Laien – nicht kennen und bemerken, und die wir, wenn wir sie kennen, oft nicht kontrollieren können.

Angesichts dieser Evidenzen fragt man sich natürlich, wo da noch Raum für Dinge wie die „Willensfreiheit" bleiben soll. Wir wußten natürlich schon immer, daß wir allzu oft externen Einflüssen erliegen – ganze Wirtschaftszweige bauen darauf, etwa die Werbebranche. Aber ganz offenbar sind wir weit mehr, als wir normalerweise realisieren, unkontrollierten Einflüssen ausgesetzt. Die Einflüsse hängen vor allem mit all unseren früheren Erfahrungen zusammen, aber auch mit typischen menschlichen Urteilsmechanismen, der Funktionsweise unseres Gedächtnisses und so weiter. Für den Bereich des Gedächtnisses hat diesen Gedanken bereits Herrman Ebbinghaus beschrieben, einer der Begründer der modernen Gedächtnispsychologie: „Der größere Teil des Erfahrenen bleibt dem Bewußtsein verborgen und entfaltet doch eine bedeutende und seine Fortexistenz dokumentierende Wirkung" (Ebbinghaus, 1885/1966, S. 3). Die Analogie zu einem Eisberg scheint angebracht, bei dem der größte (und für die Schiffahrt gefährlichste) Teil unter der Oberfläche verborgen liegt.

Diese Schlußfolgerung kontrastiert eigentümlich mit der uns allen gegenwärtigen Erfahrungstatsache, daß wir uns als verantwortliche Individuen fühlen, die normalerweise frei entscheiden, dies oder jenes zu glauben, zu tun oder zu lassen. Ist der freie Wille, die Verantwortlichkeit für unser Handeln, nur eine Illusion? Dieser Gedanke will uns natürlich nicht gefallen, denn wo bliebe da unsere Menschenwürde?

Um noch einen weiteren Aspekt zu nennen: Wenn wir die Idee eines freien Willens aufgeben oder zumindest stark einschränken, wie wollen wir dann überhaupt noch jemanden wegen einer Straftat verurteilen und bestrafen? Halten wir vielleicht deswegen an der Idee eines freien Willens, einer individuellen Freiheit fest, weil ansonsten jeder Übeltäter – auch ein Hitler und ein Stalin – ungeschoren davon käme? Vielleicht, könnte man also vermuten, ist es einfach deswegen nützlich, wenn wir uns selbst für verantwortlich handelnde Wesen halten, damit wir auch andere für ihre Untaten verantwortlich machen und gegebenenfalls bestrafen können – egal, ob Verantwortlichkeit und freier Wille nun Illusionen sind oder nicht.

Die wissenschaftliche Psychologie löst das Problem der Willensfreiheit genauso wenig wie mehrere tausend Jahre heftigen philosophischen Nachdenkens über das Leib-Seele-Problem es getan haben. Dennoch leistet die wissenschaftliche Psychologie mindestens drei wichtige Beiträge zu dieser Diskussion.

Erstens stellt sie uns eine Unzahl von empirischen Belegen dafür zur Verfügung, daß unser Denken und Handeln in der Tat in weit größerem Ausmaß unkontrollierten Einflüssen ausgesetzt sind, als das aus unserer alltäglichen Intuition folgt. Dieser Beitrag lieferte ein kleines Panoptikum der einschlägigen Befunde. Setzen wir in dieser Situation als Konsens voraus, daß in unserer nicht ganz perfekten Welt die Gesetze den Zweck haben, uns in moralischer Hinsicht unzulänglichen Menschen mitzuteilen, was erlaubt ist und was die Gesellschaft nicht haben möchte und bestraft. Dann folgt daraus, daß wir nur diejenigen für Verstöße verantwortlich machen können, die (a) die Gesetze verstehen und die (b) die Bedingungen, die zu deren Einhaltung notwendig sind, kontrollieren können. Für diejenigen, die die Gesetze so, wie sie formuliert sind, nicht verstehen können (normalerweise die psychisch Behinderten, die Lernbehinderten usw.)[5], sehen wir Ausnahmen vor. In bezug auf die situationalen Bedingungen macht uns die Beschäftigung mit der „Psychologie des Unbewußten" darauf aufmerksam, daß wir wahrscheinlich weit weniger Kontrolle über unser Erinnern, Entscheiden und Handeln besitzen als allgemein unterstellt wird. Eine mögliche Konsequenz hieraus ist eine Verlagerung der Betonung weg von einer Bestrafung bei Regelverstößen hin zu edukativen oder anderen Maßnahmen, die darauf abzielen, künftige Situationen dieser Art zu vermeiden.

Zweitens werden durch entsprechende Forschung solche Umstände klarer, unter denen Menschen besonders wenig Kontrolle über ihr Erinnern, Entscheiden und Handeln haben, und es wird abschätzbar, welche Arten von Einflüssen – etwa Verzerrungen der Erinnerung, systematische Tendenzen beim Schlußfolgern usw. – auftreten. Damit ist es besser möglich zu beurteilen, wo besonders kritische Umstände lauern, und durch welche Maßnahmen man mögliche unerwünschte Einflüsse unter bestimmten Umständen korrigieren oder zumindest reduzieren kann. Hierunter fallen etwa Verfahren zur Verbesserung der Erinnerungsleistungen von Tatzeugen wie das „Kognitive Interview" (Köhnken et al., 1991). Man könnte aber auch an Maßnahmen denken, die berücksichtigen, daß Gewaltbereitschaft unter anderem damit zu tun hat, welches Schema von der „Natur des Menschen" und vom Typ der interpersonalen Situationen augenblicklich aktiviert ist. Hier sind Methoden zu finden, wie etwa bei Jugendlichen aus einer Risikopopulation alternative Schemata etabliert und zur Wirksamkeit gebracht werden können.

Allerdings ist auch der umgekehrte Fall denkbar: Wir können unser Wissen über unbewußte Einflüsse natürlich nutzen, um bewußten Täuschungsabsichten auf die Spur zu kommen, beispielsweise einer nur vorgetäuschten Amnesie (Gedächtnisverlust). Hierzu werden sogenannte indirekte Erinnerungsprüfungen eingesetzt.

Mit indirekten Erinnerungsprüfungen wird normalerweise erfaßt, ob und welche Nachwirkungen vorangegangener Erfahrungen sich auch dann zeigen, wenn Versuchspersonen keinen Bezug zur früheren Lernerfahrung herstellen müssen (Hintzman,

1990; Roediger, 1990; Schacter, 1987). Ein Beispiel wäre die weiter oben schon erwähnte Untersuchung von Eich (1984), bei der eine Buchstabieraufgabe als indirektes Maß für die Nachwirkungen der unbeachteten Information diente. Ein anderes, oft verwendetes Verfahren ist die Wortstammergänzungsaufgabe. Versuchspersonen bekommen hierbei einen Wortstamm wie etwa „Bra. . ." und werden gebeten, diesen Wortstamm mit dem ersten Wort zu ergänzen, das ihnen in den Sinn kommt. Werden die Wortstämme so ergänzt, daß daraus im Vergleich zu einer Kontrollgruppe vermehrt Wörter aus einer vorangegangenen Lernphase entstehen, gilt eine Erfahrungsnachwirkung als nachgewiesen. Interessanterweise zeigen sich bei dieser Aufgabe indirekte „Erinnerungen" auch bei Amnestikern, also bei Patienten, die sich normalerweise an nichts erinnern können, wenn sie direkt gefragt werden. Sie verhalten sich bei Wortstammergänzungen wie Normale. Diesen kaum bekannten Effekt macht man sich zunutze: Wenn Menschen, die eine Amnesie, also einen Gedächtnisverlust vortäuschen wollen, eine Aufgabe zur Wortstammergänzung bearbeiten, dann versuchen sie, ihren Erinnerungen bewußt gegenzusteuern. Sie ergänzen die Wortstämme weit weniger im Sinne der zuvor bearbeiteten Wörter als echte Amnestiker. Daran sind sie als Simulanten zu erkennen (Horton, Smith, Barghout & Connolly, 1992).

Ein *dritter* Beitrag schließlich weist in eine andere Richtung und gründet sich auf Befunde, die nahelegen, daß es unter bestimmten Umständen auch unter psychologischen Gesichtspunkten sinnvoll sein kann, wenn wir uns zugunsten eines „freien Willens" und damit der Verantwortlichkeit für unser Denken und Handeln entscheiden, und dabei in Kauf nehmen, daß wir bei dieser Entscheidung einer Illusion erliegen könnten. So hat man beispielsweise wiederholt gefunden, daß Menschen, die Opfer einer Krankheit, eines Verbrechens oder eines Unfalls geworden waren, dann besser mit ihrem oft schlimmen Schicksal zurechtkamen, wenn sie sich zumindest eine teilweise Schuld an dem Unglück gaben (Försterling, 1992). Zum Beispiel kommen Menschen, die glauben, daß Krebs mit ihrer Diät oder ihrer Lebenseinstellung zu tun hat, besser mit einer Krebsdiagnose zurecht. Man fand sogar, daß Frauen, die Opfer von Vergewaltigungen geworden waren, weniger große Schwierigkeiten in der Folgezeit hatten, wenn sie sich eine Teilschuld am Zustandekommen des Verbrechens zuschrieben. Das Entscheidende für eine protektive Wirkung solcher Verantwortlichkeitszuschreibungen ist allerdings, daß die Faktoren, in bezug auf die man sich Verantwortlichkeit zuschreibt, extern und potentiell kontrollierbar sind (etwa die Diät oder die Gegenden der Stadt, in denen man sich aufhält). Die wohl gängigste Erklärung dieses Effekts besagt, daß die Betroffenen durch internale Ursachenzuschreibungen personale „Kontrolle" über die Ursachen herstellen und diese auf die Ereignisfolgen generalisieren.

Wie auch immer man also zur Frage des „freiwilligen Willens" stehen mag, unter bestimmten Umständen scheint es für das eigene Wohlergehen ganz nützlich, an die eigene Verantwortlichkeit zu glauben – sei dies nun bloß eine Illusion oder nicht. Daß man andererseits mit dem *Unterstellen* eines freien Willens und der völligen persönlichen Kontrolle und damit Verantwortlichkeit von Menschen für ihr Erinnern, Denken und Verhalten sehr vorsichtig sein muß, das haben die referierten Befunde nahezulegen versucht.

Fußnotenverzeichnis

1) In einem Selbsthilferatgeber für sexuell mißbrauchte Frauen ist beispielsweise zu lesen: „Wissen um Mißbrauch beginnt oft mit einem winzigen Gefühl, einer Intuition oder vagen Ahnung. [. . .] Geh davon aus, daß deine Gefühle richtig sind. [. . .] Wenn du glaubst, du seist mißbraucht worden, und dein Leben zeigt entsprechende Symptome, dann stimmt es auch (Bass & Davis, 1990, S. 21)

2) Zahlreiche Faktoren können bei diesem beobachtbaren Befund zugrundeliegen (Schumacher-Bittner, 1993). So kann beispielsweise die Originalinformation schlicht vergessen worden sein. Berichtet werden fälschlicherweise die Nachinformationen. Außerdem kann die Nachinformation den Zugriff auf die Originalinformation verhindern. Schließlich existieren Befunde, die dafür sprechen, daß sich Original- und Nachinformation „überlagern" oder „vermischen" können. Wird etwa ein grünes Auto aus der beobachteten Ereignissequenz in der Nachinformation als blau bezeichnet, dann wählen Versuchspersonen aus einer Farbtafel, mittels derer sie die Farbe des Fahrzeugs rekonstruieren sollen, signifikant häufiger blaugrüne Farbtöne aus (Loftus, 1977).

3) Dies wird als „Beschaffungsaufgabe" bezeichnet. Sie ist subjektiv sehr anstrengend und scheint die Aufmerksamkeit vollkommen zu absorbieren.

4) Die schnelle Verbesserung des Gesundheitszustands führte natürlich auch dazu, daß die Patientinnen der Experimentalgruppe das Krankenhaus schneller verließen als die Patientinnen der Kontrollgruppe. Mit anderen Worten, es reduzierten sich durch diese intraoperative „Behandlung" auch die Kosten, die von der Gesundheitsfürsorge für die Operation (in diesem Fall: die Entfernung der Gebärmutter) aufzubringen waren. In der Studie von Evans und Richardson betrug die Ersparnis pro Patientin ungefähr £ 140 (ca. 350 DM), und die Autoren vergessen nicht hochzurechnen, daß bei einer routinemäßigen Anwendung die intraoperativen Suggestionen allein bei den 66 000 allein in England durchgeführten Gebärmutterentfernungen über 9 Millionen Pfund (etwas über 23 Millionen DM) eingespart werden könnten – von dem vermiedenen Leiden ganz zu schweigen!

5) Hierbei wird natürlich vorausgesetzt, daß die Gesetze so verständlich wie nur möglich formuliert sind und daß sie außerdem als bekannt vorausgesetzt werden können.

Literatur

Bargh, J. A. & Pietrompnaco, P., Automatic information processing and social perception: The influence of trait information presented outside of conscious awareness impression formation, *Journal of Personality and Social Psychology, 43,* 1982, 437 – 449

Bass, E. & Davis, L., *Trotz allem: Wege zur Selbstheilung für sexuell mißbrauchte Frauen,* Orlanda Frauenverlag, Berlin, 1990

Becker, P., *Studien zur Psychologie der Angst* [Studies into the psychology of anxiety. An interactionist approach to measurement and interpretation of normal and pathological anxiety], Beltz, Weinheim, 1980

Bennet, H. L., Perception and memory for events during adequate general anaesthisia for surgical operations; in: H. M. Pettinati (Ed.), *Hypnosis and memory* (pp. 193 – 231), The Guilford Press, New York, 1988

Bonke, B., Psychological consequences of so-called unconscious perception and awareness in anaesthesia; in: B. Bonke, W. Fitch & W. Millar (Eds.), *Memory and awareness in anaesthesia* (pp. 197 – 218), Swets & Zeitlinger, Amsterdam, Netherlands, 1990

Bornstein, R.F., Subliminal mere exposure effects; in: R.F. Bornstein & T.S. Pittman (Eds.), *Perception without awareness: Cognitive, clinical, and social perspectives* (pp. 191 – 210), Guilford Press, New York, 1992

Bower, G.H., Black, J.B., & Turner, T.J., Scripts in memory for text. *Cognitive Psychology, 11,* 1979, 177 – 220

Bransford, J.D., & Johnson, M.K., Contextual prerequisites for understanding: Some investigations of comprehension and recall, *Journal of Verbal Learning and Verbal Behavior, 61,* 1972, 717 – 726

Broadbent, D.E., Levels, hierarchies, and the locus of control; *The Quarterly Journal of Experimental Psychology, 29,* 1977, 181 – 201

Broadbent, D.E. & Aston, B., Human control of a simulated economic system; *Ergonomics, 21,* 1978, 1035 – 1043

Brown, E., Deffenbacher, K. & Sturgill, W., Memory for faces and the circumstances of encounter; *Journal of Applied Psychology, 62,* j1977, 311 – 318

Buchner, A., *Implizites Lernen: Probleme und Perspektiven,* Psychologie Verlags Union, Weinheim, 1993

Christensen, S.J.J. & Willham, C.F., The hindsight bias: A meta-analysis. *Organizational Behavior and Human Decision Processes, 48,* 1991, 147 – 168

Ebbinghaus, H., *Über das Gedächtnis*, Amsterdam, E. J. Bonset (Original work published 1885), 1885/1966

Eich, E., Memory for unattended events: Remembering with and without awareness, *Memory & Cognition, 12*, 1984, 105 – 111

Erdfelder, E. & Buchner, A., *Decomposing the hindsight bias: An integrative multinomial processing tree model*, Manuscript submitted for publication, 1994

Evans, C. & Richardson, P.H., A double-blind randomized placebo-controlled study of therapeutic suggestions during general anaesthesia; in: B. Bonke, W. Fitch, & W. Millar (Eds.), *Memory and awareness in anaesthesia* (pp. 120 – 130), Swets & Zeitlinger, Amsterdam, Netherlands, 1990

Fischhoff, B., Hindsight – foresight: The effect of outcome knowledge on judgment under uncertainty, *Journal of Experimental Psychology: Human Perception and Performance, 1*, 1977, 288 – 299

Fischhoff, B., & Beyth, R., „I knew it would happen": Remembered probabilities of oncefuture things, *Organizational Behavior and Human Performance, 13*, 1975, 1 – 16

Försterling, F., Antecedents and consequences of causal attributions for critical life events; in: L. Montada, S.-H. Filipp, & M.J. Lerner (Eds.), *Life crises and experiences of loss in adulthood* (pp. 121 – 132), Lawrence Erlbaum Associates, Hillsdale, 1992

Green, A.H., Child sexual abuse: Immediate and long-term effects and intervention, *Journal of the American Academy of Child and Adolescent Psychiatry, 32*, 1993, 890 – 902

Hammerl, M. & Grabitz, H.-J., *Unterschwellige Wahrnehmung: Rückblick und Perspektiven.* Paper presented at the 38. Kongreß der Deutschen Gesellschaft für Psychologie, Hamburg, 25. – 29. September 1994

Hawkins, S.A. & Hastie, R., Hindsight: Biased judgments of past events after the outcomes are known, *Psychological Bulletin, 107*, 1990, 311 – 327

Hell, W., Gigerenzer, G., Gauggel, S., Mall, M. & Müller, M., Hindsight bias: An interaction of automatic and motivational factors? *Memory & Cognition, 16*, 1988, 533 – 538

Hintzman, D.L., Human leraning and memory: Connections and dissociations, *Annual Review of Psychology, 41*, 1990, 109 – 139

Hornstein, H.A., LaKind, E., Frankel, G. & Manne, S., Effects of knowledge about remote social events on prosocial behavior, social conception, and mood, *Jornal of Personality and Social Psychology, 32*, 1975, 1038 – 1046

Horton, K.D., Smith, S.A., Barghout, N.K. & Connolly, D.A., The use of indirect memory tests to assess malingered amnesia: A study of metamemory, *Jornal of Experimental Psychology: General, 121*, 1992, 326 – 351

Jacoby, L.LO., Allan, L.G., Collins, J.C. & Larwill, L.K., Memory influences subjective experience: Noise judgments, *Journal of Experimental Psychology: Learning, Memory, and Cognition, 14*, 1988, 240 – 247

Jacoby, L.L., Woloshyn, V. & Kelley, C.M., Becoming famous without being recognized: Unconscious influences of memory produced by dividing attention, *Journal of Experimental Psychology: General, 118*, 1989, 115 – 125

Kent, D., Subliminal advertising, messages, and conspiracy, *APS Observer, 4*, 1991, 18 – 21

Köhnken, G., Mantwill, M. & Aschermann, E., Das kognitive Interview – experimentelle Evaluation einer neuen Interviewmethode; in: R. Egg (Ed.), *Brennpunkte der Rechtspsychologie* (pp. 247 – 258), Forum Verlag, Bonn-Bad Godesberg, 1991

Krauthan, G. & Wagner-Link, A., Verkehrskontrollen: Konfliktbedingungen und konfliktvermindernde Verhaltensweisen; in: F. Stein (Ed.), *Brennpunkte der Polizeipsychologie* (pp. 75 – 86), Verlag für Angewandte Psychologie, Stuttgart, 1990

Loftus, E. & Ketcham, K., *The myth of repressed memory: False memories and the accusations of sexual abuse,* Saint Martin's Press, New York, 1994

Loftus, E.F., Shifting human color memory, *Memory and Cognition, 5*, 1977, 696 – 699

Loftus, E.F., Miller, D.G. & Burns, H.J., Semantic integration of verbal information into a visual memory, *Jornal of Experimental Psychology: Human Learning and Memory, 4*, 1978, 19 – 31

Loftus, E.F. & Palmer, J.C., Reconstruction of automobile destruction: An example of the interaction between language and memory, *Journal of Verbal Learning and Verbal Behavior, 13*, 1974, 585 – 589

Loftus, E.L., When a lie becomes memory's truth: Memory distortion after exposure to misinformation, *Current Directions in Psychological Science, 1*, 1992, 121 – 123

Marcel, A.J., Conscious and unconscious perception: An approach to the relations between phenomenal experience and perceptual processes, *Cognitive Psychology, 15*, 1983 a, 238 – 300

Marcel, A.J., Conscious and unconscious perception: Experiments on visual masking and word recognition, *Cognitive Psychology, 15*, 1983 b, 197 – 237

Merikle, P.M., Subliminal auditory messages: An evaluation, *Psychology & Marketing, 5*, 1988, 355 – 372

Nisbett, R.E. & Ross, L., *Human inference, Strategies and shortcomings of social judgment,* Prentice-Hall, Englewood Cliffs, NJ, 1980

Pichert, J.W. & Anderson, R.C., Taking different perspectives on a story, *Journal of Educational Psychology, 69,* 1977, 309 – 315

Pohl, R., Der Rückschau-Fehler: Systematische Verfälschung der Erinnerung bei Experten und Novizen, *Kognitionswissenschaft, 3,* 1992, 38 – 44

Roediger, H.L., Implicit memory. Retention without awareness, *American Psychologist, 45,* 1990, 1043 – 1056

Roorda-Hrdlicková, V., Wolters, G., Bonke, B. & Phaf, R.H., Unconscious perception under general anaesthesia, demonstrated by an implicit memory task; in: B. Bonke, W. Fitch & W. Millar (Eds.), *Memory and awareness in anaesthesia* (pp. 150 – 155), Swets & Zeitlinger, Amsterdam, Netherlands, 1990

Schacter, D.L., Implicit memory: History and current status, *Journal of Experimental Psychology: Learning, Memory, and Cognition, 13,* 1987, 501 – 518

Schank, R.C. & Abelson, R., *Scripts, plans, goals, and understanding,* Lawrence Erlbaum Associates, Hillsdale, NJ, 1977

Schumacher-Bittner, S., *Fehlerhafte Augenzeugen-Aussagen aufgrund widersprüchlicher Informationen, Einflüsse auf den Verfälschungseffekt,* Holos, Bonn, 1993

Seamon, J.G., Brody, N. & Kauff, D.M., Affective discrimination of stimuli that are not recognized: Effects of shadowing, masking, and cerebral laterality, *Journal of Experimental Psychology: Learning, Memory, and Cognition, 9,* 1983, 544 – 555

Sporer, S.L., Personenidentifizierungen bei Wahlgegenüberstellungen und Lichtbildvorlagen; in: R. Egg (Ed.), *Brennpunkte der Rechtspsychologie* (pp. 283 – 309), Forum Verlag, Bonn-Bad Godesberg, 1991

Srull, T.K. & Wyer, R.S., The role of category accessibility in the interpretation of information about persons: Some determinants and implications. *Journal of Personality and Social Psychology, 37,* 1979, 1660 – 1672

Srull, T.K. & Wyer, R.S., Category accessibility and social perception: Some implications for the study of person memory and interpersonal judgments, *Journal of Personality and Social Psychology, 38,* 1980, 841 – 856

Strack, F., Martin, L.L. & Stepper, S., Inhibiting and facilitating conditions of the human smile: A nonobtrusive test of the facial feedback hypothesis, *Jornal of Personality and Social Psychology, 54,* 1988, 768 – 777

Tavris, C., Der Streit und die Erinnerung, *Psychologie heute, 21 (Juni),* 1994, 20 – 30

Wells, G.L., What do we know about eyewitness identification? *American Psychologist, 48,* 1993, 553 – 571

Wetzels, P., Sexueller Mißbrauch: Neue Zahlen, *Psychologie heute, 21 (Juli),* 1994, 66

Wippich, W., *Lehrbuch der angewandten Gedächtsnispsychologie, Band 1,* Kohlhammer, Stuttgart, 1984

Wippich, W., *Lehrbuch der angewandten Gedächtnispsychologie, Band 2,* Kohlhammer, Stuttgart, 1985

Wood, G., The knew-it-all-along effect, *Journal of Experimental Psychology: Human Perception and Performance, 4,* 1987, 345 – 353

Zajonc, R.B., Feeling and thinking: Preferences need no inferences, *American Psychologist, 35,* 1980, 151 – 175

Die Verkehrsunfallflucht
Massendelikt – Prognose – Prävention
Günther Frankenfeld

I. Die statistische Zergliederung unvollständigen Wissens

1. Die Vermehrung der Tatgelegenheiten

Das unerlaubte Entfernen vom Unfallort nach einem Straßenverkehrsunfall (§ 142 StGB) ist (als Vergehen) eine Straftat gegen die öffentliche Ordnung. Geschütztes Rechtsgut ist nicht das öffentliche Interesse an der lückenlosen Erfassung von Verkehrsunfällen und deren Hintergründe einschließlich der Unfallbeteiligten. Wichtig war dem Gesetzgeber die Feststellung und Sicherung der durch einen Unfall entstandenen (zivilrechtlichen) Ansprüche und der Schutz vor ungerechtfertigten Ansprüchen.

Der § 142 durchbricht das Prinzip der Straflosigkeit der Selbstbegünstigung. Auch das in der Flucht zu erkennende sozialschädigende und verantwortungslose Täterhandeln ist mit Strafe bedroht. Die Strafandrohung soll zum offenen Bekennen der Beteiligung am Unfallort anhalten. Je mehr die Egozentrizität der Menschen unserer Hochkultur zunimmt, umso eher lassen sich Verkehrsunfallfluchten entschuldigen und als normal verbrämen. Es ist zu erwarten, daß die Zahl der unaufgeklärten Unfallfluchten von Jahr zu Jahr steigen wird. Diese Steigerung ist auch abhängig von der Dichte des Straßenverkehrs. Die zunehmende Dichte wird durch die Anzahl der zugelassenen Kfz bestimmt. Am Straßenverkehr (alte Bundesländer) nahmen teil 1952 3,38 Millionen Kfz und 1982 30,26 Millionen. 1992 wurden 37,46 Millionen Kfz gezählt.

Aus der Entwicklung des Kfz.-Bestandes ergibt sich eine ständige Zunahme der jährlichen Fahrleistungen. Gleichzeitig stieg begreiflicherweise die Zahl der Verkehrsunfälle (in den alten Bundesländern). Sie betrug 1952 393 520, 1882 1 629 089 und 1992 1 924 338 Verkehrsunfälle.

Obgleich mir exaktes Zahlenmaterial für den Zeitraum von 1953 bis 1991 nicht vorliegt, darf vermutet werden, daß sich die Fallzahlen der Verkehrsunfallflucht (VU-Flucht) nicht etwa lediglich proportional zur Zunahme von Kfz.-Bestand und Verkehrsunfällen entwickelten, sondern tatsächlich überproportional anstiegen. In den alten Bundesländern wurden 1991 372 015 Verkehrsunfälle mit VU-Flucht polizeilich registriert.

Tabelle 1: Straßenverkehrsunfälle (VU) ab 1952
– VU-Folgen, Kfz.-Bestand u. -fahrleistungen, Straßenlänge, Bevölkerung –

Jahr	Polizeilich erfaßte VU			Kfz.-Bestand	Fahrleistungen der Kfz.	Straßenlänge	Bevölkerung
	insgesamt	mit Personenschaden	mit Sachschaden	Mio.	Mrd.-km	1.000 km	Mio.
1952	393.520			3,38			50,86
1953	473.027	251.618	221.409	4,34			51,35
1955	603.351	296.071	307.280	6,30			53,20
1960	990.127	349.315	640.812	10,22			55,59
1965	1.099.346	316.361	782.985	13,38			59,01
1970	1.392.007	377.610	1.014.397	17,99	234,2		60,65
1975	1.264.567	337.732	926.835	22,94	280,2		61,83
1980	1.684.604	**379.235**	1.305.369	29,23	342,0		61,57
1981	1.678.497	362.617	1.315.880	29,74	328,1		61,68
1982	1.629.089	358.693	1.270.396	30,26	340,2		61,63
1983	1.692.934	374.107	1.318.827	30,84	350,8		61,42
1984	1.780.818	359.485	1.421.333	31,46	360,8		61,18
1985	1.840.295	327.745	1.512.550	32,09	361,5	490,0	61,02
1986	1.935.595	341.921	1.593.674	33,06	385,8		61,07
1987	1.977.501	325.519	1.651.982	33,89	406,6		61,08
1988	**2.022.648**	342.299	**1.680.349**	34,82	427,4	494,6	61,45
1989	1.997.787	343.604	1.654.183	35,71	438,5	496,7	61,72
1990	2.010.575	340.043	1.670.532	36,70	458,5	498,9	62,68
1991	1.953.709	321.374	1.632.335	37,40	470,7		64,07
1992	1.924.338	325.301	1.599.037	37,46			64,49

Die hohen Fallzahlen zeigen an, daß es sich bei der VU-Flucht um ein der Tendenz nach seit Jahren kontinuierlich zunehmendes Massendelikt handelt.

2. Die unzulängliche Statistik

Das Massendelikt VU-Flucht spielt in den offiziellen Verkehrsunfallstatistiken des Statistischen Bundesamtes und der Landesämter für Statistik nur eine geringe, ja nebensächliche Rolle. Diese Statistiken enthalten nur wenige Angaben zu den VU-Fluchten. Es ist ein Nachteil, daß die VU-Fluchten nach Bagatell-Verkehrsunfällen (Bagatell-VU) – und die meisten VU-Fluchten werden nach solchen Verkehrsunfällen begangen – in den offiziellen Statistiken nicht erfaßt werden.

Auch ist das Massendelikt VU-Flucht seit 1963 nicht mehr Gegenstand der Polizeilichen Kriminalistik.

In den Rechtspflegestatistiken (Abgeurteilten-/Verurteiltenstatistiken) des Bundes und der Länder ist das Delikt VU-Flucht ebenfalls nur teilweise enthalten und auch nur hinsichtlich der VU-Fluchten nach Verkehrsunfällen ohne Personenschaden. Erfolgte die Ab-/Verurteilung wegen fahrlässiger Tötung oder fahrlässiger Körperverletzung – und das ist bei VU-Fluchten nach Verkehrsunfällen mit Personenschaden immer der Fall – wird die abgeurteilte Straftat unter dieser Kennung statistisch erfaßt.

Ohnehin ist die Aussagekraft der Abgeurteilten-/Verurteiltenstatistik beschränkt, weil

– nicht alle von der Polizei als aufgeklärt an die Staatsanwaltschaft abgegebenen VU-Fluchtfälle zur Anklage führen
und
– eine erhebliche Differenz (20 bis 25 %) zwischen den Zahlen der Abgeurteilten und der Verurteilten besteht.

Die „Statistischen Mitteilungen" des Kraftfahrtbundesamtes (KBA) enthalten statistische Angaben über die Entziehungen der Fahrerlaubnis durch die Gerichte auf der Basis des § 69 StGB (u. a. auch wegen des Delikts der VU-Flucht). Zu bedauern ist, daß nur sehr wenig kriminologisches Forschungsmaterial zur VU-Flucht vorliegt[1].

Nach meinen Feststellungen erfaßt die Polizei auf Länderebene über die VU-Fluchten – von Ausnahmen abgesehen – in nicht zu begründender Kargheit nur folgende Daten:

– Verkehrsunfälle insgesamt,
davon Verkehrsunfälle mit VU-Flucht,
– Aufklärungsquote bei VU-Flucht.

Die Aufklärungsquote wird nicht in allen Ländern erfaßt. Weiter aufgeschlüsselte polizeiliche Statistiken zur VU-Flucht sind selten und dann nur von lokaler oder regionaler Reichweite. Die statistische Erfassung und Untersuchung des Massendelikts VU-Flucht ist aus unerfindlichen Gründen sehr lückenhaft.

Es ist Eisenberg, Ohder und Bruckmeier daher zuzustimmen, wenn sie resümieren: „Aus den Bundes- und Länderstatistiken, insbesondere Verkehrsunfallstatistiken, können die quantitativen Konturen des Phänomens Unfallflucht nur sehr ungenau abgelesen werden. Darüber hinaus besteht ein Dunkelfeld sowohl in bezug auf die Zahl der Unfälle als auch auf die Fälle von Unfallflucht."

3. Der kleine Fall, die leichte Flucht

Die Entwicklung der VU-Fluchten nach Verkehrsunfällen mit Personenschaden und schwerem Sachschaden (Schadenshöhe von 3000,– DM und mehr bei mindestens einem Geschädigten) im Zeitraum 1979 bis 1989 – festgemacht an den Fluchtquoten bezogen auf die Verkehrsunfälle der jeweiligen Schadenskategorie – zeigt auf:

– die niedrigsten Fluchtquoten bei Verkehrsunfällen mit Getöteten (1989: 2,7 %)
– wesentlich höhere Fluchtquoten bei Verkehrsunfällen mit schwerem Sachschaden (1989: 15,2 %)

Tabelle 2: Verkehrsunfallflucht
Fluchtquoten im Bundesgebiet

Fluchtquoten nach	1979	1984	1989*	1989**
VU mit Getöteten	3,4 %	3,2 %	2,7 %	1,4 %
VU mit Personenschaden	8,4 %	8,6 %	8,7 %	4,4 %
VU mit schwerem Sachschaden	19,1 %	14,3 %	15,2 %	7,6 %
VU mit Personenschaden und nach VU mit schwerem Sachschaden	14,2 %	10,9 %	11,5 %	5,8 %
VU mit leichtem Sachschaden	unbekannt; in den offiziellen Statstiken nicht erfaßt!			

* Fluchtquoten bezogen auf die VU/** Fluchtquoten bezogen auf die VU-Beteiligten

Die statistische Kurzzeitbetrachtung (Jahre 1988 bis 1990), in der die Fluchtquoten – bezogen auf die Verkehrsunfallbeteiligten – errechnet werden, bestätigt diese Feststellungen:

Die Fluchtquoten sind bei den Verkehrsunfällen mit schwerem Sachschaden gegenüber denen bei Verkehrsunfällen mit Verletzten etwa 1,7 mal höher, gegenüber den Fluchtquoten bei Verkehrsunfällen mit Getöteten sogar etwa 4,5 bis 5,5 mal höher. Die Fluchtquoten bei den Verkehrsunfällen mit Verletzten sind gegenüber denen bei Verkehrsunfällen mit Getöteten etwa 3 mal höher.

Tabelle 3: Straßenverkehrsunfälle (VU)
VU-Beteiligte und VU-Flüchtige – Fluchtquoten –

	1988	1989	1990	1992*
VU mit Personenschaden	342.299	343.604	340.043	395.462
dabei VU-Flüchtige	29.154	29.803	29.927	35.974
Fluchtquote (bzgl. VU)	8,5 %	8,7 %	8,8 %	9,1 %
VU-Beteiligte	678.522	679.484	676.363	773.819
darunter VU-Flüchtige	29.154	29.803	29.927	35.974
Fluchtquote (bzgl. VU-Beteiligte)	4,3 %	4,4 %	4,4 %	4,6 %
Bei VU mit Getöteten:				
VU-Beteiligte	14.239	14.052	13.643	17.634
darunter VU-Flüchtige	203	195	203	336
Fluchtquote (bzgl. VU-Beteiligte)	1,4 %	1,4 %	1,5 %	1,9 %
Bei VU mit Verletzten:				
VU-Beteiligte	664.283	665.432	662.720	
darunter VU-Flüchtige	28.951	29.608	29.724	
Fluchtquote (bzgl. VU-Beteiligte)	4,4 %	4,5 %	4,5 %	
VU mit schwerem Sachschaden	271.878	271.579	260.543	
dabei VU-Flüchtige	39.431	41.202	44.495	
Fluchtquote (bzgl. VU)	14,5 %	15,2 %	17,1 %	
VU-Beteiligte	546.673	542.955	519.341	488.655
darunter VU-Flüchtige	39.431	41.202	44.495	41.931
Fluchtquote (bzgl. VU-Beteiligte)	7,2 %	7,6 %	8,6 %	8,6 %

* bezogen auf Gesamtdeutschland

Bei VU mit leichtem Sachschaden (Bagatell-VU) erfolgt keine statistische Erfassung der VU-Flüchtigen!

Die Fluchtquote steigt mit abnehmender Schwere der Verkehrsunfallfolgen bis auf ein Mehrfaches an. Je schwerer die Verkehrsunfallfolgen, desto geringer ist die Fluchtquote. Die Gründe dafür dürften sein, daß nach einem Verkehrsunfall mit schweren Folgen oft kaum noch eine Fluchtmöglichkeit besteht, weil der Verursacher des Unfalls schwer verletzt wurde und/oder das Fahrzeug des Unfallverursachers fahruntüchtig geworden ist.

Tabelle 4: Straßenverkehrsunfälle (VU)
*VU-Beteiligte, VU-Flüchtige, Fluchtquoten**

Straßenverkehrsunfälle	Jahr	Bundes-republik	Nieder-sachsen	Hamburg	Bremen
VU mit Personenschaden					
VU-Beteiligte	1988	678.522	82.443	23.924	8.308
	1989	679.484	82.560	24.004	8.299
	1990	676.363	85.798	23.994	8.163
VU-Flüchtige	1988	29.154	3.413	1.108	427
	1989	29.803	3.295	1.136	452
	1990	29.927	3.500	1.135	437
Fluchtquote (%)	1988	4,30 %	4,14 %	4,63 %	5,14 %
	1989	4,39 %	3,99 %	4,73 %	5,45 %
	1990	4,42%	4,08 %	4,73 %	5,35 %
VU mit Getöteten					
VU-Beteiligte	1988	14.239	2.018	226	81
	1989	14.052	1.997	240	81
	1990	13.643	1.984	212	48
VU-Flüchtige	1988	203	24	6	5
	1989	195	21	1	0
	1990	203	29	8	0
Fluchtquote (%)	1988	1,43 %	1,19 %	2,65 %	6,17 %
	1989	1,39 %	1,05 %	0,42 %	0,00 %
	1990	1,49 %	1,46 %	3,77 %	0,00 %
VU mit Verletzten					
VU-Beteiligte	1988	664.283	80.425	23.698	8.228
	1989	665.432	80.563	23.764	8.218
	1990	662.720	83.814	23.782	8.135
VU-Flüchtige	1988	28.951	3.389	1.102	422
	1989	29.608	3.274	1.135	452
	1990	29.724	3.471	1.129	437
Fluchtquote (%)	1988	4,36 %	4,21 %	4,65 %	5,13 %
	1989	4,45 %	4,06 %	4,76 %	5,50 %
	1990	4,49 %	4,14 %	4,75 %	5,37 %
VU mit schw. Sachschaden					
VU-Beteiligte	1988	546.673	57.582	21.449	8.362
	1989	542.955	57.513	20.451	8.090
	1990	519.341	61.770	18.230	7.424
VU-Flüchtige	1988	39.431	3.476	1.490	508
	1989	41.202	3.441	1.554	521
	1990	44.495	3.989	1.733	559
Fluchtquote (%)	1988	7,21 %	6,04 %	6,95 %	6,08 %
	1989	7,59 %	5,98 %	7,60 %	6,44 %
	1990	8,57 %	6,46 %	9,51 %	7,53 %

* Der Begriff Fluchtquote bezieht sich auf die VU-Beteiligten

Aus der statistischen Kurzzeitbetrachtung wird ebenso deutlich, daß – zumindest in den Jahren 1988 bis 1990 – die absoluten Zahlen der VU-Flüchtigen jährlich gestiegen sind, ausgenommen bei den Verkehrsunfällen mit Getöteten.

Die Entwicklung der VU-Fluchten in den norddeutschen Bundesländern Niedersachsen, Hamburg und Bremen verlief partiell abweichend von der Entwicklung in den übrigen alten Bundesländern. Ansteigende VU-Flüchtigenzahlen sind in den genannten norddeutschen Bundesländern bei den Verkehrsunfällen mit schwerem Sachschaden zu verzeichnen (siehe Tabelle 4).

In der Literatur besteht Übereinstimmung darüber, daß die weitaus meisten VU-Fluchten nach Verkehrsunfällen mit Sachschaden begangen werden. Allerdings liegen nur Schätzungen hinsichtlich des Anteils der VU-Fluchten nach Verkehrsunfällen mit Bagatellschaden („Kotflügel-Verkehrsunfällen") vor. Nach der kargen Literatur soll der Anteil der VU-Fluchten nach Verkehrsunfällen mit Sachschaden im Bundesdurchschnitt (alte Bundesländer) ca. 90 % betragen. Insbesondere bei Bagatell-Verkehrsunfällen ist die Dunkelziffer der VU-Fluchten sehr hoch.

Tabelle 5: Verkehrsunfallfluchten (VU-Fluchten)
Fluchtquoten – Ländererhebung

	Baden-Württemberg 1989	Hessen 1989	Nordrhein-Westfalen 1989
VU insgesamt	269.168	187.160	553.814
VU-Fluchten insgesamt	48.891	42.038	87.933
Fluchtquote (%)	18,16	22,46	15,88
VU-Fluchten nach			
VU mit Personenschaden	3.580	3.143	7.865
Fluchtquote (%) bezogen auf			
a) VU insgesamt	1,33	1,68	1,46
b) VU-Fluchten insgesamt	7,32	7,48	8,94
VU mit Sachschaden	45.297	38.895	79.771
Fluchtquote (%) bezogen auf			
a) VU insgesamt	16,82	20,78	14,40
b) VU-Fluchten insgesamt	92,65	92,52	90,72
VU mit schwerem Sachschaden[2]	4.859	5.995	9.821
Fluchtquote (%) bezogen auf			
a) VU insgesamt	1,81	3,20	1,77
b) VU-Fluchten insgesamt	9,94	14,26	11,17
VU mit Bagatellschaden	40.438	32.900	69.950
Fluchtquote (%) bezogen auf			
a) VU insgesamt	15,02	127,58	12,63
b) VU-Fluchten insgesamt	82,71	78,26	79,55

Polizeiliche Erhebungen in den Bundesländern Baden-Württemberg, Hessen und Nordrhein-Westfalen im Jahre 1989 und lokale polizeiliche Erhebungen in München (1976/77), Frankfurt/M. (1988) und Braunschweig (1990/91) zeigen auf:

Bei den Verkehrsunfällen mit Sachschaden liegen die Fluchtquoten

- bezogen auf die Verkehrsunfälle insgesamt zwischen 14,40 % (Nordrhein-Westfalen) und 25,34 % (Frankfurt/M.) und
- bezogen auf die VU-Fluchten insgesamt zwischen 90,72 % (Nordrhein-Westfalen) und 95,89 % (Frankfurt/M.).

Die allermeisten VU-Fluchten werden nach Bagatell-Verkehrsunfällen begangen. Die Fluchtquoten liegen hier

- bezogen auf die Verkehrsunfälle insgesamt zwischen 12,63 % (Nordrhein-Westfalen) und 24,03 % (Frankfurt/M.) und
- bezogen auf die VU-Fluchten insgesamt zwischen 60,33 % (München) und 92,89 % (Braunschweig für Großstätte/Ballungsgebiete sowie zwischen 78,26 % (Hessen) und 82,71 % Baden-Württemberg) für Bundesländer.

Tabelle 6: Verkehrsunfallfluchten (VU-Fluchten)
Fluchtquoten – regionale Erhebung –

	PP München	PP Frankfurt	PD Braunschweig	
	1976/77 3)+7)	1988 8)	1990 9)	1991 9)
VU insgesamt	20.260	25.060	11.496	10.749
VU-Fluchten insgesamt	4.706	6.623	1.875	1.743
Fluchtquote (%)	22,82	26,43	16,31	16,22
VU-Fluchten nach				
VU mit Personenschaden	293	272	70	42
Fluchtquote (%) bezogen auf				
a) VU insgesamt	1,42	1,09	0,61	0,39
b) VU-Fluchten insgesamt	6,23	4,11	3,73	2,41
VU mit Sachschaden	4.413	6.351	1.760	1.657
Fluchtquote (%) bezogen auf				
a) VU insgesamt	21,35	25,34	15,31	15,42
b) VU-Fluchten insgesamt	93,77	95,89	93,87	95,07
VU mit schwerem Sachschaden 2)	1.574	602	60	38
Fluchtquote (%) bezogen auf				
a) VU insgesamt	7,63	2,40	0,52	0,35
b) VU-Fluchten insgesamt	33,45	9,09	3,20	2,18
VU mit Bagatellschaden	2.839 4)	6.021 5)	1.700 6)	1.619 6)
Fluchtquote (%) bezogen auf				
a) VU insgesamt	13,77	24,03	14,79	15,06
b) VU-Fluchten insgesamt	60,33	90,91	90,67	92,89

4. Immer mehr Unfallflüchtige

Tabelle 7: Straßenverkehrsunfälle (VU) mit Personen- und schwerem Sachschaden Flüchtige, flüchtige Fahrzeug- und Kfz.-Führer, Fluchtquoten

	1988	1989	1990
VU insgesamt	614.177	615.183	600.658
VU-Flüchtige	68.585	71.005	74.422
Fluchtquote bezogen auf VU (%)	11,17	11,54	12,30
VU-flüchtige Fzg.-Führer	67.623	70.117	73.502
Fluchtquote bezogen auf VU (%)	11,01	11,40	12,24
Anteil VU-flüchtiger Fzg.-Führer an den VU-Flüchtigen (%)	98,60	98,75	98,76
VU-flüchtige Kfz.-Führer	59.007	60.527	62.734
Fluchtquote bezogen auf VU (%)	9,61	9,84	10,44
Anteil VU-flüchtiger Kfz.-Führer an den VU-Flüchtigen (%)	86,03	85,24	84,29

Bei der statistischen Kurzzeitbetrachtung der Jahre 1988 bis 1990 wird augenfällig, daß sich die Verkehrsunfälle mit Personen- und schwerem Sachschaden auffällig entwickelt haben, die Zahlen der VU-Flüchtigen jedoch jährlich gestiegen sind (1988: 68.585, 1989: 71.005, 1990: 74.422). Entsprechend sind die Fluchtquoten von 11,17 % auf 12,30 % angewachsen.

Ständig und signifikant sind jährlich die Zahlen der flüchtigen Fahrzeug- und Kfz.-Führer geklettert und entsprechend auch hier die Fluchtquoten – bezogen auf die Verkehrsunfälle.

Der Anteil der flüchtigen Fahrzeugführer an den VU-Flüchtigen näherte sich im Verlaufe der Jahre 1988 bis 1990 immer mehr an 99 % an (1990: insgesamt 74.422 VU-Flüchtige, davon 73.502 VU-flüchtige Fahrzeugführer = 98,76 %). Beständig den größten Anteil an den VU-Flüchtigen hielten die Kfz.-Führer: im Schnitt ca. 85 % – allerdings im Hinblick auf ihren Prozentanteil an der Gesamtzahl der VU-Flüchtigen mit leicht abnehmender Tendenz (1990: 62.734 VU-flüchtige Kfz.-Führer = 84,29 %).

5. Die Beteiligten

Für 1990 wurden die einzelnen Verkehrsbeteiligungsarten an den VU-Fluchten nach Verkehrsunfällen mit Personen- und schwerem Sachschaden festgestellt. Danach liegt die Fluchtquote nach Pkw/Kombi-Unfällen mit 22.242 Fällen sehr hoch.

Tabelle 8: Bundesrepublik Deutschland (alte Bundesländer) 1990
Art der Beteiligung an VU und Anteil der VU-Fluchtfälle

Art der Beteiligung	Beteiligte an VU Personen- und schwerer Sachschaden		Beteiligte an VU mit Personenschaden insgesamt		mit Getöteten		Beteiligte an VU mit schwerem Sachschaden	
	Anzahl	Flucht-quote (%)	Anzahl	Flucht-quote (%)	Anzahl	Flucht-quote (%)	Anzahl	Flucht-quote (%)
Pkw/Kombi	930.302	5,88	471.230	4,72	8.410	1,80	459.072	7,08
Fahrräder	70.501	3,02	70.043	2,81	763	1,05	458	35,37
Lkw ohne Anhänger	45.623	8,93	21.219	5,81	675	2,07	24.404	11,64
Fußgänger	42.942	2,02	42.462	1,60	1.592	0,25	480	38,75
Krafträder	24.456	2,20	24.119	1,57	768	0,39	1.337	11,89
Lkw mit Anhänger	17.075	5,97	7.031	4,14	397	1,01	10.044	7,25
Mofa 25	9.231	5,10	9.081	4,76	122	1,64	150	26,00
Omnibusse	9.158	5,81	5.381	5,41	154	1,30	3.777	6,38
Sattelschlepper	8.735	6,85	3.603	3,75	206	0,49	5.132	9,02
Leichtkrafträder	6.418	1,73	6.265	1,56	94	1,06	153	8,50
landw. Zugmaschinen	4.388	3,21	2.487	3,26	99	–	1.901	3,16
Mofa, Mokicks	4.176	2,92	4.111	2,72	57	1,75	65	15,38
Straßenbahnen	1.955	0,87	1.083	1,20	55	–	872	0,46
Kraftroller	1.292	1,08	1.270	1,02	10	–	22	4,55
andere Zugmaschinen	934	5,25	398	2,76	15	–	536	7,09
Lkw mit Spezialaufbau	634	5,84	300	4,00	22	–	334	7,49
Eisenbahnen	482	0,62	293	0,68	64	–	189	0,53
Tierführer, -treiber	206	10,19	147	10,20	2	50,00	59	10,17
Tankkfz	169	4,73	68	4,41	9	–	101	4,95
Fuhrwerke	136	5,15	112	1,79	8	–	24	20,83
O-Busse	21	–	14	–	–	–	7	–
Handwagen, -karren	20	10,00	17	11,76	–	–	3	–
Übrige Kfz	5.905	4,79	2.930	3,52	81	–	2.975	6,05
Sonst. unbekannte Fzg.	9.304	92,57	2.125	83,67	19	57,79	7.179	95,21
Andere Personen	641	4,84	574	3,83	21	–	67	13,43
VU-Beteiligte insgesamt	1.195.704	6,22	676.363	4,42	13.643	1,49	519.341	8,57
darunter Fzg.-Führer	1.151.895	6,38	633.163	4,61	12.028	1,65	518.732	8,54

6. Die Tatort-Bereiche

Aus der Kurzzeitstatistik (Jahre 1988 bis 1990) der VU-Fluchten nach Verkehrsunfällen mit Personen- und schwerem Sachschaden nach Ortslage ergibt sich u. a.:

- Die meisten VU-Flüchtigen – mit steigender Tendenz – sind nach Verkehrsunfällen innerhalb geschlossener Ortschaften zu verzeichnen (1990: 48.707), gefolgt von den VU-Flüchtigen außerhalb geschlossener Ortschaften (1990: 16.375) und auf den BAB (1990: 9.430).
  Dies trifft auch für die flüchtigen Fahrzeugführer zu (1990: 47.930 innerhalb geschlossener Ortschaften, 16.255 außerhalb geschlossener Ortschaften, 9.317 auf BAB).

Tabelle 9: Unfallflüchtige VU-Beteiligte bei VU mit Personen- und schwerem Sachschaden – nach Ortslage und auf BAB

	1988	1989	1990
VU-Beteiligte insgesamt	1.225.195	1.222.438	1.195.704
darunter a) VU-Flüchtige Fluchtquote (%)	68.585 5,60	71.744 5,81	74.422 6,22

b) Fahrzeugführer
    davon flüchtig
    Fluchtquote (%)
	1.178.254
	67.623
	5,74
		1.177.744
		70.117
		5,95
			1.151.895
			73.502
			6,38

Innerhalb geschlossener Ortschaften			
VU-Beteiligte insgesamt	823.699	818.076	775.204
darunter a) VU-Flüchtige Fluchtquote (%)	44.431 5,39	46.304 5,66	48.707 6,28

b) Fahrzeugführer
    davon flüchtig
    Flcuhtquote (%)
	780.373
	43.591
	5,59
		776.862
		45.537
		5,86
			734.944
			47.930
			6,52

Außerhalb geschlossener Ortschaften			
VU-Beteiligte insgesamt	285.471	287.502	284.972
darunter a) VU-Flüchtige Fluchtquote (%)	16.056 5,62	16.462 5,73	16.375 5,75

b) Fahrzeugführer
    davon flüchtig
    Fluchtquote (%)
	282.145
	15.961
	5,66
		284.259
		16.361
		5,76
			281.972
			16.255
			5,76

Auf Bundesautobahnen (BAB)			
VU-Beteiligte insgesamt	116.025	116.861	135.528
darunter a) VU-Flüchtige Fluchtquote (%)	8.098 6,98	8.239 7,05	9.340 6,89

b) Fahrzeugführer
    davon flüchtig
    Fluchtquote (%)
	115.736
	8.071
	6,97
		116.623
		8.219
		7,05
			135.237
			9.317
			6,89

– Im Verhältnis haben die VU-Fluchtfälle auf den BAB am meisten zugenommen. Allerdings hat sich auf den BAB auch jährlich die Zahl der VU-Beteiligten erhöht.

Die offiziellen Statistiken geben keine Auskunft über die VU-Fluchten an Wochentagen. Nach polizeilichen Erhebungen in München (1976/77) und Frankfurt/M. (1988) werden – zumindest in diesen beiden Großstädten – freitags die meisten VU-Fluchten begangen (München: 18,1 %, Frankfurt/M.: 17,3 %).

Die für Mannheim im Jahre 1990 vom Polizeipräsidium Mannheim durchgeführte Untersuchung bestätigt die Ergebnisse von München und Frankfurt/M. Aus der Münchener Erhebung ist eine im Vergleich zur Verkehrsunfallhäufigkeit an den drei Wochentagen Freitag, Samstag und Sonntag überproportionale Fluchthäufigkeit ersichtlich. Die oben erwähnte Mannheimer Untersuchung bestätigt auch dies.

Tabelle 10: Verkehrsunfallfluchten (VU-Fluchten) nach Wochentagen

München 1976/77 [10]			
Tag	**VU-Fluchten**		**Verkehrsunfälle**
Montag	646 = 13,7 %		4.313 = 14,5 %
Dienstag	664 = 14,1 %	Mittelwert:	4.403 = 14,8 %
Mittwoch	653 = 13,7 %	668 = 14,2 %	4.611 = 15,5 %
Donnerstag	707 = 15,0 %		4.908 = 16,5 %
Freitag	851 = 18,1 %	Mittelwert:	5.355 = 18,0 %
Samstag	675 = 14,3 %	682 = 14,5 %	3.540 = 11,9 %
Sonntag	520 = 11,1 %		2.588 = 8,7 %
	= 4.706		= 29.748
Frankfurt 1988 [11]			
Tag	**VU-Fluchten**		**Verkehrsunfälle**
Montag	929 = 14,0 %		
Dienstag	944 = 14,3 %	Mittelwert:	
Mittwoch	908 = 13,7 %	900 = 14,3 %	
Donnerstag	818 = 12,3 %		
Freitag	1.146 = 17,3 %	Mittelwert:	
Samstag	872 = 13,2 %	895 = 14,2 %	
Sonntag	667 = 10,1 %		
	* = 6.284		= 25.060

Die Mittelwerte für die „Tages-VU-Fluchten" an den drei Wochentagen liegen in der Münchener Erhebung über den Mittelwerten für die übrigen vier Wochentage (Wochenendtage: 14,5 %, übrige Tage: 14,2 %). Für Frankfurt/M. weicht das Ergebnis jedoch ab (Wochenendtage: 14,2 %, übrige Tage: 14,3 %).

Für exakte Feststellungen dürfte hinderlich sein, daß ein mehr oder weniger hoher Satz von VU-Fluchten zeitlich kaum oder gar nicht eingegrenzt werden kann.

7. Die Tatzeiten

Nach den Erhebungen für die alten Bundesländer der Bundesrepublik Deutschland (1984) und München (1976/77) ergibt sich, daß in der die Nacht einschließenden zweiten Tageshälfte (18.00 bis 05.00/06.00 Uhr) die meisten VU-Fluchten begangen werden: in der Bundesrepublik 52,4 %, in München 51,7 % aller VU-Fluchten.

In der Literatur wird auf Grund der Erhebungen festgestellt, daß sich im Vergleich zur Verkehrsunfallhäufigkeit in den Abend- und Nachtstunden ein überproportionaler Fluchtanteil ergibt. Die Gründe dafür liegen auf der Hand: Die Häufigkeit der VU-Flucht ist u. a. von der Verkehrsunfallhäufigkeit, aber auch von einer tatsächlich oder vermeintlich guten Fluchtmöglichkeit (Schutz der Dunkelheit) abhängig. Kleinere Parkkarambolagen etwa fallen in den Abend- und Nachtstunden oft nicht auf; die Passantendichte ist wesentlich geringer als am Tage (siehe Tabelle 11).

Die polizeilichen Erhebungen in München (1976/77), Frankfurt/M. (1988) und Braunschweig (1990/91) haben gezeigt, daß die meisten VU-Fluchten im ruhenden Verkehr begangen werden. Die Mannheimer Untersuchung (1990) kommt zum selben Ergebnis.

Diese Fluchten machten 61,3 % (München) bis 82,6 % (Braunschweig) aller VU-Fluchten aus. Die Braunschweiger Erhebungen zeigen, daß bis zu 68,8 % dieser VU-Fluchten nach Parkkarambolagen verübt wurden. Zumindest für Ballungszentren/ Mittel-/Großstädte dürften diese Ergebnisse repräsentativen Wert besitzen (siehe Tabelle 12).

Ausreichende Materialien über die Gründe und Motive für VU-Fluchten gibt es nicht. Zurückgegriffen werden kann auf die polizeilichen Erhebungen in München (1976/77), Frankfurt/M. (1988) und Braunschweig (1991). Die Mannheimer Untersuchung von 1990 bestätigt auch in diesem Untersuchungsfeld die Ergebnisse von München, Frankfurt/M. und Braunschweig.

Tabelle 11: Verkehrsunfallfluchten (VU-Fluchten) nach Tageszeiten

Bundesrepublik Deutschland 1984		
Unfallzeit:	VU-Fluchten:	Verkehrsunfälle:
05.00 – 07.59	5.971 = 9,4 %	54.943 = 9,2 %
08.00 – 17.59	24.198 = 38,2 %	346.112 = 58,0 %
18.00 – 22.59	16.026 = 25,3 %	131.521 = 22,0 %
23.00 – 04.59	17.144 = 27,1 % = 52,4 %	63.996 = 11,2 %
	= 63.339	= 596.572 (ohne Bagatell-VU)
München 1976/77		
Unfallzeit:	VU-Fluchten:	Verkehrsunfälle:
06.00 – 12.00	966 = 20,5 %	8.032 = 27,0 %
12.00 – 18.00	1.309 = 27,8 %	11.393 = 38,3 %
18.00 – 24.00	1.688 = 35,9 %	7.556 = 25,4 %
24.00 – 06.00	743 = 15,8 % = 51,7 %	2.767 = 9,3 %
	= 4.706	= 29.748
Frankfurt 1988		
Unfallzeit:	VU-Fluchten:	Verkehrsunfälle:
08.00 – 12.00	604 = 14,6 %	
12.00 – 16.00	789 = 19,0 %	
16.00 – 20.00	954 = 23,0 %	
20.00 – 24.00	892 = 21,5 %	
24.00 – 04.00	597 = 14,4 % = 43,4 %	
04.00 – 08.00	311 = 7,5 %	
	= 4.147 (weitere 2.476 nach Tageszeit nicht eingrenzbar)	= 25.060
Osnabrück 1991/92		
Unfallzeit:	VU-Fluchten:	Verkehrsunfälle:
08.00 – 12.00	80 = 16,2 %	
12.00 – 16.00	108 = 21,8 %	
16.00 – 20.00	116 = 23,4 %	
20.00 – 24.00	78 = 15,8 %	
24.00 – 04.00	62 = 12,5 % = 38,6 %	
04.00 – 08.00	51 = 10,3 %	
	= 495 (ausschl. aufgeklärte Fälle)	= 982

Die Motive ergaben sich im Rahmen der polizeilichen Ermittlungen und aus anonymen Befragungen (Frankfurt/M.). Generell dürfte es jedoch schwierig sein, über die VU-Fluchtmotive verläßliche Angaben zu erhalten, weil ein großer Teil der Tatverdächtigen gegenüber der Polizei kaum dazu Angaben macht.

Tabelle 12: Verkehrsunfallfluchten (VU-Fluchten) nach Verkehrsart

	München [12] 1976/77	Frankfurt [13] 1988	Braunschweig [14] 1990	1991
VU-Fluchten insgesamt	4.706	6.623	1.875	1.743
Geschädigte:				
im ruhenden Verkehr in % plus parkende Fahrzeuge in %	2.886 61,3	4.333 65,4	1.484 79,1 1.290 68,8	1.440 82,6 1.192 68,4
im fließenden Verkehr in %	1.148 24,4	1.589 24,0	391 20,9	303 17,4
sonstige/andere Objekte (z. B. Häuser, Zäune, Leitplanken, VZ) in %	672 14,3	701 10,6		

Festgestellte Hauptmotive sind:

– Angst vor Strafe (Motivanteile: 52,5 % bis 93,9 %),
– Vermeidung anderer Unannehmlichkeiten (Motivanteile: 11,7 % bis 32,4 %), siehe hierzu Tabelle 13.

Das wichtigste VU-Fluchtmotiv dürfte „Alkoholgenuß" sein (Motivanteil: 23,5 % bis 73,9 %). Für Bremen (ohne Bremerhaven) wurde polizeilich festgestellt, daß bei den VU-Fluchten, die von der Polizei im Soforteinsatz aufgeklärt werden konnten (im Schnitt 25 %), 1988 in 26,3 %, 1989 in 25,3 % und 1990 in 22,9 % aller VU-Fluchtfälle alkoholbeeinflußte Verkehrsteilnahme vorlag.

Der Verlust des Schadensfreiheitsrabatts bei den Kfz.-Haftpflichtversicherungen (Motivanteile 2,8 % bis 7,7 %) dürfte tatsächlich nicht die mitunter angenommene große Rolle als Fluchtmotiv spielen. Allerdings werden im einschlägigen Schrifttum die Motivanteile „Angst vor Verlust des Schadensfreiheitsrabatts" auf 15 % bis 25 % geschätzt – ohne daß letztlich hinreichend exaktes statistisches Material dafür vorliegt.

Die Bundesländer (Innenministerien, innensenatorische Stellen, im Saarland das Landeskriminalamt) erfassen die Verkehrsunfälle mit Flucht und die Aufklärung des Delikts (Aufklärungsquoten) unterschiedlich, manche Bundesländer gar nicht.

Tabelle 13: Verkehrsunfallfluchten (VU-Fluchten) nach Motiven

	München 1976/77 [15)]	München 1978 [16)]	Braunschweig 1991 [17)]	Frankfurt 1988 [18)]
Tatverdächtige insgesamt: davon auskunftsbereit:	2.963 2.466	1.076 690	705 115	
anonym Befragte: davon auskunftsbereit:				100 88
Tatmotive insgesamt: (z.T. Mehrfachmotive)	2.258	892	115	145
Tatmotive				
A. Angst vor Strafe	1.185 = 52,5 %	522 = 58,6 %	108 = 93,9 %	128 = 88,3 %
Alkohol nachgewiesen	429 = 19,0 %	263 = 29,5 %	85 = 73,9 %	34 = 23,5 %
Alkohol vermutet	558 = 24,7 %	126 = 14,1 %		
Fahren ohne Fahrererlaubnis	161 = 7,1 %	57 = 6,4 %	9 = 7,8 %	9 = 6,2 %
Fzg. war entwendet, unter- schlagen, unbefugt benutzt	37 = 1,6 %	25 = 2,8 %	11 = 9,6 %	4 = 2,8 %
Entziehung der Fahrerlaubnis befürchtet		10 = 1,1 %		58 = 40,0 %
Verdecken anderer Delikte		41 = 4,6 %	3 = 2,6 %	23 = 15,9 %
B. Vermeidung anderer Unannehmlichkeiten	732 = 32,4 %	276 = 30,9 %		17 = 11,7 %
Fzg. gehört nicht dem Fahrer/ Schwierigkeiten erwartet	437 = 19,3 %	92 = 10,3 %		3 = 2,1 %
Verlust Schadensfreiheits- rabatt	175 = 7,7 %	59 = 6,6 %		4 = 2,8 %
wegen des Insassen werden Schwierigkeiten befürchtet	120 = 5,3 %			1 = 0,7 %
berufliche Probleme		32 = 3,6 %		3 = 2,1 %
Zeitverlust		31 = 3,5 %		6 = 4,1 %
Ansehensbeschädigung		8 = 0,9 %		
C. Sonstige Motive	341 = 15,1 %	94 = 10,5 %	7 = 6,1 %	

II. Hintergründe und Sanktionen

1. Schwerer VU – hohe Aufklärungsquote

Für die Jahre 1985 bis 1991 ergibt sich somit ein unvollständiges, im großen und ganzen jedoch aussagekräftiges Bild:

- Die Verkehrsunfallzahlen der Jahre 1990/91 liegen grundsätzlich über denen des Jahres 1985 (Ausnahme: Saarland 1991).
- Die absoluten Zahlen der VU-Fluchten haben sich 1990/91 gegenüber denen des Jahres 1985 erhöht. Mit Ausnahme der Länder Schleswig-Holstein (1990) und – bedingt – Berlin gilt das auch für die VU-Fluchtquoten.
- Gegenüber 1985 (Länderdurchschnitt 45,69 %) sind die polizeilichen Aufklärungsquoten bei den VU-Fluchten deutlich gesunken (Länderdurchschnitt 1990: 41,96 %, 1991: 41,93 %).

Soweit die polizeilichen Aufklärungsquoten aufgeschlüsselt werden können, zeigt sich trotz aller fehlerhaften und unvollständigen Statistiken: Die Aufklärungsquote steigt mit der Schwere des Verkehrsunfalls, nach dem die VU-Flucht begangen wurde.

Polizeiliche Aufklärungsquoten nach Verkehrsunfällen mit

- Toten: zwischen 71 % (Baden-Württemberg) und 100 % (Frankfurt/M.),
- mit Verletzten: zwischen 56 % (Baden-Württemberg) und 63,6 % (Frankfurt/M.),
- mit Sachschaden: zwischen 38 % (Baden-Württemberg) und 54,1 % (Nordrhein-Westfalen).

In der Literatur – soweit hierzu vorhanden – wird bei VU-Fluchten nach tödlichen Verkehrsunfällen von einer polizeilichen Aufklärungsquote von 80 % bis 100 % ausgegangen.

Tabelle 14 (1. Teil): Straßenverkehrsunfälle, Verkehrsunfallfluchten
– Fluchtquoten und Aufklärungsquoten

	SH [1]	HH [1]	NI	HB [2][3]	NRW	BW [1]
1985:						
VU	81.058	57.270	197.404	17.245	492.124	257.626
VU mit Flucht	14.100	10.987	30.381	3.439	75.581	45.345
Fluchtquote (%)	17,39	19,18	15,39	19,94	15,36	17,60
Aufklärung			14.922	1.443	33.317	
Aufkl.-Quote (%)			49,12	41,96	44,08	
1986:						
VU	85.183	61.096	209.811	18.013	521.255	272.431
VU mit Flucht	14.954	11.946	31.836	3.487	78.930	47.453
Fluchtquote (%)	17,40	19,55	15,17	19,36	15,14	17,42
Aufklärung			15.374	1.318	33.784	
Aufkl.-Quote (%)			48,29	37,80	43,80	
1987:						
VU	85.749	64.651	217.388	18.567	541.715	273.702
VU mit Flucht	15.303	12.364	33.732	3.602	84.004	48.197
Fluchtquote (%)	17,85	17,85	15,52	19,40	15,51	17,61
Aufklärung			16.152	1.298	35.824	
Aufkl.-Quote (%)			47,88	36,04	42,65	
1988:						
VU	92.435	65.898	222.681	20.225	563.793	276.711
VU mit Flucht	14.829	12.865	34.354	3.898	85.664	49.001
Fluchtquote (%)	16,04	19,52	15,43	19,27	15,19	17,71
Aufklärung			16.075	1.331	38.648	
Aufkl.-Quote (%)			46,79	34,15	45,12	
1989:						
VU	91.579	64.279	219.401	19.640	553.814	269.168
VU mit Flucht	15.008	12.849	33.942	3.767	87.933	48.891
Fluchtquote (%)	16,39	19,99	15,74	19,18	15,88	18,16
Aufklärung			15.112	1.350	40.273	
Aufkl.-Quote (%)			44,52	35,84	45,80	
1990:						
VU	96.027	65.723	227.504	19.197	543.482	269.075
VU mit Flucht	15.972	12.797	36.212	3.850	89.240	49.476
Fluchtquote (%)	16,63	19,47	15,92	20,02	16,42	18,39
Aufklärung			15.887	1.336	39.751	
Aufkl.-Quote (%)			43,87	34,70	44,54	
1991:						
VU	93.291	62.990	221.490	17.765	524.987	260.268
VU mit Flucht	16.530	13.179	36.136	3.836	87.763	49.084
Fluchtquote (%)	17,72	20,92	16,31	21,59	16,72	18,86
Aufklärung			15.668		38.113	
Aufkl.-Qutoe (%)			43,36		43,43	

[1] = Aufklärungsquote wird auf Landesebene nicht erfaßt
[2] = Statistisches Material für weitere Jahre nicht (mehr) vorhanden
[3] = ohne Bremerhaven
Quellen: Innenministerien/Innensenatorische Stellen, LKA Saarland

Tabelle 14 (2. Teil): Straßenverkehrsunfälle, Verkehrsunfallfluchten
– Fluchtquoten und Aufklärungsquoten

	RhPf	HE [1]	Bay [2]	SL	BE
1985:					
VU	120.580	176.533		33.692	95.531
VU mit Flucht	20.400			6.500	17.635
Fluchtquote (%)	16,92			19,29	18,46
Aufklärung	9.500			2.644	9.126
Aufkl.-Quote (%)	46,57			40,68	51,75
1986:					
VU	124.246	182.414		34.492	99.710
VU mit Flucht	21.136	38.546		6.936	18.513
Fluchtquote (%)	17,01	21,12		20,11	18,57
Aufklärung	9.650			2.508	9.387
Aufkl.-Quote (%)	45,66			36,16	50,70
1987:					
VU	127.294	186.233		34.887	104.402
VU mit Flucht	22.043	40.132		6.999	19.892
Fluchtquote (%)	17,32	21,55		20,06	19,05
Aufklärung	9.712			2.567	10.007
Aufkl.-Quote (%)	44,06			36,68	50,31
1988:					
VU	129.730	190.593		34.975	101.506
VU mit Flucht	22.248	40.326		7.347	19.281
Fluchtquote (%)	17,15	21,16		21,01	18,99
Aufklärung	9.974			2.627	9.668
Aufkl.-Quote (%)	44,83			35,76	50,14
1989:					
VU	127.127	187.160		34.184	103.911
VU mit Flucht	22.840	43.038		7.497	19.586
Fluchtquote (%)	17,97	22,46		21,93	18,85
Aufklärung	10.058			2.544	10.069
Aufkl.-Quote (%)	44,04			33,93	51,41
1990:					
VU	125.596	186.896	347.636	34.789	*125.926
VU mit Flucht	22.916	42.298	57.062	7.970	22.427
Fluchtquote (%)	18,25	22,63	16,41	22,91	17,81
Aufklärung	9.750		24.708	2.531	11.892
Aufkl.-Quote (%)	42,55		43,30	31,76	53,03
1991:					
VU	122.794	181.476	340.558	33.102	**162.759
VU mit Flucht	23.429	43.573	57.474	7.049	33.962
Fluchtquote (%)	19,10	24,01	16,88	21,29	16,79
Aufklärung	9.775		24.197	2.219	16.796
Aufkl.-Quote (%)	41,72		42,10	31,48	49,46

[1] = Aufklärungsquote wird auf Landesebene nicht erfaßt
[2] = Statistisches Material für weitere Jahre nicht (mehr) vorhanden
* = ab 1.1.1990 Zahlen für Gesamtberlin
enthalten
** = Zahlen für Gesamtberlin
Quellen: Innenministerien/Innensenatorische Stellen, LKA Saarland

175

Tabelle 15: Verkehrsunfallfluchten (polizeilich geklärte Fälle)[19]

Aufklärung (%) in: VU-Flucht nach	Frankfurt 1988	Rhld.- Pfalz	Hessen 1989	Nordrh.- Westf. 1989	Baden- Württbg. 1991	Braun- schweig 1991
tödlicher VU	100,0	ca. 90		62,9	ca. 71	
VU m. Pers.- Schaden	63,6		ca. 60	60,3	ca. 56	56,1
VU m. Sachschaden	50,8			54,1	ca. 38	39,7

2. Abgeurteilte – Verurteilte

Hinsichtlich der gerichtlichen Sanktionen (Aburteilungen/Verurteilungen) der VU-Fluchten nach Verkehrsunfällen ohne Personenschaden (nur Verkehrsunfälle mit schwerem und leichtem Sachschaden) ist festzustellen:

- Die Zahl der wegen VU-Flucht Abgeurteilten ist im Zeitraum 1976 bis 1989 zunächst (bis 1981 rd. 59.000) gestiegen, dann aber wieder mit wechselndem Verlauf gefallen (1989 rd. 54.000).
- Ein entsprechendes Bild ergibt sich bei den wegen VU-Flucht Verurteilten.

Grundsätzlich liegt die Zahl der Verurteilten um rd. 25 % unter der Zahl der Abgeurteilten.

Tabelle 16: Wegen Verkehrsunfallflucht (VU-Flucht) nach Verkehrsunfällen – ohne Personenschaden – Abgeurteilte und Verurteilte im Bundesgebiet 1976 – 1989

Jahr	VU ohne Personenschaden	Abgeurteilte	Verurteilte	in %
1976	1.058.829	43.524	35.415	81,36
1977	1.144.346	48.782	38.642	79,21
1978	1.238.835	52.377	40.749	77,29
1979	1.293.180	55.610	42.621	76,64
1980	1.305.369	56.974	43.338	76,06
1981	1.315.880	58.944	44.650	75,74
1982	1.270.396	57.506	43.859	76,26
1983	1.318.827	56.092	43.138	76,88
1984	1.421.333	53.807	40.977	76,15
1985	1.512.550	54.098	41.067	75,91
1986	1.593.674	53.961	40.590	75,22
1987	1.651.982	54.595	40.780	74,69
1988	1.680.349	54.813	40.959	74,72
1989	1.654.183	54.449	41.072	75,43

Anhand des unvollständigen statistischen Materials läßt sich nicht ersehen, wieviele der von der Polizei als VU-Flüchtige Ermittelten wegen VU-Flucht nach Verkehrsunfällen mit Sachschaden auch abgeurteilt bzw. rechtskräftig verurteilt wurden.

Aus dem Innenministerium Schleswig-Holstein war zu erfahren, daß in Schleswig-Holstein nur etwa 10 % der insgesamt ermittelten VU-Flüchtigen verurteilt werden. Geht man davon aus, daß 1989 die Polizei im alten Bundesgebiet in ca. 350.000 VU-Fluchtfällen ermittelte, daß etwa 90 % aller VU-Fluchten nach Verkehrsunfällen mit Sachschaden begangen werden und daß die Aufklärungsquote bei solchen VU-Fluchten ca. 40 % beträgt, dann wären 1989 etwa ein Drittel (Maximalwert) aller nach Verkehrsunfällen mit Sachschaden Ermittelten verurteilt worden. Ist dieses Ergebnis eine Folge der ungenügenden kriminalistischen Beweisführung am Fall oder der Großzügigkeit der Gerichte?

3. Jung, vorbestraft oder betrunken?

Im Schnitt waren

- ca. 15 % der wegen VU-Flucht nach Verkehrsunfällen mit Sachschaden Verurteilten Frauen,
- ca. 27 % der wegen VU-Flucht nach Verkehrsunfällen mit Sachschaden Verurteilten bereits vorbestraft,
- ca. 11 % der wegen VU-Flucht nach Verkehrsunfällen mit Sachschaden Verurteilten Nichtdeutsche.

Tabelle 17: Wegen Unfallflucht nach Verkehrsunfällen ohne Personenschaden Abgeurteilte und Verurteilte im Bundesgebiet (ab 1976)

Jahr	Abgeurteilte			Verurteilte				
	männlich	weiblich	insgesamt	männlich	weiblich	insgesamt	Vorbestrafte	Ausländer
1976	38.634	4.890	43.524	31.795	3.620	35.415	9.237	3.606
1977	42.777	6.005	48.782	34.356	4.286	38.642	10.177	3.881
1978	45.498	6.879	52.377	35.925	4.824	40.749	11.187	3.993
1979	45.133	7.477	55.610	37.466	5.155	42.621	12.029	4.090
1980	49.201	7.773	56.974	37.964	5.374	43.338	12.411	4.451
1981	50.677	8.267	58.944	39.016	5.634	44.650	13.354	4.924
1982	49.022	8.484	57.506	37.952	5.907	43.859	13.236	4.755
1983	47.583	8.509	56.092	37.082	6.056	43.138	13.088	4.417
1984	45.277	8.530	53.807	34.986	5.991	40.977	12.573	4.166
1985	45.238	8.860	54.098	34.825	6.242	41.067	12.699	4.131
1986	44.998	8.963	53.961	34.367	6.223	40.590	12.637	4.256
1987	45.282	9.313	54.595	34.397	6.383	40.780	12.503	4.391
1988	45.200	9.613	54.813	34.294	6.665	40.959	11.458	4.588
1989	45.149	9.300	54.449	34.545	6.527	41.072	11.132	5.012

Die Altersgruppe der 18- bis 25jährigen ragt unter den wegen VU-Flucht nach Verkehrsunfällen mit Sachschaden Verurteilten – abgestellt auf ihren Bevölkerungsanteil von ca. 11 % – mit Anteilen zwischen 25,6 % (1951, 1952) und 36,7 % (1982, 1986) besonders heraus.

Bei rd. 24 % aller wegen VU-Flucht nach einem Verkehrsunfall mit Sachschaden Verurteilten (Zeitraum 1976 bis 1989) spielte Alkohol eine tatentscheidende Rolle. Dieser Prozentanteil galt in etwa auch für die Gruppe der 18- bis 25jährigen wegen VU-Flucht nach einem Verkehrsunfall mit Sachschaden Verurteilten.

Tabelle 18: Wegen Unfallflucht nach Verkehrsunfällen ohne Personenschaden Verurteilte im Bundesgebiet – Lebensalter und Alkoholeinfluß (ab 1976)

Jahr	unter 18 Jahre		18 – 25 Jahre		25 – 40 Jahre		40 – 60 Jahre		60 und mehr Jahre		Insgesamt	
	Flucht-unfälle	darunter in Trunkenheit	Flucht-unfälle	darunter in Trunkenheit	Flucht-unfälle	darunter in Trunkenheit	Flucht-unfälle	darunter in Trunkenheit	Flucht-unfälle	darunter in Trunkenheit	Flucht-unfälle	darunter in Trunkenheit
1976	786	170	12.434	2.907	14.226	3.428	6.328	1.661	1.641	228	35.415	8.394
1977	887	203	13.668	3.108	15.045	3.519	7.177	1.793	1.865	249	38.642	8.872
1978	1.002	206	14.552	3.265	15.380	3.776	7.973	2.067	1.842	213	40.749	9.527
1979	1.058	205	15.523	3.353	15.629	3.742	8.530	2.096	1.881	231	42.621	9.627
1980	1.171	210	15.678	3.439	15.667	3.784	8.823	2.138	1.999	258	43.338	9.829
1981	1.069	223	16.362	3.517	15.661	3.916	9.461	2.457	2.097	272	44.650	10.385
1982	1.068	183	16.096	3.650	15.075	3.972	9.494	2.486	2.126	288	43.859	10.579
1983	998	201	15.800	3.562	14.446	3.954	9.519	2.604	2.375	369	43.138	10.690
1984	886	152	14.933	3.246	13.700	3.701	9.085	2.453	2.373	282	40.977	9.834
1985	849	161	15.040	3.246	13.657	3.746	9.109	2.445	2.412	324	41.067	9.922
1986	770	152	14.890	3.089	13.339	3.488	9.077	2.291	2.514	312	40.590	9.332
1987	669	141	14.683	3.062	13.621	3.568	9.221	2.285	2.606	245	40.780	9.301
1988	655	133	14.103	3.033	14.406	3.874	9.015	2.303	2.780	330	40.959	9.673
1989	592	127	13.324	3.149	15.001	4.338	9.192	2.600	2.963	396	41.072	10.612
1990												11.183

Bei der Gruppe der 25- bis 40jährigen der wegen VU-Flucht nach einem Verkehrsunfall mit Sachschaden Verurteilten war Alkohol sogar in bis zu 28 % der Fälle relevant.

Bei mehr als einem Zehntel (11,7 %) aller 1991 gem. § 69 StGB gerichtlich angeordneten Entziehungen der Fahrerlaubnis (Kl. 1 bis 5) erfolgten die Entziehungen wegen VU-Flucht, überwiegend wegen VU-Flucht mit Alkohol.

Tabelle 19: Entziehungen der Fahrererlaubnis Kl. 1 – 5 durch die Gerichte 1991
– Gebiet der alten BRD einschließlich Berlin-West –

Entziehungen insgesamt:	133.407	
davon wegen VU-Flucht: VU-Flucht in Trunkenheit VU-Flucht ohne Trunkenheit	15.067 9.226 6.381	11,70 %
davon wegen Trunkenheit: (mit und ohne VU)	112.235	84,13 %

Die Gruppe der 18- bis 25jährigen war von den Fahrerlaubnisentziehungen wegen VU-Flucht mit rd. 29 % überproportional betroffen.

Tabelle 20: Entziehungen von Fahrererlaubnissen Kl. 1 bis 5 gem. § 69 StGB durch die Gerichte 1991 nach Altersgruppen – alte Bundesländer –

	Unter 18	18–21	21–25	25–30	30–40	40–50	50–60	60–70	über 70
Entziehungen (insges. 131.866)	314	10.640	22.123	24.893	33.612	22.518	13.787	3.232	747
davon wegen VU-Flucht (insges. 15.607)	22	1.603	2.889	2.963	3.753	2.220	1.448	463	246
darunter VU-Flucht mit Alkohol (insges. 9.226)	2	808	1.639	1.714	2.388	1.442	929	245	59
darunter VU-Flucht ohne Alkohol (insges. 6.381)	20	795	1.250	1.249	1.365	778	519	218	187

III. Prognose und Prävention

1. Die Hochrechnung aus der Vergangenheit

Die zutreffende Prognose ist die Voraussetzung für die Auswahl richtiger Präventionsmaßnahmen. Die Hochrechnung von Entwicklungen, die seit Jahrzehnten anhalten, scheint noch die einfachste Art der Vorausschau zu sein.

Von einer weiteren Vergrößerung des Kfz.-Bestandes in der Bundesrepublik Deutschland während der nächsten zehn Jahre darf wohl ausgegangen werden. Auch darf – bis auf weiteres – mit einer weiteren Steigerung der jährlichen Fahrleistungen der Kraftfahrzeuge gerechnet werden. Ob und in welchem Ausmaß zu erwartende Preiserhöhungen für Benzin und Dieselkraftstoff die jährlichen Fahrleistungen der Kraftfahrzeuge reduzieren werden, bleibt offen. Sicherlich werden diese drei Faktoren die Entwicklung der Verkehrsunfallzahlen beeinflussen.

Ausgehend von der Tatsache, daß die Anzahl der VU-Fluchten in den alten Bundesländern 1991 deutlich über der Anzahl der VU-Fluchten des Jahres 1985 lag, spricht alles für eine weitere Zunahme der VU-Fluchten. Dieser Zahlenvergleich stellt m. E. eine seriöse Basis für eine nicht nur rein spekulative Prognose der Entwicklung der VU-Fluchten dar. Hauptsächlich ist eine Zunahme der VU-Fluchten nach Verkehrsunfällen mit Sachschaden zu erwarten. Von Bedeutung für die Entwicklung der VU-Fluchtzahlen ist sicherlich auch die zunehmende Internationalisierung des Kfz.-Verkehrs.

2. Die Erziehung zur Selbstdisziplin

In der Literatur wird im allgemeinen angenommen, daß es kaum hinreichende Mittel, Methoden und Möglichkeiten gibt, den VU-Fluchten mit einiger Erfolgsaussicht präventiv zu begegnen. Kriminologen, Soziologen und Psychologen haben ihre Schwierigkeiten mit dem bürgerlichen Massendelikt VU-Flucht. Die ehrbaren Feigen, die erschreckten Sachbeschädiger, die vorsichtigen Verantwortungslosen sind ja „eigentlich keine Straftäter". Die vorliegenden empirischen Untersuchungen über das Täterverhalten und über die Tatmotive sind unter Präventionsaspekten nur begrenzt anregend.

Rein theoretisch weiß jeder Unfallbeteiligte, daß er zumindest eine moralische Verpflichtung hat, nach einem Verkehrsunfall zu seiner Verantwortung gegenüber dem Geschädigten zu stehen. Er weiß, daß es gesetzliche Verpflichtungen (§ 34 StPO, § 142 StGB) gibt, die ihn zum Verbleiben an der Unfallstelle und zum Offenbaren seiner Unfallbeteiligung anhalten.

Ein sicherlich nicht kleiner Teil von Unfallbeteiligten sieht für sich nach dem Unfall sofort handfeste Gründe zur Flucht, um Nachteile (z. B. Verlust des Schadensfreiheitsrabatts, Entdeckung der Trunkenheitfahrt, des Autodiebstahls) zu vermeiden.

Viele Verkehrsunfallbeteiligte befinden sich unmittelbar nach dem Verkehrsunfall in einem starken Spannungszustand, der Fluchtreaktionen begünstigt oder auslöst. In der Psychologie wird dieses Flüchten als natürliche und emotionale (Ur-)Triebreaktion des Menschen beschrieben. Belastungen und negativen Folgen weicht der Mensch durch räumliches Entfernen, d. h. Flucht aus.

Dieser Erklärungsansatz macht verständlich, warum die VU-Flucht ein Massendelikt ist, das unabhängig von Bildung, Einkommen und sozialer Stellung durch Personen aus allen Bevölkerungsschichten begangen wird. Von der Wissenschaft als ein überwiegend psychologisches Problem herausgestellt, wird deutlich, daß kurzfristig eine wirkungsvolle Prävention der VU-Flucht mit den begrenzten Möglichkeiten der Polizei nicht zu erreichen ist.

Es ist nicht zu übersehen, daß die stark individualistische Kultur der Gegenwart das Denken und das Handeln der Menschen weithin antipräventiv beeinflußt. Alles wird in den Dienst des Individuums und seiner Selbstverwirklichung gestellt[20]. Die ethischen Verpflichtungen werden von einer Mehrheit höchst individualistisch definiert. Ethisch handeln heißt dann, vor sich selbst bestehen zu können. Jeder Mensch ist sich selbst oberste Instanz[21]. In dieser Entwicklung soll der Mensch durch eine Rechtsordnung nach Möglichkeit nicht an eine Gemeinschaft gebunden werden. Zahlreiche Maßnahmen lösen nach und nach rechtlich zwingende Organisationsformen (wie z. B. den gemeinsamen Familientraum) zugunsten individualistischer Gestaltungsformen auf. Das Erziehungsziel der Unabhängigkeit und Selbständigkeit führt dazu, Normen zu hinterfragen, bevor sie angenommen werden. Diese anerzogene Denkweise schwächt die Akzeptanz von Normen sowohl mental als auch funktional.

Nach dem Augenblick des Verkehrsunfalls steht das dergestalt mental ausgestattete, zeitgeistig angepaßte Individuum im Wettbewerb gegen die Gemeinschaft, deren hochrangige Umgangsregeln es verletzt hat, deren Notwendigkeit aber aus rationalen Gründen noch zu bejahen sind. Auch die Individualrechte sind durch die rechtlichen Folgen des Unfalls bedroht. Allein schon die wirtschaftlichen Nachteile sind möglicherweise beträchtlich. Geld ist geronnene Freiheit. Die individuelle Freiheit ist das Höchste – und so entscheidet sich der Unfaller blitzschnell, sich eher gegen die ihn benachteiligenden Ausgleichsforderungen der Gemeinschaft zu stellen, als Einbußen an Freiheit hinzunehmen.

3. Trieb und die Anpassungsnormen

Nicht zu übersehen ist, daß dem noch nicht abgeschlossenen Prozeß der Domestikation des Menschen durch jede Verkehrsunfallflucht ein Rückständigkeitszertifikat ausgestellt, eine Rückfallbescheinigung erteilt wird.

Das Ereignis eines Verkehrsunfalls trifft – unbeschadet seiner Größe und Qualität – auf eine Hierarchie von Instinkthandlungen, auf ein Motivationssystem, das den Mensch biogenetisch vorbestimmt zur Nahrungsaufnahme, zur Fortpflanzung, zum Angriff oder zur Flucht programmiert. Endogene und exogene Faktoren, die nicht meßbar und vor dem Ereignis nicht ausreichend deutlich bestimmbar sind, entscheiden in welcher Weise sich Handlungen zeigen, die durch Schlüsselreize ausgelöst werden. Im günstigsten Fall läßt sich aus der Handlung die Motivation, d. h. die Bereitschaft zum Handeln, ablesen.

Die VU-Flucht stellt sich in einem komplexen Geschehen als Triebhandlung dar, über die der Mensch nicht mehr planerisch nachdenken muß, um sie praktizieren zu können. Der Verkehrsunfall trifft von außen die Psyche der Verunfallten als Reiz, der spontan handeln läßt.

Nur durch gewaltige Erziehungsanstrengungen würden sich solche genetischen Vorgaben einfangen lassen. Da aber das Verhalten eines jeden Menschen an seine Umgebung angepaßt und im sozialen Bereich auf die Bedingungen der belebten und unbelebten Umwelt abgestimmt ist, werden solche zu spät und vielleicht ausschließlich in der Fahrschule angesetzten präventiv-edukatorischen Bemühungen durch den „Zeitgeist" konterkariert[22]. Die Weichen für die Zunahme der VU-Fluchten sind damit gestellt.

Die soziale Verbindlichkeit von Normen, die auf dem Prinzip der Gegenseitigkeit beruht, schwindet in der Summe der Individualansprüche. Auch und gerade die anonyme Großgruppe „Staatsverband" kann dann kein jeden Kraftfahrer erfassendes künstliches Gruppenethos mehr schaffen, das zum kollektiv verordneten Standhalten gegen das individuelle Flüchten verpflichtet.

In der Verkehrsunfallflucht zeigt sich ein funktionelles Wechselspiel zwischen (unzulänglicher) mentaler Gebundenheit und individueller Handlungsfreiheit. Der Verunfallte „entscheidet sich" im Augenblick der VU-Flucht für eine genetische Primärnorm, die ihm eine höchstpersönliche Überlebenschance verspricht. Genetische Primärnormen müssen ggf. durch soziale Sekundärnormen angepaßt werden, wenn dies das soziale Zusammenleben erfordert. Der darauf gerichtete Erziehungsansatz müßte die Selbstüberwindung (des Fluchttriebes) auch im Falle eines freiheitseinschränkenden (mit nachfolgendem Geldverlust etc. verbundenen) Verkehrsunfalls anstreben. Dahinter müßte die präventionsorientierte Forderung stehen, im Dienste einer „höheren Sache", zu Gunsten „hochrangiger Wertvorstellungen" gegen eigene tiefverwurzelte Neigungen zu handeln[23].

Wer aber würde diese Vorstellungen – dazu noch als eine aus Vorbeugungsgründen notwendige mentale Veränderung gegen die mächtigen anti- und apräventiven Zeitströme – vertreten und durchsetzen wollen und können? Mit der Beantwortung dieser Fragen wird über die Präventabilität des Delikts „Verkehrsunfallflucht" entschieden.

4. Die handwerkliche Vorbeugung

Ist die Mentalität kaum zu ändern und bleiben auch die Funktionen der Verkehrsteilnehmer nur begrenzt beeinflußbar, so müssen Veränderungen in der Logistik und Ausbildung gesucht werden.

Dazu gehört auch die Beschaffenheit der Parkplätze. Die wohl größte Zahl von VU-Fluchten wird nach Parkkarambolagen begangen. Die Raumverhältnisse auf Parkplätzen (insbesondere durch die Größe und die Anordnung der Kfz.-Einstellplätze und Fahrgassen bedingt) sollten kritisch auf Benutzerfreundlichkeit überprüft werden. Es müßte sichergestellt werden, daß das Ein- und Ausparken auch für Fahranfänger und Fahrer großer Pkw auf allen öffentlichen Parkplätzen ohne mehrmaliges Rangieren möglich ist. Unbehinderte Aus- und Einfahrt reduziert die Gefahr von Kollisionen mit anderen Kraftfahrzeugen und damit die Tatgelegenheiten und die VU-Fluchtanlässe.

Jeder Pkw, der aus dem Tagesverkehr auf den Stadtstraßen verschwindet, verringert die Unfallgefahren. Eine Vielzahl von VU-Fluchten (insbesondere in Mittel- und Großstädten) wird nach Karambolagen im ruhenden Verkehr bzw. nach Kollisionen des fließenden Verkehrs mit geparkten Fahrzeugen begangen. Eine stärkere Propagierung des Park-and-Ride-Verkehrs könnte berechenbare Entlastungen bringen.

Mit der durch den Park-and-Ride-Verkehr zu erzielenden Verminderung der Verkehrsfrequenz in den Innenstädten und in den Kernbereichen der Städte würde es zu einer Reduzierung der unfallträchtigen Situationen und daraus folgend zu einer Reduzierung der VU-Fluchten kommen.

Die Schulen und Fahrschulen sollten in der Verkehrserziehung und beim Fahrschulunterricht zu einer generellen Präventionslehre verpflichtet werden. Es sollte rechtzeitig das Verhalten der Verkehrsunfallbeteiligten nach einem Verkehrsunfall nicht nur unter dem Aspekt der gesetzlichen Verpflichtung zur Offenbarung der Unfallbeteiligung behandelt werden, sondern auch unter dem moralischen, ethischen Gebot des Einstehens für eigenes Fehlverhalten. Die Vielzahl der Verkehrsunfälle mit VU-Fluchten sind immer Symptome für eine Flucht vor der eigenen Verantwortung. Solchen Verantwortungslosigkeiten ist pädagogisch gegenzusteuern, um dem moralischen und ethischen Gebot des Ein- und Geradestehens für das eigene Fehlverhalten (wieder) mehr Geltung zu verschaffen.

Verkehrsunfallbeteiligte, die sich am Unfallort im Hinblick auf ihre Verpflichtung gegenüber dem Geschädigten korrekt und kooperativ verhalten haben, sollten gelegentlich mit Hilfe der Medien öffentlich gelobt werden, selbst wenn sie den Unfall schuldhaft verursacht haben sollten. Das Präsentieren vorbildlicher, mutiger Bürger könnte als Teil einer durchgängigen Präventionsstrategie auch gegen VU-Fluchten wirksam sein. Es käme auf den Versuch an.

Sicherlich könnte auch durch eine Verbesserung der unfallkriminalistischen Beweis- und Überführungsmethoden und -techniken eine höhere Aufklärungsquote erreicht werden. Eine Steigerung der Abschreckung (auch durch anschließende Schadenersatz fordernde Zivilprozesse) wäre wahrscheinlich.

Fußnotenverzeichnis

1) Ohder/Bruckmeier in „Verkehrsunfallflucht – Eine empirische Untersuchung", 1989

2) d. h. Fremdschaden von mehr als 3.000,– DM

3) 2. Halbjahr 1976 und Mitte Mai bis Mitte Juni 1977

4) Fremdschaden bis 1.000,– DM

5) Fremdschaden bis 3.000,– DM

6) Fremdschaden bis 5.000,– DM

7) nach Untersuchung PP München (1977)

8) nach Rainer Brüssow, Unfallflucht – ein Massendelikt, Polizei, Verkehr, Technik, 1989, S. 302 ff.

9) nach Jahresstatistik 1991 PD Braunschweig, Zentraler Verkehrsdienst – VUD/ ErmGr. A –

10) nach Untersuchung PP München für das 2. Halbjahr 1976 und Mitte Mai bis Mitte Juni 1977

11) Brüssow, Rainer, a.a.O.

12) Untersuchung PP München, 2. Halbjahr 1976 u. Mitte Mai bis Mitte Juni 1977

13) Brüssow, Rainer, a.a.O.

14) nach Jahresstatistik 1991 PD Braunschweig, Zentraler Verkehrsdienst – VUD/ ErmGr. A –

15) Erhebung PP München 1977, 2. Halbj. 1976 u. Mitte Mai bis Mitte Juni 1977

16) Erhebung PP München 1978, 01.04. bis 30.06.1978

17) Jahresstatistik 1991, PD Braunschweig, Zentraler Verkehrsdienst – VUD/Erm-Gr. A –

18) Brüssow, Rainer, a.a.O.

19) Brüssow, Rainer, a.a.O.; Pressemitteilungen/Mitteilungen der Innenministerien Jahresstatistik 1991 PD Braunschweig – ZVD/VUD –

20) Miegel, Meinhard/Wahl, Stefanie, Das Ende des Individualismus, Die Kultur des Westens zerstört sich selbst, Aktuell, Bonn, 1993, S. 143

21) Miegel/Wahl, a.a.O.

22) Immelmann, Klaus, Einführung in die Verhaltensforschung, 3. Aufl., Paul Parey, Berlin, 1983

23) Eibl-Eibesfeldt, Irenäus, Die Biologie des menschlichen Verhaltens, Grundriß der Humanethologie, Piper, München, 1984

Weiterführende Literaturhinweise

Anton, Peter Johannes, Bedingter Vorsatz beim Vergehen der Verkehrsunfallflucht (§ 142 StGB), jur. Diss., Frankfurt, 1980, 305 S.

Bär, Hanns/Hauser, Josef, Unfallflucht, Unerlaubtes Entfernen vom Unfallort, Kommentar, R. S. Schulz, Starnberg-Percha, 1991

Brandl, Johann, Eine Familientragödie; in: Polizei in Bayern, Nürnberg, 1984, S. 17 – 18

Brettel, H. F., Entwicklung der Verkehrsunfallflucht im Raum Frankfurt am Main am Beispiel des Jahres 1979; in: Medizin und Recht, Berlin, 1986, S. 706 – 712

Brühning, Ekkehard/Schmid, Manfred, Charakteristische Umstände bei Unfallflucht; in: Zeitschrift für Verkehrssicherheit, 1987, S. 109 ff.

Brüssow, Rainer, Unfallflucht – ein Massendelikt, PVT 9/1989, S. 302 ff.

Brüssow, Rainer, Unfallflucht – ein Massendelikt; Kriminologische Untersuchung von Unfallfluchtdelikten 1988; in: Polizei in Frankfurt am Main '89, Nürnberg, 1989, S. 4 – 8

Brutscher, Bernd, Verkehrsstraftaten; Leitfaden für Ausbildung, Fortbildung und Praxis, Hilden, Verl. Dt. Polizeiliteratur, 1991

Bucherer, Rolf, Unfallfluchtermittlungen, Leitfaden, Borberg, Stuttgart

Cramer, Peter, Kriminalisierung der Unfallflucht als kriminalpolitisches Problem; in: Strafrechtsreform in Polen und Deutschland, Baden-Baden, 1991, S. 415 – 428

Eisenberg, Ulrich/Ohder, Claudius/Buckmeier, Karl, Verkehrsunfallflucht, Eine empirische Untersuchung zu Reformmöglichkeiten, de Gruyter, Berlin, 1989

Eisenberg, Ulrich, Bemerkungen zu einem Forschungsobjekt mit dem Ziel einer Prognose (bzw. Abschätzung) der Wirkung von Maßnahmen zur Senkung der Fluchtrate nach Sachschadensunfall im Straßenverkehr; in: Kriminalität, Heidelberg, 1990, S. 549 – 560

Eisenberg, Ulrich, Empirische Untersuchungen zur Verkehrsunfallflucht (§ 142 StGB); in: Strafrechtsreform in Polen und Deutschland, Baden-Baden, 1991, S. 389 – 404

Gardocki, Lech, Kriminalisierung der Unfallflucht als kriminalpolitisches Problem; in: Strafrechtsreform in Polen und Deutschland, Baden-Baden, 1991, S. 405 – 413

Geppert, Klaus, Unfallflucht (§ 142 StGB) in strafrechtlicher Sicht; in: Strafrechtsreform in Polen und Deutschland, Baden-Baden, 1991, S. 341 – 360

Himmelreich, Klaus/Bücken, Michael, Verkehrsunfallflucht: Verteidigerstrategien im Rahmen des § 142 StGB, C. F. Müller, Heidelberg, 1991

Hirschmann, Johannes, Fahrerflucht: Schreck- und Panikreaktionen; in: Kriminalbiologische Gegenwartsfragen, Stuttgart, 1960, S. 44 – 56

Horter, Ferdinand, Wenn Autofahrer nach einem Unfall das Weite suchen; in: Landeshauptstadt Düsseldorf und die Polizei, Düsseldorf, 1976, S. 77 – 79

Huber, Helmut, Unerlaubtes Entfernen vom Unfallort; in: Kriminologie der Einzeldelikte, Münster, 1985, S. 15 – 29

Kraftfahrt-Bundesamt, Statistische Meldungen, Heft 4/1992

Krimmich, Heinz, Verkehrsunfallflucht: Möglichkeiten der Kriminaltechnik; in: Baden-Württembergische Polizei '81, Stuttgart, 1981, S. 58 – 61

Krimmich, Heinz, Verkehrsunfallflucht: Möglichkeiten der Kriminaltechnik; in: Technik im Dienst der Polizei – Chance oder Risiko? Stuttgart, 1986, S. 71 – 75

Kraus, Kurt, Unerlaubtes Entfernen vom Unfallort: Eine Betrachtung zur Reform des § 142 StGB; in: Polizei in Frankfurt am Main '83, Nürnberg, 1983, S. 30 – 32

Krezdorn, Helena, Psychiatrisch-forensische Gesichtspunkte bei Unfallflucht unter besonderer Berücksichtigung der Fluchtmotive und der Rolle des Alkohols, Med. Diss., Würzburg, 1984, 63 S.

Kümmel, Bodo, Unerlaubtes Entfernen von der Unfallstelle – Unfallflucht: Ein Blick hinter die Kulissen des zentralen Verkehrsunfalldienstes in Frankfurt am Main; in: Die hessische Polizei in den 80er Jahren, Wiesbaden, 1981, S. 121 – 124

Leineweber, Heinz, Unerlaubtes Entfernen vom Unfallort: Die Neufassung des § 142 StGB; in: Kriminalistik, 1976, S. 30 – 31

Leipold, Klaus, Verkehrsunfallflucht, Eine rechtsvergleichende Untersuchung der Länder Österreich, Schweiz, Bundesrepublik Deutschland, Reihe Rechtswissenschaft, Bd. 42, Centaurus-Verlagsgesellschaft, Pfaffenweiler, 1987

Lewitzki, Hartmut, Verkehrsunfallflucht, Deutsches Polizeiblatt 3/1993, S. 2 ff.

Meidl, Ludwig, Straftatbestand der Unfallflucht: Ermittlungen, Ergebnisse, Ahndung; in: Polizei in Bayern '93, Nürnberg, 1993, S. 26 – 27

Niedersächsisches Landesverwaltungsamt, Statistische Berichte Niedersachsen, Straßenverkehrsunfälle 1988, 1989, 1990

Piwonka; Michael, Unfallfluchtfahndung in der Großstadt; in: Polizei in Bayern '87, Nürnberg, 1987, S. 58 – 60

Plaschka, Franz, Unerlaubtes Entfernen vom Unfallort: Aus dem Alltag der Münchener Polizei; in: Münchner Polizei '76, München, S. 47 – 52

Polizeiausbildungsstelle für Technik und Verkehr Niedersachsen – Abt. 1 – Statistiken Verkehrsentwicklung Niedersachsen 1985 – 1991, Verkehrsunfallfluchten Niedersachsen 1985 – 1991

Polizeidirektion Braunschweig – Zentraler Verkehrsdienst –, Jahresstatistik 1991

Polizeipräsidium München, Verkehrsberichte 1976, 1977

Polizeiabschnitt Osnabrück-Stadt, Statistische Erhebungen 1991/1992

Pressemitteilung des Innenministers NRW, 20.02.1990

Pressemitteilung des Innenministers BW, 18.04.1990

Pressemitteilung des Hessischen Ministeriums des Innern, 23.05.1990

Freie Hansestadt Bremen/Polizeipräsidium Bremen, Verkehrsunfalldienst, Straßenverkehrsunfallstatistiken, 1988, 1989, 1990/91

Schewe, Günter/Kaatsch, Hans-Jürgen, Zur Rolle des Alkohols bei Unfällen und Unfallflucht; in: Strafrechtsreform in Polen und Deutschland, Baden-Baden, 1991, S. 265 – 285

Schönhoff, Dietmar, Nichts wie weg: Unerlaubtes Entfernen vom Unfallort passiert immer häufiger; in: Polizei in Düsseldorf '88, Düsseldorf, 1988, S. 58 – 64

Statistische Angaben der Innenministerien/Innensenatoren der Länder, Landeskriminalamt Saarland

Statistisches Bundesamt, Fachserie 8, Reihe 7, Verkehrsunfälle 1985, 1986, 1987, 1988, 1989, 1990, 1991, 1992

Statistisches Landesamt Bremen, Statistische Berichte, Straßenverkehrsunfälle Bremen 1988, 1989, 1990

Statistisches Landesamt Hamburg, Statistische Berichte, Straßenverkehrsunfälle Hamburg 1989, 1990, 1991

Statistisches Jahrbuch für die Bundesrepublik Deutschland 1989, S. 275 ff.

Statistisches Jahrbuch für die Bundesrepublik Deutschland 1990, S. 290 ff.

Strafrechtsreform in Polen und Deutschland, Untersuchungshaft, Hilfeleistungspflicht und Unfallflucht: 4. Deutsch-Polnisches Kolloquium über Strafrecht und Kriminologie; Hrsg.: Albin Eser u. a., Nomos Verl.-Ges., Baden-Baden, 1991

Unterrichtung durch die Bundesregierung, Bericht des Bundesministers für Verkehr über Maßnahmen auf dem Gebiet der Unfallverhütung im Straßenverkehr für die Jahre 1986 und 1987, Unfallverhütungsbericht Straßenverkehr 1987, Deutscher Bundestag, Drucksache 11/2364, 25.05.1988

Unterrichtung durch die Bundesregierung, Bericht des Bundesministers für Verkehr über Maßnahmen auf dem Gebiet der Unfallverhütung im Straßenverkehr für die Jahre 1988 und 1989, Unfallverhütungsbericht Straßenverkehr 1989, Deutscher Bundestag, Drucksache 11/7344, 06.06.1990

Unterrichtung durch die Bundesregierung, Bericht des Bundesministers für Verkehr über Maßnahmen auf dem Gebiet der Unfallverhütung im Straßenverkehr für die Jahre 1990 und 1991, Unfallverhütungsbericht Straßenverkehr 1991, Deutscher Bundestag, Drucksache 12/3102, 29.07.1992

Wasek, Andrzej, Unfallflucht aus strafrechtlicher Sicht in Polen; in: Strafrechtsreform in Polen und Deutschland, Baden-Baden, 1991, S. 361 – 374

Weigend, Thomas, Zur Reform von § 142 StGB; in: Festschrift für Herbert Tröndle zum 70. Geburtstag am 24. August 1989, Berlin, 1989, S. 753 – 769

Zellhöfer, Heinz, Hartnäckigkeit und Ausdauer führten zum Erfolg; in: Polizei in Bayern '84, Nürnberg, 1984, S. 49 – 50

Das Menschenbild der Polizei
– Der Versuch einer Annäherung an berufsethische Überlegungen –
Peter Walther

I. Die Polizei – ein Oberbegriff

1. Die Gemeinsamkeiten

Eine notwendige Vorbemerkung soll Mißverständnissen vorbeugen. Der Referent, der über das Menschenbild der Polizei nachzudenken hat, ist weder Polizist, noch Kriminalist und auch nicht Jurist, sondern als Theologe von Hause aus Geisteswissenschaftler. Diese Herkunft läßt sich in der Methode der Annäherung an das gestellte Thema nicht verleugnen. Als Polizeipastor bin ich einer, der nicht dazugehört, der aber (in den Betrieb Polizei und seine Strukturen, Implikationen, Denk- und Arbeitsweisen) Einblicke auch intimer Art gewinnt.

Diese Bedingungsfaktoren beeinflussen die Sicht und Darstellung der Ergebnisse. Ich hoffe aber, daß am Ende der Ausführungen eine differenzierte Antwort auf die Frage nach dem Menschenbild der Polizei (und dem sich daraus u.a. ableitenden Berufsethos) gegeben werden kann, eine Antwort, die – das sei einschränkend gesagt – möglicherweise unvollständig bleiben muß.

Besitzt die Polizei ein eigenes Menschenbild? Auf diese ratlose Frage gibt es eine einfache Antwort: D a s Menschenbild d e r Polizei ist etwas, was es überhaupt nicht gibt und auch nicht geben kann!

Voraussetzung eines „eigenen" Menschenbildes wäre, daß es d i e Polizei gäbe. Aber jeder, der sich auch nur ein bißchen mit der Untersuchung „der Polizei" befaßt, erfährt sehr schnell, daß der Begriff „Polizei" ein Oberbegriff für ein höchst komplexes und differenziertes Gebilde ist, das im Gemeinwesen für die Aufrechterhaltung und Herstellung von Sicherheit und Ordnung zuständig sein soll.

Wie komplex und differenziert das Bild der Polizei ist, ergibt sich bereits aus der Aufzählung der verschiedenen Polizeien (Bereitschafts-, Schutz-, Wasserschutz- und Kriminalpolizei). Die jeweiligen Untergliederungen machen die Unterschiede noch deutlicher. Es gibt also unter dem Oberbegriff „Polizei" d i e Polizeien.

Was soll nun verstanden werden unter d e m Menschenbild der Polizeien i n der Polizei? Es zeigt sich, daß sich zumindest ein schillerndes Bild, ein Vexierbild ergibt. Das Menschenbild ergibt sich aus einer Art Album mit Bildern. Die Bilder unterscheiden sich voneinander, aber haben auch ganz spezifische Gemeinsamkeiten. Gemeint ist mit dem Begriff des „Menschenbildes" eine ethisch gewertete Sichtweise meiner selbst und der Menschen, mit denen ich zu tun habe, die sich in der Interaktion herausbildet und auswirkt und die letztlich die Grundlage meines Umgangs mit mir selbst und allen anderen bildet. Das Menschenbild des einzelnen Polizeibeamten wird u.a. mitgeformt durch die Begegnungen mit den Menschen.

Drei Interaktionsbereiche sind für ihn wesentlich: der polizeiinterne, der Kontaktbereich Bürger und der Privatbereich.

2. Die drei Interaktionsbereiche

Diese drei Bereiche beeinflussen die Entstehung und die Entwicklung des Bildes vom Menschen. Das Bild vom Menschen bestimmt das Denken und Handeln. Dabei entsteht zumindest potentiell zwischen den beiden dienstlichen und dem privaten Bereich ein nicht zu unterschätzendes Spannungsverhältnis.

Der Privatbereich wird erst durch die Auswirkungen des Polizeiberufes zu einer Größe, die für dieses Thema von Belang ist. Da der Bereich der Binnenstrukturierung polizeilicher Arbeit zumindest idealtypisch ein Reflex auf die zu bearbeitende Wirklichkeit ist, ist der Kontaktbereich Bürger von zentraler Bedeutung. Von hier ausgehend sollte eine Definition der gesellschaftlich-polizeilichen Grunddaten versucht werden, welche die wesentlichen Einflußmomente auf „das polizeiliche Menschenbild" unter Berücksichtigung der bisherigen Einschränkungen einschließt.

Die G e m e i n s c h a f t der Menschen ist in sich f e h l e r h a f t. Wegen des D e f i z i t s an tatsächlich gelebtem Richtigen und Guten bedarf das Gemeinwesen einer institutionalisierten M a c h t, die dem Fehlverhalten begegnet und wehrt. Dieser D i e n s t der Polizei am Gemeinwesen ist per se mit denselben Fehlern und Defiziten behaftet, wie die Gesellschaft als Ganzes. Darum ist die dem einzelnen Polizisten faktisch übertragene Macht und Verantwortung intern und auch gesellschaftlich durch hierarchische Strukturen zu begrenzen.

II. Der defizitäre Mensch

1. Das anthropologische Grunddatum

Wäre dem nicht so, dann brauchten wir keine Polizei. Polizisten werden in der Regel da aktiv, wo die Menschen in der Gesellschaft es nicht schaffen, ihre Probleme auf gemeinschaftsverträgliche Weise selbst zu lösen.

Diese Grundregel gilt im Grundsatz übereinstimmend für die verschiedenen Polizeien in der Polizei auf verschiedenen Tätigkeitsfeldern. Sie gilt für die Bereitschaftspolizei bei Demonstrationen, in denen sich ein Grunddefizit menschlichen Miteinanders sich in der Möglichkeit gewalttätiger Gegnerschaft gegen das Demonstrationsrecht oder in gewalttätigen Auswüchsen aus dem Demonstrationsgeschehen heraus zeigt.

Die Grundregel gilt für die Schutzpolizei in den breit gefächerten Bereichen von Gewalttätigkeiten, von Familienstreitigkeiten bis zu Raub und Mord. Sie gilt für die Verkehrspolizei, die sich auf den Straßen verbreiteter Rücksichtslosigkeit bis hin zum Faustrecht gegenüber sieht. Die gemeinschaftsverträgliche Lösung ist durch die Wasserschutzpolizei im Umgang mit kriminellen Umweltsündern oder Gefahrgütern zu suchen. Diese Aufgabe fordert die Kriminalpolizei im gesamten Spektrum der Kriminalität vom Diebstahl bis zum Mord.

Der Mensch, mit dem der Polizist zu tun hat, ist ein defizitäres Wesen: als Täter zumindest mit einem Defizit an Rechtsbewußtsein oder Rechtsverhalten, als Opfer auch belastet mit den Defiziten an Eigentum oder an Leben, an der körperlichen Unversehrtheit.

2. Das Mangelwesen

Diesem defizitären Wesen begegnet der Polizist – zumindest von der Arbeitshypothese und vom Soll her – als ein kompletter, nicht defizitärer Mensch: mit Kenntnissen und Wissen um das, was richtig ist oder richtig und besser gewesen wäre, was jetzt zu tun ist und wie die nächsten Schritte auszusehen haben. Es ist ohne Bedeutung, ob er sich selbst so versteht. Die Rolle, die ihm im Gemeinwesen zugewiesen wird, sieht sein Verhalten vor[1].

Hier wird ein interessanter Widerspruch deutlich: in der Begegnung mit dem defizitären Gegenüber nach außen hin Vertreter und Repräsentant des intakten und zu erstrebenden funktionierenden Ganzen, ist der Polizist als Mensch ebenfalls – zumindest potentiell – defizitär[2]. Die Größe und Vielzahl seiner Defizite ergibt sich daraus, ob er selbst in Gefahr für Leib und Leben gerät, weil seine Kraft oder die eingesetzten Kräfte nicht ausreichen, ob er von dem Lagebild her, das er sich machen kann, nur einen Teil der Situation in den Blick bekommt, ob er von den Möglichkeiten der rechtlichen Einschätzung der Situation her seine Grenzen erkennt, oder ob es schlicht die Tatsache ist, daß die eigene Zuständigkeit an einem durch Gesetz und Organisation bestimmten Punkte endet[3].

Dem defizitären „Klienten" begegnet also ein kaschiert defizitärer Polizist. Auf der Beamtenseite kommen noch zwei Aspekte hinzu, die für das Selbstbild des Polizeibeamten nicht zu unterschätzen sind: das Gefühl, das Bewußtsein, ja die rechnerisch belegbare Gewißheit, durch schlechte Bezahlung und durch mangelnde gesellschaftliche Anerkennung zusätzlich in zweifacher Weise im Defizit zu leben.

Um im permanenten Umgang mit der defizitären Klientel bestehen zu können und um sich gleichzeitig gegen diese Defizite abgrenzen zu können, entsteht mehr oder weniger offen, mehr oder weniger eingestanden, ein elitäres Bewußtsein der Polizisten für ihr eigenes Binnenverhältnis[4]. Dieses Bewußtsein wirkt sich auch aus auf den

Umgang in Familie und mit Bekannten, einschließlich der erlaubten Freunde und Kinder, den Stellenwert von Ordnung und Sauberkeit etc. Das Eigenbewußtsein hat sicherlich auch eine notwendige und sinnvolle Funktion im Sinne einer sozusagen „mentalen Eigensicherung", führt aber auch zu isolationistischem Verhalten im Sinne eines wertordnungselitären Selbstbildes: „Wir sind doch die einzigen, die sich richtig verhalten." Die teilkulturelle Gefahrengemeinschaft der Polizei hat ihre internen Konsequenzen und ihre externen Folgen[5].

3. Der soziale Zwang

Der Mensch braucht „Druck". Das läßt sich aus seiner defizitären Grundstruktur schließen. Diese führt nicht nur zum Fehlverhalten. Sie steht auch gesellschaftlichen Selbstregulierungsmechanismen entgegen. Dadurch wird die Existenz einer institutionalisierten Ordnungsmacht (sprich „Polizei") offenbar unumgänglich. Der soziale Zwang wird zu einem Element unseres Menschenbildes. Gleichzeitig bildet diese Komponente des sozialen Zwanges ein Arrangement mit der offenbar zwangsläufigen Tatsache, daß die Polizei häufig repressiv (d.h. mit geregelten Zwangsmethoden) tätig werden muß.

Ist aber Repression und nicht Prävention zentraler Bereich polizeilichen Handelns, so muß sich der auf diese Weise Zwang ausübende Beamten-Mensch damit arrangieren, um nicht psychisch am Zwang zum Zwang zu zerbrechen.

Dabei bieten die beruflichen Erfahrungen mit Straftätern sicherlich reiches und willkommenes Material zur Untermauerung der These, daß der soziale Verbund ohne Druck eben nicht funktioniert. Was dabei allzu leicht aus dem Blick verschwindet, ist die Tatsache, daß das so gewonnene Erfahrungsmaterial zur Kolorierung des aus einem begrenzten Wahrnehmungsbereich gewonnenen eigenen Menschenbildes, nämlich aus der Begegnung mit Polizeikunden, stammt. Wegen dieser selektiven Einseitigkeit kann dieses Wahrnehmungsmaterial nur mit deutlichen Einschränkungen für ein allgemein gültiges Bild vom Menschen herangezogen werden.

Gleichzeitig entspricht die sozial-anthropologische Grundeinsicht „Der Mensch braucht Zwang" sicherlich auch den Selbsterfahrungen vieler nicht nur im Polizeiberuf tätiger Menschen.

4. Hierarchie: Zwang zur Hilfe

Die Erfahrung der Notwendigkeit von „Druck" und „Zwang" ist ein prägendes Erlebnis in der Ausbildung zum Polizisten. Diese Ausbildungserfahrung wirkt sich später in der eigenen Handlungsorientierung aus. Der erlebte Zwang schreibt sich als zu erlebender Ordnungsfaktor auch im hierarchischen Aufbau der Organisation fort. Persönlicher Druck durch Vorgesetzte und struktureller Druck durch die dienstlichen Gegebenheiten und Rahmenbedingungen des polizeilichen Betriebes gehören zum Alltag. Sie prägen zwangsläufig das Menschenbild des in diesen Organisationsstrukturen tätigen Polizisten.

Es wird von ihm erlebt, daß sich das Ausüben von Zwang auf die erfolgreiche Erledigung der eigenen Aufgaben auswirken kann. Diese Erfahrung dient willkommenermaßen zur Stabilisierung der eigenen Lebenserfahrung und zur Bestätigung dieser Facette des Bildes vom Menschen. Dabei entsteht allerdings eine Schieflage. Die Notwendigkeit und Effizienz selbst ausgeübten oder selbst erlittenen Drucks werden unterschiedlich bewertet. Das ichbezogene Selbstbild ist ein nicht seltenes Symptom dieser mit zwei Maßstäben zu messenden Schieflage.

Das im Dienst gewonnene, empirisch untermauerte Grunddatum des Menschenbilds, das der Mensch des sozialen Druckes bedarf, wirkt sich auch auf außerdienstliche, familiäre und private Bereiche aus. Die Methode der Problemlösungen durch „Druck" bildet eine – sicher manchmal sehr stressige – Zugabe aus der Polizeiwirklichkeit an eine mit einem Polizisten bestückte Familie.

III. Die soziale Gemeinschaft

1. Der Rumpelstilzchen-Komplex

Als ausführendes Organ der staatlichen Repression (des sozialen Drucks, von dem hier die Rede ist), leiden viele Polizisten an mangelnder gesellschaftlicher Anerkennung. Dem Selbstbild („Ich habe die Dreckarbeit für die anderen zu machen, bin also eine Art von sozialem Müllwerker") begegnet ein Fremdbild, durch das sich viele Polizisten gesellschaftlich ausgegrenzt fühlen. („Mit der Polizei, mit einem Polizisten will ich nichts zu tun haben.")

Bei aller Überzeichnung dieses Sachverhalts ist die Grundstruktur dieses Interaktionsphänomens nicht verwunderlich. Der Bürger begegnet einem Polizisten (auch im Privatbereich) als dem Vertreter einer sozial regulierenden Instanz, die ihm zumindest latent ein schlechtes Gewissen bereitet. Diese oder jene eigene Ordnungswidrigkeit oder ein anderes Fehlverhalten fallen ihm ein, die in den gesellschaftlich institutionalisierten Konfliktbereichen zwischen Bürger und Polizei anzumerken wären.

Wäre das wertordnungselitäre Selbstbild, das im polizeilichen Binnenverhältnis als Gruppenstabilisator wirkt, auch nach außen hin tragfähig, dann müßte es den Polizisten möglich sein, in selbstbewußter Weise mit dem Phänomen umzugehen, daß mancher Bürger den Polizisten nicht gar so lieb hat. Weil aber das Selbstbild („Ich regle doch nur, weil die Leute ihre Sachen nicht alleine hinkriegen") am stark defizitären Polizeikunden orientiert ist, der dann ausschnittsvergrößert aufs Ganze hochgerechnet wird, taugt das so gewonnene Selbstbild für die selbstbewußte Interaktion mit nicht typischen „Kunden" kaum oder gar nicht. Die Kommunikation zwischen Polizisten und Nicht-Polizisten wird in solchen Begegnungen inkongruent. Das Erlebnis solcher sozialen Kontakte führt dann zu der deprimierenden Einsicht: „Keiner hat mich lieb". Solche Feststellungen ziehen sich wie grüne Fäden durch die Existenz vieler Polizeibeamten.

Holzschnittartig dargestellt heißt das für das polizeiliche Menschenbild: „Die Leute brauchen und gebrauchen, ja mißbrauchen mich zwar, aber sie wollen und mögen und lieben mich nicht." Daraus entsteht eine psychische Defizitlage allererster Güte. Ihr wird häufig im Privatbereich auf Rumpelstilzchenmanier begegnet („Ach wie gut, daß niemand weiß, daß ich Obermeister heiß"). Dabei fallen das system- und persönlichkeitsstabilisierende Selbstbild aus dem Innenbereich („Ich bin notwendig und wichtig") und das gefürchtete und erlebte Selbstbild aus dem Außenbereich („Ich bin in meiner Funktion ungeliebt") auf fatale Weise auseinander. Es entsteht dabei die Gefahr, daß sich im Orientierungsrahmen für die Interaktion Verschiebungen dergestalt ergeben, daß stereotype Gegen- und Feindbilder entstehen („Das sind alles Sympathisanten, Störer, etc."). Und für das Selbstbild der anderen Hälfte des existenzrelevanten Menschenbilds entsteht eine Drift vom Wertordnungskonservatismus (der für Polizei aufgabeninhärent ist) zu einem Strukturkonservatismus, der die vorhin beschriebene „lieblose" Situation noch verschärft. Es ergibt sich ein Teufelskreis, in dem beide Aggressionskomponenten des Märchen-Rumpelstilzchens zum Tragen kommen: die Aggression nach außen und die Autoaggression nach innen[6].

2. Skepsis, Vorsicht, Mißtrauen

Ein Polizist erlebt sich immer schon als soziales Wesen. Von den Aufgaben her ist seine Arbeit Dienst an der Gemeinschaft. Seine berufliche Existenz ist gesellschaftlich definiert und determiniert. Er erlebt die soziale Gemeinschaft von den defizitären Strukturen her aber immer als gefährdete, mehr oder weniger in Unordnung geratene Größe. Er erkennt sie als instabile und seiner Intervention bedürftige Ordnung. Das aus diesen Erkenntnissen mitgeprägte Bild vom Menschen zeigt diesen als ein geselliges Wesen, das die Grundlagen seiner Geselligkeit permanent selbst gefährdet[7].

Der Polizeiberuf ist charakterisiert durch die in Kauf genommene Gefährdung des eigenen Lebens und des persönlichen Wohlergehens[8]. Begreiflicherweise spielen daher die Elemente der Eigensicherung eine wichtige Rolle. Das kann aber nicht ohne Auswirkungen bleiben. In Situationen, in denen der Gedanke an Eigensicherung eine Rolle spielen muß, gehört die potentielle Gefährlichkeit des Interaktionspartners zum „Gegenbild". Diese Tatsache klingt im Sprachbild des „polizeilichen Gegenübers" nur sehr blaß mit.

Einer potentiellen Gefahr begegnet man vernünftigerweise mit Vorsicht, respektive mit Mißtrauen. Und deshalb ist das polizeiliche Menschenbild (cum grano salis) ein von Skepsis, Vorsicht und Mißtrauen geprägtes. Dieses Mißtrauen drückt sich in der Körpersprache nonverbal aus. Polizisten in Zivil, die eine Demonstration begleiten, sind an den Augen zu erkennen. Der wandernde, mißtrauisch prüfende, wache Blick zeigt eine Auswirkung auf der Handlungsebene des sich gefährdet fühlenden Polizeibeamten.

Daß die Gefährdung im Einsatz und damit der daraus resultierende Gedanke der Eigensicherung für einen Diebstahlssachbearbeiter der Kriminalpolizei eine andere Rolle spielt als für einen Bereitschaftspolizisten, der in der Auseinandersetzung mit

Hooligans steht, oder für einen Schutzpolizisten, der eine Familienstreitigkeit oder eine Wirtshausschlägerei zu schlichten hat, versteht sich von selbst. Es zeigen sich tagtäglich unterschiedliche Gefährdungen für die „Polizeien in der Polizei". Daher bleibt es schwierig, wenn nicht unmöglich, e i n Menschenbild als für die Gesamtpolizei verbindliches oder konstatierbares herauszuarbeiten[9]. Gleichwohl mag das skeptische, von Vorsicht und Mißtrauen geprägte Menschenbild von Polizisten auch da vorliegen, wo körperliche Eigensicherung nicht notwendig ist. Die prägenden Lernerfahrungen der Einheitslaufbahn, aber auch die Notwendigkeit „mentaler Eigensicherung" gegenüber der Gefahr der Beschädigung des eigenen Wert- und Rechtsbewußtseins[10] lassen das von Skepsis und Mißtrauen geprägte Bild des Menschen in der Vorstellung der Polizeibeamten beibehalten. Wenn auch für Polizisten das anthropologische Grunddatum richtig sein wird, daß der Mensch im Polizeibeamten die soziale Gemeinschaft braucht, diese Gemeinschaft mit den zum „Gegenüber" zentralisierten Mitmenschen aber durch die Notwendigkeit physischer und mentaler Eigensicherung gestört ist, dann werden die binnenorientierte Berufsgemeinschaft der Polizei einerseits und die „heile Familie" andererseits in ihren Wertigkeiten immens gesteigert.

IV. Die Berufsgemeinschaft

1. Die Gefahr der absteigenden Linie

Die Gemeinschaft im beruflich-kollegialen Sinn hat in mehrfacher Hinsicht für die Polizei den Charakter einer Gefahrengemeinschaft. Darin zeigt sich gleichzeitig ein Reflex der Berufsrolle in der Gesellschaft. Sie ist auch Resultat der subjektiv erlebten Sonderrolle von Polizei und Polizist, ein Ergebnis der erlittenen „Unliebe".

Die Zuverlässigkeit des Kollegen im gemeinsamen Einsatz ist eine Grundvoraussetzung polizeilicher Arbeit. In letzter Zeit werden daher nach der Einstellung von Frauen in den Polizeidienst die Fragen der körperlichen Belastbarkeit der Kolleginnen und die möglichen Auswirkungen auf die eigene Sicherheit bei geschlossenen Einsätzen diskutiert.

In der Zuverlässigkeit des Kollegen als notwendige Arbeitsvoraussetzung stecken nicht zu unterschätzende subkulturelle Probleme, die es auch in anderen Gemeinschaften gibt. Es sind dies die Probleme der externen Grenzen von Gemeinschaft und das Problem der intern absteigenden Linie von Korpsgeist und Kameradschaft, Kameraderie, Kumpanei, Komplizenschaft und Mittäterschaft. Die tendenzielle Sonderrolle der beruflich-kollegialen Gemeinschaft dient als wesentliche Stütze gegenüber der als gestört erlebten sozialen Großgemeinschaft. Der berufliche Zusammenhalt wird dadurch möglicherweise überfrachtet und überbeansprucht in einem totalen, ja totalitären Sinn. Diese dominierende (und schützende) Innenbindung wird dann gefährlich, wenn das Menschenbild, genau gesagt das Bild der Erwartungen an den und die Kollegen fordernde Züge von Kameraderie, Kumpanei, Komplizenschaft oder mehr annimmt.

Es geht um die Gefahr, die im defensiven wertordnungselitären Selbstbild liegt, daß Fehler, Verstöße und Vergehen nur beim „Gegenüber" verfolgt werden und daß die Selbstreinigungskraft[11] der Organisation bis zum Niederhalten der Dienstaufsicht schwindet. Die faktische Möglichkeit subkulturell-mafioser Strukturen hat sich in den letzten Jahren bei Wegezoll-Affären (in Nordrhein-Westfalen) und in ähnlichen Vorkommnissen gezeigt. Die Anfänge solcher oder schwächerer Auswüchse sind allerdings viel weniger spektakulär, viel verdeckter, viel alltäglicher. Die Wurzeln dieser Entwicklungen sind zu suchen im unreflektierten Anforderungsprofil an die das eigene Berufs-Ich tragende und stützende Größe „Kollegialität".

Dabei ist die „Kollegialgemeinschaft Polizei" in sich selbst viel brüchiger und differenzierter, als es von außen den Anschein haben mag. Sie ist wohl auch schwächer als es notwendig wäre, um dem einzelnen Polizisten das nötige Geborgenheits- und Sicherheitsgefühl in der eigenen Organisation zu vermitteln[12]. In deutlicher Spannung zum Kollegen als dem zuverlässigen Partner in der Gefahrengemeinschaft steht die personelle und strukturelle Konkurrenzstruktur der polizeilichen Organisation. Da ist das Spartendenken („S" und „K") zu erwähnen, da seien die „Beförderungsnachteile" genannt. Soziale Fraktionen und Friktionen, die im Alltag außerhalb der Polizei als tendenziell anarchisch und darum letztlich wider die große Ordnung erlebt werden, finden sich auch innerbetrieblich. Den daraus entstehenden Gefahren begegnet der polizeiliche Apparat mit hierarchischen Strukturen mit dem Zwang zur Unterordnung und Einfügung.

2. Die heile Familie

Als Projektionsfläche positiver Erwartungen an Gemeinschaft, sowie als Wunschbild eines anforderungsfreien, heilen Rekreationsraums, läuft die Familie Gefahr, gleichzeitig Paradiesgärtlein und als Naherholungsgebiet überfordertes Biotop zu sein. Dem Selbstbild der Ruhebedürftigkeit und Konfliktfreiheit korrespondiert ein entsprechendes Bild von der Belastbarkeit des Menschen, mit dem man privat ganz eng zu tun hat.

Die Scheidungshäufigkeit von Polizistenehen scheint darauf hinzuweisen, daß Überforderungen und Überfrachtungen im Privatbereich eine Rolle spielen. Dieses Phänomen mag nicht allein polizeispezifisch, sondern gesamtgesellschaftlich zu betrachten sein. Dennoch wirken polizeispezifisch Selbst- und Fremdbilder weit hinein in den privaten Bereich der Polizeibeamten, von den wünschenswerten oder zu vermeidenden Freundschaften der Kinder bis hin zu häuslichen Ordnungsvorstellungen und den Vorstellungen von der Rolle der Frau.

3. Die Hierarchie

Das Bild, das sich Polizeibeamte vom Menschen machen, führt zu binnenstrukturellen Konsequenzen. Es bestimmt den Charakter der Über- und Unterordnung, wie er aus folgendem schmerzhaften Scherz erkennbar wird:

„Frage: Darf ein jüngerer, rangniedriger Polizist einen älteren ranghöheren offen kritisieren? Antwort: Im Prinzip ja, aber es ist schade um den jungen Kollegen."

Auf diese Weise wird – pointiert – Hierarchie in der Polizei erlebt – und sicher nicht nur in der Polizei, sondern ebenso in anderen hierarchisch gegliederten Organisationen. Die Organisationsform dient jedoch nicht primär der Über- und Unterordnung, sondern anderen, gesetzlich vorgegebenen Zielen.

Idealtypisch gesehen geht es bei der hierarchischen Ordnung des polizeilichen Personalaufbaus und der ebenso gestaffelten Zuständigkeits-, Verantwortungs- sowie Machtverteilung um ein Organisationsmodell, das nach außen optimierte Dienstleistungen der Polizei, nach innen optimierte Arbeitsbedingungen mit klaren Zuständigkeiten und Verantwortlichkeiten sicherzustellen sucht. Daß dabei jeweils bestenfalls Annäherungswerte zu erreichen sind, versteht sich – wie bei der realen Umsetzung eines jeden Strukturmodells – von selbst.

Das hierarchische Modell impliziert sowohl nach außen als auch nach innen ein Bild vom Menschen. Es ist eine strukturelle Antwort auf diese Sicht des Menschen.

Wenn der bisherige Gedankengang stimmig ist, dann ist die Über- und Unterordnungsstruktur innerpolizeilicher Hierarchie eine dem Menschenbild der Polizei entsprechende logische Folge:

Erstens: Dem defizitären, also latent oder manifest delinquenten Bürger begegnen Polizisten, die ihre eigene defizitäre Grundstruktur im Augenblick ihres Einschreitens notwendigerweise überspielen. Da diese Struktur aber dennoch vorhanden ist, dient der Dienstvorgesetzte dazu, sowohl Schutz- als auch Aufsichtsfunktionen wahrzunehmen. Insofern ist das Vorgesetztenprinzip nichts anderes, als die Fortschreibung des polizeilichen Arbeitsmodells nach innen.

Des weiteren wird dem Auftreten komplexerer Einsatzanforderungen (Großlagen) durch „Delegation der Verantwortung nach oben" an den besser qualifizierten und höher dotierten Vorgesetzten Rechnung getragen, eine logische Konsequenz der im Menschenbild festgestellten grundsätzlichen Defizitstruktur des Menschen.

Rechnet man diese Überlegungen weiter hoch, so kommt man zu der logischen und notwendigen Feststellung, daß mit polizeilichen Mitteln die Probleme nicht zu lösen sind, für deren „Lösung" die Polizei zuständig gemacht wird. Dies ist keine deprimierende, sondern eine sinnvolle und notwendige, aber auch entlastende Feststellung.

Zweitens: Der Vorgesetzte hat nicht nur Entlastungsfunktion durch Übernahme von Verantwortung, sondern ihm obliegt auch die Funktion des dienstaufsichtlichen Zwanges.

Drittens: Dadurch werden auch innerbetrieblich die schon von außen her gemachten Erfahrungen des „Keiner-hat-mich-lieb" nun im Verhältnis Nachgeordneter Vorgesetzter gemacht. Dem Vorgesetzten kommt bei den erwähnten Fraktionen und

Friktionen innerhalb des ihm nachgeordneten Bereichs die Rolle des quasi Einschreitenden mit zurückgestellter eigener Defizitstruktur zu. Es ergeben sich dabei die gleichen grundsätzlichen Probleme wie für die nachgeordneten Mitarbeiter bei deren Einschreiten nach außen.

Das binnenhierarchische Menschenbild (von o b e n nach u n t e n gesehen) ist wie das Menschenbild außerhalb der Organisation geprägt von der vorausgesetzten Notwendigkeit von Regelungen, welche die Bürger für sich selber nicht schaffen können. Es wird miterzeugt von dem erwähnten skeptischen Mißtrauen, das in einem Spannungsverhältnis zur Aufgabendelegation steht[13].

Das binnenhierarchische Menschenbild (in umgekehrter Richtung von u n t e n nach o b e n gesehen) ist wie das Menschenbild außerhalb der Organisation geprägt von der vorausgesetzten oder erlebten Grundstruktur mangelnder Anerkennung und vom Fehlen der Zuneigung. (Helmut Schmidt: „Die Polizei will geliebt werden!") Insofern reflektieren die Mechanismen innerhalb der hierarchischen Interaktion im kleinen das, was sich im gesellschaftlichen Wechselspiel zwischen Polizei und Bürger im großen abspielt.

V. Schlußbemerkungen

Diese Überlegungen wären nicht vollständig, wenn nicht auch der Bereich des politischen Einsatzes der Polizei und seine Auswirkungen auf Selbst- und Fremdbild gestreift würde[14]. Das Aktivwerden von Polizei bei politischen Auseinandersetzungen (AKW, Friedensfragen) läßt nach außen den Eindruck entstehen, als läge noch immer ein obrigkeitsstaatliches Prinzip dem gesellschaftlichen Diskurs zugrunde. Daß dabei die vorhin beschriebenen handlungsrelevanten Menschenbildkomponenten auf dem brisanten Hintergrund politischer Auseinandersetzungen zum Tragen kommen, liegt auf der Hand (Regelungsbedarf, Druck, gesellschaftspolitisches „Abseits" der Ordnungsmacht, Rückzug auf das Wir-Gefühl der Gefahrengemeinschaft). Es besteht die Gefahr, daß das wertkonservative Grundmuster polizeilichen Handelns sich verformt zu strukturkonservativer Parteilichkeit[15].

Die hier angestellten Überlegungen sollen die Funktion von Denk- und Gesprächsanlässen haben. Mit Sicherheit gibt es noch andere, hier nicht berücksichtigte Facetten des Bildes vom Menschen, die speziell polizeilichem Handeln zugeordnet werden können. In diesem skizzenartigen Beitrag sollen Grundlinien für eine anthropologische Einordnung der Wirklichkeit von Polizei im Gemeinwesen aufgezeigt werden. Ich berichte über die Reflexion selbst beobachteter und miterlebter polizeilicher Praxis und berufsbegleitender Gespräche, die ich als Polizeipastor führte.

Die Berührungspunkte zwischen den dargestellten defizitären Grundstrukturen menschlicher Existenz und dem Grunddatum theologischer Anthropologie, der Endlichkeit und Sündhaftigkeit des Menschen, sind sicherlich kein Zufall. Ich gehe davon aus, daß dies nicht bloß Resultat meiner erkenntnisleitenden Vorbildung als Theologe, sondern in der Tat eine anthropologische Grundtatsache ist.

Fußnotenverzeichnis

1) Nach Richthofen gibt es in der Schutzpolizei eine deutliche Unsicherheit hinsichtlich der eigenen Rolle. Es tauchen Diskrepanzen zwischen den eigenen Zielen und Wertvorstellungen und denen der Organisation auf. Richthofen führt dies auf das Fehlen einer spezifischen Polizeikultur als Orientierungsrahmen zurück. (Richthofen, von, Dieprand, Notwendigkeit und Möglichkeiten der Vermittlung eines Berufsverständnisses der Polizei; in: Die Polizei, 1994, S. 90 – 95) Die Forderung besteht: „Der Polizeibeamte macht den Zweck des Rechts zum Zweck seines persönlichen Handelns" (so Möllers, Hermann, Der Rechtsstaat in der Dynamik von Recht und Gesetz, Seminarbericht (22.10. – 26.10.1984), Polizeiführungsakademie, Münster, 1984, S.15 – 34). Das Fehlen einer akzeptierten Polizeitheorie beklagt Berndt (Berndt, Günther, Rolle und Standort der Polizei im demokratischen Verfassungsstaat; in: Bereitschaftspolizei heute, (Sonderbeilage) 1990, 31 – 38.) Kube spricht in diesem Zusammenhang von der polizeilichen Organisationskultur (Kube, Edwin, Polizeikultur – Mehr als ein Modebegriff im letzten Jahrzehnt dieses Jahrhunderts?; in: Die Polizei, 1990, S. 97 – 100).

2) Das Denken über den Alltag hinaus in den Grundzügen einer ethisch begründeten Polizeiphilosophie ist „für die Mehrheit der Polizeibeamten ein ungewohntes Denken", das ihnen zudem „in der Ausbildung nicht hinreichend" nahegebracht wird. So existiert das Berufsbild der Polizei immer noch ohne berufsethisches Gesamtkonzept (siehe hierzu Gintzel, Kurt/Möllers, Hermann, Das Berufsbild der Polizei zwischen Sein und Sollen – Was nicht im Saarbrücker Gutachten steht; in: Die Polizei, 1987, S. 128.)

3) Es hängt vom Polizeiführer ab, ob er imstande ist, seinen Polizeibeamten ein Berufsethos als Teil einer Polizeikultur zu vermitteln, in der das Umgehen mit rechtlichen Grenzen und halben Lösungen gelehrt und akzeptiert wird; (hierzu Schult, Horst, Berufsethos und Bildungsarbeit der Polizei, Analyse und Perspektive, Schriftenreihe der Polizeiführungsakademie, 1989, S. 23 – 27; ausführlich zu Fragen des „Polizeiethos" Franke, Siegfried, Wertebewußtsein und polizeiliches Handeln; in: Die Polizei, 1985, S. 1 – 3.

4) In seinem herausragenden Vortrag vom 11.3.1992 vor der „Kriminalistischen Studiengemeinschaft" hat Sielaff erstmals auf mögliche Bruchstellen im Ethos der Polizei als Andockstellen für die organisierte Kriminalität hingewiesen (Sielaff, Wolfgang, Bruchstellen im polizeilichen Berufsethos, veröffentlicht in Kriminalistik, 1992, S. 351 – 357).

5) Der ethische Konsens ist in der Bevölkerung geschrumpft. Die kritische Wirklichkeit, der sich der Polizeibeamte tagtäglich relativ hilflos gegenüber sieht, bringt ihn in die Gefahr der Resignation und Aggression. Hinter der Resignation folgt die Demotivation und die Demoralisation, die zuletzt von der Aggression getragen wird (siehe hierzu Schult, Horst, Wertevermittlung in der Polizei vor dem Hintergrund gesellschaftlichen Wandels; in: Die Polizei, 1992, S. 213 – 217).

6) Schmalzl fragt in diesem Zusammenhang „Welche Hilfestellung kann der berufs-ethische Unterricht bieten?", so er stattfindet! (Schmalzl, Hans Peter, Welchen Beitrag kann ethischer Unterricht für Polizeibeamte zwischen Bürgern und Fremden leisten?; in: Polizeispiegel, 1994, S. 121, 123). Für die Polizeiausbildung in Fragen der „vernünftigen ethischen Grundeinstellung" optimistischer Schreiber, Manfred, Das Berufsbild des Polizeibeamten in demokratischer Sicht, Tagung der Vereinten Nationen (16.9. – 18.9.1980); in: IPA Aktuell, 1981, S. 4 – 10.

7) Das gilt selbst für Polizeibeamte, die sich infolge fehlender Dienstaufsicht selbst-korruptiv verhalten; siehe hierzu Bernd Seidel, Nimmt die Korruption zu? Überlegungen zu einer effektiven Strafverfolgung; in: Standortbestimmung und Perspektiven der polizeilichen Verbrechensbekämpfung, BKA, Wiesbaden, 1993, S. 191 – 214

8) Ohne eine klare begriffliche und inhaltliche Vorstellung von der Rolle und den Aufgaben der Polizei läßt sich „kein Staat machen". Das Binnenklima der Polizeieinheit gehört zu den Elementen eines polizeilichen Selbstverständnisses, zur Untersuchungsphilosophie der Polizei (hierzu Dommaschke, Detlef, Selbstverständnis und Alltagsprobleme der Polizei; in: Standortbestimmung und Perspektiven der polizeilichen Verbrechensbekämpfung, BKA, Wiesbaden, 1993, S. 19 – 30.)

9) Wenn schon kein einheitliches Menschenbild, so gibt es doch immerhin eine aus der Verfassung ableitbare Wertehierarchie. Zu deren Berücksichtigung werden dem Polizeibeamten klare Handlungsanweisungen an die Hand gegeben. Die ethischen und rechtlichen sowie die formellen Rahmenbedingungen ermöglichen die Orientierung am Menschenbild des Grundgesetzes (siehe hierzu Mohler, Markus, Grundsätze und Prioritäten – Wie und durch was werden sie festgelegt? Kriminalistik, 1993, S. 595 – 599.)

10) hierzu: Behr, Rafael, Polizei im gesellschaftlichen Umbruch, Ergebnisse der teilnehmenden Beobachtung bei der Schutzpolizei in Thüringen, Empirische Polizeiforschung, 1993

11) Die Selbstreinigungskraft – organisatorisch manifestiert durch eine in der gesamten deutschen Polizei nicht vorhandene institutionelle „Innenrevision" – der Polizeiorganisation kann durch mögliche Bruchstellen im Berufsethos verhindert werden, wie sie Beese in der Zusammenarbeit zwischen Polizei und privaten Sicherheitsdiensten befürchtet (Beese, Dieter, Polizei und private Sicherheitsdienste; Berufsethische Aspekte; in: Polizei heute, 1994, S. 325 – 331.)

12) In dem Erfahrungsberuf Polizei spielt das Zusammengehörigkeitsgefühl als Voraussetzung für das Binnengefühl der Sicherheit und Geborgenheit eine wichtige Rolle. So wird der berufsunerfahrene Polizeianfänger erst minimal an das Geborgenheitsgefühl gewöhnt, aus dem heraus er zum Guten wie zum Schlechten („Internal Affairs") geleitet werden kann (hierzu Mahr, Manfred, Zum Verhältnis zwischen Mitarbeiterinnen und Vorgesetzten bei der Bereitschaftspolizei; Erfahrungen eines Zugführers; in: Bürgerrechte und Polizei, 1993, S. 14 – 17.)

13) Jeder Polizeibeamte nimmt teil am sogenannten gesellschaftlichen Wertewandel der pluralistischen Gesellschaft. Diese Entwicklung führt zu innerorganisatorischen Veränderungen in den Berufserwartungen und in der Erledigung des staatlichen Auftrages. Von der Art und Weise der Aufgabenerfüllung her sind Rückschlüsse auf die Gesinnung „der Polizei" und die Geisteshaltung einzelner Polizeibeamter üblich (siehe hierzu Berndt, Günter, Führung der Polizei in einer sich entwickelnden demokratischen Gesellschaftsordnung; in: Schriftenreihe der Polizeiführungsakademie Münster, 1987, S. 79 – 83; auch: Bereitschaftspolizei heute (Sonderbeilage), 1987, S. 31 – 38.

14) Über die Auswirkungen der politischen Alltagswirklichkeit auf das Selbstverständnis der Polizei und die Entwicklung einer Polizeitheorie schreibt Kniesel, wobei er die unterschiedlichen Leitbilder (Büttel, Freund, Helfer, Sozialingenieur, Sicherheitsmanager u.a.) behandelt und aufzeigt, wie wichtig es andererseits politisch ist, wie die Polizei den Verfassungsstaat verkörpert (Kniesel, Michael, Notwendigkeit und Inhalt einer Polizeitheorie; in: Recht und Politik, 1989, S. 88 – 96).
Kube entwickelt auf der Grundlage einer – noch unvollständigen – Führungsphilosophie das Konzept einer Polizeitheorie, in der die Polizei präventionsorientiert Integrationsfunktionen durch Konfliktdämpfung und Konfliktregulierung (ohne das Angebot politischer Lösungen) wahrnimmt. (Kube, Edwin, Notwendigkeit und Inhalte einer Polizeitheorie, zugleich eine Betrachtung zur Polizeikultur; Kriminalistik, 1988, 297 – 304).

15) Die Ethik des Grundgesetzes muß von einer „Bürgerpolizei" in einen „Ethos der Polizeiarbeit" umgesetzt werden (Kniesel, Michael, Die Gebote zur Achtung und Schutz der Menschenwürde als Leitlinie des polizeilichen Handelns; in: Schriftenreihe der Polizeiführungsakademie Münster, 1987, S. 28 – 41, Kniesel, Michael, Rolle und Standort der Polizei im demokratischen Rechtsstaat des Grundgesetzes; Versuch einer Polizeitheorie; in: Bereitschaftspolizei heute (Sonderbeilage), 1987, S. 35 – 42; ähnlich Denninger, Erhard, Zehn Thesen zum Ethos der Polizeiarbeit, Juristische Arbeitsblätter, 1987, S. 131 – 133). Zur Frage der ethischen Ziel- und Zweckvorstellungen, die der Staat in der Polizei dem einzelnen Beamten „werbend vermitteln" muß, siehe Pieschl, Gerhard, Persönlichkeitsbildung in der Polizei durch Berufsethik; in: Die Polizei, 1980, S. 329 – 332.
Zum Erfassen des Sinnzusammenhangs in der polizeilichen Ausbildung siehe Buchter, Jochen, Möglichkeiten und Grenzen der Wertevermittlung durch Berufsethik, Schriftenreihe der Polizeiführungsakademie Münster, 1985, S. 130 – 137.

Literaturverzeichnis

Alt, Günther D., Die Polizei und die in der Gesellschaft herrschenden Wertvorstellungen; in: Öffentliche Sicherheit und Ordnung in der Krise der Werte, Hiltrup, 1976, 75 – 96

Brandt, Helmut, Demokratie und Menschenwürde als Orientierungspunkte für polizeiliches Handeln; in: Die Demokratie und die Würde des Menschen, Münster, 1986, S.35 – 47

Brandt, Helmut/Möllers, Hermann (Sem.-Leiter), Polizeiliches Handeln und persönliche Verantwortung; Seminar vom 24. – 28.10.1988, Münster, PFA, 1988, 148 S.

Brusten, Manfred (Hrsg.), Polizei-Politik: Streitfragen, kritische Analysen und Zukunftsperspektiven, München, Juventa, 1992, 232 S. (Kriminologisches Journal; Beih. 1992/94)

Buchter, Jochen, Polizeiliches Handeln im Wandel der Werte; in: Sozialwissenschaftliche Erkenntnisse für die Praxis der Polizei, Münster, 1984, S. 109 – 115

Denninger, Erhard, Neun Thesen zum Ethos der Polizeiarbeit; in: Polizei im demokratischen Verfassungsstaat, Münster, 1986, S. 165 – 172

Dietel, Alfred, Wertverwirklichung im polizeilichen Alltag; in: Der Wertbezug in den Pflichten und Rechten des Polizeibeamten, Münster, 1985, S. 39 – 50

Ender, Karl, Die Ethik in der Polizei-Praxis; in: Öffentliche Sicherheit und Ordnung in der Krise der Werte, Münster, 1976, S. 57 – 74

Franke, Siegfried/Möllers, Hermann (Sem.-Leiter), Berufsethik in der Polizei: Sachstand und Perspektive; Seminar vom 24. – 28. Oktober 1983 der Polizeiführungsakademie, Münster, 1983, 265 S.

Franke, Siegfried, Zum Ethos der Polizeiarbeit; in: Polizei im demokratischen Verfassungsstaat, Münster, 1986, S. 141 – 147

Franke, Siegfried, Berufsethik für die Polizei: Grundlagen-Didaktik, Einzeldienst und geschlossene Einsätze, Münster, 1991, 419 S.

Franke, Siegfried/Möllers, Hermann (Sem.-Leiter), Der Wertebezug in den Pflichten und Rechten des Polizeibeamten: Seminar vom 21. – 25. Oktober 1985 bei der Polizeiführungsakademie, Münster, 1985, 190 S.

Funke, Edmund H., Soziale Leitbilder polizeilichen Handelns: eine empirische Studie zur Einstellung von Polizeibeamten gegenüber „Asozialität", „Asozialen" und „Asozialem Verhalten"; Holzkirchen, Felix Verlag, 1990, 101 S. (Empirische Polizeiforschung: Bd. 02)

Gercke, Jutta, „. . . noch träume ich nicht davon": der tägliche Umgang mit Leichen, Tod und Sterben; Eine Untersuchung zu den Belastungsfaktoren bei Todesermittlungsbeamten, Neuss, LPS NW, 1994, 41 S. und Fragebogen

Gilbert, James N., Investigative ethics; in: Critical issues in criminal investigation, Cincinnati, Ohio, 1988, S. 7 – 14

Harms, Im Dienste der Gerechtigkeit; in: Intensivierung der Verbrechensbekämpfung, Münster, 1971, S. 159 – 189

Harrach, Eva-Marie von, Grenzen und Möglichkeiten der Professionalisierung von Polizeiarbeit, Münster, 1983, 273 S.

Heydgen, Strategie und Zielsetzung polizeilicher Einsätze; in: Ethische Dimensionen polizeilicher Lagen, Münster, 1979, S. 59 – 70

Hubig, Christoph, Ethik institutionellen Handelns; in: Berufsethik in der Polizei, Münster, 1984, S. 117 – 131

Hübner, Klaus, Erfahrungen und Einsatzkonzeptionen; in: Ethische Dimensionen polizeilicher Lagen, Münster, 1979, S. 27 – 56

Kehrer, Die Problematik polizeilichen Handelns und seiner gesetzlichen Grundlage in politischer und ethischer Sicht; in: Die Ethik des polizeilichen Eingreifens, Münster, 1976, S. 91 – 109

Keller, Othmar, Ethische Grundsätze des Polizeiberufs; in: Polizei in Bayern '82, Nürnberg, 1982, S. 4 – 8

Kleyboldt, Norbert, Konsequenzen für die Berufsethik unter Berücksichtigung verschiedener Führungsebenen der Polizei; in: Die Ethik des polizeilichen Eingreifens, Münster, 1976, S. 117 – 135

Kniesel, Michael (Sem.-Leiter), Führung von Polizeibehörden – Alkohol im Dienst: Bedeutung des Problems und Reaktionsmöglichkeiten; Arbeitstagung der Polizeiführungsakademie vom 14. – 16. Oktober 1992, Münster, 1992, 120 S.

Kniesel, Michael, Das Achtungs- und Schutzgebot der Menschenwürde als Leitlinie polizeilichen Handelns: Die Ethik des Grundgesetzes; in: Die Demokratie und die Würde des Menschen, Münster, 1986, S. 19 – 34

Korbmacher, Reinhold/Nähle, Peter (Hrsg.), Polizei und Minderheiten: Empirische Seminararbeiten Gelsenkirchen; FAS für öffentliche Verwaltung NW, 1992, 310 S.

Kramer, Jörg, Polizei und Demonstrationsfreiheit; in: Rechtspolitik „Mit aufrechtem Gang", Baden-Baden, 1990, S. 131 – 134

Kube, Edwin, Zum Problem Polizeiethik; in: Die Neue Polizei, 1975, S. 184 – 186

Kube, Edwin, Polizeikultur – Mehr als ein Modebegriff im letzten Jahrzehnt dieses Jahrhunderts?; in: Die Polizei, 1990, S. 97 – 100

Kube, Edwin, Notwendigkeit und Inhalte einer Polizeitheorie; in: Polizei im demokratischen Verfassungsstaat, Münster, 1988, S. 231 – 249

Kube, Edwin/Franke, Siegfried (Sem.-Leiter), Polizeikultur: Bestandsaufnahme und Entwicklungsperspektiven; Seminar vom 23. – 27. Oktober 1989, Münster, PFA, 1989, 250 S.

Küchenhoff, Erich, Die Ethik des Grundgesetzes im Spannungsfeld zwischen Grundrechtsgewährleistung und Grundrechtseinschränkung; in: Öffentliche Sicherheit und Ordnung in der Krise der Werte, Münster, 1976, S. 117 – 134

Mai, Klaus, Erfolgskriterien und Werteproblematik in der Polizeipsychologie; in: Brennpunkte der Rechtspsychologie, Bonn, 1991, S. 93 – 115

Meier-Welser, Conrad, Ethik als Gegenstand und Prinzip von Führung und Unterricht; in: Qualifizierung der Ausbilder in der Bereitschaftspolizei und im Bundesgrenzschutz, Münster, S. 219 – 222

Meyer, Johannes, Die Friedensproblematik im berufsethischen Unterricht der Polizei; in: Berufsethik in der Polizei: Sachstand und Perspektive, Münster, 1983, S. 201 – 249

Moder, H./Beese, D., Zwischen Bürgern und Fremden: Ethische Aspekte polizeilichen Handelns bei Ausschreitungen gegen Asylbewerber: Seminar vom 26. – 30. Oktober 1992, Münster, PFA, 1992, 143 S.

Möllers, Hermann/Franke, Siegfried (Sem.-Leiter), Berufsethik in der Polizei: Der Rechtsstaat in der Dynamik von Recht und Gesetz; Seminar vom 22. – 26. Oktober 1984 der Polizeiführungsakademie, Münster, 1984, 199 S.

Möllers, Hermann/Franke, Siegfried (Sem.-Leiter), Die Demokratie und die Würde des Menschen; Seminar vom 20. – 24. Oktober 1986 der Polizeiführungsakademie, Münster, 1986, 149 S.

Möllers, Hermann (Sem.-Leiter), Ethische Dimensionen polizeilicher Lagen; Seminar für Polizeipfarrer, Leiter S u. K vom 23. – 27. Oktober 1978 der Polizeiführungsakademie, Münster, 1978, 89 S.

Möllers, Hermann/Gellerbeck (Sem.-Leiter), Konfliktbewältigung als polizeiliche Aufgabe: Seminar für Polizeipfarrer, Polizeiführer (Höherer Dienst) vom 19. – 23. Oktober 1981 bei der Polizeiführungsakademie, Münster, 1981, 131 S.

Möllers, Hermann, Demokratie und Würde des Menschen; in: Die Demokratie und die Würde des Menschen, Münster, 1986, S. 11 – 17

Möllers, Hermann, Wertvermittlung im berufsethischen Unterricht; in: Der Wertbezug in den Pflichten und Rechten des Polizeibeamten, Münster, 1985, S. 117 – 140

Möllers, Hermann, Zum Ethos der Polizeiarbeit aus der Sicht der evangelischen Kirche; in: Polizei im demokratischen Verfassungsstaat, Münster, 1986, S. 149 – 153

Möllers, Hermann, Konfliktbewältigung als polizeiliche Aufgabe; in: Konfliktbewältigung als polizeiliche Aufgabe, Münster, 1981, S. 5 – 22

Möllers, Hermann, Die Berufsethik als Orientierung für polizeiliche Konfliktbewältigung; in: Konfliktbewältigung als polizeiliche Aufgabe, Münster, 1981, S. 111 – 119

Möllers, Hermann, Einführungsreferat; in: Ethische Dimensionen polizeilicher Lagen, Münster, 1979, S. 7 – 26

Möllers, Hermann, Die Anwendung unmittelbaren Zwangs unter Einsatz technischer Hilfsmittel aus ethischer Sicht; in: Führung und Einsatz ...: Wertewandel in der Gesellschaft, Münster, 1984, S. 203 – 225

Möllers, Hermann, Der Rechtsstaat in der Dynamik von Recht und Gesetz; in: Berufsethik in der Polizei, Münster, 1984, S. 15 – 34

Möllers, Hermann, Ethik im Polizeiberuf: Theologische Orientierungen; Stuttgart, Boorberg, 1991, 202 S.

Möllers, Hermann (Sem.-Leiter), Öffentliche Sicherheit und Ordnung in der Krise der Werte: Seminar für Polizeipfarrer vom 1.12. – 5.12.1975 der Polizeiführungsakademie, Münster, 1975, 139 S.

Möllers, Hermann (Sem.-Leiter), Theorie und Methode der berufsethischen Gesprächsführung in der Polizei: Seminar für Polizeipfarrer vom 14. – 18. Oktober 1974 der Polizeiführungsakademie, Münster, 1974, 125 S.

Möllers, Hermann/Aping, Heinz-Werner, Was kann die Organisationsethik zur Humanisierung der Polizeiarbeit beitragen?: Seminar vom 22. – 26. Oktober 1990, Münster, 1990, 76 S.

Pieschl, Gerhard, Einheit von Erziehung und Ausbildung; in: Aus- und Fortbildung des mittleren Dienstes, Fortbildung des gehobenen Dienstes, Münster, 1980, S. 28 – 42

Reichertz, Jo, „Meine Schweine erkenne ich am Gang": Zur Typisierung typisierender Kriminalpolizisten; in: Polizei vor Ort, Stuttgart, 1992, S. 183 – 200

Rock, Martin, Polizeiliche Tätigkeit im Spannungsfeld von Politik und Ethik; in: Politische Aspekte bei der Beurteilung polizeilicher Lagen, Münster, 1977, S. 181 – 191

Schäfer, Dierk/Knubben, Werner, . . . in meinen Armen sterben?: Vom Umgang der Polizei mit Trauer und Tod; Hilden, Verl. Dt. Polizeiliteratur, 1992, 311 S.

Schröder, Günter, Zum Ethos der Polizeiarbeit: Aus der Sicht einer Berufsvertretung; in: Polizei im demokratischen Verfassungsstaat, Münster, 1986, S. 155 – 164

Stiftung Mitarbeit (Hrsg.), „. . . wann sollten Polizisten nein sagen?“; Dokumentation einer Debatte; 2. Bonner Polizeigespräch, 28.4.1990, Bonn, 1990, 80 S.

Swanson, Charles R., Police Administration: Structures, processes and behavior; New York, MacMillan, 1988, 569 S.

Vermander, Eduardo, Die Bindung der Polizei an Recht und Gesetz; in: Berufsethik in der Polizei, Münster, 1984, S. 73 – 115

Ward, Richard H./McCormack, Robert, Managing police corruption: International perspectives, Chicago, Ill. OICJ, 1987, 363 S.

Welter, Gilbert, Menschenwürde in der polizeilichen Ausbildung; in: Die Demokratie und die Würde des Menschen; Münster, 1986, S. 65 – 89

Worm, Herbert, Polizeiskandal in Osaka: Polizeikritische Anmerkungen zum Aufstand der Tagelöhner von Kamagasaki, Hamburg, Inst. für Asienkunde, 1991, S. 122 – 155

Zwischen Anspruch und Wirklichkeit: Berufsethos des Polizeibeamten, Evang. Akademie Mühlheim/Ruhr, Düsseldorf, 1989, 22 S.

Über die gemeinsame Verantwortung von Staatsanwaltschaft und Polizei für das Strafverfahren

Hans Janknecht

I. Die Kooperation

Die Zusammenarbeit von Staatsanwaltschaft und Polizei bei der Strafverfolgung funktioniert in Bremen traditionell gut und reibungslos. Das ist nicht weiter verwunderlich, denn in einem Stadtstaat sind die Kommunikationswege kurz und direkt. Man kennt sich, zumeist auch persönlich, jedenfalls in den Bereichen, in denen Sonderzuständigkeiten bestehen, und die sachgerechte Erledigung der Aufgaben eine ständige persönliche Fühlungnahme erfordert. Das vertrauensvolle Verhältnis von Staatsanwälten und Polizeibeamten wird in Bremen im übrigen, das sollte bei dieser Gelegenheit nicht unerwähnt bleiben, durch gemeinsame Fortbildung von Staatsanwälten und Polizeibeamten, wie sie etwa die Kriminalistische Studiengemeinschaft seit nunmehr 25 Jahren in vielfältiger Weise anbietet, unterstützt und gefördert.

In der täglichen Arbeit pflegt der Staatsanwalt die besondere Sachkunde der Polizei zu respektieren. Er braucht deshalb auch nicht bei jeder Gelegenheit seine „Gesamtverantwortung für das Strafverfahren" herauszukehren und hat, wenn überhaupt, nur ausnahmsweise einmal Anlaß, seinen „Hilfsbeamten" konkrete Weisungen zu erteilen. Die Zuständigkeitsfelder sind abgesteckt. Es herrscht ein friedliches Miteinander. Und dennoch wird die idyllische Kooperationsharmonie auch in Bremen gelegentlich durch fernes Grummeln und Wetterleuchten gestört. Die Wetterzeichen verraten, daß zwischen Staatsanwaltschaft und Polizei ein – vom Gesetz so gewolltes – Spannungsverhältnis besteht, aus dem heraus gelegentlich „Entladungen" mit den dazugehörenden „Geräuschen" anscheinend unvermeidlich sind.

II. Die öffentlichen Rügen

Eine bedeutende Bremer Tageszeitung gibt sich bei der G e r i c h t sberichterstattung ungemein seriös, rechtsstaatlich und liberal, während gleichzeitig aus den Berichten des P o l i z e ireporters die Law-and-order-Ideologie nur so trieft. In dieser Zeitung empören sich selbstverständlich aus Vorsicht immer anonym bleibende Kriminalbeamte, die wegen des Redaktionsgeheimnisses auch nie ermittelt werden können, oder ein eifriger Berufsverband der Polizei beispielsweise darüber, daß

- ein Straftäter aus dem Strafvollzug geflohen, entlassen oder beurlaubt und – man hat es ja gleich gewußt – binnen kürzester Frist wieder straffällig geworden sei, obwohl die Polizei ihn doch gerade mit viel Mühe und Aufwand glücklich hinter Schloß und Riegel gebracht habe;
- die von dem Gericht X in der Sache Y verhängten Strafen selbstverständlich viel zu mild seien und wieder einmal die „Knochenerweichung" der Justiz bestätigten;

– in einem Verfahren gegen Drogenhändler die Staatsanwaltschaft in ihrer Blau-
äugigkeit entgegen dem „Antrag" der Polizei wieder einmal keine Haftbefehle er-
wirkte, sondern die „Täter" (von „Beschuldigten" ist in diesem Zusammenhang,
soweit mir bekannt, noch nie die Rede gewesen) laufengelassen habe.

Die Beispiele ließen sich beliebig mehren.

Natürlich ist die öffentlich geäußerte Kritik ärgerlich, und zwar vordergründig in dem
Sinne, daß sie den jeweils gemeinten Richtern und Staatsanwälten die Laune für den
Tag verdirbt und bei den für die Öffentlichkeitsarbeit der Justiz Verantwortlichen hek-
tische Betriebsamkeit auslöst. Das wäre jedoch nicht weiter des Aufhebens wert.
Ernstlich ärgerlich ist solche Kritik vielmehr insofern, als zu vermuten ist, daß hinter
ihr etwas ganz anderes steht, nämlich die Überzeugung, daß

1. die Arbeit der Polizei im Interesse der öffentlichen Sicherheit an sich durchaus erfolgreich ist;
2. die Polizei leider durch Entscheidungen außerhalb ihres Einflußbereichs immer
   wieder um die Früchte ihrer Arbeit gebracht wird;
3. die Weichheit der Justiz sich für den einzelnen Polizeibeamten demotivierend, ja
   frustrierend auswirkt. Den Staatsanwälten müßten daher „Beine gemacht" werden.

III. Die Erklärungspflicht der Staatsanwaltschaft

Ich halte solche Auffassungen für bedenklich, teilweise für rechtswidrig, in einzelnen
Facetten darüber hinaus für verwerflich:

Zwar ist vor dem Hintergrund nicht zu leugnender mannigfaltiger Schwierigkeiten
der Wunsch der Polizei nach Erfolgsmeldungen zur Aufbesserung eines angekratzten
Images in der Öffentlichkeit verständlich und legitim. Das darf jedoch selbstverständlich nicht auf Kosten anderer Zweige der Sachverwaltung und der Justiz geschehen.
In der privaten Wirtschaft gilt vergleichende Werbung als unanständig und rechtswidrig, wenn sie Produkte des Konkurrenzunternehmens ausdrücklich nennt und her-
absetzt. Es sind dann zivilrechtliche Unterlassungsansprüche gegeben. Auch wenn
Polizei und Staatsanwaltschaften und Gerichte sicherlich nicht miteinander in der
Frage wetteifern, wer das beste Sicherheitskonzept anzubieten habe, meine ich, daß
solche Bewertungsmaßstäbe auch für ihr Verhältnis zueinander zu gelten haben. Es
gibt andere und letztlich auch erfolgversprechendere Wege, Kritik, sei sie nun berechtigt oder nicht, anzubringen.

**In meinem Geschäftsbereich gilt bereits seit Jahren die Weisung, der Staatsanwalt
möge dem Sachbearbeiter der Kriminalpolizei die Gründe erläutern, warum er sich
im konkreten Einzelfall nicht in der Lage sieht, einen von der Polizei angeregten Haft-
befehl zu beantragen. Selbstverständlich steht es dem Polizeibeamten auch frei, von
sich aus den Staatsanwalt anzusprechen und ihn zu bitten, ihm die Gründe für seine
Entscheidung zu erläutern. Der Polizeibeamte hätte dabei eine gute Gelegenheit,**

dem Staatsanwalt die Dinge aus polizeilicher Sicht darzustellen. Ich halte ein solches Verfahren für sachdienlich. Es hätte zudem den Vorteil, das beiderseitige Verständnis für die jeweils eigenen und unterschiedlichen Aufgaben zu fördern und die Gemeinsamkeit des Weges zu erörtern. Schließlich hätte ein solches Gespräch auch den Vorzug einer problemverringernden Geräuschlosigkeit und – wie ich meine – der größeren Effizienz.

IV. Lancierte Publikationen als „Rechtsbehelf"

Die Versuche, Meinungsverschiedenheiten nicht offen, fair und auf dem Wege, auf dem Behörden miteinander kommunizieren, auszutragen, sondern gezielt die Medien einzuspannen, diese zu instrumentalisieren, nach deren Beifall wie nach einem außerordentlichen, wenngleich in der Verfassung nicht vorgesehenen Rechtsbehelf zu haschen und damit letztendlich, wie beabsichtigt, öffentlichen Druck zu erzeugen, erscheinen schon wegen des gewählten „Verfahrens" bedenklich.

Wegen der möglichen Zielrichtung einer solchen Vorgehensweise, nämlich die gesetzliche Aufgabenverteilung der §§ 160 Abs. 1, 163 StPO de facto auf den Kopf zu stellen, dürfte durch die verdeckte Meinungsmache schon die Schwelle zur Rechtswidrigkeit überschritten sein.

Die Verantwortung für das einzelne Ermittlungsverfahren trägt nicht die Polizei, sondern die Staatsanwaltschaft. Ihr ist die Sachleitungsbefugnis übertragen. Sie besitzt die Sachherrschaft über das gesamte Ermittlungsmaterial ohne Rücksicht darauf, ob es bei ihr oder bei der Polizei im Rahmen der Strafverfolgung angefallen ist. Sie, die Staatsanwaltschaft allein, ist daher befugt, über die durch die Ermittlungen gewonnenen „Daten" zu verfügen.

V. Die Verwertung von Informationen aus Strafverfahren

„Verfügen" bedeutet zunächst, die gesammelten Informationen „im stillen Kämmerlein" zu sichten, sie auf ihre strafrechtliche Relevanz hin zu prüfen und dann zu entscheiden, ob und ggfs. in welchem Umfang sie dem Gericht zur Be- und Aburteilung unterbreitet werden sollen. Nur bei der Entscheidung, daß die Sache dem Gericht vorzulegen ist, ergibt sich – quasi als Nebeneffekt –, daß sie dann auch zur Kenntnis der Öffentlichkeit gelangen kann. Im Umkehrschluß müßte dies eigentlich bedeuten, daß die im Ermittlungsverfahren gewonnenen Erkenntnisse, wenn und solange sie nicht durch Anklage und ihre gerichtliche Zulassung in die Hauptverhandlung gelangen, nach dem Willen der Strafprozeßordnung im Grundsatz vertraulich, der Kenntnis durch die Öffentlichkeit also entzogen bleiben sollen.

Mit diesem Grundsatz könnte allerdings der verfassungsrechtlich abgesicherte Informationsanspruch der Medien kollidieren. Art. 5 Abs. 1 GG gewährleistet die Pressefreiheit und die Freiheit der Berichterstattung durch Rundfunk und Film. Da indessen diese Rechte nach Art. 5 Abs. 2 GG ihre Schranken in den Vorschriften der allgemeinen Gesetze finden und die Strafprozeßordnung selbstverständlich ein solches Gesetz ist, wird gefolgt, im Strafverfahren fielen die Informationsschranken eben erst mit dem Beginn der Hauptverhandlung, und alles, was diesen Punkt nicht erreiche oder noch nicht erreicht habe, sei daher für die öffentliche Neugier tabu. Ich teile diese Auffassung nicht, sondern meine, daß in einer demokratisch-rechtsstaatlich verfaßten Gesellschaft der Informationsanspruch der Medien im Hinblick auf ihre umfassende Kontrollfunktion gerade auch gegenüber der öffentlichen Verwaltung nicht ausgerechnet vor der Tür des Staatsanwalts haltmachen darf.

Leider ist jedoch seit längerem zu beklagen, daß die öffentliche Berichterstattung über manches laufende Ermittlungsverfahren das allgemeine Persönlichkeitsrecht der Beschuldigten (namentlich von prominenten Zeitgenossen) in einem Maße tangiert, wie dies bei der Entstehung der Strafprozeßordnung nicht vorausgesehen werden konnte. Bei der Auskunftserteilung über ein laufendes, erst recht natürlich über ein durch Einstellung abgeschlossenes Ermittlungsverfahren, stellt sich daher nicht so sehr die Frage nach dem „Ob", sondern die nach dem „Was?" bzw. „Wieviel?".

Schwierige Fragen sind in diesem Zusammenhang zu beantworten: Gelten die gesetzlichen Schranken des Auskunftsanspruchs, wie sie in den Landespressegesetzen normiert sind (vgl. etwa § 4 Abs. 2 BremPrG), auch für das Strafverfahren? Falls ja, wann ist ein Verfahren in diesem Sinne „schwebend"? Und vor allem: Könnte durch die Auskunft seine „sachgemäße Durchführung . . . vereitelt, erschwert, verzögert oder gefährdet werden"? Oder würde durch die Auskunft „ein überwiegendes öffentliches oder ein schutzwürdiges privates Interesse verletzt"?

Eine Fülle von weitgefaßten unbestimmten Rechtsbegriffen bedürfen im Einzelfall der Auslegung. Ihr Ergebnis wird nur selten alle Beteiligten befriedigen. Die Verantwortung für eine falsche Abwägung wiegt schwer. Der frustrierte Polizeibeamte vor Ort, der seinen Verdruß bei dem eiligen Reporter im Flur des Polizeihauses abzuladen versucht, wird eine solche Verantwortung nicht tragen können, in der Regel nicht einmal tragen wollen. Auch der zuständige Dezernent der Staatsanwaltschaft wird im allgemeinen nur eine schlechter Verteidiger seiner (richtigen oder falschen) Entscheidung sein.

In zutreffender Einschätzung der Komplexität der Problematik hat daher der Senator für Justiz und Verfassung schon 1963 der Justizpressestelle die Aufgabe übertragen, Verbindung zwischen Justiz und Medien zu halten. Unberührt bleibt (im Rahmen der der Polizei obliegenden Gefahrenabwehr) selbstverständlich die eigenverantwortliche Praxis der Pressestelle der Polizei, bis zur Abgabe einer Sache an die Staatsanwaltschaft kurze Mitteilungen über die Tatsache oder die Aufklärung einer Straftat zu geben oder die Bevölkerung vor Straftätern zu warnen oder um Mithilfe bei der Aufklärung von Straftaten zu bitten.

Die Justizpressestelle läßt sich in ihrer täglichen Arbeit von folgenden Grundsätzen leiten:

– Die Beteiligten eines justitiellen Verfahrens dürfen nicht herabgewürdigt oder bloßgestellt werden.

- Ihre Namen werden, sofern sie (noch) nicht öffentlich bekannt sind, ohne ihre Zustimmung nicht genannt.
- Angaben, die zur Identifizierung von Verfahrensbeteiligten führen können, unterbleiben.
- Grundsätzlich wird nur über den Stand des Verfahrens unterrichtet.
- Wertende Stellungnahmen erfolgen mit der gebotenen Zurückhaltung.
- Auf die Vermutung der Unschuld nicht rechtskräftig Verurteilter und die Offenheit des Verfahrensausgangs wird im allgemeinen stets ausdrücklich hingewiesen.
- Auch entlastende Umstände sind entsprechend ihrer Bedeutung darzustellen. Informationen, die bei vernünftiger Betrachtung geeignet sein könnten, die Unbefangenheit von Richtern, Schöffen, Sachverständigen oder Zeugen zu beeinträchtigen oder den Eindruck hervorrufen könnten, sie wollten der gerichtlichen Entscheidung vorgreifen, unterbleiben, desgleichen Erklärungen, die den Schluß zulassen, es solle mit ihnen Justizpolitik betrieben werden.

Soweit diese Grundregeln, die analog für das Umgehen mit amtlichen personenbezogenen Informationen schlechthin gelten müßten. Das Gegenteil ist der Fall, wenn personenbezogene Auskünfte mißbräuchlich gegeben werden, um politische Ziele zu erreichen.

VI. Der Verlust an öffentlichem Vertrauen

In solchen Auskünften, Stellungnahmen, Behauptungen der letztgenannten Zielsetzung geht es nicht um die Sache selbst, sondern um die Verfolgung einseitiger justizpolitischer, personalpolitischer, finanzieller etc. Interessen. Während man sich unter dem Vorwand, um das allgemeine Wohl, vor allem um die allgemeine Sicherheit besorgt zu sein, öffentlich und lautstark über die angeblich falsche Behandlung der Sache durch die Staatsanwälte und/oder die Richter entrüstet, wird tatsächlich das Gegenteil erreicht. Das Sicherheitsgefühl der Bevölkerung, das einen kaum zu überschätzenden Stellenwert besitzt, wird durch solche Verlautbarungen „aus Fachkreisen" nachhaltig erschüttert.

Durch die Anprangerung eines Einzelfalls wird der verheerende Eindruck vermittelt, die Maschinerie der Strafjustiz funktioniere nicht richtig. Statt Verständnis für die durch das Gesetz gezogenen notwendigen Grenzen jeder Strafverfolgung zu wecken und an die Binsenweisheit zu erinnern, daß Strafverfolgung ohnehin nicht jede Tat und jeden Täter erreicht, wird Unruhe geschürt und das primäre Vertrauen in das grundsätzliche Funktionieren von Strafjustiz beschädigt. Bei der zweifelhaften Verfolgung eigensüchtiger Ziele wird so ein gefährlicher Verlust an Vertrauen in die Verläßlichkeit unseres Rechtssystems an sich in Kauf genommen.

Ein solches Ergebnis kann für keinen Strafrichter, keinen Staatsanwalt und für keinen Polizeibeamten wünschenswert sein. Polizei und Staatsanwaltschaft sollten nicht nur ihre Erfolge gemeinsam feiern, sondern auch die Erfolglosigkeit gemeinsam tragen und unbeeindruckt von Emotionen weiterarbeiten.

Die Prädominanz der Prävention
Ein Beitrag zu den Grundlagen der theoretischen Kriminalstrategie[1)]

Herbert Schäfer

Vorbemerkung

Der nachfolgende Beitrag wurde zum ersten Male in Goltdammer's Archiv für Strafrecht (1986, S.49 – 66) veröffentlicht. Anlaß boten die Ermittlungen der Staatsanwaltschaft gegen den Berliner Polizeipräsidenten H. wegen des Verdachts der Strafvereitelung. Wenn ich diesen Text mit leichten Abänderungen hier wiederhole, so gibt es dafür zwei Gründe:

Erstens ist leider Goltdammer's Archiv für Strafrecht bei den leitenden Polizeibeamten nahezu unbekannt (und dadurch blieb auch diese Abhandlung in Polizeikreisen ungelesen).

Zweitens sollte der Beitrag wiederholt werden, weil die Probleme unverändert virulent geblieben sind, wie jüngere Beispiele zeigen. Eine solche Problematik tangiert zwar die grundsätzlich und allzeit gute Zusammenarbeit zwischen Polizei und Staatsanwaltschaft im Alltag nicht. Die Zusammenarbeit aber könnte noch mehr verbessert werden und für Polizeipräsidenten ungefährlicher werden, wenn sich Staatsanwälte und Richter wieder als Mitwirkende an der gefahrenvorbeugenden Kriminalitätsabwehr begreifen könnten.

I. Der „Doppelkopf" der Polizei

1. Konkurrenz zwischen Strafprozeßordnung und Polizeirecht?

Die kriminalpolitische Aufgabenstellung für die Polizei wird herkömmlich als „janusköpfig", als „zweigesichtig" bezeichnet. Damit ist der scheinbare Doppelauftrag der Polizei gemeint, nämlich einerseits aufgrund des landesgesetzlichen Polizeirechts die Gefahrenabwehr zu betreiben, andererseits aufgrund der bundesgesetzlichen Strafprozeßordnung die Strafverfolgung durch die Untersuchung von Straftaten zu unterstützen. Zu diesem Doppelauftrag gehört auf der einen Seite das offenbar weich handhabbare, geschmeidige polizeirechtliche Opportunitätsprinzip, dem die starre Gebundenheit des Legalitätsprinzips der Strafprozeßordnung gegenübersteht.

Aus diesem gegenüberstehenden Miteinander, das in der täglichen Arbeit der Polizei immer wieder zu bedenken, zu beachten und zu vereinbaren ist, entstanden im Laufe der Zeit eine Menge Reibungsverluste immer dann, wenn jenseits des Prinzips der Konkordanz und der Kooperation die beiden Prinzipienvertreter – Polizei hier und Staatsanwaltschaft da – in unglückseligen Situationen und personalen Verstiegenheiten nicht zueinander fanden. Zu den Reibungspunkten trugen sicherlich die Minderwertigkeitskomplexe polizeilicher Leitungskräfte bei, die als Aufsteiger aus der Schicht der taktischen Sachbearbeiter in strategische Leitungsfunktionen aufrückten, ohne sich dieses Umstandes angemessen auch der Staatsanwaltschaft gegenüber bewußt zu werden.

2. Die Stufen der Prävention

Wir unterscheiden bekanntlich zwischen verschiedenen Stufen der Prävention[2].

Die primäre Prävention, die vielfach mit dem Begriff der Prophylaxe gleichgesetzt wird, setzt sehr früh im sozialen Bereich an und schließt an die familiäre Prophylaxe an.

Die sekundäre, zeitlich nachfolgende Prävention ist die Domäne der Polizei, aber auch der Ordnungsämter, der alten „Verwaltungspolizei", wenn es um abstrakte Gefahren geht. Durch die zweite Stufe der Vorbeugung soll den drohenden Gefahren, den Gefahren für die öffentliche Sicherheit und Ordnung vorgebeugt werden. Hier hat der Auftrag zur Gefahrenabwehr in der Form der Kriminalitätsbekämpfung seinen Sitz. Die Einzelfallaufklärung ist ein Teil dieses Auftrages.

Die tertiäre Prävention schließlich versucht, durch strafrechtsrelevante Maßnahmen (Urteil, Strafvollzug, Strafaussetzung, Auflagen etc.) den Straftäter nach der Tat zu resozialisieren.

Andere Einteilungen stellen darauf ab, ob die Präventionsmaßnahmen den Bürger individuell vor oder nach Begehung der Straftaten erreichen möchten und sprechen daher von „prädeliktischer" und „postdeliktischer" Prävention.

Die im Bereich der Straftaten liegende prädeliktische Phase gehört zur Präventionszuständigkeit der Polizei. Die Abgrenzung zum Bereich der sozialen Prophylaxe (Elternhaus, Schule, staatliche Institutionen, welche durch die Verwaltung oder die sozialen Dienste handeln), ist oft sehr schwierig und politisch umstritten.

II. Einzelfalltaktik und Kriminalstrategie

1. Unterschiedliche Blickrichtungen

Die Strafprozeßordnung scheint auf den ersten Blick völlig abseits jeder präventiven Überlegung konzipiert zu sein. Zwar gibt es sitzungspolizeiliche Maßnahmen zum Schutz von Zeugen. Auch ist der Festnahmegrund der Wiederholungsgefahr nach

214

Sexualverbrechen eingeführt worden. Nach § 164 StPO kann ein Störer strafprozessualer Maßnahmen präventiv festgenommen werden.

Eine systemfremde, weil materiellpolizeirechtliche Einfügung mit präventiven Charakter enthält § 81b, 2. Alternative, welcher die Lichtbildanfertigung und die Abnahme von Fingerabdrücken und ähnliche Maßnahmen „für die Zwecke des Erkennungsdienstes" bei Beschuldigten vorsieht.

Im allgemeinen aber befaßt sich die Strafprozeßordnung ordnend am vergangenen Geschehen orientiert mit der Abwicklung eines geschichtlichen Ablaufs, wie er durch die Strafbestimmungen definiert wird, nämlich mit der Untersuchung von (gewesenen) Delikten. Delikte sind (hier: vergangene) Sicherheitsstörungen und damit (erledigte) Gefahren, bei denen jedoch ein über die Tat hinausreichender Gefahrenüberhang gegeben sein kann. Das Polizeirecht befaßt sich in die Zukunft gerichtet mit der Abwehr prognostizierter, bevorstehender, drohender Gefahren (auch: Straftaten) für die öffentliche Sicherheit, soweit das Polizeirecht dieses Handeln vorsieht. Die Polizei beobachtet und beurteilt soziale Prozesse, die Justiz Handlungen und deren individuelle Urheber. Die Justiz beschränkt sich im Gegensatz zur Polizei lediglich auf einen Ausschnitt der sozialen Realität, nämlich auf die im Strafgesetz normierten Tatbestände, die in einer Handlung verwirklicht wurden.

Der Unterschied zwischen polizeilicher und justizieller Erkenntnisperspektive in bezug auf sozial abweichendes Verhalten besteht lediglich in der unterschiedlichen Reichweite des jeweils wahrgenommenen sozialen Feldes[3].

Die Strafprozeßordnung sieht die täterbezogene Einzelfalluntersuchung vor und gibt somit der Staatsanwaltschaft und der Polizei mit genauen Handlungsvorgaben die rechtlichen Grenzen für taktische Richtlinien auf, die sie zu beachten hat.

Der Staatsanwalt als der juristisch ausgebildete, rechtlich leitende Einzelfalltaktiker entspricht diesem Auftrag unterhalb der operativen Ebene. Es ist für ihn nicht nötig, theoretische Strategien zu entwickeln, da ihm nicht die Aufgabe obliegt, eine Mehrheit von Menschen und Material über Zeit und Raum hinweg zur Erreichung eines bestimmten politisch vorgegebenen Zieles zu führen.

Dieses Ziel hat die Kriminalitätsbekämpfung und die Aufrechterhaltung sowie Verbesserung der öffentlichen, inneren Sicherheit vor Augen. Dieses bei rationaler Betrachtung für alle Zweige der staatlichen Verwaltung geltende Ziel wird in der Einzelfallarbeit von der taktischen Aufgabenstellung für die Staatsanwaltschaft nur mittelbar erfaßt, für die Staatsanwaltschaft nicht ausdrücklich benannt und deshalb von ihr leicht bei engster Auslegung der Zuständigkeit aus den Augen verloren.

Die hier anfallenden Aufgaben hat typischerweise und unmittelbar die Polizei zu erfüllen, wobei sie die Gefahrenabwehr (d.h. die Kriminalitätsbekämpfung) nicht nur taktisch, sondern auch strategisch zu organisieren und operativ zu bewältigen hat. Grundlage des polizeilichen Handelns bildet das Polizeirecht als Landesrecht.

2. Das Präventionsziel der Strafprozeßordnung

Es ist andererseits kaum vorstellbar, daß der Gesetzgeber die Strafprozeßordnung und das gesamte Arsenal der scharfen, schwerwiegenden und einschneidenden Möglichkeiten des Strafrechts außerhalb einer präventiven Zielsetzung gesehen haben könnte. Schon aus der Frage nach dem Zweck der Strafe, zu der die Rechtsnormen des Strafverfahrens den Weg ebnen, ergibt sich ein ungenannter, genereller Präventionsauftrag für die Strafprozeßordnung (und damit ein ungeschriebener für die Staatsanwaltschaft).

Nach den absoluten Strafzwecktheorien werden zwar Vergeltung, Gerechtigkeit und Sühne als Strafzweck betrachtet. Nach den jüngeren relativen Strafzwecktheorien gilt jedoch die generalpräventive Wirkung der Strafe durch Abschreckung bzw. durch ihre normen- und gesellschaftsstabilisierende Funktion als eines der kriminalpolitischen Ziele. Ein anderes Ziel der Strafe wird in der auf den Täter zielenden Spezialprävention gesehen, die durch Unschädlichmachen (schon durch die Festnahme), die individuelle Abschreckung (z.B. durch die Gefahr der raschen Täterermittlung) oder durch Resozialisation (z.B. durch Hilfe zur Reintegration) erreicht werden soll. Dient die Strafprozeßordnung unmittelbar der Spezialprävention, so unterstützt sie doch auch die Generalprävention. Beide Präventionsarten verhindern im Falle ihres Erfolges künftige Straftaten, Sicherheitsstörungen, Kriminalitätsentwicklungen und entlasten insoweit die Arbeit der Polizei.

Das Schweigen der Strafprozeßordnung zu Fragen der Prävention ist dadurch zu erklären, daß das gesamte strafprozessuale Regelwerk mit dem Strafrecht im weiteren Sinne ein System komplexer Präventionsüberlegungen darstellt, innerhalb dessen zahlreiche wohldosierte präventive Einzelmethoden (siehe Verfahrensablauf, Strafhöhe etc.) zur Erreichung des übergeordneten Zieles enthalten sind. Es würde hier zu weit führen, die mittelbare, ungenannte, aber nachweisbare präventionsorientierte Zielsetzung, beginnend mit der Öffentlichkeit der Hauptverhandlung bis hin zu den zahlreichen anderen präventiv wirksamen Folgen der Strafprozeßordnung, zu beschreiben. Diese reichen bis zum abgestuften dauernden oder zeitweiligen Eintrag der Strafen im Bundeszentralregister, deren warnender Präventionseffekt unbestritten und trotz aller Verdünnungen immer noch wirksam ist. Da die gesamte Strafprozeßordnung der Prävention dient (einschließlich der Strafvollstreckung etc.), müssen präventive Einzelziele in der Strafprozeßordnung nicht aufgezählt werden.

Erkennbar ist in allen Phasen des Strafprozesses auch die präventive Relativierung in der Verwirklichung des staatlichen Strafanspruchs: es werden unter Beachtung grundgesetzlicher Rechte menschliche, familiäre, soziale Beziehungen geschützt und geachtet und soziale Vertrauensbindungen der Bürger in vielfacher Weise höher eingeschätzt als das Recht des Staates auf Strafverfolgung, damit nicht mit Hilfe einer verabsolutierten Strafgewalt der soziale Schaden aus der Straftat noch vergrößert wird.

3. Die Einordnung des Präventionsauftrages der Strafprozeßordnung

Dieser rahmenartige und ungenannte Präventionsauftrag der Strafprozeßordnung schwebt nicht im rechtspolitisch leeren Raum. Er bildet auch keine Sondergröße mit einem isolierten Eigenleben. Er ist vielmehr eingebettet in den kriminalpolitischen Auftrag der Gefahrenabwehr, wie ihn die Polizei auszuführen hat. Daher ist das Problem des janusköpfigen, zweigesichtigen Polizeiauftrages (Gefahrenabwehr/Strafverfolgung) ein Scheinproblem.

Die Polizei hat einen einzigen großen Auftrag, nämlich den der Gefahrenabwehr. Sie entspricht diesem Auftrag auch dadurch, daß sie vom Augenblick des Erkennens einer Straftat an („Verdacht") nach den Regeln der Strafprozeßordnung handelt. Das ändert nichts daran, daß ihr Auftrag zur Gefahrenabwehr (d.h. Prävention) früher einsetzt, als der Auftrag zur Untersuchung von Straftaten, von Einzelfällen also, in denen die vorgängige Prävention aller Stufen nicht griff, sondern erfolglos war. Der Auftrag zur Gefahrenabwehr (Prävention und Kriminalitätsbekämpfung) ändert sich auch nicht und entfällt nicht durch die Fallarbeit oder die Bearbeitung zahlloser Straftaten. Er endet erst recht nicht durch strafrechtliche Urteile. **Der Auftrag der Gefahrenabwehr besteht vielmehr vor, neben, unter und nach dem strafprozessialen Vorgehen ununterbrochen weiter.**

Die Polizei entspricht ihrem Auftrag zur Gefahrenabwehr (Kriminalitätsbekämpfung), indem sie – und nur sie allein – sowohl Überlegungen auf der Ebene der theoretischen Kriminalstrategie anstellt, als auch diese Überlegungen operativ und taktisch umsetzt. Dabei entscheidet sie über Prioritäten, über die Zeit und den Raum, in denen ihre Maßnahmen realisiert werden sollen, nach eigenen u.a. organisationsbestimmten und ausstattungsbedingten Kriterien. Ihre Handlungsmöglichkeiten werden zwar durch das politisch entschiedene Haushaltsvolumen vorgegeben. Das bedeutet aber nicht, daß die Polizei über die Grenzen ihrer Ressourcen hinaus in ihrem Handlungsfreiraum gebunden wäre. Sie entscheidet – auch mit Wirkung für die Strafverfolgung, d.h. Straftatenbearbeitung – welche Straftaten sie mit Priorität bearbeitet.

So konnte es vor Jahren in Bremen ohne Widerspruch durch die darüber verständigte Staatsanwaltschaft geschehen, daß zur Bearbeitung einer überproportional hohen Zahl von 76 Tötungsdelikten (einschließlich der Versuche) Sachbearbeiter aus anderen Sachgebieten und Fachkommissariaten im damaligen 1. Kommissariat eingesetzt wurden. Die Bearbeitung der Handtaschenraube und anderer Raubüberfälle mußte daher zeitweilig zurücktreten bzw. unterbleiben, obwohl doch bekannt ist, daß die Aufklärungschancen in der Bearbeitung dieses Delikts umso größer sind, je weniger Zeit nach der Tat verflossen ist. Auch Sachbearbeiter des Einbruchskommissariats (Sachgebiet Wohnungseinbrüche) wurden zur Bewältigung der Arbeit im 1. Kommissariat durch den für die strategische Kriminalitätsbekämpfung verantwortlichen Leiter – K – im Einvernehmen mit dem Personalrat und dem Polizeipräsidenten – verwendet. Die Folgen bestanden im statistischen Rückgang der Wohnungseinbrüche und der Handtaschenraube (Ausgangsstatistik!) bei gleichzeitigem Absinken der Aufklärungsquote (was ein Nachlassen der Bearbeitungsintensität indiziert).

Die Polizei bewertet die Straftaten, denen sie erhöhte Aufmerksamkeit zuwendet, nach dem Gefahrengrad. Dabei spielt es oft keine Rolle, daß mit der geschehenen einzelnen Straftat die aus dieser Störung unmittelbar entstandene Gefahr vorüber ist. Solange der Täter nicht ermittelt ist, gehen von ihm u.U. weitere objektive Gefahren (Wiederholungsgefahr, Rückfallgefahr u.ä.) aus.

In der subjektiven Gefahrenbeurteilung durch die Bevölkerung, deren Sicherheitsgefühl betroffen wird, liegt eine weitere Tatsache, welche bei der Entscheidungsbildung durch die Polizei berücksichtigt wird.

Die Orientierung an der Höhe der im Strafrecht angedrohten Strafe als Anzeichen für die gesellschaftlich anerkannte Schwere der Straftat (und damit der Gefahr für die öffentliche Sicherheit) wird in die Bewertung mit einbezogen.

Die Bewertung der Tat oder des Tatkomplexes berücksichtigt auch abseits der (evtl. geringen) Strafandrohung und ohne Beachtung des subjektiven Sicherheitsgefühls der Bevölkerung die kriminologisch-kriminalistischen Erkenntnisse.

Beispielhaft seien die Strategien zur Bekämpfung des Fahrraddiebstahls genannt. Beim Fahrraddiebstahl sind weder die akute Sicherheitsgefährdung durch die Einzeltat noch das Sicherheitsgefühl der Bevölkerung durchschlagend betroffen. Auch indizieren bei vordergründiger Betrachtung weder die angedrohte Strafhöhe noch die tatsächlich zu erwartende Strafe (85 % der Täter sind 12 bis 16 Jahre alt!) eine besondere Gefahr, deren Beseitigung unbedingt geboten wäre (wenn man von der nachteiligen Auswirkung des Massendelikts Fahrraddiebstahl auf die Polizeiliche Kriminalstatistik einmal absieht). Da aber der Fahrraddiebstahl a) schleichend und stufenweise das Sicherheitsgefühl, den mitmenschlichen Umgang auf öffentlichen Straßen und Plätzen beeinträchtigt, und b) als bahnende Einstiegs- und Gewöhnungskriminalität bei Kindern und Jugendlichen gilt und daher c) im Zusammenhang mit einer früh einsetzenden kriminogenen Desozialisation gesehen werden muß, gewinnt die Bekämpfung dieses Delikts zumindest mittelfristig an präventiver Bedeutung.

Solche und ähnliche Überlegungen kriminalstrategischer Art beziehen sich auf Vorbeugungsfragen und dies selbst dann noch, wenn sie die Vorbeugung mittels Aufklärung von Straftaten organisieren und betreiben.

Das bedeutet nicht, daß die Polizei die strengen Regeln der Strafprozeßordnung nicht beachten müßte, sobald hinter der Nahtstelle zwischen Gefahrenverdacht und Straftatverdacht die Untersuchung einer konkreten Straftat ansteht. Von da an bietet nach der bisher prädeliktischen Prävention die detektive Untersuchung die einzige Möglichkeit, mit Hilfe des wesentlich schärferen Strafrechts auf diesem Umweg doch noch einen postdeliktischen Präventionserfolg von einiger Dauer zu erreichen.

4. Die gegenseitige Hilfe bei der Auftragserfüllung

Es spielt weder für das Selbstwertgefühl noch für das Verständnis von der eigenen Arbeit, dem „eigenen" Auftrag, eine Rolle, daß die Polizei (als Behörde oder als Einzelbeamte) sich in gesetzlich geregelter Weise der Staatsanwaltschaft (ggf. in der herausgehobenen Form des „Hilfsbeamten") zur Verfügung stehen muß. Ohne diese institutionalisierte „Amtshilfe" könnte die Staatsanwaltschaft ihre quasirichterliche Teilaufgabe nicht bewältigen. Diese „Amtshilfe" leistet aber nicht die Polizei einseitig der Staatsanwaltschaft. Vielmehr hilft damit die Staatsanwaltschaft der Polizei bei der Auftragserfüllung in praeventionibus, selbst wenn sich der einzelne dieser Wechselwirkung nicht bewußt sein sollte.

Die Polizei hat mit Hilfe der Strafprozeßordnung und der Staatsanwaltschaft den größeren, längerfristigeren und älteren Auftrag zu bewältigen: die Aufrechterhaltung und Sicherung der inneren Sicherheit durch Gefahrenabwehr. Diesen Auftrag kennen die fallorientierte Staatsanwaltschaft und die Strafprozeßordnung nur infolge ihrer Einbettung in das größere Ordnungssystem der präventiven Gefahrenabwehr. Dieser Betrachtungsweise steht nicht entgegen, daß die Staatsanwaltschaft ein Weisungsrecht aus der Strafprozeßordnung gegenüber der Polizei besitzt, sobald mit dem ersten Tatverdacht eine Straftatuntersuchung begonnen hat. Die Staatsanwaltschaft sollte bei allen ihren Handlungen auch an die Präventionsaufgabe der Polizei denken und ihr dabei helfen.

III. Die Prädominanz der Prävention

1. Das latente Recht

Der Umstand, daß vom ersten Tatverdacht an die Polizei auch mit Hilfe der Strafprozeßordnung versucht, das ihr vorgegebene Präventionsziel zu realisieren, bedeutet, daß die gesamte polizeirechtliche Aufgabenfülle der Gefahrenabwehr nunmehr neben der strafprozessualen Ermittlung weiterhin besteht. Das Polizeirecht wird durch ein gleichzeitiges strafprozessuales Ermitteln nicht ausgeschaltet, sondern es gilt weiter – allerdings dann und dort nicht, wo es um straftatenermittelnde Handlungen im Rahmen der Strafprozeßordnung geht. Das „Springen" von einer zur anderen Rechtsgrundlage ist innerhalb des Strafverfahrens dem ermittelnden und handelnden Polizeibeamten nicht gestattet.

Allerdings bleibt die polizeirechtliche, permanent vorhandene Rechts- und Handlungsgrundlage dort sichtbar, wo die Strafprozeßordnung, wenn Gefahren für die öffentliche Sicherheit auftreten, schweigt. Die Ordnungsgewalt im Sitzungssaal während einer gerichtlichen Hauptverhandlung liegt zweifelsohne beim Vorsitzenden des Gerichts. Bedient er sich der Polizei im Wege der Amtshilfe, so treten die Polizeibeamten in Dienstkleidung auf. Zur Dienstkleidung gehört die Schußwaffe. Im Ernstfalle könnte der Vorsitzende den Schußwaffengebrauch der Polizeibeamten weder anordnen noch untersagen. Der Schußwaffengebrauch als Mittel der unmittelbar anzuwendenden Gewalt richtet sich allein nach den Vorschriften, die für die Gefahrenabwehr durch die Polizei gelten. Es entscheidet daher allein der polizeiliche Einsatzleiter (ggf. sogar der einzelne Polizeibeamte), ob er – präventiv – die Schußwaffe einsetzen darf.

Auch in anderen Fällen besteht das ursprüngliche Vorbeugungsrecht weiter: So ist das Anwesenheitsrecht des Polizeibeamten (z.b. etwa des in dieser Sache ermittelnden Kriminalbeamten) bei richterlichen Ermittlungsverhandlungen (wie die Vernehmung des Beschuldigten, bei der Obduktion o.ä.) in der Strafprozeßordnung nicht vorgesehen. Trotzdem wird dem Polizeibeamten die Anwesenheit nicht verwehrt, wenn er darauf Wert legt. Diese Anwesenheit mag ermittlungsdienlich sein. Sie mag im Interesse der Staatsanwaltschaft erlaubt werden. Sie ist jedenfalls auch durch den Präventionsauftrag des Polizeibeamten gedeckt, der ihn darauf achten läßt, daß dem Täter keine neuen verfahrensbeeinträchtigenden und gefahrenträchtigen Tricks einfallen, die zu einer unzeitigen Freisetzung und damit zur Abschwächung der präventiven Wirkung der Straftatenermittlung wie auch zur Wiederentwicklung einer Gefahrenlage führen können.

Bestünde der Präventionsauftrag der Polizei neben der Strafprozeßordnung nicht weiter, so könnte sich die Polizei nicht um die lebenserhaltenden Sicherheitsmaßnahmen zum Schutz von Zeugen in Strafprozessen gegen hochkarätige organisierte Kriminelle kümmern (Zeugenschutzprogramm). Die Staatsanwaltschaft besitzt aus der Strafprozeßordnung heraus keinerlei Kompetenz zum präventiven Schützen von Zeugen; das Gericht kann nur (in unzulänglicher Weise) im Zusammenhang mit der Hauptverhandlung geringfügige präventive Maßnahmen vorsehen (schußsichere Glaskästen für Zeugen und Angeklagte z.B.)[4].

2. Prävention „contra" Strafverfahren

Der generelle Präventionsauftrag der Polizei wird in Normallagen durch die Strafprozeßordnung abgedeckt. In anomalen Lagen von extremer Gefährlichkeit für hochrangige Rechtsgüter kann der stets vorhandene, wenn auch zeitweilig latente Präventionsauftrag einen sogar prozeßverhindernden Vorrang gewinnen. Es sei hier an die Fälle der Entführungen und Geiselnahmen erinnert, in denen der Präventionsauftrag gebietet alles zu tun, was an erster Stelle getan werden kann, um das bedrohte Leben des Entführten oder der Geisel zu retten[5].

Der Strafanspruch des Staates muß in diesen Fällen hinter dem Schutz des Lebens eines Bürgers zurücktreten.

Der mögliche Widerstreit zwischen dem Opportunitätsprinzip und dem Legalitätsprinzip ist nicht so jung, wie die – immer wieder vorkommenden – Geiselnahmen. Die Problemlage taucht auch im polizeilichen Alltag häufig auf: Ein Polizeibeamter hat bei Betreffen eines Täters auf frischer Tat die Wahl, entweder dem Täter zu folgen (Strafverfolgungspflicht) oder das verletzte Opfer zu versorgen (Präventionspflicht). Die Gefahrenabwehr durch Lebensrettung wird hier zu einer solch zwingenden

Pflicht, daß die Strafverfolgung (bis hin zur eventuellen Vereitelung) hier zurücktreten muß. Das als Präventionsauftrag formulierte verfassungsrechtliche Schutzgebot läßt im Konfliktfall den lediglich gesetzlichen Strafverfolgungsauftrag hinter dem stärkeren verfassungsrechtlichen Schutzanspruch des einzelnen zurücktreten[6].

Es muß in solchen Fällen alles unterbleiben, was zwar Beweise sichern und den (u.U. noch unbekannten) Täter überführen könnte, zugleich aber das Leben des bedrohten Bürgers oder andere hochrangige verfassungsrechtlich geschützte Rechtsgüter noch stärker gefährden würde. Diese präventive, gefahrenabwendende Rücksichtnahme geht so weit, daß die Möglichkeit der Vereitelung der Strafverfolgung durch die gefahrenabwendenden Maßnahmen in Kauf genommen werden muß. Die bundeseinheitlichen Richtlinien („Allgemeine Verfügung über die Anwendung unmittelbaren Zwanges durch Polizeibeamte auf Anordnung des Staatsanwaltes" vom 15.12.1973; Bundesanzeiger Nr. 240 vom 22.12.1983) entsprechen diesem Grundgedanken.

Die Staatsanwaltschaft wird in diesen Richtlinien angewiesen, auch die Belange der Polizei bei ihren Entscheidungen zu berücksichtigen. Polizei und Staatsanwaltschaft sollen im Einvernehmen handeln. Die Güter- und Pflichtenabwägung muß erfolgen. Zu prüfen ist, ob die Strafverfolgung oder die Gefahrenabwehr das höherwertige Rechtsgut (!) ist. Dieses Gebot der Abwägung ist über die Anwendbarkeit beim unmittelbaren Zwang hinaus für ähnliche Konfliktlagen zu beachten.

Im Abschnitt B Ziffer III (4) der Richtlinien heißt es weiter: „Erfordert die Lage unverzüglich eine Entscheidung über die Anwendung des unmittelbaren Zwanges und ist ein Einvernehmen darüber, welche Aufgaben in der konkreten Lage vorrangig wahrzunehmen ist – ggf. auch nach Einschalten der vorgesetzten Dienststelle – nicht herzustellen, so entscheidet hierüber die Polizei." Dadurch wird die Prädominanz der Prävention als eine Form der verfassungsrechtlichen Vernunft punktuell bestätigt. Die Staatsanwaltschaft „verliert" dadurch nicht an Kompetenz und sie wird auch nicht „in nicht gerechtfertigter Weise Organen der Exekutive unterstellt"[7], sondern es wird lediglich verdeutlicht, daß die durch die Staatsanwaltschaft wie die Polizei betriebene Strafverfolgung kein überwertiger Selbstzweck sein kann, sondern im weiteren Rahmen der Verhinderung von größeren Nachteilen gesehen werden muß.

Gleiches gilt für die Sperrung eines Zeugen (§ 96 StPO), wenn das Bekanntwerden dieses Zeugen (etwa einer V-Person oder eines verdeckten Ermittlers) dem Wohl des Bundes oder eines deutschen Landes Nachteile bereiten würde. Es wird unter übergeordneten präventiven Gesichtspunkten (deren Prüfung den Innenministern/-senatoren zusteht) hingenommen, daß die Beweislage sich durch die Zurückhaltung des personalen Beweismittels zugunsten des Verdächtigen dergestalt ändern kann, daß dieser freigesprochen werden könnte. Bisher haben sich die Gerichte in solchen Fällen mit dem Beweis durch den Zeugen vom Hörensagen – trotz dessen möglicherweise geringeren Beweiskraft – beholfen. Der präventiv verweigerte Zeuge mag ungewollt die Beweislage und die Würdigung der Beweise zugunsten des Beschuldigten verändern. Aber auch in diesem Falle zeigt sich die Prädominanz der Prävention gegenüber dem Strafverfahren: Es wird eher das Strafverfahren „vereitelt", als ein Leben (der VP oder des VE) zu gefährden oder zu opfern oder höher rangierende Präventionsinteressen (auch im Hinblick auf spätere Ermittlungserfolge bzw. zu beseitigende Gefahrenquellen, wie etwa die zu erwartende Sicherstellung größerer Mengen Rauschgift) preiszugeben.

Es kann keine Rede davon sein, daß dieses gesetzesgemäße Verhalten, das dem Gebot der präventiven Gefahrenabwehr folgt, letztlich eine Einschränkung des Legalitätsprinzips darstellen würde, die nicht in die „Zuständigkeit der Polizei" fällt[8]. Die Prävention fällt ausschließlich in die Zuständigkeit der Polizei, welche der „Funktionstüchtigkeit der Rechtspflege" durch die Beachtung auch ihres Präventionsauftrages dient. Zur Funktionstüchtigkeit der Rechtspflege gehört die Pflicht, „die Einleitung und Durchführung des Strafverfahrens sicherzustellen"[9]. Über das staatliche Strafverfolgungsinteresse hinaus ist einerseits die Rechtsförmigkeit des Verfahrens zu beachten, sind die Rechte des Angeklagten durch eine (in der Strafprozeßordnung geregelte) Methode der Konfliktverarbeitung zu garantieren. Andererseits gilt vernünftigerweise die Regel, nicht durch eine Strafverfolgung auf Teufel-komm-heraus noch größere Schäden zu verursachen[10].

Schon im Vorfeld des § 96 StPO können allerdings Konflikte für den ermittelnden Kriminalbeamten dann auftauchen, wenn er „strafvereitelnd" etwa einen längerfristig aufgebauten Informanten zunächst von der Strafverfolgung freihält. Das kann de facto dadurch geschehen, daß er ihn zunächst nicht sofort bei der Staatsanwaltschaft anzeigt, sondern die gegen ihn wegen dessen Straftaten angesammelten Dossiers zunächst zurückhält. Er mag dies tun, weil er mit Hilfe der ihn informierenden V-Person schließlich mit großer Aussicht auf Erfolg zur Sicherstellung einer großen Menge Rauschgift zu gelangen hofft. Diese große Menge Rauschgift würde ihm entgehen (und er würde insoweit den Präventionsauftrag verletzen), würde er diese Art von „hinhaltender VP-Pflege" nicht betreiben.

In einem letztlich wegen Geringfügigkeit eingestellten Strafverfahren wegen Strafvereitelung gegen einen sehr erfolgreichen Rauschgiftfahnder einer Großstadt argumentiert die Verteidigung:

„Um Verstöße gegen das Betäubungsmittelgesetz zu verfolgen, muß die Polizei also selbst aktiv werden und selbst „in die Szene gehen". Aber schon dies ist nicht möglich, ohne eine willkürliche Entscheidung zu treffen: die Frage, wo man damit anfängt und mit wem man zuerst Kontakt aufnimmt. Die Antwort auf diese Fragen muß dem kriminalistischen Geschick, aber eben auch der freien Entscheidung des ermittelnden Beamten überlassen bleiben. Die dem Legalitätsprinzip zugrundeliegende Vorstellung, es würden einzelne bereits begangene Straftaten an Polizeibeamte herangetragen, die sie dann in der Reihenfolge ihres Eingangs aufnehmen, bearbeiten und an die Staatsanwaltschaft weitergeben, ist also schon von vornherein als handlungsleitendes Moment ungeeignet. Es kommt als weitere Besonderheit der Drogenkriminalität hinzu, daß die akute Gefahr mehr von der Ware als von den Händlern ausgeht . . . Da es neben der Strafverfolgung zu den polizeilichen Aufgaben auch gehört, Gefahrenabwehr zu betreiben, dürfen also gerade auch auf diesem Gebiet die Polizeibeamten ihre Entscheidungen nicht nur nach den Kriterien die für die Staatsanwaltschaft gelten, treffen. Bei der Abwägung zwischen den Belangen der Gefahrenabwehr und den Aufgaben der Strafverfolgung können erstere in einem Maße den Vorrang haben, daß letztere aus der Sicht der Staatsanwaltschaft scheinbar Not leidet.

Das Legalitätsprinzip ist nur ein Prozeßgrundsatz, der sich auf die Strafverfolgung bezieht. Dieser hat schon innerhalb der Strafprozeßordnung keine so alles überragende dogmenartige Bedeutung, daß er ausnahmslos Geltung hätte und gegen das weitere Vordringen des Opportunitätsprinzips (wie es sich beispielsweise in den immer zahlreicher werdenden Vorschriften zwischen dem § 153 und dem § 155 StPO ausdrückt) gefeit wäre. Und das Legalitätsprinzip kann erst recht dort keine Gültigkeit beanspruchen, wo es im polizeilichen Bereich einer wirksamen Gefahrenabwehr im Wege stünde . . .

Dies alles muß zwangsläufig ohne Einschaltung der Staatsanwaltschaft geschehen, so sehr dies auch gelegentlich aus dem Bereich der reinen Strafverfolgungsbehörde bedauert wird. § 163 Abs. 2 Satz 1 StPO paßt hier nämlich deshalb nicht, weil diese Vorschrift auf Ermittlungen hinsichtlich bereits vergangener Straftaten zugeschnitten ist, während die Arbeit der Kriminalpolizei bei der Verfolgung von Rauschgifttaten üblicherweise und wahrscheinlich auch sinnvollerweise sich nur mit gerade laufenden oder künftigen Taten befaßt. Würde man sich nämlich hier wie wiederum bei allen anderen Straftaten auf den Versuch beschränken, bereits begangene Delikte zu beweisen, so wäre es sicherlich nicht gelungen, die Zahl von 41 Herointoten im Jahre 1979 in X-Stadt auf 32 Herointote im Jahre 1980 und auf 26 Herointote im Jahre 1981 zu senken . . .

Schwerer wiegt dagegen die bedauerliche Tatsache, daß von 1982 an die Zahl der Herointoten wieder drastisch gestiegen ist und daß auch bis heute im Jahre 1983 in X-Stadt schon wieder mehr Menschen am Heroinkonsum gestorben sind als im Gesamtjahr 1982. Es ist zumindest auffällig und könnte auf erschreckende Zusammenhänge hindeuten, daß genau in dem Zeitraum, in dem der Ermittlungsbeamte seine angeblichen „Strafvereitelungen" begangen haben soll, zwar immer noch die Zahl der Festnahmen erhöht, aber sehr viel mehr die Menge des sichergestellten Heroins vergrößert und die Zahl der Herointoten verringert werden konnte, während sich diese Zahlen wieder in eine besorgniserregende Richtung verändern, seit dieses und ähnliche Ermittlungsverfahren im Gange sind" (Ende des Zitats).

Die Verteidigung übernimmt hier die Argumentation von der Prädominanz der Gefahrenabwehr gegenüber der Strafverfolgung unter Berücksichtigung der lebens- und gesundheitsbedrohenden Gefährlichkeit des Heroins und sieht die Sicherstellung von Heroin vorrangig vor der Strafverfolgung. Sie betrit damit ein ungeregeltes Terrain. Generell wären jedoch – nicht zuletzt auch im Interesse des Ermittlungsbeamten – folgende Überlegungen anzustellen:

Wenn schon über die Sperre einer VP gegenüber Staatsanwaltschaft und Gericht die höchste Dienstbehörde (d.h. das Innenministerium) entscheidet, weil hier sicherheitspolitisch geprüft werden muß, ob die interferrierende Wirkung der polizeilichen Maßnahmen (Administration und Exekutive) auf den anderen Teil der staatlichen Hoheitsbefugnisse (Strafverfolgung und Rechtssprechung) noch dem allgemein übergeordneten Zweck der Gefahrenabwehr politisch entspricht, so kann die Entscheidung über die zurückhaltende Verfolgung (sprich: zeitlich beschränkte, aber doch zeitlich ausgedehnte „Dauerpflege" einer selbst strafbar gewordenen VP) n i c h t d e m K r i m i a l t a k t i k e r ü b e r l a s s e n werden.

Es kann unter strategischen Gesichtspunkten unerörtert bleiben, wie in dem jeweiligen Bundesland seit neuerer Zeit durch Richtlinien die Zusammenarbeit mit der Staatsanwaltschaft in Fällen des Einsatzes von VP geregelt ist. In jedem Falle aber ist die Durchführung und Fortsetzung des Präventionsgedankens in der Verwendung von VP nur auf politischer Ebene regelbar, was durch die entsprechenden innerdienstlichen, im jeweiligen Bundesland unterschiedlichen Richtlinien geschehen ist. War im vorliegenden Falle keine Notwendigkeit zur Abdeckung und späteren prozessualen Sperre der VP gegeben, so wäre eine Absprache mit der Staatsanwaltschaft hinsichtlich der Dauer der Ermittlungen sowohl in der avisierten Hauptsache als auch hinsichtlich der Strafverfolgung der VP in eigener Sache notwendig gewesen. Selbst wenn man an den Rechtfertigungsgrund des amtlichen Auftrages (zur strategisch geplanten und operativ angelegten Gefahrenabwehr) denken würde, so müßte dieser Auftrag nicht nur administrativ ritualisiert abgewickelt werden (Aktenvermerke, Zwischenberichte u.ä.).

3. Der Grundsatz der Verhältnismäßigkeit

Es ist unbestritten, daß jeder Teil der staatlichen Organisation den verfassungsrechtlichen Grundsatz der Verhältnismäßigkeit zu beachten hat. Gesetze (und die darauf aufbauenden innerdienstlichen Richtlinien) beinhalten trotz ihrer scheinbar rigorosen Starrheit Grundgedanken der Verhältnismäßigkeit. So sind z.B. die Bestimmungen der Strafprozeßordnung zur Durchsuchung von Wohnungen zur Nachtzeit u.ä. zu werten.

Es ist davon auszugehen, daß jede staatliche Organisation für sich im eigenen Zuständigkeitsbereich diesen Grundsatz der Verhältnismäßigkeit unter den für ihre Aufgaben geltenden Bedingungen zu beachten hat.

Wie aber ist zu verfahren, wenn z.B. die Staatsanwaltschaft in einer Anordnung gegenüber der Polizeibehörde strafprozessuale Maßnahmen fordert, welche den Grundsatz der Verhältnismäßigkeit zwar nicht nach intern strafprozessualen, wohl aber nach außerstrafprozessualen (nämlich polizeirechtlichen) Gesichtspunkten verletzen? Darf z.B. die Polizei dann im Rahmen ihrer Entscheidungsfreiheit den Grundsatz der Verhältnismäßigkeit aufgrund eigenen Beurteilungs- und Entscheidungsrechts unter Gesichtspunkten der Gefahrenabwehr beachten, wenn die Staatsanwaltschaft (gemäß einer richterlichen Anordnung) die Durchsuchung eines Hauses veranlaßt und den Zeitpunkt der Durchsuchung festsetzt? Muß die Staatsanwaltschaft anstelle oder neben der Polizei den Grundsatz der Verhältnismäßigkeit auch in Fragen der Gefahrenabwehr, für die sie nicht zuständig ist, beachten? Muß sie die Folgen einer Durchsuchung bedenken, wenn es sich bei dem Durchsuchungsobjekt um eine „Hochburg" der Hausbesetzerbewegung handelt, in der sich offenbar nach Eigentumsdelikten (Ladendiebstähle) einige Straftäter aufhalten? Kann die Staatsanwaltschaft unbeachtet lassen, daß als Folge der Durchsuchung mit einiger Gewißheit enorme Unruhen, Sachschäden, Straßenkämpfe und Körperverletzungen zum Nachteil der Hausbesetzer, Polizeibeamten und unbeteiligter Bürger auftreten bzw. vorkommen werden? Diese Fragen sind nicht dadurch formelhaft zu beantworten, daß man sagt, die Staatsanwaltschaft entscheide über das „ob" der strafprozessualen Maßnahme – sie entscheide (aufgrund polizeitaktischer Erwägungen!) aber auch über das „wie" (und damit auch über den Zeitpunkt) des Vorgehens[11].

Abgesehen davon, daß im Zusammenhang mit einer solchen spektakulären Durchsuchung nicht nur taktische, sondern auch operative Erwägungen anzustellen sind, kann es nicht genügen, wenn die Polizei (etwa angesichts der aus Durchsuchungen zwangsläufig und erkennbar sich ergebenden Gewalttätigkeiten) nur auf ihr „Recht und ihre Pflicht" verwiesen wird, ihre Erfahrungen, Erkenntnisse und Bedenken auch gegenüber den bereits ergangenen Anordnungen der Staatsanwaltschaft vorzutragen. Sicherlich wird dies die Polizei tun – aber nicht, um eine Adäquanz-Entscheidung der Staatsanwaltschaft herbeizuführen. Sie wird vielmehr dadurch der Staatsanwaltschaft erklären können, daß im gegebenen Falle eine Diskrepanz zwischen der Prävention durch die Methode der Strafverfolgung und dem eigentlichen Präventionsziel eintritt. Diesem übergeordneten Präventionsziel kann z.B. durch die zeitweilige Beachtung des strategischen Prinzips der Nichtintervention mehr gedient sein, als durch rechtsgrenadierhaftes, frontales Erzwingen von Einzelakten der Strafverfolgung zur Unzeit. Damit muß die Strafverfolgung nicht in toto vereitelt werden[12].

Auf jeden Fall kann der strategisch Verantwortliche auf der Polizeiseite – das ist regelmäßig der Polizeipräsident – unter Berufung auf den ureigensten polizeilichen Auftrag der Gefahrenabwehr die Durchsuchung unter solchen Umständen zeitweilig aussetzen oder für einen anderen als den vorgesehenen Zeitpunkt einplanen. Die Prädominanz der Prävention besagt in diesem Falle, daß in erster Linie weitere Schäden für Leib oder Leben und damit neue Straftaten zu verhüten sind, welche durch die starre Ausführung einer richterlich/staatsanwaltschaftlichen Anordnung entstehen würden. Bei dieser Frage geht es zunächst um die Frage der vorherrschenden Prävention, nicht um die Frage der Verhältnismäßigkeit. Die Verhältnismäßigkeit der dann zu treffenden Maßnahmen unter Berücksichtigung der Folgen ist dann ein Teil der präventiv-operativen Überlegungen.

In Berlin wurden 1981 gegen den Polizeipräsidenten 16 Strafverfahren wegen Strafvereitelung eingeleitet. Der Polizeipräsident hatte aufgrund der ihm zur Verfügung stehenden Informationen und der sich daraus ergebenden strategischen Lagebeurteilung vor dem Hintergrund einer zu Gewalttätigkeiten entschlossenen, hochbrisanten Hausbesetzerszene die Verschiebung der (von Herbst 1980 bis zum Frühjahr 1981) nach und nach für drei besetzte Häuser zu bestimmten Zeitpunkten staatsanwaltschaftlich angeordneten Durchsuchungen veranlaßt. Es war zu erwarten, daß es – auch im Zusammenhang mit dem zu befürchtenden Ableben von im Hungerstreik befindlichen Terroristen – im Falle der Durchsuchungen zu emotional ausgelösten Aktionen und zu einer Explosion der vorhandenen Gewaltbereitschaft kommen werde. Außerdem könne (so trug der Polizeipräsident u.a. vor) der vielleicht entscheidende politische Schritt zur weiteren Wiederherstellung des Rechtsfriedens (nämlich das Aufgreifen der Verhandlungsbereitschaft aus dem Kreis der Hausbesetzer) durch eine mit diesem Schritt nicht abgestimmte Maßnahme der Staatsanwaltschaft unterlaufen werden.

Die Staatsanwaltschaft bestand jedoch auf der Vornahme der Durchsuchungen. Der Senator für Justiz ordnete schließlich gegenüber der Staatsanwaltschaft an, von der Durchsuchung eines Hauses vorübergehend Abstand zu nehmen. Obwohl die Presse über die Kontroverse zwischen Staatsanwaltschaft und Polizei objektbezogen berichtet hatte, wurden die drei Durchsuchungen zu einem späteren Zeitpunkt durchgeführt, wie (nicht ohne trotzigen Triumph) danach berichtet wurde, obwohl nach kriminalistischer Ansicht schon zum frühesten Zeitpunkt der angeordneten Durchsuchung dort keine Beweismittel zu erwarten und Täter nicht zu identifizieren waren.

Gerade aus der hierzu veröffentlichten Stellungnahme von Schultz/Leppin wird die nahezu völlige Verkennung des prädominanten polizeilichen Präventionsauftrages deutlich. Der Polizei geht es nicht um eine faktische Herrschaft über das Ermittlungsverfahren, sondern um eine Rückbesinnung der Staatsanwaltschaft auf die präventive Zweckbindung ihrer Rolle. Der Polizei sollen auch keine neuen Kompetenzen und Aufgaben zugewiesen werden. Sie besitzt ausreichende Kompetenzen, um vorbeugen zu können, soweit man sie de facto vorbeugen läßt. Die seltsam gequälte und mit Empfindlichkeit geführte Diskussion ließ erkennen, daß die nach der Geiselnahme vom 4.8.1971 in München vorhandene Hoffnung, die deutlich herausgestellte Prädominanz der Prävention werde konkordant und kooperativ durch die Staatsanwaltschaft akzeptiert und beachtet, noch nicht überall in Erfüllung gegangen ist. Der Lernprozeß ist hier und da noch nicht abgeschlossen[13]. In der normalen Alltagspraxis verläuft die Zusammenarbeit zwischen Polizei und Staatsanwaltschaft – auch unter Beachtung des Gefahrenabwehrgedankens – reibungslos.

Die 16 Strafverfahren gegen den Berliner Polizeipräsidenten wurden eingestellt, weil "der von der Rechtmäßigkeit seines Handelns überzeugte Polizeipräsident" im (unverschuldeten) Verbotsirrtum gehandelt habe, zumal er sich mit dem Innensenator abgesprochen habe. Außerdem habe er sich in der Einschätzung der Rechtslage mit dem Innensenator im Einklang befunden. Dieser Einstellungsbeschluß, dessen abschreckende Wirkung gewollt ist, praktiziert mittels einer Art edukatorischer Beugeübung eine besondere Art der „Prävention gegen die Präventionisten". Sie geht von der Annahme einer Vorherrschaft der Strafprozeßordnung gegenüber denen aus, die strategisch für die gesamte Gefahrenabwehr verantwortlich sind.

Der Einstellungsbeschluß mutet dem Polizeipräsidenten zu, nicht den höheren Präventionsauftrag in durchaus sinnvoller und verfassungskonformer Weise zu beachten, sondern in jedem Falle den Anordnungen der Staatsanwaltschaft gegen jeden präventiven Sinn weisungsgebunden folgen zu müssen. Deshalb attestierte ihm die positionsbewußte Staatsanwaltschaft, er habe tatbestandsmäßig, rechtswidrig und schuldhaft gehandelt, sei allerdings letztlich deshalb entschuldigt, weil er alle Möglichkeiten zu einer verbesserten Erkenntnis (allerdings für die Erweiterung seiner Erkenntnisse ergebnislos) ausgenützt habe.

Diese Entscheidung ist falsch und nicht einmal verschämt. Eine entschiedenere Stellungnahme zugunsten des Polizeipräsidenten wäre hier sinnvoll, gerecht und vertretbar gewesen. Im übrigen wurde dem Innensenator sicherheitspolitisch die „Butter vom Brot" geholt, nicht dem Polizeipräsidenten.

4. Die stufenweise Prüfung und Abwägung

Präzises, analysierendes und subsumierendes juristisches Denken kann Konflikte zwischen Strafverfolgungspflichten und Präventionsgeboten verhindern. So tritt ein polizeilicher Einsatzleiter mit den ihm nachgeordneten Polizeibeamten gegenüber Spontandemonstrationen (Sitzdemonstration auf einer Straßenkreuzung) vor Ort nicht in erster Linie als Hilfsbeamter der Staatsanwaltschaft mit dem Ziel einer Strafverfolgung von Demonstrationsteilnehmern wegen Nötigung (§ 240 StGB) auf. Er nimmt vielmehr als Vertreter der Versammlungsbehörde eine eigene Zuständigkeit und Beurteilungskompetenz war. Dabei hat er den Grundrechtshintergrund des Geschehens (insbesondere die nicht an Erlaubnisse gebundene Demonstrationsfreiheit), neben den Rechten Dritter zu berücksichtigen und unter verwaltungsrechtlichen Gesichtspunkten zu würdigen. Dazu gehört auch die Beachtung des Grundsatzes der Verhältnismäßigkeit. Als Teil der Verwaltung hat er bei dieser Prüfung auch Gesichtspunkte der Vorbeugung einzubeziehen. Eine strafbare Nötigung könnte erst nach einer Auflösungsverfügung nach § 15 Abs. 2 Versammlungsgesetz vorliegen, es sei denn die Ausübung des Demonstrationsrechts überschreite erkennbar seine Schranken. Durch eine Auflösungsverfügung entfällt der strafrechtliche Rechtfertigungsgrund aus Art. 8 Abs.1 Grundgesetz für die Eingriffe durch friedliche Demonstranten in Rechte Dritter.

Aus dieser Prüfungskompetenz und Handlungsverantwortung kann der als Teil der inneren Verwaltung handelnde Polizeibeamte, der zufällig auch Hilfsbeamter der Staatsanwaltschaft ist, durch staatsanwaltschaftliche Weisung (nämlich durch Anweisung mit der Strafverfolgung zu beginnen und die Personalien der „nötigenden" Sitzdemonstranten festzustellen) nicht herausbefohlen werden[14].

Aber auch dann, wenn eine Nötigung durch Sitzblockade vorläge, wäre unter Abwägung weiterer Gesichtspunkte zu prüfen, ob wegen der vorübergehenden eingeschränkten Bewegungs- und Entfaltungsrechte genötigter Verkehrsteilnehmer eine „Straßenschlacht" zur Feststellung der Nötiger begonnen werden sollte oder ob nicht die allseitig zu erwartenden Körperverletzungen ein zurückhaltendes Vorgehen (Vermeidung von Eskalationen) aus Gründen der Vorbeugung gebieten[15].

5. Die Grenzen des Legalitätsprinzips

Es gibt kein „Rechtsgut der Effektivität des Strafverfahrens", welches der Gefahren-abwehr übergeordnet wäre. Die Rechtsordnung soll insgesamt Schaden abwenden, Nachteile für den Bürger verhindern, Gefahren vermeiden. Jede strafprozessuale Handlung nach dem Motto „Operation erfolgreich, Patient tot" ist von Übel. Die Prävention wäre ins Gegenteil verkehrt, wenn der mit harter Hand erzwungene Erfolg im öffentlichen Unfrieden bestünde. Das Legalitätsprinzip, das für die Staatsanwaltschaft und für die Polizei gilt, wird durch das um 1860 herum erstmals formulierte Opportunitätsprinzip beschränkt. Im übrigen erfuhr das Legalitätsprinzip innerhalb der Strafprozeßordnung seit 1877 zahlreiche Ausnahmen und Milderungen aufgrund sachlicher, praktischer Erwägungen, um die ungünstigen Nebenwirkungen des zunächst rigoristisch aufgefaßten Legalitätsprinzips durch größere Ermessenspielräume für die Staatsanwaltschaft zu beheben.

Es wurde bald erkannt, daß eine absolute Strafpflicht des Staates[16] den Interessen des Staates (an Rechtsfrieden, Resozialisation und Prävention) zuwiderläuft[17]. Daß es z.Z. noch in Einzelfällen immer wieder rechtliche Ungewißheiten geben kann, ist nicht von der Hand zu weisen. Ich teile allerdings nicht die weitreichenden Bedenken von Schoreit, der meint, der „Sammlerfleiß der Polizei" könne schließlich die Strafverfolgung vereiteln, weil es Beschuldigten neuerdings gelingen kann, über die verwaltungsgerichtlich einklagbare Einsicht in ihre bei der Polizei geführten Personenakten auch Einblick in die Strafermittlungsmethodik zu erlangen[18]. Schoreit verkennt den Umfang des Präventionsauftrages der Polizei. So handelt es sich bei den Personenakten von Straftätern nicht um „ein Konglomerat von Unterlagen über Strafverfolgungsvorgänge und über die präventive Tätigkeit der Polizei". Unbeschadet des Entstehungsanlasses (das gilt auch für die doppelzweckig gefertigten Durchschriften der Ermittlungsakten) dient der Inhalt der Personenakten (mit allem, was sich daraus ergibt) allein der künftigen Gefahrenabwehr, d.h. der Prävention – und dies selbst dann, wenn bei einer späteren Straftat die Akten als Erstinformation für die Gefahrenabwehr in der spezielleren Form der strafprozessualen Regeln benutzt werden[19]. Diese Einbettung wird von der Staatsanwaltschaft nicht gesehen, die sich gern als „Kopf ohne Hände" versteht und sich dadurch völlig falsch plaziert[20].

6. Die vergessene Pflicht zur Prävention

Das Einsetzen der Polizei als Organ der Strafverfolgung bedeutet eine Hilfslösung zugunsten der Strafverfolgung. Diese Hilfslösung dient einer verschärften Methode der Prävention. Es schadet weder dem Präventionsauftrag noch dem nachgeordneten Legalitätsprinzip, wenn vom Auftauchen des ersten Verdachts einer Straftat an präventionsorientierte Polizeibeamte als Hilfsbeamte unter die strengen Regelungen und Weisungen der insoweit Hauptbeamten der Staatsanwaltschaft gestellt werden, um auch auf diese Weise ihrem ursprünglichen Auftrag zur Gefahrenabwehr besser entsprechen zu können. Das Sondergebiet der Strafprozeßordnung weist angesichts der Schwere der vorgesehenen Eingriffe in Bürgerrechte und wegen der möglichen höchst nachteiligen Straffolgen ein ganzes Geflecht von Voraussetzungen, Prüfungen und Sachverhaltsüberwachungen auf, das (in sich wieder präventiv-behutsam) versucht, teilsystemintern nicht nur der Fallgerechtigkeit zu dienen, sondern gerade dadurch eine weitreichende resozialisierende Präventionswirkung zu entfalten.

Das Strafverfahren unter Leitung der Staatsanwaltschaft ist kein Selbstzweck, sondern ein „hinführendes Verfahren", das den Weg zur präventiven Einflußnahme auf den straffällig gewordenen Bürger öffnet[21]. Mit anderen Worten: Der Realgrund der Strafe liegt zwar in der Vergangenheit, ihre Zweckbestimmung ist jedoch überwiegend zukunftsbezogen. Dadurch werden Strafrecht und Strafprozeßrecht jedoch nicht zu einem Teil des präventiven Polizeirechts. Sie bleiben dem Strafrecht zugeordnet[22], das – bis in immer noch nachweisbar mythische Ursprünge und Willensfreiheitshypothesen hinein – auch noch andere Zwecke als die der Prävention verfolgt.

Enttäuschend ist, daß der generelle Auftrag der Strafprozeßordnung zur außengerichteten und solchermaßen kriminalpolitisch gewollten generellen Prävention aus dem Bewußtsein der meisten Staatsanwälte (und Richter) verschwunden ist. Selbst der Gesamtauftrag zur resozialisierenden Prävention durch Verfahren und Urteil (nebst Urteilsfolgen) wird meist unterschätzt, auf jeden Fall aber nicht als ein Teil der staatlichen Präventionsbemühungen verstanden.

Wir dürfen feststellen: Die Polizei realisiert ihren sehr früh einsetzenden Präventionsauftrag auch durch die spätere Fallbearbeitung mit dem Ziel der Straftatenaufklärung. Die Staatsanwaltschaft komplettiert den generellen Präventionsauftrag nach den Regeln der Strafprozeßordnung, wobei sie daran denken müßte: Was benötigt der Täter zu seiner Resozialisierung? Natürlich muß sie auch fragen: Wie groß ist seine Schuld? Aber sie muß ferner prüfen: Was soll die Öffentlichkeit aus dem Urteil erkennen?

Der Staatsanwalt ist am Einzelfall taktisch orientiert. Nur insoweit beachtet er fernwirkende Präventionsfolgen, wenn er überhaupt ein Auge dafür hat. In seine Forderungen gegenüber der Polizei beachtet er aus seiner strafprozessualen Position heraus den präventiven Generalauftrag der Polizei nicht. Er wird dazu auch nicht ausdrücklich, sondern nur durch die allgemeine Konkordanzpflicht verpflichtet.

Die Polizei muß ihren Präventionsauftrag selbst kennen und wahren und offenbar immer wieder daran erinnert werden. Sie ist in erster Linie nicht am Fall, sondern an der von Täter und Tat ausgehenden Gefahr und an der Abwehr dieser Gefahr für den Augenblick und für die Zukunft orientiert. Dieser Auftrag gilt auch für die Kriminalpolizei, welche sich normalerweise an die Gefahrenabwehrkomponente in ihrer Ermittlungsarbeit nicht mehr oder nur noch am Rande erinnert.

7. Konkordanz, Koordination, Kooperation

Staatsanwaltschaft und Gerichte sind – bei aller Unabhängigkeit – Größen in den sicherheitsstrategischen und gefahrenabwehrenden Überlegungen der Polizei, obwohl Staatsanwälte und Richter sich gerade wegen ihrer hohen Überzeugung von der eigenen Unabhängigkeit in eine gemeinsame Sicherheitsstrategie mit der Polizei nicht einpassen lassen. Eine solche von den Prinzipien der Konkordanz, der Koordination und der Kooperation getragene Einstellung unter Berücksichtigung der pragmatischen und logischen Prädominanz der Prävention müßte auf politischer Ebene angebahnt werden, soll sich nicht Ressortdenken nachteilig für die öffentliche Sicherheit auswirken. Außer den generellen sicherheitspolitischen Vorgaben kommt es zu solchen strategischen Abstimmungen durch Justiz- und Innenminister/-senatoren in der Regel nur nach konkreten Konfliktfällen (siehe Geiselnahme in München, 1971, oder die Durchsuchungen der besetzten Häuser in Berlin, 1981).

Die Polizei hat aufgrund ihres real gewaltigen Auftrages zur Gefahrenabwehr nicht nur eine beachtliche Großorganisation mit einer ansehnlichen Logistik (Funk, Kraftfahrzeuge, Datenverarbeitung, Schulen etc.) entwickelt. Sie hat selbst – manches Mal mehr unbewußt als bewußt – Strategien entwickelt und praktiziert und sich dabei auf ihr modernes logistisches System gestützt. Die Strafprozeßordnung (mit Gerichtsverfassungsgesetz) sieht Vergleichbares für den Staatsanwalt nicht vor. Dort ist auch nicht annähernd Ähnliches entstanden, weil eine solche Entwicklung ausschließlich für repressive Zwecke im engeren, kleineren Sinne unnötig wäre. (Allerdings ist der gewaltige Präventionsaufwand im Strafvollzugswesen „hinter der Strafprozeßordnung" als präventives Sondergebiet zu erwähnen.)

Die polizeiliche Organisation ist imstande, beauftragt und befugt, sehr früh schon Gefahren zu erkennen, darüber zu berichten und dagegen anzugehen, gleichgültig, ob es sich um abstrakte oder konkrete Gefahren, Anscheinsgefahr oder Gefahrenverdacht handelt. Der Gefahrenverdacht aufgrund von Indikatoren liegt zeitlich vor dem Tatverdacht, der Tatverdacht aufgrund von Indizien folgt zeitlich hinterher nach den Regeln der Strafprozeßordnung[23].

Fußnotenverzeichnis

1) Generell „Kriminalstrategie und Kriminaltaktik", Bd. 11 der Grundlagen der Kriminalistik, Hamburg, 1973; Herbert Schäfer (Seminarleiter), System und Methode moderner Kriminalistik, Seminarbericht der Polizei-Führungsakademie (24. bis 28.1.1972), Münster, 1972; Herbert Schäfer (Seminarleiter), Kriminalitätsanalyse und Prognose als Voraussetzung für die kriminalpolizeiliche Planung, Seminarbericht der Polizei-Führungsakademie (10. bis 14.5.1976), Münster, 1976; Joachim Jäger (Seminarleiter), Die kriminologische Regionalanalyse, ein kriminalgeografischer Ansatz für die Beurteilung der Sicherheitslage, Seminarbericht der Polizei-Führungsakademie (6. bis 10.12.1976), Münster, 1976; Hans-Joachim Gebauer (Seminarleiter), Polizeiliches Lagebild Innere Sicherheit – Bestandsaufnahme und Perspektiven, Seminarbericht der Polizei-Führungsakademie (2. bis 5.6.1981), Münster, 1981 u.a.m.; Herbert Schäfer, Kriminalitätsprophylaxe und Kriminalitätsprävention, in: Schwind/Ahlborn/Weiß, Empirische Kriminalgeografie (Kriminalitätsatlas Bochum), Wiesbaden, 1978, S.345 ff; ders., Denk-

hilfen per Schemen, Präventionsstrategische Systematisierungsversuche, Kriminalistik 1983, S. 384 ff.; ders., Grenzen der Prävention, Kriminalistik, 1984, S. 164 ff.; Anregungen zur Präventabilität der Kriminalität nach Räumen (Straßenkriminalität), siehe Udo Vilbrandt, Straßenkriminalität – präventable Kriminalität, in: Schwind/Ahlborn/Weiß, a.a.O., S. 137 ff.; Eckart Riehle, Verdacht, Gefahr und Risiko – Der V-Mann: ein weiterer Schritt auf dem Weg zu einer anderen Polizei? Kriminologisches Journal, 1985, S. 44 ff.; Reinhard Kreissl, Die präventive Polizei, Kritische Justiz, 1981, S.128 ff., der sich gegen die „Kolonisierung der Sozialpolitik durch Kriminalpolitik" wendet, weshalb er vor der realen Ausdehnung der „exekutivischen Kontrollmöglichkeiten" warnt und eine Gegenstrategie fordert. Dabei sei „auch das zwar begrenzte, aber an seinen Rändern immer unschärfer werdende Kontrollinteresse der Polizei zu berücksichtigen und als greifbares Ziel die Polizei auf die Abwehr konkreter Gefahren festzulegen".

2) Zu den Schwierigkeiten der Prävention siehe Torsten Schwinghammer; „BKA-Präsident Horst Herold", Kriminologisches Journal, 1980, S. 241 ff.; über die Hoffnungen, den Zustand und die Grenzen der Präventionskriminalistik, siehe Herbert Schäfer, Keine Sternstunde, Kriminalistik, 1983, S.56 ff.; zu den politischen Aufmerksamkeiten, welche jede kriminalstrategische Grundsatzüberlegung bei Interessenten findet, zählen nicht nur Aufzeichnungen in den Depots der RAF oder offene publizistische Angriffe (z.b. gegen Herold und Stümper), sondern auch politische Versuche der disziplinarrechtlichen Einwirkung; siehe hierzu: Erste Stufe eines neuen Krieges?, Kriminalistik, 1983, S. 278 f.

3) So u.a. Ulrich K. Preuß in seinem hervorzuhebenden skeptischen Beitrag „Justizielle und polizeiliche Wahrheit im Strafverfahren", in dem er den „Einfluß der Exekutive auf das Strafverfahren" behandelt, in: Kritische Justiz, 1981, S. 109 ff.

4) Die Strafprozeßordnung und das Gerichtsverfassungsgesetz sehen folgende – unzulängliche – Maßnahmen zum Schutz von Zeugen vor:
§ 147 Abs. 2 StPO die Beschränkung der Akteneinsicht;
§ 96 analog die Sperrung des Namens nebst ladungsfähiger Anschrift des gefährdeten Zeugen;
§ 247 StPO die Entfernung des Angeklagten aus dem Sitzungssaal; und neuerdings
§ 68 Abs. 1 S. 1 StPO die Angabe des Dienstortes an statt des Wohnortes bei amtlichen Zeugen (z.B. Polizeibeamten);
§ 68 Abs. 2 S. 1 StPO die Angabe des Geschäfts- oder Dienstortes oder einer anderen ladungsfähigen Anschrift bei gefährdeten Zeugen;
§ 63 Abs. 3 StPO die Verweigerung von Angaben zur Person oder Angaben einer über eine frühere Identität bei Zeugen mit Gefährdung für Leben, Leib oder Freiheit;
§ 172 Nr. 1a GVG den Ausschluß der Öffentlichkeit bei Gefährdung des Lebens, des Leibes oder der Freiheit eines Zeugen oder einer anderen Person.
Es dürfen nur diejenigen Maßnahmen ergriffen werden, die einerseits den Schutz des Zeugen gewährleisten, andererseits die Verteidigung am geringsten tangieren. Die Durchführbarkeit des Strafverfahrens, die Beweisführung etc., rangie-

ren hinter den hochrangigen Grundrechten Leben, körperliche Unversehrtheit und der Freiheit des Zeugen. Die grundlegenden Sicherungen des Zeugen (Identitätswechsel, neue Personalausweise, Personenschutz etc.) können nur präventionsrechtlich durchgeführt werden.

5) Meyer, Wolfgang, Zum Verhalten von Staatsanwaltschaft und Polizei bei Delikten mit Geiselnahme, ZRP 1973, S. 1 ff.; Jürgen Vahle, Rechtliche Aspekte der Gefahrenabwehr in Entführungsfällen, Die Polizei, 1985, S. 78 ff.

6) Emmerig, Ernst, Die Doppelfunktion der Polizei, DVBl. 1958, S. 338 ff.

7) Holland, Klaus, Bundeseinheitliche Richtlinien über die Anwendung unmittelbaren Zwanges auf Anordnung des Staatsanwaltes, MDR 1974, S. 374 f.

8) Meyer, Jürgen, Zur prozeßrechtlichen Problematik des V-Mannes, ZStW 1983, S. 834 ff.

9) BVerfGE 1951, S. 324

10) Seelmann, Kurt, Der anonyme Zeuge – ein erstrebenswertes Ziel der Gesetzgebung?, Strafverteidiger 1984, S. 477 ff.; Hassemer, Die „Funktionstüchtigkeit der Strafrechtspflege – ein neuer Rechtsbegriff?", Strafverteidiger 1982, S. 275 ff.

11) Schultz/Leppin, Staatsanwalt contra Polizei? – Staatsanwaltschaft im Spannungsfeld zwischen Legalitätsprinzip und Grundsatz der Verhältnismäßigkeit –, Jura 1981, S. 521 ff.

12) Hierzu auch Benfer, Anordnung von Grundrechtseingriffen durch Richter und Staatsanwalt und die Verpflichtung zum Vollzug, NJW 1981, S. 1245.

13) Siehe hierzu Wolf, Verbrechensbekämpfung und Rollenverteilung auf die damit befaßten Institutionen, Kriminalistik 1975, S. 389 ff.; Martin Hirsch, Probleme des Polizeieinsatzes durch den Staatsanwalt, ZRP 1971, S. 206 ff.; Krey, Der Münchner Schießbefehl – Grenzen des staatsanwaltschaftlichen Weisungsrechts gegenüber der Polizei, ZRP 1971, S. 224 ff.; Günther Schnupp, Staatsanwaltschaft und Polizei, DÖD 1973, S. 21 ff.; Häring, Zukünftige rechtliche Ausgestaltung des Verhältnisses Staatsanwaltschaft und Polizei – aus der Sicht der Polizei, Kriminalistik 1979, S. 269 f. Vor allem dem Beitrag von Wolf wurde heftig widersprochen („institutionelles Zweck- und Machtstreben der Polizei"). Gerade polizeiliche Ermittlungstätigkeit verführe wohl in besonders starkem Maße dazu, die strenge Bindung aller staatlichen Gewalt an die materielle Gerechtigkeit dem Aufklärungszweck und der möglichst zweckmäßigen Kriminalitätsbekämpfung auch außerhalb des Bereichs der präventivpolizeilichen Tätigkeit zu opfern, schreibt Karl-Heinz Gössel („Überlegungen über die Stellung der Staatsanwaltschaft im rechtsstaatlichen Strafverfahren und über ihr Verhältnis zur Polizei", GA 1980, S. 325 ff.). Wie sehr der Verfasser die Stellung der Polizei verkennt, zeigt u.a. seine Feststellung „Als Wächter des Gesetzes muß die Staatsanwalt-

schaft sowohl die ermittelnde, wie die „nichtermittelnde" Tätigkeit der Polizei kontrollieren . . ." (a.a.O., S. 351).

14) Kniesel, Michael, Versammlungsrecht contra Strafrecht bei Sitzdemonstrationen, Die Polizei, 1992, S. 53 – 76 mit zahlreichen Nachweisungen; ibd., in NJW 1992, S. 865 ff.

15) Das Ermittlungsverfahren, das aus Anlaß einer solchen nicht mit Gewalt unterbrochenen Demonstration durch die Staatsanwaltschaft gegen einen Polizeipräsidenten wegen Strafvereitelung im Amt eingeleitet wurde, ist nach mehr als drei Jahren immer noch nicht abgeschlossen.

16) Binding, Handbuch des Strafrechts, Band 1, 1885, S. 182.

17) Hertz, Adolf, Die Geschichte des Legalitätsprinzips, Freiburg, 1935, S. 40 f.

18) Wie schon in ZRP 1981, S. 74 ff

19) Schoreit, Armin, Verwaltungsstreit um Kriminalakten. Eine zweifelhafte Entscheidung zur präventivpolizeilichen Verbrechensbekämpfung, NJW 1985, S. 169 ff.

20) Roxin, Claus, Rechtsstellung und Zukunftsaufgaben der Staatsanwaltschaft, DRiZ 1969, S. 385 ff.

21) Peters, Karl, Grundprobleme der Kriminalpädagogik, Gruyter, Berlin, 1960, S. 140

22) Neumann/Schroth, Neuere Theorien von Kriminalität und Strafe, Darmstadt, 1980, S. 6.

23) Der Begriff der Prädominanz stößt – wie zu erwarten war – bei den Strafprozeßlern auf Ablehnung, wie sie von Peter Rieß im Löwe-Rosenberg, Kommentar zur Strafprozeßordnung (de Gruyter, Berlin, 1989, 2. Bd., Anmerkung 12 vor § 158 StPO) formuliert wird. Es sei unzulässig, schreibt Rieß, die detaillierten gesetzlichen Regelungen des Strafverfahrensrechts unter Berufung auf einen globalen und insoweit mit der Gesetzeslage nicht zu vereinbarenden Begriff eines umfassenden Auftrags zur Gefahrenabwehr zu überspielen. Die Gegenfrage lautet: besteht ein solcher polizeirechtlicher Auftrag zur Gefahrenabwehr aus Straftaten und darüber hinaus etwa nicht? Was wird „überspielt"?
Die These von der Prädominanz der Prävention beeinträchtigt nicht – wie Rieß zu befürchten scheint – die „Sonderstellung des Strafverfahrensrechts" (Rieß) und auch nicht die „Sonderstellung der Staatsanwaltschaft im Ermittlungsverfahren" (Rieß). Sie übersieht auch nicht, daß die Strafverfolgung in der StPO spezialgesetzlich geregelt ist und aus dem Bereich der allgemeinen, der Polizei übertragenen Gefahrenabwehr herausgelöst wurde und durch einzelne Eingriffsermächtigungen ausgezeichnet ist. Sie **respektiert** schon aus präventionsorientier-

ten Vernunftsgründen diese Regelung, die präventiv von großer Bedeutung ist. Das ändert nichts daran, daß die Polizei einen Auftrag zur Gefahrenabwehr hat, der früher beginnt und später „endet", der – mehr oder weniger latent - auch während der strafrechtlichen Ermittlungen weiterbesteht und dann v o r das Strafrecht tritt, wenn durch die Strafverfolgung hochrangige Grundrechte gefährdet würden.

Die Geschichte der Kriminalistischen Studiengemeinschaft e. V. (1970 – 1995)

Herbert Schäfer

I. Vorbemerkung

In der knappesten Form und mit dürren Worten ließe sich die Geschichte der Kriminalistischen Studiengemeinschaft auf einer DIN A4 Seite in einer Zeittafel wiedergeben. Eine solche Verkürzung der Ereignisfolgen auf markante Eckdaten würde aber dieser Arbeits- und Lerngemeinschaft nicht gerecht werden. Die Schwierigkeiten und die Erfolge, das Auf und Ab der Entwicklung, die Höhen, Tiefen, finanziellen Engpässe und langfristigen Erfolge wären auf eine gefühl- und gestaltlose Restinformation geschrumpft, auf ein blutloses organisatorisches Minimum an Zahlen und Begriffen. Es würde letztlich ein falscher Eindruck beim Leser entstehen und selbst die Mitglieder müßten zweifeln: Sind das wir? Ist das unsere Studiengemeinschaft, der wir uns freiwillig und ohne Zwang angeschlossen haben, in der wir zuhören, lernen, diskutieren? Die gelegentliche Frage der Außenstehenden: „Was machen Sie eigentlich?" würde unbeantwortet bleiben.

Deshalb soll hier die etwas umständlichere, aber gründlichere Methode der Detailbeschreibung gewählt werden, weil dadurch die Fortentwicklung der KSG vom Augenblick ihrer Entstehung als Lerngemeinschaft und ihre Eintragung als juristische Person bis zur Feier des 25. Jahrestages ihrer Gründung (in persönlicher Verantwortung des Verfassers) möglichst genau und plastisch dargestellt werden kann. Dadurch soll Einblick gegeben werden in die Zielsetzung der freiwilligen Fort- und Weiterbildung von Kriminalisten, die in dieser Vereinigung, die in der Bundesreupublik und darüber hinaus im deutschsprachigen Raum einzigartig ist.

Auch aus der Beschreibung unterschiedlicher interner und externer Schwierigkeiten und deren geduldiger Überwindung mögen Soziologen und Psychologen Erkenntnisse über Vereinsmentalitäten im allgemeinen Vergleich und unter besonderer Berücksichtigung der Kriminalistenmentalitäten gewinnen.

Die Leser werden erkennen, daß diese Weiterbildungsgemeinschaft der KSG teilweise an den Traditionen der Arbeiterbildungs- und Lesevereine der bürgerlichen Handwerker, der Gesellenvereine, anknüpft. Solche Zusammenschlüsse haben schon vor 150 Jahren gewußt, daß nicht etwa die Arbeit allein weiterhilft, sondern breites Allgemeinwissen und die Verbesserung der beruflichen Kenntnisse bessere Arbeitsergebnisse ermöglichen und den sozialen Aufstieg im Interesse aller fördern.

Die Mitglieder, Sympathisanten, Freunde und Gäste der KSG haben erkannt, daß sich gerade die Kriminalistik in allen ihren Sparten in einer dynamischen Entwicklung befindet. Mit der fast täglichen Erweiterung der kriminalistischen Erfahrungen muß die Basis der Kriminalisten aller Berufszweige (Schutz- und Kriminalpolizei, Straf-

235

richter, Staatsanwälte, Zollfahnder, Steuerfahnder, Grenzschützer, Verfassungsschützer usf.) Schritt halten. Ohne den Überblick über alle Möglichkeiten und Methoden der Wahrheitsfindung und der Sicherung in der Beweisführung nützt der gesamte logistische und rechtliche Überbau nichts. Selbst der Datenschutz greift nur dort, wo überhaupt jemand „Daten" sammeln und sichern kann.

Deshalb organisiert die KSG den Fluß und die Aufbereitung neuer und altbewährter kriminalistischer Fachinformationen. Ihre Mitglieder organisieren sich seit 1970 über das dienstliche Minimum an Beschulung und Ausbildung hinaus in dieser Lerngemeinschaft. Kriminalisten sind neugierig – und sie wollen wissen, erfahren, lernen und besser werden.

II. Die Vor- und Frühgeschichte der KSG

Ende 1946 oder zu Beginn des Jahres 1947 entstand auf Anregung des damaligen Leiters der Kriminalpolizei in Bremen, Richard Siebke, im Polizeipräsidium in Bremen eine Fortbildungsgemeinschaft zunächst nur für Kriminalbeamte (siehe hierzu die Beschreibung der Geschichte der Kriminalpolizei Bremen in Krämer/Siebke, „Mehr als sieben Stunden", Bremen, 1989).

Siebke, der 1933 wegen seiner Nähe zur SPD und zum „Reichsbanner" (er hatte dort Unterricht in Selbstverteidigung erteilt und Sportübungen veranstaltet) als Polizeibeamter entlassen worden war, gehörte zu jenen aufstiegsorientierten, gesinnungstreuen Handwerkern, die den Weg in die Polizei fanden. Er war gelernter Schriftsetzer und Lithograph, der noch als Geselle gewandert war. Er war belesen, konnte sich gut ausdrücken und lernte ständig, unzufrieden mit seinen eigenen Grenzen. (Seinen Berufs- und Lebenslauf beschreibt er eingehend in seinen von ihm selbst verlegten Memoiren.)

Die Kriminalbeamten Herbert Caesar, Werner Dose, Günther Neugebauer gehörten zu den Gründungsmitgliedern, sowie Karl Meyer und Kurt Rahner. Alle waren Soldaten mit unterschiedlichen Dienstgraden gewesen und brachten ein gerütteltes Maß an Lebenserfahrung mit. Sie waren dankbar, daß sie den Krieg überlebt hatten. Alle wollten den neuen Beruf auch über die dienstlich gebotene Grundausbildung hinaus möglichst rasch und fachlich erfassen.

Karl Meyer, während des Krieges Marineoffizier der Reserve, mit einer altsprachlichen Gymnasialbildung, leitete diese Lerngemeinschaft. Meyer wurde 1974 Leiter der Kriminalpolizei in Bremen.

Der aus Schlesien stammende Kurt Rahner hatte schon als Fünfzehnjähriger in der Evangelischen Kirchenverwaltung eine ausgezeichnete (auch cameralistische) Ausbildung erhalten, die ihm während seiner gesamten Dienstzeit von Nutzen war. Er wurde Schriftführer des nicht eingetragenen Vereins. (Er ging 1980 als Kriminaldirektor in Pension).

Schriftliche Aufzeichnungen über diesen Zusammenschluß gab es 1970 nicht mehr. Mündlich überliefert ist, daß die Gründungsversammlung im Raum 217 des Polizeihauses stattfand. Siebke hielt den Eröffnungsvortrag.

Er schilderte Mordfälle durch einen Arzt, der seine Opfer in Schwefelsäure auflöste, so daß die Leichen „spurenlos" verschwanden und der Täter nur durch mühselige kriminalistische Kleinarbeit überführt werden konnte. Den letzten noch lebenden Zuhörern dieses Vortrags ist in Erinnerung, welche Schwierigkeiten es gab, die Begriffe „Perseveranz" und „Perversität" zu erklären und zu unterscheiden.

Die Kriminalistische Studiengemeinschaft war konzipiert als eine freiwillige Aus-, Fort- und Weiterbildungsgemeinschaft für Kriminalbeamte in Bremen, welche in ihrer Freizeit bereit waren, ihr professionelles Profil zu erwerben bzw. zu verbessern. Mit ihrer Hilfe sollte auch die spärliche Fachliteratur beschafft werden.

Siebke erwähnte diese Lern- und Arbeitsgemeinschaft in seinen Lebenserinnerungen, in denen es heißt: „In Bremen hielt ich in der „Studiengemeinschaft der Kriminalbeamten" und in der Polizeischule in Borgfeld (d. h. in den Baracken am alten Schießgelände; Schä.) Vorträge über die Arbeit der Kriminalpolizei, über Kriminaltechnik und Kriminaltaktik sowie über besondere Fälle aus der Kriminalgeschichte. Auch außerhalb der Polizei wurde ich zu Vorträgen eingeladen, so z. B. von der Hochschule für Allgemeinbildung in mehreren Abendkursen, bei Parteiversammlungen (der SPD) und bei anderen Organisationen und Gruppen."

Einmal im Monat trafen sich die Mitglieder und hörten Vorträge von älteren erfahrenen Kriminalbeamten, von Staatsanwälten und Richtern. Es nahmen auch Schutzpolizeibeamte daran teil: alle wollten lernen, um erfolgreicher arbeiten zu können.

Die Kriminalistische Studiengemeinschaft bestand über die Dienstzeit von Siebke hinaus. Die Aktivitäten ließen allerdings in demselben Maße nach, wie die amtliche Ausbildung der Kriminalbeamten verbessert wurde und sich der Arbeitsdruck im Alltag vergrößerte.

Nachdem der Verfasser die Leitung der Kriminalpolizei in Bremen am 19.02.1969 übernommen hatte, stieß er bald auf die passiven Restbestände dieser Lerngemeinschaft. Einige ältere Fachbücher von antiquarischem Wert und ein Kassenbestand von rund 4000,– DM waren noch vorhanden. Sie boten günstige Bedingungen für eine Reaktivierung des Vereins.

Trotz seiner Versuche, diesen Restbestand zu bewahren und als Starthilfe benutzen zu können, wurde die Studiengemeinschaft durch ihre Mitglieder unter Mitwirkung des Personalratsvorsitzenden Kriminalobermeister Werner Oelkers aufgelöst. Gegenvorstellungen blieben erfolglos. Der Buch- und Geldbestand wurde an die im Dienst befindlichen Mitglieder verteilt. Damit war die Frühphase der Kriminalistischen Studiengemeinschaft abgeschlossen.

III. Die neue Organisation und deren Aufbau

Im Laufe des Jahres 1970 hatte der Verfasser den Oberstaatsanwalt a. D. Dr. jur. Gerhard Klempahn kennengelernt, einen liebenswürdigen, hilfsbereiten Mann, der nach dem Kriege von der Berliner Staatsanwaltschaft nach Bremen gekommen war. Sein freundliches, waches Lächeln wurde textil unterstrichen: er trug stets sehr gute „Fliegen" statt langer Krawatten. Klempahn hatte in den dreißiger Jahren das nützliche und unentbehrliche Fachbuch „Der Staatsanwalt und sein Arbeitsgebiet" (zusammen mit seinem damaligen Chef, dem Berliner Generalstaatsanwalt Burchardi) geschrieben (zuletzt 7. Auflage, Aschendorf, Münster, 1978). Die Abteilung „Kriminalistisches Institut" des Bundeskriminalamtes unter Dr. jur. Niggemeyer hat sich später von diesem Titel inspirieren lassen und ein Bändchen „Der Kriminalbeamte und sein Arbeitsgebiet" herausgegeben.

Dr. Klempahn war der Kriminalpolizei sehr zugetan und als Staatsanwalt der alten Schule an der kriminalistischen Arbeit interessiert. Er berichtete, daß es zu seiner Zeit in Berlin eine „Ristakri" gegeben habe, eine Arbeitsgemeinschaft der Richter, Staatsanwälte und Kriminalbeamten, welche sich der freiwilligen Weiterbildung und der Gespräche zwischen diesen drei Gruppen der Kriminalisten angenommen hatte. „Wie wäre es damit in Bremen?", fragte Dr. Klempahn.

Der Verfasser nahm Verbindung zum Vizepräsidenten des Hanseatischen Oberlandesgerichts (Werner Meyer), zum Leitenden Oberstaatsanwalt (Wilhelm Schneider), zum Generalstaatsanwalt (Dr. jur. Hanns Dünnebier) sowie zum Rechtsmediziner Medizinaldirektor Dr. med. Jobst von Karger auf. Dr. von Karger arrangierte die Kontakte und Gespräche mit Senatsdirektor Dr. med. Helmut Koch, beim Senator für das Gesundheitswesen, und Dr. med. Hans Jürgen Seeberger, Städt. Nervenklinik, Bremen-Ost; der Verfasser lud den Leiter der Kriminalpolizei in Bremerhaven (Walter Hollstein) ein.

Am 12. Februar 1970, nach 17.00 Uhr, wurde im Dienstzimmer des Leiter K die neue Kriminalistische Studiengemeinschaft als einzutragender Verein gegründet.

In den nach der Satzung aus drei Personen bestehenden Vorstand wurden gewählt Dr. von Karger und W. Schneider. Der Verfasser übernahm die Aufgaben des geschäftsführenden Vorstandes und begann sofort mit der Erarbeitung eines Vortragsprogramms. Eine Liste der persönlich zu ladenden Gäste wurde aufgestellt, Konten angelegt, die Logistik aufgebaut.

Karl Günther, ein ehemaliger U-Boot-Fahrer und begeisterungsfähiger Kriminalbeamter, übernahm die Büroverwaltung einschließlich Buchführung, Handkasse und Kasse. Innensenator Franz Löbert stellte auf Bitte des geschäftsführenden Vorsitzenden hin ein verlorenes Startkapital von 1000,– DM zur Verfügung. Begeistert von der Idee der freiwilligen Weiterbildung wurde er Mitglied der KSG. Er ist der einzige Senator geblieben, der Mitglied wurde.

Im September waren die Programmarbeiten abgeschlossen und das Vorhaben konnte der Presse vorgestellt, die Programme verschickt werden.

Im Weser Kurier vom 25. September 1970 hieß es „Kriminalisten und Juristen gemeinsam auf der Schulbank; Studiengemeinschaft will dem Mangel an Fortbildung abhelfen" und die Bremer Nachrichten berichteten am 25. September 1970 „Weiterbildung für Kriminalisten, Studiengemeinschaft plant Veröffentlichungen und eine Vortragsreihe".

Die Planung sah vor, von September/Oktober bis März/April – in jedem Winterhalbjahr also – Vorträge anzubieten. Optimistisch genug ging der Verfasser davon aus: „Die Studiengemeinschaft könnte in absehbarer Zeit ein wissenschaftliches Zentrum der Kriminalistik in Norddeutschland werden." Der Weg sollte lang und mühsam werden.

Die KSG wurde am 30. April 1970 im Vereinsregister AG Bremen (VR 2949) – gebührenfrei – eingetragen, die Satzung auch vom Finanzamt nicht beanstandet. Diese kurz und knapp gehaltene Satzung hat sich in 25 Jahren bewährt. Sie mußte mit schwieriger Dreiviertelmehrheit einmal geändert werden, weil sich die Festlegung der Beitragshöhe in der Satzung als ungünstig erwies, nachdem steigender Finanzierungsbedarf eine Anpassung der Beiträge notwendig gemacht hatte. Die geänderte Satzung sieht nunmehr einen Mehrheitsbeschluß in der Mitgliederversammlung als ausreichend für die Festsetzung der Beiträge vor.

Das erste Vortragsprogramm wurde wie beschlossen durchgeführt, obwohl zu Beginn der Vortragsreihe nicht genügend Geld in der Kasse war, um die eingeplanten Referenten bezahlen zu können. In dieser Vortragsfolge fiel erst- und letztmalig ein Referent ohne Ersatzreferent unvorhergesehen aus.

Am 5. April 1971 wurde die nach der Gründungsversammlung zweite Mitgliederversammlung im Schwurgerichtssaal abgehalten. Die KSG zählte bereits 106 Mitglieder; 75 % davon waren Kriminalbeamte. In der Mitgliederversammlung konnte der Deputation für das Gesundheitswesen gedankt werden, welche auf Vorschlag von Dr. Koch einen Zuschuß von 3500,– DM aus Lotto/Toto-Mitteln für den Aufbau einer Fachbibliothek zur Verfügung gestellt hatte.

Gelder, die nach dem Wunsch der Spender für Präventionsbemnühungen gegen die beginnende Rauschgiftwelle verwendet werden sollten, wurden intern gesondert gebucht. Gegen dieses Sonderkonto sprach sich mit Nachdruck wiederholt ein Mitglied aus. Diese separate Buchung gab die Anregung für die dann 1980 als „juristischer Zwilling" der KSG gegründete „Gesellschaft für Jugendhilfe und Kriminalitätsvorbeugung". Dieser beim Amtsgericht Bremen eingetragene Verein bestand bis zum Herbst 1992.

In den beiden letzten Sätzen der Satzung dieser Gesellschaft war vorgesehen, daß das Vermögen dieses Präventionsvereins auf die KSG übergehen solle, wenn dieser Verein einmal aufgelöst werden sollte.

Dessen Mitglieder beschlossen im Oktober 1992 durch schriftliche Abstimmung die Auflösung. Die KSG übernahm bis Anfang 1994 über 43 000,– DM von der Gesellschaft für Jugendhilfe und Kriminalitätsvorbeugung.

In der Mitgliederversammlung am 7. April 1972 konnte den 142 Mitgliedern berichtet werden: Es wurden sechs Vorträge in Bremerhaven, 14 Vorträge in Bremen (mit je 70 Teilnehmern) und eine zweitägige Arbeitstagung in Bremen (mit zweihundert Zuhörern) organisiert und durchgeführt.

IV. Der Bremer Kriminalistenpreis

1. Die Satzung des Bremer Kriminalistenpreises

Schon am 20. Juli 1971 und am 27. Oktober 1971 beschloß der Vorstand die zweijährig wiederholte Ausschreibung eines „Bremer Kriminalistenpreises", durch den kriminalistisch relevante Ausarbeitungen belohnt werden sollten. In die Entwicklung des Preises und seiner Regularien wurden die Leiter aller Landeskriminalämter und des Bundeskriminalamtes sowie der Polizeiführungsakademie Münster-Hiltrup eingebunden. Am 8. Oktober 1973 wurde die Satzung des Bremer Kriminalistenpreises und die Geschäftsordnung der Jury durch den Vorstand beschlossen. Die Inserate für die Ausschreibung und die Kosten des Drucks der Teilnahmebescheinigungen übernahm die Bremen-Werbung.

In der Satzung wurde bestimmt:

1. Ziel und Zweck des Preises
Durch die Verleihung des Bremer Kriminalistenpreises sollen an der kriminalistischen Praxis orientierte Untersuchungen veranlaßt, gefördert oder belohnt werden, wenn die am Wettbewerb teilnehmenden Arbeiten einen Gewinn für die Verbesserung der Strafrechtspflege im weitesten Sinne bedeuten.

2. Preisverleihung
Der Bremer Kriminalistenpreis wird durch die Kriminalistische Studiengemeinschaft verliehen. Über die Verleihung des Preises entscheidet nach Vorschlag durch eine aus sieben unabhängigen Gutachtern bestehende Jury der Vorstand der Kriminalistischen Studiengemeinschaft unter Ausschluß des Rechtsweges.

3. Teilnehmerkreis
Natürliche Einzelpersonen oder Personengruppen können sich um den ausgesetzten Preis bewerben. Mitgliedern des Vorstandes der Kriminalistischen Studiengemeinschaft und des Gutachtergremiums ist die Teilnahme an der Ausschreibung nicht gestattet.

4. Materielle Zulassungsvoraussetzungen
Inhaltliche Voraussetzung der Wettbewerbsarbeit ist neben der Praxisnähe, die vor allem durch das originäre Erarbeiten von Tatsachen zum Ausdruck kommen kann, ihr an den Grundsätzen der wissenschaftlichen Methodik und Logik orientierter Aufbau. Arbeiten, die vor dem Zeitpunkt der Ausschreibung bereits ganz oder in wesentlichen Teilen veröffentlicht waren, sind von der Teilnahme am Wettbewerb ausgeschlossen.

Im übrigen ist die Verwertung von wissenschaftlichen und praktischen Erkenntnissen, die vor der Ausschreibung erlangt wurden, in der Wettbewerbsarbeit zulässig.

5. Formelle Zulassungsvoraussetzungen
Die Ausschreibung des Bremer Kriminalistenpreises erfolgt öffentlich, insbesondere durch Inserate in einschlägigen Fachzeitschriften.

In der Ausschreibung ist der Zeitpunkt anzugeben, bis zu dem die am Wettbewerb teilnehmenden Arbeiten beim Vorstand der Kriminalistischen Studiengemeinschaft eingegangen sein müssen. Jede Wettbewerbsarbeit ist unter offener Anschrift in achtfacher Ausfertigung vorzulegen.

6. Die Jury
Die Wettbewerbsarbeiten werden durch die Gutachter der Jury beurteilt, welche entsprechende Verleihungsvorschläge an den Vorstand der Kriminalistischen Studiengemeinschaft richten.

7. Entscheidung über Zulassung
Über die Zulassung entscheidet der Vorstand. Der Preis kann in jeder Stufe unter mehreren Teilnehmern geteilt werden.

8. Drei Preisstufen
Der Preis wird unter Aushändigung einer Urkunde in drei Stufen verliehen. Er ist mit einer finanziellen Zuwendung in Höhe von 6000,–, 4000,– und 2000,– DM verbunden.

9. Förderung weiterer Arbeiten
Auf Beschluß des Vorstandes können weiteren Beteiligten am Wettbewerb nach Anhören der Jury entstandene Auslagen erstattet werden, wenn die Arbeiten förderungswürdig sind.

10. Veröffentlichung
Durch die Teilnahme am Wettbewerb erklärt sich der Einsender mit der Erstveröffentlichung durch die Kriminalistische Studiengemeinschaft einverstanden.

2. Die Geschäftsordnung der Jury

1. Aufgabe der Jury
Die am Wettbewerb um den Bremer Kriminalistenpreis teilnehmenden Arbeiten werden durch eine aus sieben unabhängigen Gutachtern bestehende Jury beurteilt.

2. Zusammensetzung der Jury
Die Jury setzt sich zusammen aus vier „geborenen" Mitgliedern, nämlich aus
1. dem Präsidenten des Bundeskriminalamtes, Wiesbaden,
2. dem Präsidenten der Polizeiführungsakademie, Hiltrup,
3. einem Vorstandsmitglied der Kriminalistischen Studiengemeinschaft, Bremen (zugleich Geschäftsführer der Jury),
4. einem Vorstandsmitglied der Deutschen Kriminologischen Gesellschaft, Frankfurt, und drei gekorenen Mitgliedern, die bei jeder Ausschreibung neu eingeladen werden können.

3. Verfahrensablauf

Jedes Jurymitglied erhält ein Exemplar jeder Wettbewerbsarbeit. Dieses Exemplar ist innerhalb von drei Monaten nach Eingang der Wettbewerbsarbeit beim Jurymitglied zusammen mit dem schriftlichen Gutachten dem geschäftsführenden Jurymitglied zu übersenden.

Jedes Jurymitglied erhält nach drei Monaten durch das geschäftsführende Jurymitglied die Kopien der übrigen Gutachten. Zugleich wird eine synoptische Entscheidungsübersicht zur Verfügung gestellt.

4. Verfahren bei Entscheidungen

Die Jury übt ihr Vorschlagsrecht durch Abgabe der Einzelgutachten, also grundsätzlich im schriftlichen Verfahren aus. Die Voten der Jurymitglieder erstrecken sich neben der Preiswürdigkeit auch auf die Rangfolge der Arbeiten. Ihre Begründung muß sich aus den Gutachten ergeben.

Für die Entscheidungen der Jury genügt die einfache Stimmenmehrheit (vier von sieben Stimmen). Ergibt sich Einstimmigkeit, so erübrigen sich zusätzliche Beratungen und Abstimmungen. Wird eine eindeutige Entscheidung im schriftlichen Verfahren nicht erzielt, so ist mündliche Beratung nötig.

5. Verfahren nach der Abstimmung im schriftlichen Verfahren

Wird Übereinstimmung (Einstimmigkeit oder einfache Stimmenmehrheit) durch das geschäftsführende Jurymitglied festgestellt, so teilt es dieses Ergebnis den übrigen Jurymitgliedern schriftlich mit.

Innerhalb von vier Wochen nach Eingang dieser Mitteilung können mindestens drei Jurymitglieder eine mündliche Beratung mittels schriftlich begründetem Antrag fordern. Eine Änderung des ursprünglichen Abstimmungsergebnisses ist nach mündlicher Beratung möglich.

6. Beratungsort

Mündliche Beratungen der Jury finden in Bremen statt. Sie müssen spätestens drei Monate vor dem vorgesehenen Preisverleihungstermin abgeschlossen sein.

7. Beendigung der Jurytätigkeit

Das im schriftlichen Verfahren oder nach Beratung erzielte Ergebnis wird vom geschäftsführenden Jurymitglied dem Vorstand der Kriminalistischen Studiengemeinschaft mitgeteilt. Die Tätigkeit der Jury ist damit abgeschlossen.

8. Aufwandsentschädigung

Jedes Jurymitglied erhält eine Aufwandsentschädigung von 300,– DM je Ausschreibungsvorgang.

9. Verleihung durch Vorstand der KSG

Der Vorstand der Kriminalistischen Studiengemeinschaft entscheidet mit Stimmenmehrheit über die Verleihung des Bremer Kriminalistenpreises. Der Preis kann geteilt werden.

3. Teilnahmebedingungen

Die eigentliche Preisausschreibung erfolgte nach nachstehendem Muster
(Beispiel: Ausschreibung 1974/75)

Bremer Kriminalisten Preis

Teilnahmebedingungen

Der Vorstand der Kriminalistischen Studiengemeinschaft Bremen e. V. verleiht im
Dezember 1975 den Bremer Kriminalistenpreis für die erfolgreiche Bearbeitung des
Themas

Erscheinungsbild, Aufklärung und Verhinderung von Straftaten und Ordnungswidrigkeiten in der Bauwirtschaft

1 Durch die Bearbeitung des Ausschreibungsthemas sollen wirtschaftskriminelle Methoden und allgemein strafbare Handlungen, wie sie während der letzten Jahre in einzelnen Bereichen der Bauwirtschaft bekannt wurden, beschrieben und die Methodik sowohl ihrer kriminalistischen Aufklärung als auch ihrer Verhinderung unter Berücksichtigung praktischer Erfahrungen dargestellt werden.

2 Die Bearbeitung des Themas soll ein wissenschaftlich fundiertes, praxisorientiertes Ergebnis erbringen mit dem Ziel, praktikable Erkenntnisse zur Verbesserung der Kriminalitätsbekämpfung und der Verbrechensaufklärung zu erlangen.

3 Die Bearbeitungszeit endet mit dem 30.04.1975. Bis zu diesem Tage müssen die Arbeitsergebnisse als druckreife Manuskripte in 8facher Fertigung dem Vorstand der Kriminalistischen Studiengemeinschaft Bremen e. V., 28 Bremen, Am Wall 201, Zimmer 302, vorliegen.

4 Es können sich natürliche Einzelpersonen oder Personengruppen um den ausgesetzten Preis bewerben. Mitgliedern des Vorstandes der Kriminalistischen Studiengemeinschaft und des Gutachtergremiums ist die Teilnahme an der Ausschreibung nicht gestattet.

5 Über die Preiswürdigkeit der Wettbewerbsarbeiten entscheidet eine Jury von sieben Gutachtern. Die Verleihung der Preise

      1. Preis   *6 000,– DM*
      2. Preis   *4 000,– DM*
      3. Preis   *2 000,– DM*

erfolgt durch den Vorstand der Kriminalistischen Studiengemeinschaft unter Ausschluß des Rechtsweges

6 Die Teilnehmer räumen das Recht zur Veröffentlichung der eingesandten Wettbewerbsarbeiten der Kriminalistischen Studiengemeinschaft Bremen e. V. ein.

Kriminalistische Studiengemeinschaft e. V., 2800 Bremen, Am Wall 201, Zimmer 302

Jury:

Leitender Kriminaldirektor Günther Bauer,
Wuppertal

Dr. jur. Martin Bennhold,
Universität Bremen

Dr. jur. Horst Herold,
als Präsident des Bundeskriminalamtes,
Wiesbaden

Prof. Dipl.-Ing. Fritz Novotny
Präsident der Bundesarchitektenkammer,
Offenbach

Dr. jur. Konrad Peitz,
als Präsident der Polizei-Führungsakademie Hiltrup

Prof. Dr. med. Franz Petersohn,
als Vizepräsident der Deutschen
Kriminologischen Gesellschaft, Mainz

Dr. jur. Herbert Schäfer, Ltd. Kriminaldirektor,
als Vertreter der Kriminalistischen
Studiengemeinschaft e. V., Bremen

4. Die Preisverleihungen

Der mit insgesamt 12000,– DM dotierte dreistufige Preis (6000,–, 4000,– und 2000,– DM) wurde mit dem ersten rahmenartigen Ausschreibungsthema (Ausschreibungszeitraum 1. März 1972 – 28. Februar 1973) „Die Neugestaltung der strafrechtlichen Vermögenstatbestände nach kriminalistischen Erfahrungen" bekannt.

Durch Beschluß vom 18. Juli 1973 wurde die Verleihung des 1. Preises am 17. Oktober 1973 an Prof. Dr. Klaus Tiedemann, Freiburg, festgesetzt.

Der zweite Preis wurde nicht vergeben. Der dritte Preis wurde zwischen dem Wettbewerber StA Dr. Horst Franzheim, Köln, und dem Studenten der Betriebswirtschaft, Wilhelm Zeidler, Göttingen, geteilt.

Prof. Tiedemann's Beitrag hatte die „Subventionskriminalität in der Bundesrepublik (Erscheinungsformen, Ursachen und strafrechtliche Folgerungen)" behandelt.

Der zweite im Mai 1974 ausgeschriebene Wettbewerb (Einsendeschluß: 30. April 1975) hatte die Untersuchung der Kriminalität in der Bauwirtschaft unter repressiven und präventiven Gesichtspunkten zum Gegenstand.

Das Thema lautete „Erscheinungsbild, Aufklärung und Verhinderung von Straftaten und Ordnungswidrigkeiten in der Bauwirtschaft".

Der Vorstand beschloß am 17. Oktober 1975, den ersten Preis an die Arbeitsgemeinschaft des Bundeskartellamtes, vertreten durch den Vizepräsidenten des Amtes, Dr. Gutzler (mit den Mitarbeitern Jürgen von Czarnowski, Volker Hoffmann und Volkmar Strauch) zu verleihen. Dies geschah am 10. Dezember 1975.

Die preisgekrönte Untersuchung erschien unter dem Titel „Kartelle in der Bauindustrie" im Rowohlt Verlag, Reinbek, 1976, im Band „Technik und Politik" (Aktuelles Magazin Nr. 5) S. 57 – 140.

Die dritte Verleihung des Bremer Kriminalistenpreises erfolgte am 26. Oktober 1977. Ausgeschrieben worden war das Thema „Die Prävenierbarkeit von Eigentumsdelikten, wahlweise dargestellt anhand der Untersuchung einzelner, phänomenologisch orientierter Deliktskomplexe".

Der erste und zweite Preis wurde nicht vergeben. Der dritte Preis wurde doppelt verliehen an den Psychiater Dr. Dr. Hans Joachim von Schumann aus Düsseldorf (für den Beitrag „Die Prävenierbarkeit von Eigentumsdelikten in Warenhäusern, Verkaufsräumen und Selbstbedienungsläden unter medizinisch-psychologischen Gesichtspunkten") und an den Bremer Kriminalhauptmeister Klaus Jakobs, für dessen herausragende, höchst praxisnahe Untersuchung („Möglichkeiten zur Prävention von Warenverlusten durch kriminelle Handlungen im internen Bereich der Mittel- und Großbetriebe des Einzelhandels").

Die Arbeit des MdKSG Jakobs wurde unter dem Titel „Tatort Lagerhaus, Prävention bei Warenverlusten durch kriminelle Handlungen" durch das Institut für Selbstbedienung und Warenwirtschaft im Verlag der Gesellschaft für Selbstbedienung GSBmbH Köln, 1979, broschiert, veröffentlicht.

Die Preisverleihungen erfolgten in angemessen würdigem Rahmen. Beispielhaft sei hier das Programm der Preisverleihung am 26. Oktober 1977 angeführt.

Programm

der Veranstaltung der Kriminalistischen Studiengemeinschaft Bremen aus Anlaß der dritten Verleihung des Bremer Kriminalistenpreises am

Mittwoch, dem 26. Oktober 1977, 20.00 Uhr s. t.,
im Festsaal des Neuen Rathauses Bremen

20.00 Uhr   Beginn des Festaktes mit dem 1. Satz aus dem Streichquartett C-Dur, KV 465, Andante, Wolfgang Amadeus Mozart. Es spielt das Kupczyk-Quartett

20.10 Uhr   Begrüßung durch Ltd. Oberstaatsanwalt Heinz Hermann Brauer, Bremen, als Mitglied des Vorstandes der Kriminalistischen Studiengemeinschaft, Bremen

20.20 Uhr   Ansprache des Senators für Rechtspflege und Strafvollzug, Wolfgang Kahrs, Bremen. Begründung der Preisverleihung und Überreichung der Urkunden des Bremer Kriminalistenpreises (3. Preis) an

Herrn Dr. med. Dr. phil. habil. Hans Joachim von Schumann für dessen Arbeit

„Prävenierbarkeit von Eigentumsdelikten in Warenhäusern, Verkaufsräumen und Selbstbedienungsläden unter medizinisch-psychologischen Gesichtspunkten"

Herrn Kriminalhauptmeister Klaus Jakobs für dessen Arbeit

„Möglichkeiten der Prävention im internen Bereich der Mittel- und Großbetriebe bei Warenverlusten durch kriminelle Handlungen, dargestellt anhand eines Falles"

20.30 Uhr	Kurzreferate durch die Preisträger
	Dr. Dr. von Schumann
	„Bedeutung und Wirkungsweise von Medikamenten anläßlich der Behandlung von Eigentumsdelinquenten" und
	Kriminalhauptmeister Klaus Jakobs
	„Modell zur Entwicklung deliktsorientierter Präventionsstrategien"
21.20 Uhr	Menuett aus dem Streicherquartett B-Dur, KV 464, Wolfgang Amadeus Mozart
21.30 Uhr	Ende der Veranstaltung

5. Das vorläufige Ende des Bremer Kriminalistenpreises

Die begutachtenden Jurymitglieder haben ihre Stellungnahmen immer mit großer Gewissenhaftigkeit und Sachverstand erarbeitet und damit die Grundlage für eine Entscheidung des Vorstandes der KSG geschaffen.

Die vierte Ausschreibung des Bremer Kriminalistenpreises, die mit dem 30. April 1979 endete, sollte Beiträge zum Rahmenthema „Anarchismus und Terrorismus in der Bundesrepublik Deutschland (Ursachen, Prävention, Behauptungen)" erbringen. Der Preis sollte im Herbst 1979 verliehen werden.

Die Administration dieses Preises fiel in eine Phase, die den Rücktritt des gesamten Vorstandes (Dr. Schäfer, Brauer, Dr. von Karger) und die Wahl eines neuen Vorstandes (Litzig, Crome, Wendt) zur Folge hatte.

Eine einzige Wettbewerbsarbeit (98 Seiten), eine emotional lebhaft und polemisch geschriebene Arbeit, ging ein, die vom Niveau her nicht den Beifall der Jury fand. Da der Verfasser außerdem die Arbeit anonym eingereicht hatte, wurde sie für nicht preiswürdig eingestuft.

Der Vorstand von 1979 bis 1982 blieb hinsichtlich des Bremer Kriminalistenpreises inaktiv. Danach griffen die Sparbeschlüsse vom 3. Februar 1982, denen zufolge der Bremer Kriminalistenpreis entfallen mußte, bis wieder entsprechende Mittel vorhanden seien. Außerdem flossen Mittel (Spenden, Geldbußen u. a. Zuwendungen) spärlicher, so daß der Bremer Kriminalistenpreis – seither – nicht wieder angeschrieben wurde.

V. Die Geschichte der Norddeutschen Kriminalistentage

Während der ersten Veranstaltung der Norddeutschen Kriminalistentage wurden im Oktober 1972 14 Vorträge für über 200 Zuhörer geboten. Das wurde auf der Mitgliederversammlung am 18.04.1973 in Raum 217 des Polizeihauses bekannt.

Die Norddeutschen Kriminalistentage wurden zum ersten Male am 21. und 22. Oktober 1971 durchgeführt. Sie fanden in jedem Jahr statt und wurden einem aktuellen Schwerpunktthema gewidmet. (Die Referate dieser Arbeitstagungen sind in der Gesamtliste aller Referate enthalten.) Solche Themen waren:

- 21. und 22. Oktober 1971 „Rauschgiftmißbrauch und Rauschgiftkriminalität". Diese Arbeitstagung wurde von der Deutschen Kriminologischen Gesellschaft (Sektion Kriminaldiagnostik) mit der KSG ausgerichtet und von der DKG finanziert.
- 19. und 20. Oktober 1972 „Zur Phänomenologie der Gewaltkriminalität Minderjähriger"
- 17., 18. und 19. Oktober 1973 „Einzelprobleme des Betruges und der Wirtschaftskriminalität"
- 16. Oktober 1974 „Neue Kriminaltaktiken"
- 10. Dezember 1975 „Prävention der Jugendkriminalität" Die genaue Bezeichnung der 4. und 5. Arbeitstagung ist nicht möglich, da die Programme möglicherweise bei einer Aktenbereinigung irrtümlich entfernt wurden.
- 20. und 21. Oktober 1976 „Aspekte der Diebstahlsaufklärung"
- 26. Oktober 1977 „Gefährdung, Prophylaxe und Prävention"
- 18. Oktober 1978 „Umweltschutz und Kriminalistik"

Der Vorstand beschloß am 24. April 1981, daß der Norddeutsche Kriminalistentag aus finanziellen Gründen vorläufig nicht mehr stattfinden solle. An die Stelle der Norddeutschen Kriminalistentage, die als öffentliche Fachveranstaltung jedermann zugängig waren, traten von 1982 an Arbeitstagungen, die teilöffentlich waren oder einem speziellen Interessentenkreis vorbehalten blieben.

VI. Mitglieder, Teilnehmer, Gäste, Freunde, Sympathisanten

Auf der Mitgliederversammlung vom 07. April 1972 wurde die immer umfangreicher werdende Organisationsverwaltung neu verteilt. Es übernahmen die Kassenführung und Buchhaltung H. Monnerjahn, die Adressenkartei H. Mollée, die büromäßige Bewältigung der Arbeiten im Zusammenhang mit allen Vorträgen H. Gloger und die Verwaltung der Bibliothek und Fachzeitschriften Herbert Grotheer. Bei allen technischen Angelegenheiten sprangen die Mitglieder Tobias, Runge und Bock ein, während die Massenversendungen der Programme etc. die Mitglieder Selke und Lange bewältigten.

Gerade die Versendung der Programme konnte möglichst billig nur dadurch bewältigt werden, daß sich die Mitglieder Günther und Mollée (mit ihren Ehefrauen!) an Samstagen um diese Post (Adressieren, Kuvertieren, Verbringen etc.) kümmerten.

Nach Erscheinen des Winterprogramms 1973/74 wurde plötzlich am 27. September 1973 durch den Polizeipräsidenten von Bock und Polach verfügt, der eingeplante und zwei Jahre lang benutzte Vortragsraum 217 müsse jederzeit für die Sitzungen des Personalrates der Verwaltung zur Verfügung stehen und dürfe daher durch die KSG nicht mehr benutzt werden. Diese plötzliche Entscheidung brachte die KSG in eine unangenehme Lage.

Dank der Vermittlung durch Dr. Klempahn und OStA. Brauer stellte die Domverwaltung freundlicherweise ihre Räume sofort zur Verfügung und half der KSG aus diesem logistischen Engpaß heraus. Die Vorträge wurden ab 1973 im Schwurgerichtssaal, meistens im Konfirmandensaal der Domgemeinde, aber auch im großen Saal der „Glocke", verschiedentlich im Vortragssaal des Kolpinghauses oder in anderen möglichst preiswert angemieteten Vortragssälen gehalten.

Freilich waren damit nicht alle – überflüssigen – Hindernisse beseitigt: jeder Polizeibeamte, der an einer Arbeitstagung teilnehmen wollte, mußte („für diese private Angelegenheit") Dienstbefreiung bei der Amtsleitung beantragen. Und es hing von vielen nicht nur dienstlich bedingten Umständen ab, ob diese Genehmigung erteilt wurde.

In der Mitgliederversammlung vom 17. April 1974 wurde erstmals über Schwierigkeiten in der Finanzierung von Veranstaltungen geklagt.

Die Vortragstermine wurden auf Mittwoch, 15.30 Uhr, festgelegt. Bis dahin hatten die Vorträge um 14.30 Uhr begonnen, also während der Dienstzeit der meisten Mitglieder und Interessenten. Dies führte zu Schwierigkeiten bei etlichen Vorgesetzten. Die Vorträge wurden daraufhin für 19.00 oder 20.00 Uhr eingeplant oder auf die Nachmittage am Freitag verlegt. Nun war ein Engagement in der Freizeit notwendig. Entscheidend für die Teilnehmerzahl blieb das persönliche Fachinteresse der Zuhörer. Ein „kleiner harter Kern" blieb trotz aller beruflichen Demotivationen und Enttäuschungen über die Jahre hinweg lebhaft beteiligt.

Alle Vorträge sind im Prinzip öffentlich, kostenlos und für jedermann zugängig. Je intimer die Themen taktische Fragen der kriminalistischen Arbeit berührten, umso eher müssen allerdings nichtbeamtete Interessenten (auch Mitglieder) unberücksichtigt bleiben. Die Grenzen der Verschlußsachenregelungen („Verschlußsache Nur für Dienstgebrauch" (VS NfD) oder „VS vertraulich") werden beachtet. Anders lassen sich Themen wie „Der Aufbau, die Absicherung und der Gebrauch einer Legende" oder „Das Führen und Schützen von V.-Leuten und verdeckten Ermittlern" u. ä. nicht behandeln.

Bei Seminaren, in denen die Teilnehmer kostenlos verpflegt und untergebracht werden, wurden seit jeher Mitglieder bevorzugt, auch unter Berücksichtigung des Umstandes, daß ein Seminarplatz (1994) zwischen 300,– und 400,– DM pro Teilnehmer kostet. Besser noch als die Arbeitstagungen, die in Bremen abgehalten werden, eignen sich Seminare in entsprechenden Tagungsstätten (Marschenhof in Wremen, Niels-Stensen-Haus in Worphausen, Hotel „Gut Altona" bei Wildeshausen, Haus Hügel, Bremen-Schönebeck) im Umland von Bremen für eine eindringliche Wissensvermittlung und Diskussionen. Besonders die Möglichkeiten zum abendlichen Gedankenaustausch zwischen Kriminalisten verschiedener Behörden und aus anderen Bundesländern (Programmpunkt: „Diskussion am Tresen") werden intensiv – und mit Erfolg – genützt.

Themen mit Öffentlichkeitswirkung und der Teilnahmemöglichkeit für jeden Bürger wirkten wie Magnete. Als z. B. das Referat „Die Prostitution in Bremen" öffentlich angekündigt worden war, drängten sich 130 Interessenten mit langen Ohren in den hoffnungslos überfüllten Konfirmandensaal einschließlich Vorraum und Treppenhaus.

Gleichwohl wurde auf das systematische Einplanen publikumswirksamer Saalfüller verzichtet, obwohl sich der geschäftsführende Vorsitzende immer wieder durch einen Kritiker an der „Teilnehmerzahl" messen lassen mußte. Es ist bei einem Massenansturm von Zuhörern wiederholt nicht möglich gewesen, eine Anwesenheitsliste herumgehen zu lassen, in die sich die Besucher üblicherweise eintragen sollen. Daher haben im Laufe der Jahre gewiß mehr Zuhörer die Vorträge der KSG gehört, als gezählt werden konnten.

Ab Oktober 1974 wurden bei den Veranstaltungen ständige Anwesenheitslisten geführt. Sie sollten durch Adressenangaben und Telefonnummern Kontakte ermöglichen und zugleich die statistischen Grundlagen für das Erkennen von Interessenten, Informationsbedürfnissen, Trends sowie die Herkunft und Zahl der Teilnehmer bieten.

Jahr	Kriminalpolizei	Schutzpolizei	Sonstige	total
1987	71 (39)	159 (92)	166	396
1988	88 (44)	135 (76)	239	462
1989	102 (32)	124 (62)	120	346
1990	203 (74)	105 (51)	252	560
1991	141 (55)	51 (21)	84	276
1992	111 (35)	131 (44)	83	325
1993	115 (46)	121 (56)	103	339
1994	175 (66)	112 (32)	77	364

(in Klammern: Teilnehmerzahl der Bremer Polizeibeamten)

Bei öffentlichen Vorträgen konnte es gelegentlich vorkommen, daß erfassungsscheue Besucher sich nicht in die Anwesenheitsliste einschrieben. Es ließ sich schon vom behandelten Thema her frühzeitig erahnen, wer als seltener Gast teilnehmen werde, wie seine Reaktionen sein würden. Bei Rauschgiftthemen konnten bei manchen Zuhörern, die sich dann auch nicht eintrugen, bemerkenswerte Abneigungen gegen die Veranstaltung wahrgenommen werden. Der einzige Diebstahl aus abgelegter Garderobe – es wurde eine Geldbörse entwendet – ereignete sich gelegentlich eines „Drogen"-Vortrags.

Am 5. März 1975 wurde in der Mitgliederversammlung über das Vereinsjahr 1974 berichtet. Die Abwicklung des Nachlasses der Witwe Krüger (Auflösung des Haushaltes, Verkauf des Hauses etc.) durch den geschäftsführenden Vorsitzenden wurde beschrieben.

Frau Hermine A. Krüger, geborene Biesterfeld, (geb. 07. Dezember 1895) war die Witwe des Vorarbeiters Wilhelm Heinrich Krüger in Bremen.

Ihr Mann war im II. Weltkrieg in Bremen Hilfspolizist. Dadurch erhielt Frau Krüger Einblick in die schwere und oft lebensgefährliche Arbeit der Polizei. Sie erfuhr Einzelheiten über die hohe Einsatzbereitschaft der Polizeibeamten. Nachdem ihr Mann im März 1960 gestorben war, bestimmte sie am 05. November 1974 in ihrem Testament, daß die Kriminalistische Studiengemeinschaft in Bremen nach ihrem Tode das gesamte Vermögen erben sollte mit der Auflage, das Geld in erster Linie für die Unterstützung der Kinder und Witwen von im Dienst umgekommenen Polizeibeamten, in zweiter Linie auch für die eigenen satzungsgemäßen Zwecke zu verwenden.

Kurz nach Vollendung ihres 79. Lebensjahres erkrankte die robuste, untersetzte und gutmütige Frau, wurde hinfällig und verstarb am 19. Januar 1975 im Krankenhaus. Sie wurde auf dem Friedhof Bremen-Osterholz bestattet.

Nach Auszahlung eines gesetzlichen Pflichtteils verblieben rd. 40000,– DM für die KSG. Die KSG hat in den nachfolgenden Jahren an die Witwen von zwei im Dienst verunglückten Bremer Schutzpolizeibeamten je 5000,– DM ausgezahlt.

Die Widmung zu Ehren der Witwe Krüger im Buch „Die Angst des Bürgers vor dem Dieb – Im Niemalsland der öffentlichen Sicherheit" (Bremen, 1994) erinnert an diese hochherzige Zuwendung.

Die Mitgliederversammlung billigte einen Zuschuß von 2000,– DM für den Druck einer juristischen Dissertation (Michael Beland, Präventive Kriminalitätsbekämpfung – Ein lerntheoretisches Konzept der Prävention im sozialen Rechtsstaat, dargestellt am Beispiel der Wirtschaftsstraftaten gegen Gemeineigentum, 265 S., Gießen, 1974). Die Reisekosten für die Teilnahme an einem Jugendgerichtskongreß wurden zum Teil übernommen. Solche Beihilfen konnten vom Ende der siebziger Jahre an nur noch ausnahmsweise und zuletzt nicht mehr gewährt werden, weil die Mittel knapp wurden.

Die Mitgliederbeiträge betrugen zunächst 20,– DM im Jahr, für Mitglieder in Ausbildung sowie bis zur Besoldungsgruppe A 9 10,– DM. Eine Erhöhung der Beiträge auf 12,– DM bzw. 24,– DM lehnte die Mitgliederversammlung (1975) ab. Statt dessen wurde auf Antrag des Mitgliedes Wendt beschlossen, keine Beitragserstattung für Fachliteratur mehr vorzunehmen. Bis dahin konnte nämlich ein Mitglied, das eine Rechnung über von ihm gekaufte Fachliteratur im Wert von 10,– DM vorlegte, den Jahresbeitrag insoweit zurückhalten. Dadurch sollte das fachlesende, sich freiwillig auch insoweit fortbildende Mitglied unterstützt werden. Es machten zuerst wenige Mitglieder von dieser Möglichkeit Gebrauch, später etwa zwei Drittel. Auch konnten die Mitglieder Fachliteratur mit Hilfe der KSG beziehen. Das bedeutete natürlich eine heftige Einbuße bei den Jahresbeiträgen und damit bei den einplanbaren Mitteln.

Der Verbreitung des kriminalistischen Fachwissens diente auch der Bezug der Zeitschrift „Kriminalistik". Diese Zeitschrift wurde an 17 Polizeidienststellen kostenlos verteilt. Nach Jahren ergaben Überprüfungen, daß die Exemplare entweder spurlos verschwunden waren oder sofort beim Dienststellenleiter ordentlich abgeheftet und unter Verschluß genommen wurden, so daß sie niemand mehr lesen konnte. Schließlich wurden diese Verteilungen – zuletzt auch aus finanziellen Gründen – reduziert. Es geht heute nur noch ein Exemplar über die Staatsanwaltschaft und im Umlauf zur Landgerichtsbibliothek.

Mitglied kann in der KSG nach Antragstellung (und einer Überprüfung bzw. Empfehlung) jedermann werden. So war einmal ein Journalist Mitglied, der vier Jahre Jugendstrafe wegen schweren Diebstahls verbüßt hatte. Er bewarb sich um Aufnahme, wohl um zu prüfen, ob er aufgenommen würde. Er wurde aufgenommen – zahlte dann drei Jahre keinen Beitrag und wurde ausgeschlossen. Ein wegen Diebstahls vorbestrafter Schöffe konnte genau so Mitglied sein wie jener Korvettenkapitän und MAD-Angehörige, der auch nach seiner Versetzung nach München noch brav seinen Beitrag weiter zahlte – bis er als Spion für das Ministerium für Staatssicherheit entlarvt wurde und rasch seinen Austritt erklärte. Ein anderes Mitglied machte 1987 in Kiel Furore (siehe hierzu: Herbert Schäfer, Pfeiffer contra Barschel, Bremen, 1991; Sylvia Green-Meschke, Gegendarstellung zum Fall Barschel, Die Beschreibung eines verdeckten Skandals, 1993; Werner Kalinka, Opfer Barschel, Deutschlands größte Polit-Affäre in neuem Licht, 1993) und trat nach seiner Rückkehr nach Bremen aus der KSG aus.

Manche Mitglieder gehören seit 1970 der KSG an, haben aber bisher keine Veranstaltung und keine Mitgliederversammlung besucht. Sie sind gleichwohl an der Entwicklung der Kriminalistik – meist berufsbedingt, aber auch ideell motiviert – interessiert und unterstützen die KSG. Manche Zuhörer kommen seit Jahren zu den für sie wichtigen Referaten (meist auf Spezialgebieten), konnten sich aber leider bisher zu einer Mitgliedschaft nicht entschließen.

Der Seminarteilnahme-Trick eines Bonner Ministerialrats ist einzigartig geblieben. Er soll wegen seiner routinierten Kaltschnäuzigkeit zur Abschreckung beschrieben werden.

Ursprünglich wurden Seminare (mit kostenloser Unterbringung und Verpflegung in ansprechenden, hochklassigen Tagungsstätten) nur für Mitglieder organisiert, gewissermaßen zur Belohnung für treue Mitgliedschaft. Der Interessent aus Bonn bewarb sich nachdem ihm diese Voraussetzung für einen Seminarplatz bekannt geworden war, nach Verteilung des Programms noch im Oktober kurzerhand als Mitglied, wurde im November aufgenommen und konnte an dem mehrtägigen Seminar im November teilnehmen. Ein Seminarplatz kostete damals rund 250,– DM, der Jahresbeitrag 20,– DM. Für zwei Restmonate im Aufnahmejahr wurde von ihm kein Beitrag mehr erhoben. In den beiden darauffolgenden Jahren zahlte das „Mitglied" trotz wiederholter Mahnungen keine Beiträge und wurde im dritten Jahr ausgeschlossen. Die Einforderung der Beitragsrückstände per Mahnbescheid war damals noch nicht üblich und unterblieb daher.

Die Zahlungsmoral der Mitglieder ist unterschiedlich, der Grad ihrer Vergeßlichkeit ebenso. Zeitweilig mußten 25 % der Mitglieder jährlich an die Zahlungen erinnert werden. Manche Mitglieder blieben vier Jahresbeiträge schuldig, als solche Rückstände noch mit Nachsicht behandelt wurden. Im Laufe der Zeit wurde deutlich: Es sind immer dieselben, deren Zahlungen mit entsprechendem Büroaufwand überprüft und angemahnt werden müssen, doch hat sich die Zahl der Säumigen infolge des Einziehungsverfahrens stark verringert. Nichtzahler werden heute nach einem Rückstand von zwei Beiträgen ausgeschlossen und mit Zahlungsbefehl bedacht. Durch das Einzugsverfahren wurde die Zahlung der Beiträge erleichtert, so daß 1994 nur noch 20 Mitglieder (davon fünf Mitglieder zweimal) gemahnt werden mußten.

VII. Mitgliedschaft in anderen Vereinen

Am 07. April 1972 beschloß die Mitgliederversammlung das Angebot der Deutschen Kriminologischen Gesellschaft – vertreten durch deren Präsidenten Prof. Dr. med. Petersohn – anzunehmen und der DKG beizutreten. In § 10 der KSG-Satzung wurde schon bei der Gründung festgelegt, daß im Falle der Auflösung der KSG je die Hälfte des Vereinsvermögens an die Deutsche Kriminologische Gesellschaft und an die Gesellschaft für die Gesamte Kriminologie zu überführen sei.

Aus dem Zusammenschluß der Deutschen Kriminologischen Gesellschaft mit der Gesellschaft für die gesamte Kriminologie ging die Neue Kriminologische Gesellschaft hervor. Die NKG wurde am 24. Februar 1989 als e. V. eingetragen. Die Satzung nennt in § 2 Abs. 1 als ihre zentrale Aufgabe, „die erfahrungswissenschaftliche Erforschung der Kriminalität, des Straftäters und Verbrechensopfers sowie der staatlichen und gesellschaftlichen Reaktionen zu fördern".

Zur Erfüllung dieser Aufgabe fördert die NKG insbesondere

– Forschungsvorhaben,
– nationale und internationale Kontakte mit Personen, Vereinigungen und Einrichtungen, die kriminologisch tätig sind,
– den ständigen Erfahrungsaustausch und die Diskussionen zwischen Theorie und Praxis,
– die Organisation von Veranstaltungen, namentlich von Arbeitstagungen, Symposien und Arbeitsgemeinschaften,

- die Veröffentlichung und Verbreitung von Schriften,
- die Vertretung der Kriminologie als eigenständige wissenschaftliche Disziplin bei Forschungsförderungseinrichtungen,
- die Berücksichtigung der Kriminologie im Hochschulunterricht sowie
- die Berücksichtigung der Kriminologie bei akademischen und staatlichen Prüfungen.

Seit 1971 ist die KSG Mitglied in der Vereinigung „Wittheit zu Bremen". Die „Wittheit zu Bremen" wurde 1924 als Wissenschaftliche Gesellschaft der Freien Hansestadt Bremen e. V. gegründet. Sie bietet seither dem bildungsfreudigen Bürger eine Art „studium generale" auf universitärem Niveau. Als akademische Institution fördert und faßt sie zusammen die wissenschaftlichen Bestrebungen und Arbeiten im Gebiet der Freien Hansestadt Bremen, wozu gehören:

- die Veranstaltung wissenschaftlicher Vorträge,
- die Herausgabe wissenschaftlicher Veröffentlichungen,
- die Anregung und Unterstützung wissenschaftlicher Arbeiten,
- die Pflege der Beziehungen zu Hochschulen und anderen wissenschaftlichen Instituten,
- die Pflege von Tauschbeziehungen mit wissenschaftlichen Körperschaften, Instituten und Vereinigungen.

Der Straffälligenhilfe Bremen e. V. trat die KSG als kooperatives Mitglied 1972 bei.

Der am 23. November 1837 als „Verein für entlassene Strafgefangene" gegründete Verein „Bremische Straffälligenbetreuung" leistete seit seiner Entstehung mit Unterstützung durch großbürgerliche Spender frühe soziale Hilfe in der Betreuung und Wiedereingliederung ehemaliger Strafgefangener und Arbeitshäusler. Er sieht sein Hauptziel in der Ausübung und Weiterentwicklung einer ambulanten Straffälligenhilfe anstelle eines die Integration der Verurteilten erschwerenden Strafvollzugs.

Mitglied des „Weißen Ring" wurde die KSG am 01. Juli 1977. Der WR als gemeinnütziger Verein zur Unterstützung von Kriminalitätsopfern und zur Verhütung von Straftaten organisiert die Hilfe für Personen, die durch mit Strafe bedrohte, vorsätzliche Handlungen geschädigt worden sind, und unterstützt die staatlichen Instanzen bei der Verbrechensvorbeugung. Dazu gehören insbesondere:

- die Erforschung und Erprobung geeigneter Methoden und Praktiken für vorbeugende Maßnahmen,
- die Aufklärung und Beratung der Bevölkerung über die Gefahren, die ihr von der Kriminalität drohen über die Möglichkeiten, ihnen zu begegnen, unter Einschluß der Verbesserung der technischen Sicherheitseinrichtungen,
- die Unterstützung und Betreuung von Personen, die in der Gefahr sind, Straftaten zu begehen (Verbrechensprophylaxe durch Sozialisation oder Resozialisation) sowie die allgemeine Werbung für soziales Verhalten.

Eine Unterstützung durch diese Vereine hat die KSG bisher nicht erfahren, aber der normale Informationsfluß funktioniert. Im Jahresprogramm der „Wittheit" werden die Veranstaltungen der KSG aufgeführt. Informationsschriften des Weißen Ring werden bei den Vorträgen der KSG verteilt.

VIII. Interne Mosaike

Die Mitgliederversammlungen, in denen über die Arbeit im verflossenen Datumsjahr berichtet wird, finden in der Regel im März statt. Diese Mitgliederversammlung beschließt auch das Programm des nächsten Jahres, das durch den geschäftsführenden Vorsitzenden erarbeitet und durch den Vorstand beraten und empfohlen sein sollte.

Die Protokolle der Mitgliederversammlungen gehen den Mitgliedern mit den Programmen für das nächste Vortragshalbjahr im Juli – September zu. Die ersten Programme wurden im Handbetrieb hektographiert, da es moderne Kopiergeräte noch nicht gab. Später wurden sie gedruckt und als das Geld knapp wurde wieder schreibmaschinenschriftlich vervielfältigt bzw. gedruckt.

Auf der Mitgliederversammlung vom 03. März 1976 wurde auf Vorschlag eines während der Mitgliederversammlungen immer wieder anregenden Mitgliedes ein Fachbeirat zur Beratung des Vorstandes in der Programmgestaltung beschlossen. Dieses Mitglied hatte beanstandet, es würden vom Vorstand „vorwiegend kriminologische Themen" ausgewählt und die Mitglieder hätten „zu wenig Einfluß auf die Programmgestaltung". Eine breitere Themenstreuung sei nötig. Konkrete Themen und Referenten wurden von dem Kritiker nicht genannt. Aber: Interessierte sollten Mitglieder in einem einzurichtenden Fachbeirat werden, durch den der Vorstand erweitert werden sollte.

Außerdem beanstandete dieses Mitglied die geringe Teilnehmerzahl bei den „Norddeutschen Kriminalistentagen". Eine außerordentliche Mitgliederversammlung sollte deshalb im Herbst über das weitere Schicksal der Norddeutschen Kriminalistentage beschließen.

Die außerordentliche Mitgliederversammlung am 03. November 1976 ließ die „Norddeutschen Kriminalistentage" als Einrichtung bestehen, reduzierte aber die Veranstaltung auf einen Tag im Jahr.

Solche außerordentlichen Mitgliederversammlungen sind im Vereinsleben sehr oft ein Warnzeichen. Entweder hatte ein Vorstand seine Arbeit nicht ordentlich gemacht oder es war ihm nicht gelungen, sich den Mitgliedern verständlich zu machen. Oder aber es regen sich – aus welchen Gründen auch immer – „Reform"-Kräfte, welche eine andere Vereinsphilosophie vertreten und die den Verein „übernehmen" möchten. Vereinsinterne Streitereien treten bei solchen Gelegenheiten auf. Das größere Engagement, das bessere Fachwissen und der zielgerechtere Arbeitsaufwand können vielleicht den Verein retten, wo auch immer diese Potentiale anzutreffen und zu organisieren sind.

Am 03. November 1976 diskutierten die Mitglieder über den Fachbeirat. Für die zwölf vorgestellten Fachsparten stellten sich die Mitglieder Bauer, Teuteberg, Jedamski, Zwadlo, Ohlandt, Xanke (1. Kriminalistik, 2. Schutzpolizei, 3. Strafvollzug, 4. Sozialarbeit, 5. Bewährungshilfe, 6. Detekteien) zur Verfügung. Von diesen wurden jedoch keine Vorschläge für das weitere Arbeiten auf Räte-Basis eingebracht. Die Mitgliederversammlung beschloß darauf, keinen Beirat einzusetzen, zumal jedes Mitglied ganzjährig durch Vorschläge die Programmgestaltung beeinflussen könne und zu einer solchen Mitarbeit stets aufgefordert sei. Auch der langjährige Kritiker der Programme brachte keinen einzigen Themenvorschlag in einem der Beirats-Fachgebiete ein, zu denen bezeichnenderweise die Kriminologie nicht zählte.

Es zeigte sich an diesem Punkt der Organisationsentwicklung ein individuelles, verblüffendes, in der Motivlage unklares Anderswollen, das zunächst nach dem Motto handeln ließ: „Wenn du nicht mehr weiter weißt, dann gründe rasch 'nen Arbeitskreis". Das Ganze sah nach fußloser Kritik ohne Arbeitsbereitschaft aus.

Das Mitglied Stindt trat von seiner Aufgabe als Kassenprüfer zurück. Das Mitglied Litzig wurde für das laufende Wirtschaftsjahr als Kassenprüfer gewählt.

Der Kassenverwalter Monnerjahn (nach dem Kassenverwalter Günther, 1970–1973) versah sein wichtiges Amt vom 18. April 1973 bis zum 06. Mai 1987.

IX. Ein Wechsel des Vorstandes

Wie am 28. Februar 1978 im Eventualbeschluß vorbesprochen, trat der Vorstand (Dr. Schäfer, Brauer, Dr. von Karger) in der Mitgliederversammlung vom 01. März 1978 zurück, nachdem von einem Mitglied dessen üblichen Angriffe gegen die Geschäftsführung des Vorstandes erfolgt waren. Die Geschäfte sollten lediglich im Übergang noch bis zum 01. Juli abgewickelt werden. Der zurückgetretene Vorstand wollte dem jeweils in allen Mitgliederversammlungen mehr kritik- als hilfreichen Mitglied Gelegenheit zur Realisation der von ihm geforderten Verbesserungen geben. Auch sollte das von diesem Mitglied immer wieder gerügte Mißverhältnis zwischen Bemühungen, Angebot und Besucherzahl durch einen neuen von ihm zu leitenden Vorstand behoben werden. Es sollte ferner geprüft werden, ob der neue Vorstand und die Mitglieder den Verein noch fortführen wollten und konnten.

Die Mitgliederversammlung vom 28. Februar 1978 beschloß sodann eine außerordentliche Mitgliederversammlung zum 26. April 1978, auf der ein neuer Vorstand gewählt werden sollte. An der außerordentlichen Mitgliederversammlung vom 26. April 1978 nahmen 21 Mitglieder teil, welche eine weitere außerordentliche Mitgliederversammlung zum 05. Juli 1978 beschlossen, welche den neuen Vorstand wählen sollte. Außerdem sollte im Wege der Satzungsänderung der Vorstand um bis zu sieben Mitglieder erweitert werden, die alle Vertretungsbefugnis nach außen haben sollten. Eine solche Satzungsänderung mit drei Viertel aller Mitgliederstimmen kam nicht zustande, wie auf der außerordentlichen Mitgliederversammlung mitgeteilt wurde.

Zum neuen Vorstand wurden am 05. Juli 1978 gewählt Oberstaatsanwalt Wolfgang Litzig, Landgerichtspräsident Bernd-Adolf Crome, Erster Kriminalhauptkommissar Heinz Wendt. In den auf Anregung des neuen Vorstandes beschlossenen Beirat wurden gewählt die Mitglieder OStA i. R. Gerhard Klempahn, Medizinaldirektor Dr. Jobst von Karger, Kriminalhauptmeister Johannes Monnerjahn, Regierungsrat

Hans-Oskar Hoßfeld, Bewährungshelfer Karl Edwin Ohlandt, Sicherheitsberater Friedrich-Wilhelm Beissner.

Der Vorstand sollte durch diese beiratenden Vorstandsmitglieder erweitert werden. Zum Kassenprüfer wurde das Mitglied Ferdinand Weber gewählt, der dieses Amt auch noch 1995 wahrnimmt.

Auf Vorschlag des neuen Vorstandes beschlossen die Mitglieder, das durch den zurückgetretenen Vorstand mit den Referenten bereits vereinbarte Programm für das Winterhalbjahr 1978/79 zu halbieren. Es sollte dadurch gespart werden. Die ausgeladenen Referenten fanden sich damit ab; einer forderte und erhielt wegen der abgeschlossenen Vortragsvorbereitungen das halbe Honorar. Das Restprogramm wurde durchgeführt.

Die Mitglieder erhofften sich von dem noch nicht profilierten großen Vorstand ein Konzept bis zur nächsten Mitgliederversammlung. Als erste Verwaltungsmaßnahme ließ der Vorstand die Inhalte der KSG-Akten durch ein Mitglied, einen Pensionär, reduzieren.

Ein eigenes Konzept erwies sich als schwierig. Im Einladungsschreiben vom 17. April 1979 zur Mitgliederversammlung am 08. Mai 1979 hieß es dann: „Von einer nicht realisierbaren Ausnahme abgesehen, sind dem Vorstand aus dem Kreise der Mitglieder keine Anregungen für weitere Vorträge gegeben worden. Die Weiterführung zumindest eines regelmäßigen Vortragsprogramms ist damit in Frage gestellt". Vom geschäftsführenden Vorstand selbst kamen keine Vorschläge.

Als die bequemere und leichtere Lösung sah der Vorstand „den Schwerpunkt der künftigen Vereinsarbeit darin, den Mitgliedern den Zugang zur kriminalistischen und kriminologischen Literatur zu erleichtern".

Die Zeitschrift „Kriminalistik" wurde weiterhin kostenlos an 15 Dienststellen der Polizei und der Staatsanwaltschaft verteilt. Der nachgewiesene Erwerb von Fachliteratur durch Mitglieder wurde weiterhin im Jahr mit 10,– DM je Mitglied gefördert.

Die Bücherei wurde aufgrund einer vertraglichen Vereinbarung zwischen Vorstand und dem LG Präsidenten als Dauerleihgabe in die Präsenzbibliothek des Landgerichts räumlich integriert.

Die Bibliothek war nach und nach systematisch aufgebaut worden. Sie wurde zunächst in der Dienststelle des ersten geschäftsführenden Vorsitzenden aufgestellt und dort auch verwaltet. Die ersten Anschaffungen wurden durch 3500,– DM aus Lotto/Totomitteln möglich, die vom Senator für Gesundheit flossen. Später gab es aus derselben Quelle nochmals 5000,– DM, die der Senator für Inneres zuwies. Weitere Bemühungen um Mittelzuwendungen blieben seither erfolglos.

Wegen Geldmangels wurde durch Beschluß der Mitgliederversammlung der Erwerb neuer Bücher eingestellt. Die Bibliothek, die im Jahr von etwa fünf Personen in

Anspruch genommen wird, umfaßt heute 1008 Bücher und Broschüren. Aus Anlaß der Jubiläumsvorbereitungen wurde der Buchbestand am 04. Oktober 1994 überprüft. Es wurde ein Fehlbestand von 12 Exemplaren festgestellt.

Der 1978 gewählte Vorstand blieb unproduktiv. Er entwickelte keine Vortragsplanung. Auf der Mitgliederversammlung vom 08. Mai 1979 konnten daher keine Vorträge beschlossen werden. Die Erörterungen über Arbeitstagungen zu Fragen der Wirtschaftskriminalität blieben vage. Zahlreiche Mitglieder stellten daraufhin die Beitragszahlungen ein oder kündigten die Mitgliedschaft.

Auf der nächsten Mitgliederversammlung (normalerweise im Frühjahr des Jahres) sollte über die Vereinstätigkeit im Datumsjahr 1979 berichtet werden. Diese Mitgliederversammlung wurde aber erst am 02. Dezember 1980 durchgeführt. Das Protokoll weist darauf hin, daß der Vorstand auch weiterhin „keine Anregungen für Referate oder sonstige Fortbildungsveranstaltungen erhalten" habe. Wiederum konnte der Vorstand keine eigenen Programmvorschläge zur Beschlußfassung anbieten. Beschlossen wurde aber, daß der Verein auch Teilfinanzierungen von nicht durch die KSG organisierten Fortbildungsveranstaltungen übernehmen könne.

Am 24. September 1981 wurde daraufhin die Einführungsfortbildung für Richter auf Probe mit einem Referat des Vorsitzenden Richters am OLG (Stuttgart), Rolf Bender, zum Thema „Glaubwürdigkeitsbeurteilung und Vernehmungstechnik" finanziert.

Am 19. März 1981 endete die Amtszeit dieses Vorstandes, der nicht wieder kandidieren wollte. Das Mitglied Wendt wollte mit Rücksicht auf seine bevorstehende Pensionierung nicht mehr kandidieren.

Schon im Januar 1980 waren verschiedene Mitglieder (allen voran Dr. Klempahn, der Senior des Vereins) an den „alten" Vorstand herangetreten, und hatten ihn gebeten, doch „um Himmelswillen und des Fortbestandes der KSG wegen" die Leitung wieder zu übernehmen, um den Untergang des Vereins und seine Auflösung zu verhindern.

Tatsächlich hatte der seit 1978 in die Vorstandspflicht genommene langjährige Kritiker übersehen, daß es eine ganzjährige Aufgabe des geschäftsführenden Vorstandes ist, aufgrund der eigenen beruflichen Erfahrungen und seines fachlichen Wissens Aktivitäten zu entwickeln, Vortragsvorschläge etc. zu erarbeiten, Referenten zu gewinnen, dem Vorstand zur Vorprüfung vorzuschlagen und dann durch die Mitgliederversammlung billigen, ändern oder ablehnen zu lassen.

Für eine planvolle Materialsammlung ist es u. a. nötig, auf der Suche nach Themen und Referenten nicht nur fünf Tageszeitungen und Nachrichtenmagazine ständig zu lesen, sondern möglichst auch alle kriminalistischen und kriminologischen Fachzeitschriften und Periodicals, darin Beweisführungsprobleme frühzeitig zu erkennen, die Rechtsprechung zu beobachten, mit Kriminalbeamten und Staatsanwälten über deren Fallprobleme und Beweisschwierigkeiten zu sprechen, mit den Landeskriminalämtern, dem Bundeskriminalamt (bis hin zur Bibliothek), mit der Polizeiführungsakademie etc. Kontakte zu halten. Der geschäftsführende Vorsitzende muß in der Kriminalität Entwicklungstrends und kriminalistische Reaktionsmethoden erkennen können, um das bis zu eineinhalb Jahre im voraus geplante Programm zeit- und sachgerecht darauf abstimmen zu können. Und es scheint auch notwendig zu sein, daß die Kriminalistische Studiengemeisnchaft von einem kriminalistisch erfahrenen Mitglied geleitet wird. Außerdem muß der geschäftsführende Vorsitzende bereit sein, ohne Entgelt und „Freizeitausgleich" konzentriert und administrativ straff täglich ca. vier Stunden für die KSG zu arbeiten, ehrenamtlich natürlich.

Der Vorstand versuchte eine positionswahrende Zwischenlösung: der Verfasser sollte unter Leitung und Weisung des amtierenden Vorstandes als fachkundiger Geschäftsführer die Programmgestaltung und die administrative Arbeit bewältigen. Es schien so, als wollte der Vorstand Weisungen geben und Aufsicht ausüben, ohne selbst arbeiten zu müssen. Mit diesem Vorschlag konnte er kein Einverständnis erzielen. Als der Verfasser als der mögliche Geschäftsführer den künftigen Verwaltungsaufwand der KSG pro Monat auf rund 500,– DM schätzte und insoweit eine Verwaltungsfreiheit forderte, war ein weiteres Gepsräch nicht mehr möglich. Ein mißstimmiger Aktenvermerk beendete dieses Intermezzo.

Schließlich wurde ein „gesichtswahrender" Kompromiß zwischen dem „Altvorstand" und dem amtsmüden „Neuvorstand" vereinbart.

Als geschäftsführender Vorsitzender bzw. dessen Vertreter kandidierten in der Mitgliederversammlung die Gründungsmitglieder Dr. Schäfer und Dr. von Karger; als zweiter Vertreter Litzig, als Beisitzer Brauer und Crome. Die Einsetzung von zwei Beisitzern als ständige Mitglieder des Vorstandes wurde von den Mitgliedern bei dieser Gelegenheit beschlossen. Der Gedanke an einen Großen Beirat wurde aufgegeben.

X. Ein neuer Anfang

Der neue Vorstand produzierte aus dem Stand heraus die Vortragsfolge 1980/81, die erfolgreich durchgeführt wurde. Allein schon das Bekanntwerden des Wechsels im Vorstand bewirkte einen Zustrom von 18 neuen Mitgliedern bis zum Jahresende und 13 bis zur nächsten Mitgliederversammlung.

Es war aber nicht mehr zu verhindern, daß infolge der Passivitätphase schließlich 45 Mitglieder aus der KSG ausgetreten waren. Siebenundvierzig Mitglieder mußten wegen der aufgelaufenen drei- bis vierjährigen Beitragsrückstände und ihrer Weigerung, diese zu bezahlen, ausgeschlossen werden. Das war ein herber Aderlaß am Mitgliederbestand und am Beitragsaufkommen.

Daß die Vereinsarbeit im Vorstand infolge seiner neuen Zusammensetzung jetzt komplizierter als jemals zuvor geworden war, konnten die Mitglieder aus dem Umstand entnehmen, daß der Vorstand im Jahre 1981 dreimal konferieren mußte, um die den Mitgliedern vorzulegenden Resultate zu erreichen, so z. B. den Beschluß, die „Norddeutschen Kriminalistentage" einzustellen und den „Bremer Kriminalistenpreis" nicht mehr auszuschreiben.

Die Mitglieder- und Adressenkarteien waren von 1978 bis 1981 nicht aktualisiert worden. Sie waren weitgehend unverwendbar geworden. Die Beitragskartei lag im argen. Die Restaurierungsarbeiten waren mühsam. Es mußte für zwei Monate ein Vollarbeitsverhältnis bezahlt werden, um möglichst rasch die Grundlagen der Verwaltung zu sichern. Normalerweise wird die Sekretärin der KSG mit einer beschränkten Stundenzahl unter der Zahlgrenze von 560,– DM (1994) beschäftigt. Weitere Hilfskräfte (Schüler, Studenten) werden zur Erledigung einfacher Büroarbeiten nach Bedarf eingesetzt.

Die KSG litt am geringen Geldzufluß. Es wurde der Ausweg aus den Finanzierungsengpässen nunmehr nicht durch eine Geldbeschaffung gesucht, sondern mit Stimmenmehrheit durch die Reduzierung von Aktivitäten. Das war der bequemere Weg.

Der Eingang an Bußgeldern war in dieser Zeit weiterhin zurückgegangen. Anderen gemeinnützigen Vereinen mit größerem öffentlichen Ansehen und entsprechender Unterstützung flossen dagegen von Jahr zu Jahr höhere Beträge zu, wie die jährlich durch die Generalstaatsanwaltschaft veröffentlichten Bußgeldverzeichnisse aufzeigen.

Im September und Oktober 1981 teilte sowohl der Generalstaatsanwalt als auch der Präsident des Landgerichts und dann des Hanseatischen Oberlandesgerichts mit, daß Richter und Staatsanwälte vor beabsichtigter Teilnahme an Seminaren, auf denen kostenlose Unterkunft und Verpflegung für die Teilnehmer gewährt werde, die Genehmigung zur „Annahme solcher Zuwendungen" beantragen müßten. Trotz einer begründeten Gegenvorstellung blieb es grundsätzlich bei dieser Regelung, doch wurden „keine Bedenken gegen eine großzügige Regelung" hinsichtlich der Genehmigung von Teilnahmen an Veranstaltungen der KSG erhoben.

Umso erfreulicher war das spätere Schreiben des SfI vom (03. Dezember 1986) an die Polizeibehörden in Bremen und Bremerhaven, in dem der SfI die Aktivitäten der KSG begrüßte und erklärte, er sei außerordentlich daran interessiert, daß das Angebot der KSG in stärkerem Maße als bisher angenommen werde. Er bat die Teilnahme an den Veranstaltungen der KSG ggf. im Rahmen der dienstlichen Fortbildung anzuordnen bzw. Genehmigungen zur Teilnahme während der Dienstzeit zu erteilen. Damit wurden manche Schwierigkeiten für Interessenten aus den Polizeien von Bremen und Bremerhaven ausgeräumt.

In der Mitgliederversammlung vom 02. März 1983 spielte wiederum die Finanzlage eine diskussionsträchtige Rolle. Der Vorstand wurde beauftragt, „die Finanzlage zu analysieren und einen Plan zur Verringerung der Kosten vorzulegen". Auch wurde die Unkostenbeteiligung bei Seminaren u. a. Veranstaltungen kontrovers diskutiert.

Jetzt mußte der durch die neue Personalkonstellation „dynamisierte" Vorstand öfters tagen. Die bisher geübte Methodik der gut vorbereiteten, finanziell möglichen, entschlossenen oder machbaren Organisationsentscheidungen wich in dem neu zusammengesetzten Vorstand mehr einem uneffektiven Suchen nach Lösungen auf Nebenschauplätzen, deren Erledigung und Bearbeitung ausschließlich dem geschäftsführenden Vorstand auferlegt wurden, ohne daß sich der Ideengeber an den Arbeiten beteiligte. Die Protokolle der Vorstandssitzungen wurden länger und länger und erreichten nahezu 20 Seiten, ohne dadurch an Substanz zu gewinnen.

Mit einem fünfseitigen Schreiben eines Vorstandsmitgliedes wurde eine Korrektur des Protokolls der Mitgliederversammlung gefordert. Das Protokoll wurde natürlich geändert.

XI. Die Jahresabrechnungen

Im Protokoll vom 02. März 1983 erhielten die Mitglieder erstmals eine vergleichende Einnahmen- und Ausgabengegenüberstellung über die Jahre 1981 und 1982 (ab 1984 über drei Jahre). Solche Jahresabrechnungen werden seither mit den Protokollen der Mitgliederversammlung ausgegeben.

Mit Schreiben vom 17. Januar 1984 wurden die Mitglieder über die Sparbeschlüsse des Vorstandes informiert. Der Vorstand hatte sich am 22. März, 06. Mai, 08. Juni und 06. Dezember 1983 beraten. Folgendes sollte danach geschehen:

a) die Girokontobestände sollten möglichst klein gehalten werden;
b) es sollten Festgelder angelegt werden;
c) bei Ausfall von Referenten solle die Veranstaltung ersatzlos entfallen;
d) ein für 1983/1984 vorgesehenes wirtschaftskriminalistisches Seminar, welches von einem Vorstandsmitglied organisiert werden sollte, sollte ins nächste Vortragshalbjahr verschoben werden;
e) für Fachliteratur sollten nicht mehr als 2000,– DM im Jahr ausgegeben werden;
f) es sollten nur noch drei Exemplare der „Kriminalistik" bezogen werden;
g) es sollte kein Eintrittsgeld bei Veranstaltungen erhoben, sondern eine Spendenbüchse aufgestellt werden, um freiwillige Zahlungen der Besucher zu erhalten;
h) die Programme sollten nicht mehr gedruckt, sondern maschinenschriftlich verkleinert und vervielfältigt werden;
i) die Portokosten sollten gesenkt werden durch Sammelsendungen an einige Mitglieder, welche dann die Post verteilen müßten;
j) die Zahl der Programmempfänger sollte drastisch verringert werden, um Portokosten und Arbeitslöhne zu sparen.

Die Folge war ein „verdünntes" Programm. Ein vermehrter Geldzufluß war auf diese Weise nicht zu erreichen.

Die Erfahrungen mit dem zu diesem Zwecke aufgestellten „Spendenschwein" waren ernüchternd: stand das Schwein mit Hinweiszettel am Eingang, so lagen am Ende der Veranstaltung etwa 5,– DM ein. Wurde das Schwein mit aufmunternden Worten durch den geschäftsführenden Vorsitzenden in Umlauf gegeben, so wurden etwa 12,– bis

15,– DM gespendet. Nach zwei Jahren wurde diese Bettelgeste eingestellt. Ein freiwilliger Spendenschweinbetreuer war unter den Mitgliedern nicht zu finden.

Das jährlich wiederholte aufmerksame Durchlesen der durch die Generalstaatsanwaltschaft veröffentlichten „Bußgeldliste" ließ keine Hoffnung auf andauernde Besserung der Finanzlage aufkommen. Die Kriminalistische Studiengemeinschaft gehört nun mal nicht zu den volkstümlich beliebten Vereinen (wie z. B. das Rote Kreuz, die Gesellschaft zur Rettung Schiffbrüchiger, der „Weiße Ring", aber auch der Achterdiekbad e. V., das Heimatmuseum in X-Dorf o. ä.) oder zu den politisch geförderten Vereinen (für die Betreuung Strafgefangener, für Bewährungshilfen etc.). Der durch eine kriminalistisch fundierte Strafverfolgung bedrohte Angeklagte, der über die Verwendung einer von ihm zu zahlenden Bußgeldauflage im Falle der Einstellung seines Verfahrens wesentlich mitentscheidet, wird kaum einer Organisation Geld zuwenden wollen, die für eine verbesserte Kriminalistik und eine effektivere Wahrheitssuche eintritt und der er – wenn auch nur sehr mittelbar – zu verdanken hatte, daß er jetzt oder beim nächsten Mal überführt werden kann.

Die Sparbeschlüsse wurden umgesetzt. Der Adressenbestand wurde durch den Vorstandsbeschluß von 3370 auf 1942 reduziert, die gezielte Öffentlichkeitsarbeit dadurch zurückgenommen, wie den Mitgliedern in Vorbereitung der Mitgliederversammlung am 08. Februar 1984 mitgeteilt wurde. Auch die übrigen Punkte des Beschlusses wurden beachtet.

Auf der Mitgliederversammlung am 08. Februar 1984 war eine Vorstandswahl für die nächsten drei Jahre fällig. Es nahmen 45 Mitglieder an der Mitgliederversammlung teil. Der Mitgliederbestand von 280 Mitgliedern zeigte, daß sich die Organisation nach den schweren Mitgliederverlusten wieder zu erholen begann.

XII. Krisen hinter den Fassaden

Das Vortragsprogramm wird normalerweise im Laufe des Jahres durch den geschäftsführenden Vorsitzenden zusammengestellt. Mit den potentiellen Referenten werden unverbindliche Orientierungsgespräche geführt. Im Dezember wird dem Vorstand ein Programmentwurf mit Alternativen zur Beschlußfassung vorgelegt. Im Januar werden die Referenten verbindlich eingeladen und in schriftliche Abmachungen (einschließlich der logistischen und taktischen Einzelheiten) eingebunden. Sie werden um Vorstellungssätze zur Person und zum Thema gebeten. Im Juni liegt das Programm gedruckt vor. Es wird im Juli/August versandt. Die Vortragsfolge beginnt im Oktober. Jedes Abweichen von dieser Arbeitsfolge bringt, wie die Erfahrung zeigt, verhängnisvolle Erschwerungen und Mehraufwand. Gespart werden kann nur durch eine effektive, glatt arbeitende Vereinsadministration, die weiß was, sie will und soll.

Bis zum 08. Februar 1984 hatte sich der Vorstand auf kein Program einigen können. Das Programm 1984/85 geriet unter gefährlichen Zeitdruck. Ein guter Referent darf erwarten, daß er zur Vorbereitung seines Themas mindestens sechs bis acht Monate Zeit hat.

Das von einem Vorstandsmitglied mehrfach angekündigte wirtschaftskriminalistische Seminar wurde weder nach Inhalt noch nach Zeitpunkt oder Referenten bestimmt. Das Seminar wurde für das Frühjahr 1986 angesagt, dann auf das Frühjahr 1988 verschoben, aber es wurde nicht durchgeführt.

Es knisterte hinter den Fassaden des Vorstandes. Die Mitglieder registrierten diese Organisationsrhythmusstörungen offenbar und suchten nach einer Lösung. Am 08. Februar 1984 wurde der geschäftsführende Vorsitzende in offener Wahl erneut im Amt bestätigt. In geheimer Wahl, die zu aller Verblüffung ein Mitglied beantragt hatte, wurden die bisherigen zweiten und dritten Vorsitzenden ebenfalls wiedergewählt. Als Beiräte wurden die Mitglieder Lohse (Leiter der Schutzpolizei in Bremen) und Möller (Leiter der Kriminalpolizei in Bremen) gewählt, da die Beiräte Crome und Brauer nicht mehr kandidierten.

An dieser Mitgliederversammlung nahmen 16 % der Mitglieder (45 von 280) teil; die durchschnittliche Teilnahme von Mitgliedern an Jahresversammlungen liegt bei etwa 8 %.

Der Zustrom neuer Mitglieder hielt auch 1984 an. Die Zahl der Austretenden hielt sich – wie in jedem Jahr – in bescheidenen Grenzen: Pensionäre schieden aus, Mitglieder, die weggezogen und keine Veranstaltungen mehr besuchen konnten, verstorbene Mitglieder. Vier Mitglieder (= 1,3 %) mußten wegen hartnäckigem Nichtzahlen des Beitrages ausgeschlossen werden.

Die Suche nach Finanzierungsmöglichkeiten – vor allem der neuen Planungen – durch den geschäftsführenden Vorsitzenden gingen unentwegt und nahezu erfolglos weiter. Bei der Organisation der Veranstaltungen bis 1984 war mehrere Jahre hindurch vergeblich versucht worden, die Aufmerksamkeit der Sachversicherer, insbesondere des HUK Verbandes in Hamburg auf die für notwendig gehaltenen Arbeitstagungen zur Kfz-Kriminalität, von den Verkehrsunfallfluchten über die betrügerischen „Autobumser" bis zu den Autoverschiebungen zu lenken, und die Kostenübernahme für eine Arbeitstagung mit bescheidenen 4000,– DM zu erreichen. Keine Versicherung zeigte sich interessiert. Die Zeit war damals noch nicht reif für solche Fortbildungsthemen. Eine Gefahrenprognose stieß selbst bei denjenigen auf taube Ohren, die in naher Zukunft unter den zunehmenden Verlusten zu leiden haben würden. Das seismographische System der Kriminalisten registriert solche kaufmännisch letztlich nicht mehr zu bewältigende Phänomene frühzeitig und eher als die Betroffenen selbst.

1984/85 hat dann die Öffentliche Versicherung Bremen in der VGH Versicherungsgruppe Hannover erstmals ein brandkriminalistisches Seminar finanziert. Begeistert über die Qualität der Referate und den Fortbildungswillen der Teilnehmer wurde seither in jedem Jahr die Unterstützung für eine Arbeitstagung neu bewilligt.

Die Unterstützung der brandkriminalistischen Arbeitstagungen übernahmen Brandversicherer im Gerling-Konzern, Köln. Die ÖVB und die VGH Hannover konzentrierte sich auf einbruchkriminalistische Arbeitstagungen. Ab 05. Januar 1992 finanzierten die Landschaftliche Brandkasse (VGH Hannover) und die ÖVB eine weitere Arbeitstagung, auf der die Untersuchung der kraftfahrzeugbezogenen Delikte (z. B. Untersuchung von Verkehrsunfällen, betrügerische Kfz.-Unfälle, Kfz.-Diebstähle, vorgetäuschte Delikte u. ä.) behandelt wird.

Auf der Mitgliederversammlung vom 8. Februar 1984 wurde bekannt, daß das Arbeiten mit einer nahezu kostenlosen Logistik in den Räumen des Landeskriminalamtes mit der Reduzierung des Landeskriminalamtes und mit der Pensionierung des geschäftsführenden Vorsitzenden zum 1. April 1986 enden werde. Bis dahin konnte die Büroeinrichtung des Landeskriminalamtes und die Mitarbeit von Frau Gräf, einer fleißigen Sekretärin, mit stillschweigender Billigung durch den Senator für Inneres durch die KSG genutzt werden.

Es mußte ein Büroraum, es mußte eine Teilzeitkraft gesucht und eingearbeitet werden, damit die KSG auch nach dem 1. April 1986 noch organisatorisch existieren konnte. Dazu wurde der Vorstandsvorsitzende ermächtigt. Der Mietkostenanteil sollte aber nicht mehr als 180,– DM im Monat betragen! Die andere Hälfte der Miete sollte die Gesellschaft für Jugendhilfe und Kriminalitätsvorbeugung e. V. übernehmen, mit der eine Bürogemeinschaft vereinbart wurde. Für diesen niedrigen Betrag war vernünftigerweise kein Büro zu mieten. Daher wurde (erfolglos) versucht, weitere Interessenten für eine Bürogemeinschaft in einem noch zu findenden Büroraum zu gewinnen.

Am 13. März 1985 wurde das Mitglied Beißner als zweiter Rechnungsprüfer gewählt.

Der Einladung zur Mitgliederversammlung 1986, in der über die Arbeit 1985 Rechenschaft gelegt werden sollte, war zum ersten Male eine Einnahmen-Ausgaben-Übersicht im langjährigen Vergleich (1982 – 1985) beigefügt. Die Mitglieder konnten erkennen, wie bedacht und solide der Verein verwaltet wurde, wie knapp aber auch die zur Verfügung stehenden Mittel bemessen waren.

Nach vielen vergeblichen Besichtigungen und Kontaktgesprächen war es gelungen, zum 15. September 1985 die Geschäftsstelle in den vom Verfasser angemieteten Räumen Violenstr. 13/II einzurichten. Die vereinsanteilige Kaltmiete lag mit 239,40 DM (ohne MWSt.) höher als geplant, aber da ohne Mieträume die Fortführung der Vereinsarbeit nicht möglich gewesen wäre und alle sonstigen Versuche der Anmietung anderer Räume (z. B. in aufgelassenen Behördenräumen) an der dort wesentlich höheren Miete gescheitert waren, stimmten die Mitglieder dieser Mieterhöhung zu. Die Räume wurden durch den geschäftsführenden Vorsitzenden komplett büromäßig ausgestattet und betriebsbereit zur Verfügung gestellt.

Die Ausstattung wird von der KSG kostenlos (gegen anteilige Betriebskostenbeteiligung) genutzt (einschließlich Telefon, Schreibmaschine, seit 1992 auch mit Kopiergerät, Faxgerät und PC).

Der Vorstand hatte sich am 8. April 1986, 29. Oktober 1986, 20. Januar 1987 und 5. Februar 1987 jeweils mehrstündig beraten. Es blieb den Mitgliedern unklar, warum so viele Besprechungen bei einem durchschnittlichen Ergebnis notwendig waren.

Die Mitgliederversammlung am 10. Februar 1987 war um 19.45 Uhr noch nicht beendet, als die Versammelten zum Vortrag von Prof. Dr. Wille, Kiel, drängten. Auf den Vorschlag eines Mitgliedes hin wurde rasch beschlossen, die Mitgliederversammlung am 17. März 1987 um 17.30 Uhr fortzusetzen, weil die Finanzlage des Vereins noch nicht erörtert worden war.

Schon die Einladung zur Mitgliederversammlung am 10. Februar 1987 hatte einige Streitpunkte und Mißverständnisse innerhalb des Vorstandes über die Erstattung von Reisekosten oder die Verwendung des Nachlasses Krüger erkennen lassen, die am 17. März 1987 geklärt werden sollten.

Ein Beispiel für die Spannungen zwischen den Vorstandsmitgliedern bot die immer wieder auflebende Debatte um das Testament der Witwe Krüger. Aus der letztwilligen Verfügung der Erblasserin geht hervor, daß die KSG (wörtlich)

a) die jährlichen Erträgnisse in erster Linie verwenden solle, um Witwen und Kinder, deren Männer als Polizeibeamte in Bremen, in Ausübung ihres Dienstes gefallen, tödlich verunglückten oder dienstunfähig verletzt wurden, zu unterstützen,

b) im übrigen über die Erträgnisse frei verfügen könne, vornehmlich jedoch zur Förderung und Unterstützung ihrer Satzungsziele,

c) aber auch zur Erfüllung der satzungsgemäßen Ziele die Vermögenssubstanz nach eigenem Ermessen zu verbrauchen (berechtigt sei).

Obwohl die letztwillige Erklärung der Erblasserin eindeutig ist, wurden im Vorstand immer wieder zeitraubende Streitgespräche über die Verwendung oder Nichtverwendung des hinterlassenen Betrages begonnen.

Gerade die Vorstandssitzung am 3. März 1987 vor dem zweiten Teil der Mitgliederversammlung ließ gewisse Grenzen der Einsicht erkennen. Organisatorische Unerfahrenheit führte bei dem einen oder anderen Vorstandsmitglied zu argwöhnischem Mißtrauen.

So hielt sich bei einem Vorstandsmitglied Jahre hindurch u. a,. der nagende Verdacht, die Verwaltungsangestellte Malla, die seit 1983 für die KSG teilarbeitete und seit dem 1. Januar 1985 die Handkasse der KSG mit sorgfältiger Belegung führte, werde für Arbeiten bezahlt, die sie nicht für die KSG geleistet habe.

Die Arbeitsüberwachung der Angestellten Malla sollte daher nicht allein dem geschäftsführenden Vorsitzenden obliegen, der selbst auch kontrolliert werden sollte. Deshalb sollte drei Monate hindurch von allen Schreiben der KSG eine Durchschrift gesammelt werden (vorlegbar einem kontrollierenden Vorstandsmitglied), um die Schreibleistung prüfen zu können – als ob die Verwaltungsarbeit eines Vereins nur aus Schreibarbeiten bestünde . . .! Dieser Auftrag brachte indes keine Mehrheit: von jedem Schreiben der KSG wird seit jeher eine zweite Durchschrift in zeitlicher Reihenfolge in einer Findeakte abgelegt. Diese wurde dann freilich nicht überprüft, weil vermutlich die Prüfungsmaßstäbe fehlten.

XIII. Die Kosten-Nutzen-Relation

Am 22. März 1982 wurde durch den Vorstand (mit Mehrheit) auch beschlossen, die Angestellte Malla müsse mehrere Monate hindurch in einer Arbeitsliste jede ihrer Tätigkeiten nachweisen. Die VA Malla hatte 1983 pro Woche etwa fünf bis sechs Stunden im Durchschnitt für die KSG gearbeitet und 1986 im Wochendurchschnitt etwa sieben Stunden (an zwei Halbtagen in der Woche), gewiß nicht zu viel für den lebhaften Geschäftsbetrieb der KSG. Trotzdem wurde von einem Vorstandsmitglied die Begründetheit dieses Zeitaufwandes angezweifelt.

Von April bis Juli 1983 führte VA Malla auftragsgemäß Buch über **alle** Tätigkeiten: jedes Telefonat, jedes Schreiben, jeder Post- und Botengang, jeder Stuhlgang, jede Karteiarbeit wurden aufgelistet. Mitte Juli warf die Angestellte Malla dem geschäftsführenden Vorsitzenden mit Recht „den Bettel vor die Füße". Voller Zorn über die unsinnige Anordnung und das auch sie treffende sinnlose Mißtrauen ging sie nach Hause und war einige Wochen lang nicht zu sprechen. Sie sah in der Auflistung ihrer Arbeiten eine zielgerichtete Schikane und es war ihr egal, gegen wen diese Maßnahme gerichtet werden sollte. (Der geschäftsführende Vorsitzende hatte in der Folgezeit alle Telefone voll zu tun, um weibliche Mitglieder der KSG nach Bekanntwerden dieses Beschlusses am Austritt aus der KSG wegen frauenfeindlicher, inhumaner Beschlußfassung zu hindern.)

Unterlagen der Bundeswehrakademie in München, die der Verfasser beizog, enthielten Untersuchungen zum prozentualen Anteil verschiedener Büroarbeiten und ähnliche Materialien, die zeigten, daß die Schmalspurorganisation der KSG gut organisiert war, sparsam arbeitete und in der Norm noch besser lag, als die Modelluntersuchungen.

Die Arbeitszeitliste Malla erweiterte jedoch weder die Einsicht noch verringerte sie das grundlegende Mißtrauen eines Vorstandsmitgliedes gegenüber dem geschäftsführenden Vorsitzenden. Die Spannungen innerhalb des Vorstandes blieben. Sie wurden versteift durch mißtrauische Belegkontrollfragen mitten in den Besprechungen. Es wurden Überraschungsfragen gestellt, die nur anhand der Unterbelege im Handkassenbuch beantwortet werden konnten – und das befand sich (mit der Handkasse) bei der (abwesenden) VA Malla.

Bei alledem blieb unerörtert, daß die Arbeit der KSG stets nur deshalb so preiswert und effektiv geleistet werden konnte, weil der geschäftsführende Vorsitzende unentgeltlich mit einer durchschnittlichen Wochenarbeitszeit von 20 bis 25 Stunden für die KSG arbeitete.

Eben von jenem Vorstandsmitglied, das den Eindruck machte, besonders mißtrauisch zu sein, war in den denkwürdigen Frühjahrssitzungen des KSG-Vorstandes das „Mißverhältnis zwischen den Kosten und dem Nutzen" gerügt worden, ohne daß jedoch Maßstäbe dafür angeboten wurden, wie ein „gesundes Kosten-Nutzen-Verhältnis" in der Arbeit eines gemeinnützigen Vereins aussehen müßte. Daraufhin mußte das Zahlenwerk mühsam intern erarbeitet werden, um solchen Angriffen in Zukunft begegnen zu können.

Die nahezu dramatischen Erkenntnisse über die Psychologie einer unglücklich zusammengesetzten Vorstandschaft eines Vereins halfen da nicht weiter, auch nicht das Verständnis für die laufbahnbedingten Seelenlagen des einen oder des anderen.

Immerhin brachte die Durchleuchtung der Kosten-Nutzen-Relation auch neue Erleuchtungen, zumindest für die Mitglieder. Dargestellt wurden die Relationen in den Jahren 1979 bis 1986. Später wurde das damals gewonnene Zahlenmaterial aus historischen Gründen bis einschließlich 1994 vergleichsweise fortgeschrieben.

Geldbestand am 31.12. d. Jahres		Ausgaben			
		Aufwand		Leistung	
		Summe	%	Summe	%
1979:	85.120,–	1.850,–	28 %	4.759,–	72 %
1980:	91.543,–	1.208,–	32 %	2.576,–	68 %
1981:	87.242,–	10.917,–	47 %	12.246,–	53 %
1982:	72.236,–	10.869,–	30 %	24.997,–	70 %
1983:	79.948,–	5.472,–	17 %	27.227,–	83 %
1984:	79.324,–	8.349,–	21 %	30.733,–	79 %
1985:	96.005,–	9.619,–	29 %	23.871,–	71 %
1986:	70.952,–	14.599,–	27 %	39.340,–	73 %
1987:	80.162,–	22.891,–	51 %	21.770,–	49 %
1988:	78.340,–	15.581,–	48 %	17.110,–	52%
1989:	71.245,–	16.003,–	48 %	17.206,–	52 %
1990:	79.850,–	14.176,–	49 %	14.857,–	51 %
1991:	90.588,–	11.927,–	65 %	6.539,–	35 %
1992:	113.983,–	13.937,–	61 %	8.912,–	39 %
1993:	123.126,–	26.310,–	56 %	20.902,–	44 %
1994:	108.141,–	26.298,–	26 %	74.610,–	74 %

Es zeigte sich in den Jahren 1979 bis 1994 ein durchschnittliches Verhältnis von 39,68 % Aufwand und 60,31 % Leistung.

Die Aufwandskosten der beispielhaft herausgegriffenen Jahre 1986 (27 %) und 1994 (26 %) untergliedern sich wie folgt auf:

1986			1994	
5,30 %	Miete		7,8 %
6,60 %	Löhne		8,3 %
5,56 %	Porto		3,4 %
5,54 %	Bürobetriebs- und Druckkosten		3,7 %
1,83 %	Telefon		1,5 %
2,17 %	sonstiger logistischer Aufwand		1,4 %

Zu erkennen war, daß der Betriebskostenanteil prozentual relativ mehr ansteigt, je weniger Aktivitäten stattfinden, d. h. je mehr an den Ausgaben für diese Aktivitäten gespart wird, während logistische Fixkosten immer anfallen.

Das Absenken der Honorare von 400,– DM auf 300,– DM pro Referat, die Auswahl der Referenten aus dem Nahbereich, die weniger Reisekosten beanspruchten, senkten die Ausgaben für „Leistungen" und ließen dementsprechend die Ausgaben für „Aufwand" automatisch um drei bis vier Prozent ansteigen. Werden dagegen die Leistungen (z. B. durch die Erweiterung des Vortragsprogramms, durch Einladung von Referenten mit höheren Reisekostenansprüchen u. ä.) verstärkt, so steigen zwar auch die Aufwandausgaben an, aber das prozentuale Verhältnis zwischen Betriebsaufwand und Ertrag wird in den Prozentsätzen günstiger.

Ab 1987 zeigten sich die unausweichlichen Mehrausgaben durch den eigenen Bürobetrieb (mit Miete und Hilfskräften) in der Kosten-Nutzen-Relation, nachdem das behördliche „feather bedding" im Landeskriminalamt weggefallen war. Von 1987 bis 1993 belief sich diese Relation im Durchschnitt auf 54 %/46 %.

Es ist also zirkelschlüssig gedacht, wenn durch die Rücknahme von Aktivitäten scheinbar gespart wird und die dadurch prozentual „gestiegenen" anteiligen Betriebskosten beanstandet und die Ursachen für das Ansteigen in „überflüssigen" Betriebskosten gesucht werden.

Es gab damals noch mehr seltsame Beschlüsse durch den Vorstand, die auf unüberlegten, suggestiven Impulsen beruhten.

So sollten z. B. die aus Bremen stammenden und nicht durch Botenpost erreichbaren Mitglieder ihre Jahresbände nicht durch die Post erhalten, sondern sie sollten sie in der Geschäftsstelle der KSG in der Violenstraße abholen. Diese Regelung hätte den 92 betroffenen Mitgliedern erhebliche Schwierigkeiten bereitet. Gespart werden sollten 64,40 DM oder 92,– DM Porto. Die neu entstehenden Schwierigkeiten wurden nicht bedacht (Listenführung, Stapelung und Überwachung durch das Büro der KSG, Vereinbarung von Abholungsterminen, da die Geschäftsstelle nicht immer besetzt ist, Parkplatz- und Terminschwierigkeiten für die Abholenden, Beschluß über die Verwendung der nicht abgeholten Bände u. v. a. m.).

Der geschäftsführende Vorstandsvorsitzende wurde mit solchen Scheinlösungen und deren anschließenden Korrekturen zusätzlich beschäftigt.

Am 11. März 1986 wurde beschlossen, eine Untersuchung durch Prof. Dr. Stadtler über die Körpersprache bei Gegenüberstellungen zu fördern. Im Laufe der nächsten Monate konnte das Einverständnis aller zuständigen Behörden (Staatsanwaltschaft, Generalstaatsanwalt, Senator für Inneres, Polizeipräsidium, Leitung der Kriminalpolizei) eingeholt werden. Seltsamerweise fanden dann keine Gegenüberstellungen nach den Richtlinien für die Gegenüberstellung mehr statt.

Die Untersuchungen kamen wegen des Widerstandes der Sachbearbeiter nicht zustande, so daß die Behauptung von Strafverteidigern, auch der gegenübergestellte

Verdächtige (der nicht unbedingt der Täter sein muß) „verrate" sich durch eine abweichende und von den Zeugen fehlgedeutete Körpersprache, nicht ausgeräumt werden konnte.

XIV. Das Besinnen auf den Satzungszweck

In der Mitgliederversammlung vom 17. März 1987 ging es dann recht dramatisch zu, als ein Vorstandsmitglied plötzlich neue, unbewiesene und inhaltlich falsche Beschuldigungen gegen den geschäftsführenden Vorsitzenden erhob, die zuvor in den Vorstandssitzungen nicht erwähnt worden waren.

Schließlich erklärte das Vorstandsmitglied den staunenden Mitgliedern im Zusammenhang mit seiner von ihm angestrebten Wiederwahl mit einem drohenden Unterton den Zusammenhang zwischen der Beachtung seiner Forderungen, seiner Sparvorschläge und den dann in Aussicht gestellten vermehrt eingehenden Bußgeldzuweisungen. Als einer der fassungslosen Zuhörer fragte, ob das bedeuten würde, daß er dem Verein im Falle der Nichtbeachtung seiner Forderungen „den Hahn zudrehen" werde (wobei das in seiner Nähe sitzende Mitglied pantomimisch mit beiden Händen die Bewegung nachmachte, wie wenn man einem Hahn den Kopf abdreht), da war die Antwort ein deutliches „Ja". Es war nach dieser Antwort ganz still im Raum. Die Mitglieder erstarrten, verlegen und peinlich berührt. Sie fühlten sich unter Druck gesetzt.

Das Klima im Vorstand war nunmehr völlig unerträglich geworden. Die Mitgliederversammlung endete in depressiver Empörung. Es war zu erkennen, daß die KSG (wie schon sechs Jahre zuvor und dann vor drei Jahren) durch die Zusammensetzung des Vorstands wiederum in eine künstliche Existenzkrise zu geraten drohte, die jedes weitere Arbeiten unmöglich machen würde. Die selbstzerschleißenden Insicharbeiten, die unsinnigen Untersuchungs- und Berichtsaufträge, die dem geschäftsführenden Vorsitzenden auferlegt wurden, hemmten jede planvolle zukunftsorientierte Arbeit.

Die Mitglieder beschlossen, eine dritte Mitgliederversammlung am 6. Mai 1987 abzuhalten. An diesem Tage sollte die Debatte abgeschlossen und ein neuer Vorstand gewählt werden.

Im allgemeinen wurden bis dahin die Wahlen offen durch Akklamation durchgeführt. Diese Wahl jedoch mußte besonders förmlich durchgeführt werden, um Vorwürfen und den zu erwartenden Klagen aus dem Wege zu gehen. Es wurde also zuerst ein Veranstaltungsleiter gewählt, dann ein Wahlleiter, dann eine Zählkommission, ein Protokollführer. Wahlzettel mit den Namen der für den Vorstand kandidierenden Mitglieder waren vorbereitet. Jeder Vorstandsbewerber mußte sich und seine Pläne für den Verein kurz vorstellen.

Es folgte die Aussprache, dann die geheime Wahl a) des geschäftsführenden Vorsitzenden, b) der vertretungsberechtigten Vorstandsmitglieder, c) der beiden Vorstandsmitglieder, d) dann der beiden Beisitzer.

Diese Entwicklung war hier zu beschreiben, um wenigstens teilweise zu zeigen, welch ein Ausmaß an psychologischer und dann logistischer Organisationsdestruktion einzutreten droht, wenn fehlende Organisationserfahrungen und mangelnde Fachkenntnisse sich mit persönlichem Mißtrauen paaren. Dann ist keine satzungsgemäße Arbeit mehr möglich. Permanente Verdachtsstopferei, wiederholte Streitgespräche und unsinnige „Reform"-Beschlüsse, unfruchtbare Arbeitsaufträge und überflüssige Anstrengungen sorgen für einen Wirbel scheinbarer Korrektheit ohne vernünftige Resultate.

Die Mitgliederversammlung am 6. Mai 1987 dauerte – ein Novum in der Geschichte der KSG – fast drei Stunden. Der neugewählte Vorstand setzte sich wie folgt zusammen:

Geschäftsführender Vorsitzender: Dr. Schäfer
(22 von 26 möglichen Stimmen)
vertretungsberechtigte Vorsitzende:
StAin Dr. Graalmann (23 von 26 möglichen Stimmen)
Dr. med. Richard (24 von 26 möglichen Stimmen)
sowie die Beiräte Ltd.PD Lohse (25 Stimmen) und KD Möller (26 Stimmen).

Mit den Vorstandsmitgliedern Litzig und Dr. von Karger beendete der Kassenprüfer Monnerjahn gleichzeitig seine Tätigkeit.

Mit einer letzten kontroversen Diskussion (wieder einmal über die Verwendbarkeit des Nachlasses Krüger) schloß diese Mitgliederversammlung.

Damit endete eine mehrjährige Zerreißprobe voller überflüssiger, interner Reibungen und Energieverluste, welche der satzungsgemäßen Arbeit nicht förderlich waren.

Ein Jahr später verlief die Mitgliederversammlung am 9. März 1988 friedlich und zügig. Nach dem Kassenverwalter Monnerjahn war hilfsweise das Mitglied Dröge eingesprungen, das jetzt von dem Mitglied Graue abgelöst wurde.

XV. Die Entwicklung der Schriftenreihe „Kriminalistische Studien"

In der Mitgliederversammlung vom 10. Februar 1987 war berichtet worden, daß (für 1985) der erste Jahresband der „Kriminalistischen Studien" mit dem Titel „Vergewaltigungen" und der Jahresband 2 (für 1986) mit dem Titel „Brandkriminalistik" verteilt worden seien.

Die Schriftenreihe „Kriminalistische Studien" hat ihre eigene Geschichte. Am Anfang stand der wiederholte Wunsch von Mitgliedern und Interessenten, die Referatsmanuskripte „schwarz auf weiß nach Hause tragen" zu können. Zunächst wurden durch Einzelvervielfältigungen solche Wünsche erfüllt.

Schon am 19. August 1970 hatte das Vorstandsmitglied W. Schneider angeregt, die Vorträge der KSG zu veröffentlichen. In der Vorstandssitzung vom 20. Juli 1971 wurde beschlossen, von jedem Referenten ein Manuskript zu fordern, das gegebenenfalls veröffentlicht werden könnte. (Das Gründungsmitglied W. Schneider, das 1972 zum Senatsdirektor beim Senator für Justiz ernannt wurde, schied nach der Ernennung aus dem Vorstand aus. Sein Nachfolger im Vorstand wurde auch sein Nachfolger im Amt, der Ltd. OStA H. H. Brauer. Auch nachdem W. Schneider 1974 nach Bonn zum Bundesjustizministerium wechselte, blieb er als Mitglied der KSG mit großer Sympathie verbunden. Er war in Bonn bis zu seiner Pensionierung (1991) als Ministerialdirektor tätig).

In der 5. Vorstandssitzung am 20. Juli 1971 regte der geschäftsführende Vorsitzende an, die Referatsmanuskripte grundsätzlich zu veröffentlichen. Wegen des zu erwartenden Arbeitsanfalls wurde der Vorschlag abgelehnt.

In der 19. Vorstandssitzung am 18. Juni 1976 wurde der Gedanke wieder aufgegriffen, da immer wieder Mitglieder und Außenstehende nach den Manuskripten fragten. Nunmehr wurde die Frage aufgeworfen, ob die KSG eine eigene Taschenbuchreihe herausgeben könne. Die Entscheidung wurde verschoben.

In der 27. Vorstandssitzung am 21. April 1981 wurde die Vervielfältigung reingeschriebener Referatsmanuskripte behandelt, aber der Vorstand konnte sich zu einem Realisationsbeschluß nicht entschließen.

In der 28. Vorstandssitzung vom 21. September 1981 schlug der geschäftsführende Vorsitzende die Vervielfältigung unbearbeiteter Referatsmanuskripte und deren Verteilung an Referenten, Mitglieder und Interessenten vor. Der Vorstand lehnte den Vorschlag aus finanziellen Gründen ab.

In der 31. Vorstandssitzung am 14. Dezember 1982 schlug der geschäftsführende Vorsitzende vor, die redaktionell bearbeiteten Referatsmanuskripte beim Landeskriminalamt reinschreiben zu lassen und die so entstehenden Schriften als „Fortbildungsschriften des Landeskriminalamtes Bremen in Zusammenarbeit mit der Kriminalistischen Studiengemeinschaft" als Lehrmaterial herauszugeben. Der Vorstand billigte den Vorschlag, der sich jedoch wegen des Arbeitsanfalls beim Landeskriminalamt nicht realisieren ließ.

Der geschäftsführende Vorsitzende wollte unbedingt das in den Referaten angebotene Fachwissen an möglichst viele fachkundige Leser herantragen. Er regte daher in der 35. Vorstandssitzung am 6. Dezember 1983 erneut an, die Manuskripte in irgendeiner Weise durch die KSG zu vervielfältigen und zu veröffentlichen.

Der Vorstand war einverstanden, unter der Voraussetzung, daß der geschäftsführende Vorsitzende die Veröffentlichungen privat organisieren und das wirtschaftliche Risiko selbst tragen würde. Die draufhin einsetzenden Verhandlungen mit verschiedenen Verlagen für polizeiliche Fachliteratur erbrachten kein positives Ergebnis. Der Markt schien sich für die Referate der KSG nicht zu interessieren. Darüber wurde in der 37. Vorstandssitzung am 16. Oktober 1984 berichtet.

In der Mitgliederversammlung vom 13. März 1985 wurde der geschäftsführende Vorsitzende auf seinen Antrag hin ermächtigt (mit einer Gegenstimme und einer Stimmenthaltung), mit Hilfe der Vortragsmanuskripte in eigener Zuständigkeit eine Schriftenreihe der Kriminalistischen Studiengemeinschaft ("Kriminalistische Studien") herauszugeben. Der KSG oder den einzelnen Mitgliedern sollten daraus keine finanziellen Verpflichtungen entstehen. Das wirtschaftliche Risiko sollte allein beim Verleger liegen.

Allerdings werde die KSG jährlich einmal einen Band der Reihe zum Preis von 10,– DM abnehmen – eine Zusage, die einige Jahre später wegen der bei der KSG von außen erzeugten finanziellen Engpässe nicht mehr eingehalten werden konnte.

Die Suche nach einem geeigneten und kooperationsbereiten Verlag ging erfolglos weiter. Da es offenbar keinen anderen Weg gab, meldete der geschäftsführende Vorsitzende am 15. September 1985 einen "Fachschriftenverlag" beim Gewerbeamt Bremen an. Der vermögenslose Verlag wurde "Teilhaber" an der Bürogemeinschaft.

Die Leiter der Landeskriminalämter waren bereit, als "Beirat" in der Titelei der Bücher genannt zu werden. Von der eingeräumten Einflußmöglichkeit auf die Reihe machten sie bisher keinen Gebrauch.

Der erste Band wurde in großer Eile noch vor Ende des Jahres 1985 in einer alternativen Druckerei hergestellt, die erkennbar der preisgünstigste Betrieb zu sein schien. Als dort nach einem halben Jahr der zweite Band gedruckt werden sollte, wurde die Übernahme der Arbeiten abgelehnt mit dem Hinweis "für die da" (die Leiter der Landeskriminalämter) wolle man nicht arbeiten.

Noch im Dezember wurde das erste Bändchen, eine bescheidene Broschüre, an die Mitglieder ausgeliefert. Bis 1994 erschienen folgende broschierte Bände in einer Auflage von durchschnittlich 1000 Exemplaren:

Band 1, Vergewaltigungen, brosch., 150 Seiten, 1985, – vergriffen –

Band 2 (1), Brandkriminalistik, brosch., 157 Seiten, 9 Fotos, 1986, – vergriffen –

Band 2 (2), Brände und Betriebsunfälle, brosch., 187 Seiten, 6 Fotos, zahlreiche graphische Darstellungen, 1986, – vergriffen –

Band 2 (3), Brandursache Elektrizität, brosch., 188 Seiten, zahlreiche graphische Darstellungen, 1988, 17,– DM, ISBN 9-925730-10-9

Band 2 (4), Brandstiftung als Wirtschaftdelikt, brosch., 213 Seiten, graphische Darstellungen und Bilder, 1990, – vergriffen –

Band 3 (1), Im Vorfeld des Terrorismus – Gruppen und Masse – brosch., 86 Seiten, 4 Bilder, 10,– DM, ISBN 3-925730-04-4

Band 3 (2), Im Vorfeld des Terrorismus – Angst und Gewalt – brosch., 87 Seiten, 4 Bilder, 10,– DM, ISBN 3-925730-05-2

Band 3 (3), Im Vorfeld des Terrorismus – Militante Gewalt – brosch., 96 Seiten, 4 Fotos, 2 Karikaturen, 1987, 10,– DM, ISBN 3-925730-06-0

Band 4 (1), Präventive Sicherheitstaktiken gegen Wohnungseinbrecher, brosch., 181 Seiten, zahlreiche Tabellen, 1988, 17,– DM, ISBN 3-925730-11-7

Band 4 (2), Einbruchdiebstahl und Tatverdacht, brosch., 216 Seiten, 1990, 17,– DM, ISBN 3-925730-14-1

Band 5 (1), Gewalttätige Sexualtäter und Verbalerotiker, brosch., 176 Seiten, 1992, 23,20 DM, ISBN 3-925730-17-6

Fehrmann u. a., Das Mißtrauen gegen vergewaltigte Frauen, Sonderband I, brosch., 175 Seiten, 1985, – vergriffen –

Hempler/Schäfer, Abrechnungsmanipulation bei ärztlichen Honoraren und Arzneimittelabgaben, Sonderband II, brosch., 194 Seiten, 1988, 38,– DM, ISBN 3-925730-09-5

Krämer/Siebke, Mehr als sieben Stunden, Ein Beitrag zur Geschichte der Kriminalpolizei, Sonderband III, brosch., 246 Seiten, 1989, 30,– DM, ISBN 3-925730-12-5

Stefan Bothe u. a., Die Angst des Bürgers vor dem Dieb – Im Niemalsland der öffentlichen Sicherheit, Sonderband IV, brosch., 364 Seiten, 1994, 28,– DM, ISBN 3-925730-19-2

von Bock und Polach u. a., Beweismethoden und Beweisorganisation, 25 Jahre Kriminalistische Studiengemeinschaft e. V., Sonderband V, brosch., 336 Seiten, 1995, 29,50 DM, ISBN 3-925730-21-4

Die Einbände der DIN A5 großen Bände der Schriftenreihe sind im Grün der Uniformenjacken der Schutzpolizei gehalten. Ihre Ausführung verbesserte sich von Band zu Band.

Die Buchpreise wurden erkennbar extrem niedrig gehalten, so daß Polizeibeamte die broschierten Bände eher erwerben konnten.

Am 12. März 1987 wurde der Verfasser, der die finanzielle Hauptlast der Bürogemeinschaft trägt, als Rechtsanwalt im OLG-Bezirk Bremen zugelassen.

Ohne die Kombination einer Bürogemeinschaft wäre es der KSG nicht möglich gewesen, einen Büro- und Geschäftsbetrieb zu finanzieren und aufrecht zu erhalten. Und ohne dieses Büro wäre bei damals 380 Mitgliedern eine Vereinsverwaltung nicht möglich gewesen. Das wird sich vor allem dann zeigen, wenn der Verfasser seine Bürobeteiligung aufgeben sollte.

Der Verlag wurde allein durch das Interesse des Verfassers an der Kriminalistischen Studiengemeinschaft ins Leben gerufen. Er bedeutete ein hohes finanzielles Risiko für den Verfasser. In welches finanzielle Abenteuer sich der „Verleger" sehenden Auges mit der Gründung des Verlages eingelassen hatte, zeigten seine Steuererklärungen der darauffolgenden Jahre. So verzeichnete er in zehn Jahren (1985 bis 1994) durch die Teilnahme an diesem Gemeinschaftsbüro, – insbesondere infolge der Publikationen – beträchtliche Verluste, die er allein trug. Aber der Plan, die Referate der KSG zu veröffentlichen, konnte auf diesem Wege wenigstens in Teilen realisiert werden. Die meisten Manuskripte konnten jedoch nach wie vor aus finanziellen Gründen leider noch nicht veröffentlicht werden.

Die sogenannten „Jahresbände" für jedes Mitglied wurden zum Stückpreis von 10,– DM verteilt, auch wenn die Herstellung eines Bandes den Verlag mehr als 10,– DM gekostet hatte.

Am 12. März 1990 beschloß die Mitgliederversammlung mit Rücksicht auf die Finanzlage des Vereins die Lieferung der Jahresbände einzustellen. Damit entfiel auch eine gewisse Grundfinanzierung eines jeden Bandes. Die Veröffentlichungen mußten eingestellt werden.

Erst nachdem sich die Finanzlage wesentlich gebessert hatte, wurde beschlossen, in den Jahren 1994 und 1995 ausnahmsweise die Bände „Einbruchdiebstahl und Tatverdacht" und „Gewalttätige Sexualtäter und Verbalerotiker" an die Mitglieder zu verteilen. (Diese Jahresbände wurden zum Händlerpreis ausgeliefert.)

In etlichen Fällen wurde die Finanzierung des Druckes der Bände in der halben Höhe der Druckkosten durch Inserate von Sicherheits- und Brandschutzfirmen und Versicherern gestützt oder durch Abnahme einer größeren Anzahl von Bänden, (dann aber zu herabgesetzten Preisen wie z. B. durch Abnahme von rund 400 Exemplaren des Sonderbandes „Das Mißtrauen gegen vergewaltigte Frauen" durch den Weißen Ring) gesichert.

Der Sonderband I (1985) war das höchstbeachtenswerte Resultat einer gutgelungenen Projektarbeit durch vier Studenten der Hochschule für öffentliche Verwaltung in Bremen, die damaligen Kriminalhauptmeister Hans Fehrmann, Klaus Jakobs, Rolf Junker und Claus Warnke, auf dem Aufstieg in den gehobenen Dienst, alle vier Mitglieder der KSG. Die Untersuchungsergebnisse spielten eine wichtige Rolle in der Reform der Strafprozeßordnung vom 18. Dezember 1986 und 27. Januar 1987. (Dem Druck des Sonderbandes waren vorausgegangen die Veröffentlichung des Projektberichts an der Hochschule für öffentliche Verwaltung in Bremen mit 300 Exemplaren und eine Veröffentlichung des Bundeskriminalamtes mit 1000 Exemplaren).

1994 wurde eine weitere Projektschrift „Die Angst des Bürgers vor dem Dieb" als Sonderband IV publiziert. Den Druck dieses Bandes, der in einer Anzahl von 410 Exemplaren der Hochschule für Verwaltung kostenlos übereignet wurde, beschloß die Mitgliederversammlung der KSG am 16. März 1994. Das Geschenk an die Hochschule wurde durch den Rückgriff auf die „Erbmasse" der „Gesellschaft für Jugendhilfe und Kriminalitätsvorbeugung" möglich.

XVI. Die kleinen Schritte in der Alltagspflicht

In der Mitgliederversammlung am 9. März 1988 wurde das Ergebnis einer Adhoc-Untersuchung vom 11. Dezember 1987 (Arbeitstagung „Tatort Straße") bekannt gegeben. Es wurde der Frage nachgegangen, wer auf welchem Wege die Teilnehmer erstmals von der Existenz der KSG erfahren hatten.

1. 50 % der Teilnehmer bekleideten Dienstränge von A 7 bis A 9,
2. 39 % hatten von der Existenz der Kriminalistischen Studiengemeinschaft erstmals zwischen 1985 und 1988 erfahren,
3. Die 56 Teilnehmer der Arbeitstagung hatten von der Existenz der Kriminalistischen Studiengemeinschaft auf folgenden Wegen erstmals erfahren:

a) offiziell über die Dienststelle zu 21 %
b) durch kollegiale Mundprogpaganda zu 19 %
c) durch Rundschreiben zu 7 %
d) durch dienstliche Abordnung zu 7 %
e) auf anderen Wegen zu 46 %

Das bedeutet, daß über die Jahre hinweg etwa die Hälfte (der Teilnehmer dieser Arbeitstagung) auf außerdienstlichen Wegen auf die Kriminalistische Studiengemeinschaft aufmerksam wurde. Das bedeutete aber auch, daß die an die Behörden verschickten Programme „versickerten" und nicht entsprechend verteilt bzw. nicht weitergegeben wurden.

Am 9. März 1988 konnte in der Mitgliederversammlung H. Teuber von der Schweizer Rückversicherung als das erste Mitglied aus der Schweiz begrüßt werden. Das zweite Schweizer Mitglied, der Polizeibeamte Schudel, wurde am 1. August 1989 aufgenommen. Trotz der weiten Anfahrt nimmt das Mitglied Schudel auf seine Kosten an nahezu jeder Arbeitstagung teil. Seine Begründung lautet: „Im gesamten deutschsprachigen Raum gibt es keine derartige Fort- und Weiterbildungseinrichtung für Kriminalisten, wie in Bremen. Außerdem ist das hier auf hohem, aber praxisorientierten Niveau vermittelte Fachwissen einzigartig." Das erste Mitglied aus Österreich, Dr. Konrad Lengauer, Brandpräventionist, Linz, wurde am 01. Januar 1991 aufgenommen. Ihm folgten am 1. Januar 1995 sieben Herren der Landesstelle für Brandverhütung in der Steiermark, nämlich die Ingenieure Günther Gerger, Friedrich Nechutny, Hubert Kraxner, Harald Florian, Thomas Schuster, Horst Turnowsky und Gottfried Kindermann, die als gerichtlich beeidete Sachverständige für Explosions- und Brandursachenermittlung tätig sind.

Das erste niederländische Mitglied ist der Polizeibeamte Ido Nap seit dem 20. Februar 1994.

Nach einem schriftlichen Abstimmungsverfahren hatten sich 90,5 % der Mitglieder für eine Satzungsänderung ausgesprochen. Dadurch wurde die Einsetzung von „mindestens zwei fachkundigen Beiräten" als Mitglieder des Vorstandes vorgesehen. Außerdem sollte fortan die Mitgliederversammlung über die Höhe der Mitgliederbeiträge mit einfacher Mehrheit beschließen können.

276

Die Mitgliederversammlung vom 9. März 1988 beschloß die längst notwendige Beitragserhöhung von 20,– DM auf 36,– DM im Jahr.

Am 15. Februar 1989 konnte berichtet werden, daß der SfI (Senator Kröning) aus Lotto- und Totomitteln 5000,– DM zur Verfügung gestellt hatte und daß ein Erbteil aus dem Nachlaß Schiele in Höhe von 9876,76 DM ausgezahlt worden sei.

Die kinderlosen Eheleute Schiele hatten am 18. Januar 1977 letztwillig verfügt, daß ein nach dem Tode der Eheleute evtl. vorhandenes Vermögen an die KSG fließen solle. Beide hatten ihren letzten Willen mit einer besonderen Zuneigung zur Polizei begründet. Der geschäftsführende Vorsitzende war nach dem Tode der Ehefrau bei der Auflösung des Haushaltes behilflich (Die Möbel, Betten etc. wurden dann einem vollzugshelferlich betreuten Jungtäter zur Einrichtung eines möblierten Zimmers geschenkt). Am 26. Juni 1987 erhielt die KSG nach der langwierigen Klärung von nachträglich aufgetauchten Rechtsfragen den Nachlaß in Höhe von 9876,76 DM.

Die sachorientierte, verläßliche Beständigkeit der Geschäftsstelle der KSG wurde im Jahresbericht für 1989 in der Mitgliederversammlung am 21. März 1990 erneut erkennbar. Am 21. März 1990 wurde der Vorstand in neuer Zusammensetzung (Prof. Ekke Dahle anstelle von StAin Dr. jur. Graalmann, Polizeipfarrer Peter Walther anstelle des Psychiaters Dr. med. Richard) gewählt.

Von den 405 Mitgliedern erhielten 59 Kriminalbeamte, 28 Schutzpolizeibeamte, 22 Richter und Staatsanwälte in Bremen die für sie bestimmten Programme auf dem Behördenwege. 296 Mitgliedern wurde (1990) das Programm per Post zugesandt.

Die immer umfangreicher gewordene Buchführung mußte Ende 1987 umgestellt und neu (d. h. profesionell) organisiert werden. Sie wurde von Frau Astrid Haupt übernommen, die seither eine exzellente Buchungsordnung liefert.

Mit Schreiben vom 9. Oktober 1989 bat der geschäftsführende Vorsitzende die Staatsanwaltschaft Bremen um entsprechende Berücksichtigung bei der Zuweisung von Geldbußen. Mit Schreiben vom 1. Dezember 1989 lehnte dies die StA. ab, weil diese Bitte „bei einem Abteilungsleiter" auf heftigen Widerspruch gestoßen sei. Die KSG sei nicht förderungswürdig, weil ihr Verwaltungsaufwand so hoch sei, daß man an eine Täuschung der Spender denken könne. Der übermäßig hohe Verwaltungsaufwand erkläre sich zum Teil damit, daß die KSG teilweise die Bürokosten ihres Vorsitzenden mittrage, der in diesen Räumen nicht nur sein Rechtsanwaltsbüro, sondern auch die Geschäfte eines Eigenverlages betreibe. Außerdem erhalte Dr. Schäfer dadurch Beiträge von der KSG, daß die KSG jährlich pro Mitglied ein Buch vom „Eigenverlag Dr. Schäfer" erwerbe. Damit werde dessen verlegerische Tätigkeit unterstützt.

Da waren sie wieder, einige der stereotypen und zumindest von Unverständnis zeugenden Behauptungen. Der Vorstand war empört und reagierte rasch. Nach einer Sondersitzung am 5. Dezember 1989 wies er mit Schreiben vom 23. Januar 1990 diese Behauptungen entschieden zurück, weil sie auf falschen Voraussetzungen, fehlerhaften Beurteilungen, unzulässigen Schlußfolgerungen beruhten und weil sie in der

Sache unbegründet und durch Tatsachen widerlegt seien. Die Tätigkeit der KSG werde durch das Finanzamt, den Rechnungsprüfern, den Vorstand und die Mitgliederversammlung überprüft. Anlässe für Beanstandungen hätten sich bisher nicht ergeben.

Dieser Brief wurde in der Abteilungsleiterbesprechung der Staatsanwaltschaft bekannt gegeben. Seither wurden solche üblen Vorreden nicht mehr bekannt. Es gilt jedoch die psychologische Regel „Semper aliquid haeret". Den Mitgliedern wurde in der Mitgliederversammlung am 20. März 1991 offen über den Vorgang berichtet.

Die Geldbußen gingen, wie zu erwarten war, weiterhin zurück. Weitere Sparmaßnahmen wurden ergriffen, wie z. B. die weitere radikale Verkürzung des Programmversands und damit eine Beschränkung in der an sich schon minimalen Öffentlichkeitsarbeit. Die Mittelknappheit zwang zu dem Beschluß, keine neuen Bücher mehr für die Bibliothek anzuschaffen; die Honorare für Referenten wurden auf 300,– DM pro Referat gekürzt. Ab 1991 konnten keine Jahresbände mehr für die Mitglieder ausgegeben werden.

Die graphische Darstellung zeigt den Verlauf des Anfalls von Geldbußen von 1970 bis 1994 im Verhältnis zu Mitgliederbeiträgen und Spenden.

Jahr	Bußgelder	Spenden	Mitgliederbeiträge
1970	*	3.350	*
1971	60.906	11.900	1.428
1972	35.145	1.800	2.291
1973	9.876	3.000	1.676
1974	7.430	3.000	1.747
1975	14.230	6.300	6.174
1976	4.230	6.220	3.730
1977	11.810	4.000	4.779
1978	2.190	3.250	3.042
1979	6.410	3.000	2.679
1980	3.810	3.000	1.795
1981	5.000	3.000	6.313
1982	7.000	3.000	3.780
1983	17.800	3.000	4.950
1984	23.100	6.200	5.218
1985	34.097	3.555	6.010
1986	14.333	3.175	6.140
1987	13.400	13.675	7.570
1988	13.300	8.124	7.669
1989	3.700	4.230	14.470
1990	9.590	9.575	13.546
1991	500	9.174	13.261
1992	1.100	15.911	13.985
1993	6.350	26.010	14.715
1994	250	19.518	14.934

* Genaue Aufstellungen aus dem ersten Jahr der KSG liegen nicht vor

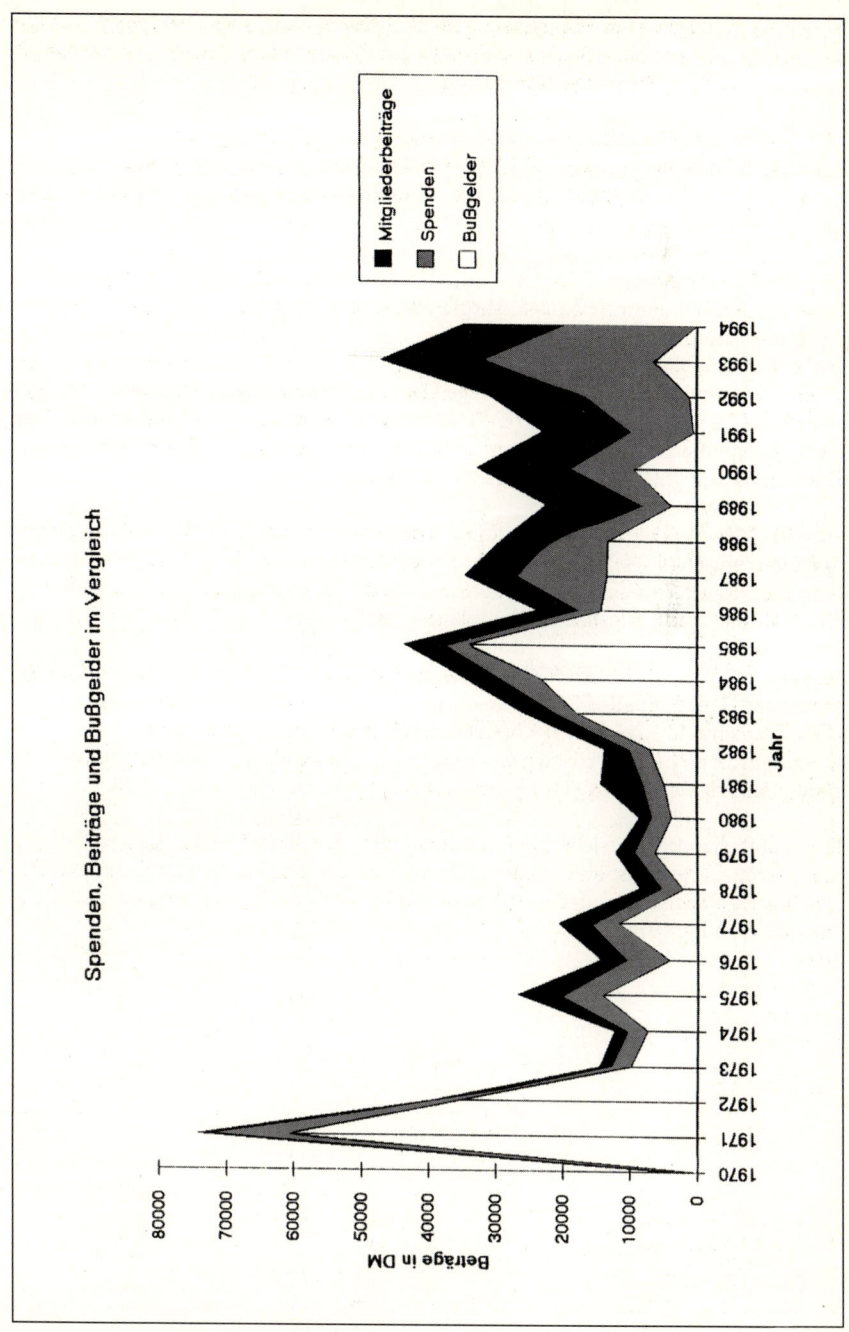

Spenden, Beiträge und Bußgelder im Vergleich

In den Mitgliederversammlungen vom 20. März 1991 und 11. März 1992 zeigte sich das sachorientierte Arbeiten des Vorstandes in den Programmen, den Programmabwicklungen und in den Zukunftsperspektiven.

Die 1991 erfolgte Einladung an die Mitglieder, Berichte über ihre interessantesten Ermittlungsfälle an die KSG zu schicken und sich dadurch an der Programmgestaltung zu beteiligen, erbrachte leider nur einen – allerdings gut gelungenen – Beitrag aus Berlin.

Am 11. März 1992 beendete der Kassenprüfer Beißner auf eigenen Wunsch seine Prüftätigkeit. Als Kassenprüfer wurde Mitglied Monnerjahn gewählt (neben dem langjährigen Kassenprüfer Weber).

Zum ersten Male wurde an diesem Tage über die Veranstaltungen im Jahre 1995 aus Anlaß des 25. Jahrestages der Gründung der KSG gesprochen. Alle waren sich einig darüber, daß dieser Tag gefeiert werden sollte. Für diesen Tag waren Zinserträge aus Festgeldkonten seit Jahren zurückgelegt worden.

Am 24. März 1993 konnte den Mitgliedern berichtet werden, daß es dank zweier Spenden (von 5000,– DM durch den Lionsclub Bremen und 8000,– DM durch die Stiftung Dr. Heines) möglich wurde, zwei Seminare (in Bremen, „Marschenhof", und Gut „Altona" bei Wildeshausen) zu finanzieren.

Mit Optimismus wurde die fällige Vorstandswahl durchgeführt. Krankheitsbedingt schied das Beiratsmitglied Möller aus. An seine Stelle trat das langjährige aktive Mitglied Frankenfeld, das in den Vorstand gewählt wurde, um der schutzpolizeilichen Kriminalistik mehr Auftrieb zu geben. Der Vorstand wurde um ein drittes Beiratsmitglied, nämlich Dr. med. K.-D. Heines, erweitert.

Die nachstehende Übersicht zeigt die Einnahmen und Ausgaben der KSG seit 25 Jahren sowohl in den absoluten Zahlen als auch in der graphischen Darstellung. Der „hartnäckige Existenzkampf" der KSG kann bei vollständigem Lesen aus dem Zahlenwerk erkannt werden.

Einnahmen/Ausgaben (gesamt) von 1970 – 1994

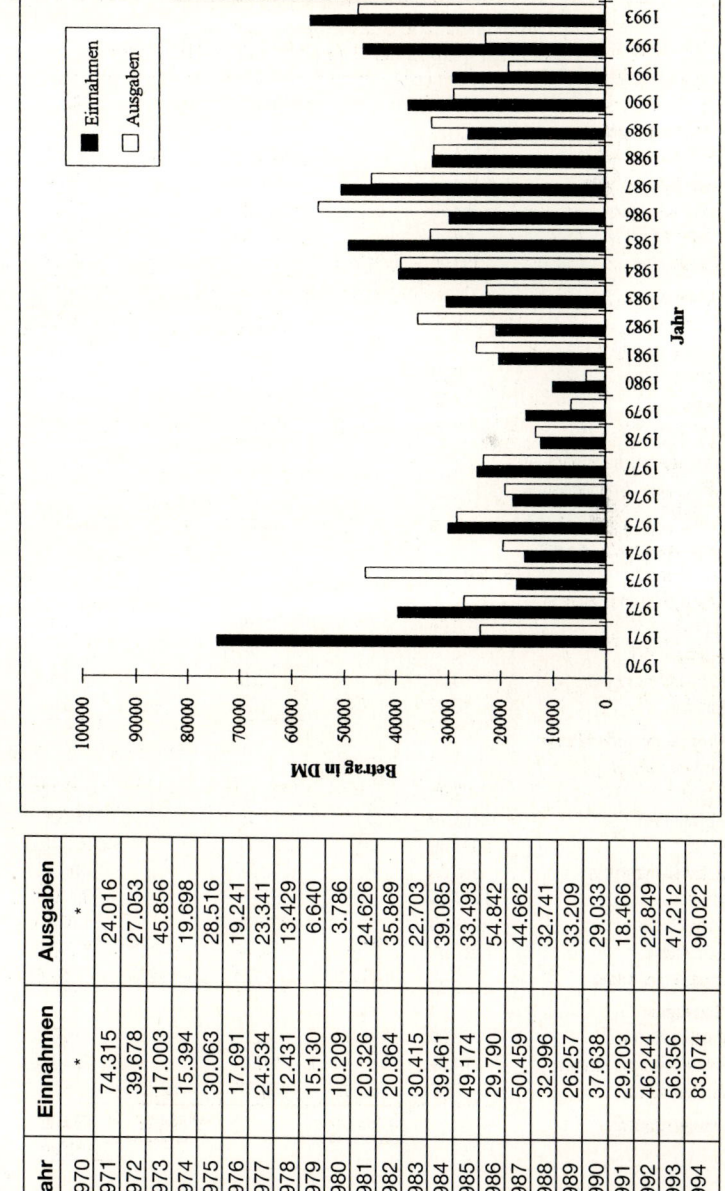

Jahr	Einnahmen	Ausgaben
1970	*	*
1971	74.315	24.016
1972	39.678	27.053
1973	17.003	45.856
1974	15.394	19.698
1975	30.063	28.516
1976	17.691	19.241
1977	24.534	23.341
1978	12.431	13.429
1979	15.130	6.640
1980	10.209	3.786
1981	20.326	24.626
1982	20.864	35.869
1983	30.415	22.703
1984	39.461	39.085
1985	49.174	33.493
1986	29.790	54.842
1987	50.459	44.662
1988	32.996	32.741
1989	26.257	33.209
1990	37.638	29.033
1991	29.203	18.466
1992	46.244	22.849
1993	56.356	47.212
1994	83.074	90.022

* Genaue Aufstellungen aus dem ersten Jahr der KSG liegen nicht vor

281

Beispielhaft sei der Wirtschaftsbericht für das Jahr 1993 (bekanntgegeben in der Mitgliederversammlung vom 16. März 1994) vorgestellt.

Kriminalistische Studiengemeinschaft e. V. – Gegenüberstellung der Ausgaben 1991 : 1992 : 1993

	1991		1992		1993	
I. Veranstaltungen:						
1. Honorare	4.304,00		6.512,40		9.368,20	
2. Reisekosten	1.420,00		1.329,20		2.736,40	
3. Übernachtungen	389,00		199,00		120,00	
4. Raummieten	80,00		530,00		100,00	
5. Nebenkosten	150,00	6.343,00	0,00	8.570,60	8.425,78	20.750,38
II. Bibliothek:						
1. Zeitschriften	196,00		123,00		152,00	
2. Loseblattsammlung	0,00		0,00		0,00	
3. Fachliteratur	0,00		118,00		0,00	
4. Einbände	0,00		0,00		0,00	
5. Bibliotheksverwaltung	0,00	196,00	100,00	341,00	0,00	152,00
III. Fachliteratur an Mitglieder:						
1. Jahresbände „Kriminalistische Studien"	0,00	0,00	0,00	0,00	0,00	0,00
IV. Sonstige Leistungen an Mitglieder:						
1. Reisekosten und Seminarbeihilfen	0,00		0,00		0,00	
2. Zuschüsse für Veröffentlichungen	0,00		0,00		0,00	
3. Sonstige	0,00	0,00	0,00	0,00	0,00	0,00
V. Programmvorbereitung und -abwicklung:						
1. Telefon	602,06		334,98		759,12	
2. Druckkosten	463,14		717,99		863,26	
3. Porto	1.041,40		1.289,90		3.597,70	
4. Büromaterialien u. ä.	383,35		2.522,72		1.919,89	
5. Miete	3.276,00		3.303,00		7.800,00	
6. Arbeitslöhne	4.387,20		4.907,50		7.133,40	
7. Lohnsteuer	1.317,41		138,14		1.877,75	
8. Sozialversicherung	0,00	11.470,56	0,00	13.214,23	0,00	23.951,12
VI. Sonstiges:						
1. Mitgliedsbeiträge	76,00		36,00		76,00	
2. Kontoführungsgebühren	374,95		417,06		374,95	
3. Verschiedenes	5,00	455,95	269,73	722,79	5,00	
Gesamtausgaben:		18.465,51		22.848,62	1) 800,00	
					2) 910,34	2.358,90
						47.212,40

1) Übernahme von Mobiliar der Gesellschaft für Jugendhilfe – 2) Rechtsmedizinische Ausrüstung für Pathologie

282

Einnahmen 1993:

Mitgliederbeiträge	15.003,00	
./. Rückbuchungen	288,00	14.715,00
Spenden		26.009,50
Bußgelder		6.350,00
Teilnehmergebühren		360,00
Zinsen		
a) Festgeld	4.943,22	
b) Sparbuch Nr. 3310 6287	3.077,49	
c) Sparbuch Nr. 3449 8535	869,37	8.890,38
Sonstige Einnahmen		
a) Rückerstattungsgebühren	20,00	
b) Erstattung Schreibgeb.	11,30	31,30
		56.356,18

Bestand am 31.12.1993:

Bankgiro Kto.-Nr. 1147 8641 (Sparkasse)	1.777,26
Bankgiro Kto.-Nr. 100 724 1007 (Bremer Landesbank)	150,98
Postgiro Kto.-Nr. 330 47-201	2.575,45
Handkasse	8,96
Sparbuch Nr. 3310 6287	49.264,12
Sparbuch Nr. 3449 8535	13.915,60
Festgeld	55.434,52
	123.126,89

Einnahmen 1993	56.356,18
Bestand 31.12.1992	113.983,11
	170.339,29
Ausgaben 1993	47.212,40
Bestand 31. 12. 1993	123.126,89
	170.339,29

284

Mitgliederentwicklung 1970 – 1994

Jahr	
1970	106
1971	145
1972	185
1973	199
1974	251
1975	262
1976	259
1977	272
1978	245
1979	230
1980	232
1981	235
1982	279
1983	280
1984	298
1985	302
1986	362
1987	393
1988	395
1989	405
1990	396
1991	382
1992	389
1993	413
1994	439

XVII. Die Mitgliederbewegung

In der Mitgliederversammlung am 16. März 1994 zeigte sich, daß der „Durchbruch" über die Mitgliederzahlgrenze 400 offenbar auf Dauer gelungen war. Die KSG zählte erstmals 431 Mitglieder.

Das lebensälteste Mitglied (seit 1974) ist RA. Dr. jur. Fritz Hobelmann, Bremen (geb. 17. April 1908).

Der Mitgliederzustrom hält an, der Bekanntheitsgrad ist gewachsen: Die Arbeitstagungen und Seminare sind regelmäßig vier Wochen vor Anmeldeschluß schon überfüllt.

Dazu trug sicherlich die seit Jahren gezeigte Gastfreundschaft der ÖVB Bremen, vertreten durch Direktor Lederer, erheblich bei, die nicht nur Vortragssaal und technische Geräte, sondern auch vormittags und nachmittags kostenlos heiße und kalte Getränke anbietet.

Die Mitgliederbewegung läßt die steigende Zustimmung zur Arbeit der KSG erkennen.

Das Finanzamt hatte während der vergangenen 25 Jahre alle drei bis vier Jahre die einschlägigen Unterlagen der KSG geprüft und war stets auf eine korrekte Buchführung, eine den Gemeinnützigkeitsbestimmungen entsprechende Mittelverwendung und pünktliche Zahlung der pauschalen Steuern für die kurzfristig oder geringfügig beschäftigten Kräfte gestoßen. Erstmals 1994 wurde die KSG wegen der hohen Rücklagen gemahnt. Es sei geboten, alle Festgelder über 70 000,– DM für Satzungszwecke auszugeben. Zugleich billigte das Finanzamt auf Anfrage die für die Jahresfeier 1995 vorgesehenen Ausgaben als durch den Vereinszweck gedeckt.

Auf Vorschlag des Mitglieds Terstiege wurde die Unterstützung einer – durch das Polizeipräsidium verantworteten – von Terstiege organisierten präventionsorientierten Aktion in Bremer Schulen beschlossen.

Es wurde eine Broschüre in den Schulen verteilt, die Kinder als Opfer und Täter folgender Delikte betraf: Ladendiebstahl, Fahrraddiebstahl, Vandalismus, fahrlässige Brandstiftung, Kindesmißhandlung und allgemeine Gewalt. Die Kinder setzten sich in den Schulen mit dieser Thematik auseinander und sollten auch mit ihren Eltern darüber sprechen. Schließlich sollte der Problemkreis durch einen Malwettbewerb vertieft werden. Es wurden Preise für die besten Bilder ausgesetzt (z. B. Mountainbikes u. a. im Gesamtwert von nahezu 5000,– DM). Der erste Preis, eine Flugreise zu den Balearen für das Kind mit beiden Eltern, wurde zusätzlich durch die Fa. Hapag Lloyd gestiftet.

Die für diesen Zweck eingehenden Spenden wurden von der KSG gesammelt, die Rechnungen nach Bedarf bezahlt. Außerdem hatte die Mitgliederversammlung beschlossen, diese Präventionsmaßnahmen durch eine Kostenbeteiligung in Höhe von

5000,– DM (zahlbar 1995 aus dem „Nachlaß" der „Gesellschaft für Jugendhilfe und Kriminalitätsvorbeugung") zu unterstützen.

Zu erwähnen bleibt, daß die KSG laufend durch die Pressedienste der Innenministerien der Länder Nordrhein-Westfalen, Niedersachsen, Baden-Württemberg und Bayern beliefert wird. Die Polizeiblätter aus Niedersachsen, Hessen und Bayern bieten ebenfalls wertvolle Informationen. Der Pressedienst der Freien Hansestadt Bremen hat aus Gründen der Ersparnis vor rund zehn Jahren die Übersendung von Informationsmaterial an die KSG eingestellt.

XVIII. Vorträge und Veranstaltungen der Kriminalistischen Studiengemeinschaft

Die nachfolgende Übersicht aller Referenten und Referate wurde 25 Jahre fortgeschrieben. Lediglich die Themen, die anläßlich der beiden Besichtigungen des BKA behandelt wurden und die Referate, die während der beiden Führungen durch die Einrichtungen des Instituts für Schadensforschung und Schadensermittlung, Kiel, dort gehalten wurden, blieben hier unberücksichtigt.

Die Teilnehmer von Arbeitstagungen und Seminaren erhalten grundsätzlich eine Teilnahmebestätigung, die sie an ihre Personalakte weitergeben können. Der Zuhörer von fünf Einzelvorträgen kann auf Anforderung ebenfalls eine zusammenfassende Teilnahmebescheinigung für die Personalakte erhalten.

Das Verzeichnis gibt die über die Jahre hinweg behandelten Themen nach Sachgebieten zusammengefaßt wieder. Bei näherer Untersuchung läßt sich die langfristige konzeptionelle Linie in der Themenauswahl und der möglichen Adressaten erkennen.

Die meisten Referate berücksichtigen die Interessengebiete des taktisch sachbearbeitenden Kriminalisten mit gelegentlichen Streifzügen in den Gebieten der taktisch und operativ leitenden Kriminalistik sowie der theoretischen Kriminalstrategie, der technischen Beweisführung und der Kriminologie.

– Kriminologie, Kriminalpolitik

11.12.1970   Prof. Dr. jur. Hans Joachim Schneider, Dipl.-Psychologe, Hamburg:
Die Bedeutung der Kriminalprognose für die Strafrechtspraxis (einschließlich der Gutachterpraxis)

12.11.1971   Amtsgerichtsrat Dr. jur. Wolf Middendorf, Freiburg:
Kriminologische Bemerkungen zu politischen Straftaten

19.10.1972   Kriminalhauptkommissar Horst Höhne, Berlin:
Kommunen und Gewaltkriminalität

14.11.1973   Dozent Fritz Bartelt, Detmold:
Soziale Normen und abweichendes Verhalten

20.02.1974   Prof. Dr. phil. Heribert Heinrichs, Hildesheim:
Zur Kriminogenese der Gewalt

02.10.1974   Prof. Dr. jur. Hans Joachim Schneider, Dipl.-Psychologe, Münster:
Der gefährliche Intensivtäter

08.01.1975   Erster Staatsanwalt Dr. jur. Wolf Wimmer, Mannheim:
Hellseher, Parapsychologen und Kriminalistik

12.11.1975   Prof. Dr. jur. Hans-Dieter Schwind, Bochum:
Polizeiliche Kriminalstatistik und Dunkelfeld

18.02.1976   Kriminaldirektor Robert Krumpach, Hiltrup:
Terroristenbekämpfung in Nordirland

13.10.1976   Prof. Dr. jur. Richard Lange, Köln:
Wege und Irrwege der heutigen Kriminologie

09.02.1977   Kriminalrat Dr. jur. Dietrich Neuwirth, Wiesbaden:
Die Frühkriminalität der Mörder

09.03.1977   Prof. Dr. jur. Hans Joachim Schneider, Dipl.-Psychologie, Münster:
Das Opfer-Täter-Verhältnis als Schlüssel zur Tat

20.04.1977   Prof. Dr. phil. Günter Albrecht, Bielefeld:
Die Nichtseßhaften

26.10.1977   Prof. Dr. jur. Hans-Jürgen Kerner, Bielefeld:
Die öffentliche Sicherheit als eingebildetes und tatsächliches Problem

02.11.1977   Rechtsanwalt Dr. jur. Gustav Cremer, Köln:
Die Kriminalität der Frau

04.01.1978   Staatsanwalt Rudolf Metz, Kassel:
Zur Frage der kriminogenen Wirkung der Bundeswehr

01.02.1978   Prof. Dr. jur. Hans Joachim Schneider, Dipl.-Psychologe, Münster:
Der politisch motivierte Massenmord

29.03.1978   Vors. Richter Hans Kindermann, Stuttgart:
              Die Kriminalität im Sportbetrieb

26.04.1978   Ltd. Kriminaldirektor Dr. jur., Herbert Schäfer, Bremen:
              Täuschung und Selbsttäuschung im Aberglauben

18.10.1978   Wissenschaftl. Direktor Dr. jur. Peer-Christoph Storm, Berlin:
              Kriminalpolitische Erwägungen zum strafrechtlichen Umweltschutz

28.02.1979   Polizeidirektor Rolf Frohns, Bremen:
              Kriminalität in der Schiffahrt

28.03.1979   Prof. Dr. jur. Dr. phil. Rüdiger Lautmann, Bremen:
              Die Kriminalisierung der Moral

13.11.1982   Ltd. Regierungsdirektor Dr. jur. Kurt Klein, Euskirchen:
              Die geistigen und politisch-sozialen Ursachen des deutschen Terroris-
              mus

13.11.1982   Erster Direktor beim Bundeskriminalamt
              Gerhard Boeden, Bonn-Bad Godesberg:
              Die „legale Ebene" und Rekrutierungsvorgänge im Vorfeld des Terro-
              rismus

02.10.1985   Dr. jur. Dr. phil. h. c. Adalbert Rückerl, Ltd. Oberstaatsanwalt a. D.,
              Ludwigsburg:
              Kollektivkriminalität und totalitäre Herrschaft

15.01.1986   Regierungsdirektor Lothar Jachmann, Bremen:
              Die Entwicklung des Rechtsextremismus

13.01.1987   Prof. Dr. rer. nat. Klaus Immelmann, Bielefeld:
              Prägephasen und soziale Beziehungen bei Tieren und Menschen

06.05.1987   Leitender Kriminaldirektor a. D. Dr. jur. Herbert Schäfer, Rechtsan-
              walt, Bremen:
              Die Okkultfahnder

29.11.1988   Dr. jur. h. c. Rudolf Wassermann, Oberlandesgerichtspräsident a. D.,
              Braunschweig:
              Die friedensstiftende Qualität des staatlichen Gewaltmonopols

14.11.1989   Prof. Dr. Karl Otto Hondrich, Frankfurt:
              Skandal und politische Kultur

20.04.1995   Uwe Kranz, Präsident des Landeskriminalamtes Thüringen:
              Die Kriminalitätslage und die Prognose der weiteren Kriminalitätsent-
              wicklung in den neuen Bundesländern

20.04.1995   Präsident Hans-Ludwig Zachert, Wiesbaden:
              Zum planungsorientierten Aus- und Fortbildungsbedarf der Polizei

– Kriminalstrategie, Kriminaltaktik

12.03.1971   Kriminaloberrat Heinz Witkowski, Dortmund:
              Vermutung und Verdacht als Ausgangspunkt kriminalistischer Tätig-
              keit

12.03.1971   Kriminaloberrat Herbert Rehberg, Stade:
              Wie kommt es zur Ermittlung des Täters?

26.03.1971   Privatdozent Dr. jur. Fritz Sack, Köln:
              Die Bedeutung der Subkultur für die Behandlung der Delinquenten

09.04.1971   Kriminalhauptkommissar Karl-Friedrich Meyer, Bremen:
              Rettet die automatisierte Datenverarbeitung die Kriminalistik?

07.02.1973   Kriminalobermeister Frank Herrmann, Bremen:
              Verdachtsmomente bei Personenkontrolle

09.01.1974   Ltd. Kriminaldirektor Günther Bauer, Wuppertal:
              Die Täter-Opfer-Beziehung als kriminaltaktischer Ermittlungsansatz

17.04.1974   Oberpolizeidirektor Dr. jur. Othmar Keller, München:
              Polizeiliche Einsatzerfahrungen bei Katastrophenfällen

16.10.1974   Ltd. Regierungskriminaldirektor Herbert Tolksdorf, Wiesbaden:
              Die Bedeutung der elektronischen Datenverarbeitung für die Krimi-
              nalitätsbekämpfung in den USA

16.10.1974   Regierungskriminaldirektor Werner Schönfeld, Wiesbaden:
              Die Bedeutung der elektronischen Datenverarbeitung für die Krimi-
              nalitätsbekämpfung in der Bundesrepublik Deutschland

16.10.1974   Ltd. Regierungskriminaldirektor Paul Neuendorf, Wiesbaden:
              Die Fortentwicklung der Fingerabdruckidentifizierung durch die elek-
              tronische Datenverarbeitung

Seminar am 18./19.11.1994 im Hotel „Gut Altona", Wildeshausen (links: Vorst.-M. Walther)

16.10.1974	Ltd. Kriminaldirektor Waldemar Burghard, Hannover: Neue Kriminalstrategien und Kriminaltaktiken
16.04.1975	Regierungskriminaldirektor Jürgen Jeschke, Wiesbaden: Internationale Fahndung
14.04.1976	Prof. Dr. Soz. Wiss. Johannes Feest, Bremen: Selektive Kriminalitätsbekämpfung
24.11.1976	Prof. Dr. phil. Heinrich Ebel, Münster: Die Berücksichtigung subkultureller Zusammenhänge bei kriminaltaktischen Maßnahmen
22.12.1976	Kriminalhauptmeister Eckhard Mordhorst, Bremen: Das Kraftfahrzeug als Tatmittel
15.02.1978	Kriminaloberrat Heinz Stüllenberg, Düsseldorf: Kriminalstrategische und kriminaltaktische Überlegungen zur Tätermobilität
18.10.1978	Kriminalhauptkommissar Wolfgang Mückel, Stuttgart: Kriminaltaktiken und Beweisschwierigkeiten bei der Bearbeitung von Umweltschutzdelikten
03.03.1982	Prof. Dr. jur. Arthur Kreuzer, Gießen: Steuert die Polizei die Rechtsprechung nach Tötungsdelikten?
07.04.1982	Ltd. Kriminaldirektor Hans-Ludwig Zachert, Bonn: Polizeiliche Spionagebekämpfung
03.11.1982	Ltd. Kriminaldirektor Paul Berke-Müller, Hannover: Kriminalität der „Scheinasylanten" und illegal eingesickerten Ausländer
13.11.1982	Rechtsanwalt Dr. jur. Hans Josef Horchem, Hamburg: Methoden der Unterwanderung
13.11.1982	Dr. phil. Wilhelm Fuchs, Bremen: Strategisches Konzept oder Zufall? – Moskaus Interessen und die auslösenden Elemente im Westen
14.11.1982	Ltd. Kriminaldirektor Manfred Kittlaus, Berlin: Die politisch motivierte Gewalt auf den Straßen und die kriminalistische Beweisführung gegen Gewalttäter
14.11.1982	Polizeipräsident Ernst Diekmann, Bremen: Die politisch motivierten Straftaten in Bremen

11.02.1983   Kriminaloberrat Armin Mätzler, Düsseldorf:
             Ermittlungsfehler bei der Bearbeitung von Tötungsdelikten

11.02.1983   Kriminaloberrat Wilhelm Regtmeier, Hannover:
             Kriminaltaktische Probleme nach Tötungsdelikten

06.04.1983   Kriminaldirektor Erich Philipp, Münster:
             Probleme der Gegenüberstellung

04.05.1983   Kriminaldirektor Günther Jahn, Delmenhorst:
             Kriminalitätsstrukturen und Täterfluktuation im kriminalgeographi-
             schen Raum Bremen

14.03.1984   Kriminaldirektor Peter Möller, Bremen:
             Zusammenhänge in der milieugebundenen Kriminalität Bremens

12.05.1984   Kriminaloberrat Johann-Peter Schneider, Düsseldorf:
             Schwierigkeiten und taktische Chancen bei der kriminalistischen
             Untersuchung von Entführungsfällen

12.05.1984   Kriminaloberrat Wilhelm Regtmeier, Hannover:
             Taktische und operative Erfahrungen bei der Bearbeitung atypischer
             Entführungsfälle

12.05.1984   Kriminaloberrat Helmut Titulaer, Bonn:
             Das Gesetz des Handels liegt beim Täter (Schwierigkeiten der takti-
             schen Bewältigung von Entführungsfällen, dargestellt am Fall Brassel)

12.05.1984   Kriminalhauptkommissar Peter-Jürgen Seeler, Hamburg:
             Die polizeiliche Lösung von Entführungsfällen unter besonderer Be-
             rücksichtigung der Vorbereitung durch Durchführung von Festnah-
             men Tatverdächtiger

12.05.1984   Kriminaloberrat Peter Hauk, Wiesbaden:
             Entführungen im Ausland

13.05.1984   Kriminalrat Peter Mutschler, Stuttgart:
             Erfahrungen aus der Bearbeitung eines grenzüberschreitenden Ent-
             führungsfalles

13.05.1984   Kriminaloberrat Friedhelm Meise, Düsseldorf:
             Der Einsatz technischer Mittel bei der Bearbeitung von Entführungs-
             fällen

13.05.1984   Landeskriminaldirektor Heinz Hertlein, Stuttgart:
             Die Zusammenarbeit mit Angehörigen von Entführungsopfern

20.10.1985	Kriminaloberrat Bernhard Falk, Frankfurt/Main: Anmerkungen zur Prädominanz der Prävention
06.11.1985	Gerhard Boeden, Vizepräsident, Wiesbaden: Terrorismus in Westeuropa
19.08.1986– 04.09.1986	Oberstaatsanwalt Wolfgang Litzig, Bremen: 1. Lehrgang „Grundlagen der Mikrocomputertechnik" (Anwendung und Programmierung)
24.10.1986– 05.12.1986	Kriminaldirektor Peter Möller, Bremen: 2. Lehrgang „Grundlagen der Mikrocomputertechnik" (Anwendung und Programmierung)
23.01.1987	Leitender Polizeidirektor Albert Lohse, Bremen: Festnahmen durch die Schutzpolizei
23.01.1987	Kriminalhauptkommissar Frank Herrmann, Bremen: Verdachtsmomente
21.10.1988	Abteilungspräsident Dr. jur. Bert Rombach, Köln: Erkennen und Abwehr der verdeckten Anbahnung und des Gewinnens von Mitarbeitern durch den gegnerischen Nachrichtendienst
21.10.1988	Direktor Dr. jur. Josef Karkowski, Köln: Präventive Spionagebekämpfung als Antwort auf die Ausspähungsmethoden der gegnerischen Nachrichtendienste
21.10.1988	Dieter Walter, Abteilungspräsident, Bonn: Neue Beweislagen und Beweisprobleme im Staatsschutzbereich
21.10.1988	Bundesanwalt Dr. jur. Rainer Müller, Karlsruhe: Rechtliche und tatsächliche Probleme beim „Aussteigen" eines Agenten
21.10.1988	Vizepräsident Dr. Peter Frisch, Köln: Die Wirtschaft im strategischen, operativen und taktischen Zugriff der Spionage
20.01.1989	Kriminalrat Eckard Mordhorst, Bremen: Festnahmen durch die Kriminalpolizei
20.01.1989	Kriminaldirektor Jörg Zierke, Kiel: Wer macht sich wodurch verdächtig?
20.01.1989	Erster Polizeihauptkommissar Willem Wansleven, Hannover: Taktische und operative Fahndungserfahrungen beim Einsatz des zivilen Fahndungskommandos in Hannover

Arbeitstagung am 9.12.1994: Sandstr. 10–12, Bremen

19.01.1990	Kriminaloberrat Heinrich Toeberg, Hannover: Anmerkungen zur Nahtstelle zwischen Kriminalistik und Technik
19.01.1990	Polizeihauptkommissar Ernst Müller, Düsseldorf: Das Zurückverfolgen ankommender Telefongespräche (I. und II.)
21.03.1990	Prof. Ekke Dahle, Bremen: Die Abgrenzung zwischen erlaubter List und verbotener Täuschung im Ermittlungsverfahren
22.02.1991	Prof. Michael Weiß, Hamburg: Die vorgetäuschte Straftat
21.02.1992	Vorsitzender Richter Kurt Kratsch, Bremen: Ab wann gilt der Beweis als erbracht?
07.10.1992	Kriminalhauptkommissar Detlef Fröhlich, Berlin: Der Indizienbeweis in einem Mordfall
10.02.1994	Kriminalhauptkommissar Detlef Fröhlich, Berlin: Die Überprüfung und Widerlegung falscher Alibis

– Organisierte Kriminalität

07.04.1972	Ltd. Regierungskriminaldirektor Dr. jur. Karlheinz Gemmer, Wiesbaden: Die Bekämpfung organisierter Kriminalität
29.11.1972	Kriminalkommissar Wilfried Stammler, Düsseldorf: Die Kriminalität organisierter Zuhälter
05.03.1975	Wissenschaftl. Assistent Dr. jur. Hans-Jürgen Kerner, Tübingen: Die organisierte Kriminalität in der Bundesrepublik Deutschland
07.01.1976	Kriminalhauptkommissar Frank Herrmann, Bremen: Die Prostitution in Bremen
14.12.1977	Kriminalhauptkommissar Wolfgang Rust, Dortmund: Neue Formen der organisierten Kriminalität: Das illegale Glücksspiel
15.03.1978	Kriminaloberrat Jürgen Klös, Wiesbaden: Der internationale Waffenhandel zwischen Legalität und organisierter Kriminalität

21.11.1981	Ltd. Kriminaldirektor Dr. jur. Herbert Schäfer, Bremen: Einführung in die Probleme der V-Mann-Verwendung
21.11.1981	Kriminaloberrat Werner Stoll, Hamburg: Taktische Probleme der V-Mann-Führung
21.11.1981	Landeskriminaldirektor Heinz Hertlein, Stuttgart: Die Problematik des V-Mann-Einsatzes
21.11.1981	Kriminalhauptkommissar Frank Herrmann, Bremen: Der Einsatz des V-Mannes als kriminaltaktische Methode
21.11.1981	Kriminalhauptmeister Joachim Graubohm, Bremen: Das Gewinnen von V-Leuten
21.11.1981	Ltd. Kriminaldirektor Dr. jur. Ralf Krüger, Karlsruhe: Verfassungsrechtliche Grundlagen polizeilicher V-Mann-Arbeit
22.11.1981	Ltd. Kriminaldirektor Dr. jur. Ralf Krüger, Karlsruhe: Identitätsschutz für Vollzugsbeamte in besonderer Funktion
22.11.1981	Prof. Dr. jur. Otto Backes, Bremen: Zeugenbeweis ohne Zeugen – zur strafprozessualen Verwertbarkeit von V-Mann-Aussagen
02.03.1983	Kriminaldirektor Karl-Heinz Müller, Hannover: Das Unternehmen „Zitrone"
06.10.1984	Ltd. Kriminaldirektor Dr. jur. Herbert Schäfer, Bremen: Polizei- und strafrechtliche Grundlagen des Einsatzes von Vertrauenspersonen und verdeckter Ermittler
06.10.1984	Kriminaloberrat Klaus Mellenthin, Stuttgart: Erfahrungen in der VP-Führung
06.10.1984	Kriminaloberrat Klaus Mellenthin, Stuttgart: Einsatz verdeckter Ermittler
06.10.1984	Kriminaldirektor Peter Möller, Bremen: Die Zusicherung der Vertraulichkeit
06.10.1984	Kriminalhauptkommissar Jürgen Rohwedder, Kiel: Die logistischen Voraussetzungen des Einsatzes von Vertrauenspersonen und verdeckten Ermittlern
07.10.1984	Kriminalhauptkommissar Adolf Westedt, Hamburg: Der Schutz von Vertrauenspersonen und verdeckten Ermittlern

07.10.1984   Kriminaloberrat Jörg Ziercke, Neumünster:
Die psychologische Bewältigung des Ermittlungsauftrages durch den
verdeckten Ermittler

19.10.1985   Kriminaldirektor Wolfgang Sielaff, Hamburg:
Hamburger Erfahrungen nach dem Erlaß der VP-Richtlinien

19.10.1985   Kriminaloberrat Wolf Plewka, Hamburg:
Erfahrungen bei der Durchführung von Großverfahren gegen organisierte Kriminelle

19.10.1985   Kriminaldirektor Wolfgang Sielaff, Hamburg:
Die Zeugenschutzorganisation

19.10.1985   Landeskriminaldirektor Heinz Hertlein, Stuttgart:
Aufbau, Gebrauch und Absicherung von Legenden

19.10.1985   Kriminalhauptkommissar Adolf Westedt, Hamburg:
Nachteile für enttarnte VE/VP und Zeugen

20.10.1985   Prof. Ekke Dahle, Bremen:
Die Bedeutung der Rechtfertigungsgründe für die VP und den VE
(unter besonderer Berücksichtigung der Einwilligung des Verletzten)

20.10.1985   Kriminalhauptkommissar Rainer Labonté, Düsseldorf:
Die organisierte Kriminalität des Nachtlebens (zwei Referate)

18.10.1986   Staatsanwalt Dr. jur. Peter Stechmann, Hamburg:
Bordellbetreiber als Prototypen der organisierten Kriminalität des
Nachtlebens

18.10.1986   Kriminaloberrat Wolf Plewka, Hamburg:
Indikatoren der organisierten Kriminalität

18.10.1986   Kriminaldirektor Wolfgang Sielaff, Hamburg:
Mögliche Schwachstellen der Polizei für korrumpierende Ansätze

18.10.1986   Landeskriminaldirektor Manfred Kittlaus, Berlin:
Die Infiltration der Verwaltung durch organisierte Kriminelle

18.10.1986   Polizeihauptkommissar Fred Prase, Frankfurt/Main:
Das Frankfurter Bahnhofs-Viertel im Bild

19.10.1986   Polizeidirektor Ulrich Dugas, Münster:
Das Fehlverhalten von Polizeibeamten und die dienstaufsichtliche
Prävention (I, II und III)

Seminar am 18./19.11.1994 im Hotel „Gut Altona", Wildeshausen (von links: Vorst.-M. H: Schäf

12.12.1986	Staatsanwältin Cornelia Gädigk, Hamburg: Die Rechtsprechung zum VP-Einsatz und ihre Auswirkungen auf das Ermittlungsverfahren
12.12.1986	Richter Willers Amtrup, Hamburg: Die Problematik des VP-Einsatzes und der VP-Führung
12.12.1986	Kriminalhauptkommissar Adolf Westedt, Hamburg: Die Prozeßbeobachtung beim Einsatz von VP
12.12.1986	Kriminalhauptkommissar Adolf Westedt, Hamburg: Die Praktikabilität von Sperrerklärungen
12.12.1986	Kriminalhauptkommissar Adolf Westedt, Hamburg: Ermittlungstaktische Probleme in der VP-Führung
13.12.1986	Kriminalhauptkommissar Adolf Westedt, Hamburg: Probleme der Aktenführung bei VP-Einsätzen
13.12.1986	Kriminalhauptmeister Dieter Vagt, Hamburg: Die praktische Führung einer VP
02.10.1991	Oberstaatsanwalt Reinhard Rochus, Frankfurt/Main: Die Korruption der Verwaltung
02.10.1991	Kriminaldirektor Peter Walter, Frankfurt/Main: Organisierte Kriminalität
11.03.1992	Ltd. Kriminaldirektor Wolfgang Sielaff, Hamburg: Bruchstellen im polizeilichen Berufsethos
16.09.1994	Erster Kriminalhauptkommissar Rainer Labonte, Düsseldorf: Operative und taktische Beweisführung gegen die organisierte Kriminalität des Nachtlebens
16.09.1994	Kriminalhauptkommissar Karl Heinz Hillgärtner, Staufenberg: Operative und taktische Beweisführung gegen organisierte Zuhälter in Hessen
16.09.1994	Kriminalhauptkommissar Meinhard Brummack, Essen: Operative und taktische Beweisführung gegen illegale Spielbetriebe
16.09.1994	Kriminaldirektor a. D. Heinz Stüllenberg, Kaarst: Die Balaleika-Mafia
17.09.1994	Kriminalhauptkommissar Uwe Jordan, Verden: Die Provokation eines Täterfehlers als taktische Ermittlungsmethode

17.09.1994   Oberstaatsanwalt Wolfgang Schaupensteiner, Frankfurt/Main:
              Die Korruption der öffentlichen Verwaltung als Infiltrationspunkt für
              die organisierte Kriminalität

17.09.1994   Peter Pferdekemper, Mainz,
              Indikatoren für korruptive Entwicklungen in der öffentlichen Verwal-
              tung

17.09.1994   Präsident Udo Müller, Remstadt:
              Die quasi-organisierte Kriminalität in der bestochenen Verwaltung

– Rauschgiftkriminalität

23.10.1970   Prof. Dr. med. Stephan Wieser, Bremen:
              Sucht und Abhängigkeit von Medikamenten aus der Gruppe der Phan-
              tastika

21.10.1971   Dr. med. Karl D. Heines, Bremen:
              Die Psychopathologie des Rauschgiftmißbrauchs

21.10.1971   Dr. med. Jutta Ditt, Göttingen:
              Untersuchung zur Haschischwirkung

21.10.1971   Dr. med. Helmut Waldmann, Bonn:
              Sozialpsychiatrische Aspekte des Drogenkonsums

21.10.1971   Dr. med. Dieter Baumann, Bremen:
              Entwicklungsphasen und Rauschgiftgefährdung

21.10.1971   Dr. med. Eduard Ebel, Bielefeld:
              Haschischkonsum und Gesundheitsgefährdung

21.10.1971   Dr. med. Jürgen Schwarz, Kiel:
              Rauschmittelkonsum durch Oberschüler des Landes Schleswig-Hol-
              stein

22.10.1971   Kriminaloberkommissar D. Schöpp, Düsseldorf:
              Subversive Kriminaltaktik und Rauschgiftkriminalität

22.10.1971   Dr. med. Richard Hackel, Mainz:
              Probleme des chemischen Nachweises moderner Rausch- und Sucht-
              mittel

22.10.1971   Polizeiobermeister Hermann Dierßen, Bremen:
              Einsatz eines Haschisch-Suchhundes (praktische Vorführung)

22.10.1971	Kriminaloberkommissar Wolfgang Fach, Wiesbaden: Operative und taktische Maßnahmen gegen den organisierten Rausch- gifthandel
22.10.1971	Kriminaloberkommissar Hans Wienberg, Hamburg: Kriminaltaktische Erfahrungen bei der Überführung von Rauschgift- dealern
19.10.1972	Kriminaldirektor Hans Zühlsdorf, Hamburg: Die Gewalt in der Drogenszene
30.10.1974	Oberstaatsanwalt a. D. Dr. jur. Siegfried Höffler, Bremen: Der internationale Rauschgifthandel
19.03.1975	Prof. Dr. med. Fritz Kemper, Münster: Drogeneinfluß am Tatort
04.02.1976	Privatdozent Dr. jur. Arthur Kreuzer, Hamburg: Delinquenzbelastung Drogenabhängiger unter besonderer Berück- sichtigung der Fixer
17.02.1976	Prof. Dr. med. Joachim Gerchow, Frankfurt: Alkohol und Kriminalität
26.10.1977	Dipl.-Soziologe Michael Jasinsky, Hamburg: Die Alkoholgefährdung der Jugend
26.10.1977	Sozialpädagoge Axel Peters, Hamburg: Das Scheitern von Selbsthilfegruppen in der Drogenarbeit
15.11.1977	Ltd. Kriminaldirektor Dr. jur. Herbert Schäfer, Bremen: Rauschgiftmißbrauch und Terrorismus – zwei Methoden der Selbst- zerstörung
06.11.1981	Ltd. Kriminaldirektor Dr. jur. Herbert Schäfer, Bremen: Überblick über die Entwicklungstendenzen des Drogenmißbrauchs und der Drogenkriminalität
06.11.1981	Dr. Ing. Horst Liebig, Bremen: Die Vorgänge im menschlichen Hirn, insbesondere nach der Ein- nahme von Rauschgift
07.11.1981	Richter Dr. jur. Bernard Klosterkemper, Bremen: Legalize it? (Brüchige Argumente für die Freigabe eines Rauschgifts)
07.11.1981	Dr. med. Axel Titgemeyer, Bremen: Das Früherkennen von Haschisch- und Heroinkonsum und die baldige Hilfe

Seminar am 28./29.10.1994 in Wremen, Marschenhof (Vordergrund: Vorst.-M. Frankenfeld)

07.11.1981	Dipl.-Psychologin Dr. Hannelore Lopez, Berlin: Schülertutoren und Vertrauenshelfer
07.11.1981	Dipl.-Psychologe Erich Kuller, Bremen: Die Psychologie der Annäherung und des Hilfeangebots
02.12.1981	Staatsanwalt Jochen Hübner, Bremen: Die Entwicklung von Drogenkarrieren und der Ursprungs- und Begleitkriminalität
08.02.1984	Privatdozent Dr. med. Karl-Ludwig Täschner, Frankfurt/Main: Drogenkonsum und Aussagetüchtigkeit
09.05.1984	Dr. phil. Walter Kindermann, Berlin: Kriminalität und Deprivation in der Drogenkarriere
16.01.1985	Dr. med. Hanswilhelm Beil, Hamburg: Die strafbare und potentiell strafbare Verschreibung und Abgabe von Arzneimitteln
20.10.1985	Staatsanwalt Dr. jur. Harald Körner, Frankfurt/Main: Beweisführungsmethodik in Rauschgiftfällen
09.03.1988	Ltd. Kriminaldirektor Peter Möller, Bremen: Die indirekte Beschaffungskriminalität der Rauschgiftsüchtigen und ihre Bedeutung für den Sicherheitszustand

– Wirtschaftskriminalität, Weiße-Kragen-Kriminalität, Betrug

20.10.1970	Ministerialrat Dr. jur. Heinz Schaefgen, Bad Godesberg: Besondere Erscheinungsformen der Rüstungskriminalität
07.01.1972	Prof. Dr. jur. Günther Kaiser, Freiburg: Kriminalität und Straftatenkontrolle in Industriebetrieben
03.03.1972	Ltd. Oberstaatsanwalt Dr. jur. Günter Bähr, Kleve: Probleme der Wirtschaftskriminalität
13.12.1972	Rechtsanwalt Hans Gurski, Ministerialrat a. D., Frankfurt/Main: Bereicherungen in der Europäischen Wirtschaftsgemeinschaft
17.10.1973	Ltd. Verwaltungsdirektor Ehrhardt Schweiger, Bremen: Der manipulierte Anspruch (Arbeitsförderungsgesetz)
17.10.1973	Oberregierungsrat Dr. jur. Rudolf Haeger, Braunschweig: Moderne Sklavenhändler

17.10.1973	Kriminalhauptkommissar Heinz Eggers, Bremen: Tiefbaubetrügereien
17.10.1973	Prof. Dr. med. Franz Petersohn, Mainz: Die Psychologie des Betruges
17.10.1973	Staatsanwalt Friedrich-Wilhelm Schröder, Bielefeld: Krediterlangung durch betrügerische Grundstücksbewertung
17.10.1973	Regierungskriminaldirektor Wilhelm Berk, Wiesbaden: Das organisierte Verbrechen in der Wirtschaftskriminalität
17.10.1973	Ltd. Kriminaldirektor Günther Bauer, Wuppertal: Der Betrüger als stiller Teilhaber
18.10.1973	Dipl.-Kaufmann Jürgen Neuhäuser, Köln: Bilanzdelikte als Deckungshandlungen
18.10.1973	Kriminaloberrat Herwig Leßmann, Hamburg: Untreuehandlungen leitender Angestellter
18.10.1973	Kriminalhauptmeister Heinz Büngener, Hannover: Betrügereien durch Abschreibungsgesellschaften
18.10.1973	Staatsanwalt Karl-Heinz Marten, Bremen: Urkundenfälschungen in der Außenwirtschaft
18.10.1973	Regierungsrat Heinz Graeber, Hannover: Subventionsbetrügerein in der EWG
18.10.1973	Prof. Dr. jur. Peter Thoss, Bremen: Wirtschaftskriminalität und Juristenausbildung
19.10.1973	Oberstaatsanwalt Dr. jur. Josef Havertz, Aachen: Die Contergan-Affäre
19.10.1973	Dipl.-Chemiker Dr. med. Manfred Donicke, Köln: Die Täuschung durch Doping
19.10.1973	Rechtsanwalt Dr. jur. Ernst Reichardt, München: Piratisierte Musik
19.10.1973	Direktor Dr. jur. Alois Deichl, München: Betrügereien bei der Abwicklung von Kraftfahrzeugschäden
19.10.1973	Oberstaatsanwalt Konrad Händel, Waldshut: Die Fahndung nach Betrügern in der Vergangenheit

19.10.1973	Wirkl. Hofrat Dr. jur. Heinrich Tintner, Wien: Organisation und Arbeitsweise der Exekutive bei der Bekämpfung der Wirtschaftskriminalität in Österreich
19.10.1973	Vizepräsident Dr. jur. Helmut Gutzler, Berlin: Die Ermittlungsarbeit des Bundeskartellamtes
19.10.1973	Dipl.-Psychologe Prof. Dr. jur. Hans-Joachim Schneider, Münster: Die kriminologische Erfahrung der Wirtschaftskriminalität
29.10.1975	Dr. rer. pol. Horst-Dieter Schultze-Kimmle, Zell: Ursachen von Bankinsolvenzen und Maßnahmen zu ihrer Verhütung
28.04.1976	Oberstaatsanwalt Wolfgang Litzig, Bremen: Probleme der Steuerrechtspraxis
18.10.1978	Kriminalhauptkommissar Heinrich Lotz, Wiesbaden: Umweltschutzdelikte als Wirtschaftskriminalität
26.02.1982	Dipl.-Kaufmann Dr. rer. pol. Günther Hoffmann, Wirtschaftsreferent, Kaiserslautern: Überschuldung und Zahlungsunfähigkeit im Konkursstrafrecht
26.02.1982	Dipl.-Kaufmann Dieter Wilms, Wirtschaftsreferent, Bremen: Betriebswirtschaftliche Einzelfragen bei der Verfolgung von Insolvenzkriminalität
26.02.1982	Erste Staatsanwältin (im Hochschuldienst) Dr. jur. Ellen Schlüchter, Konstanz: Rechtliche Zweifelsfragen im Konkursstrafrecht
27.02.1982	Oberstaatsanwalt Wolfgang Litzig, Bremen: Verfahrensrechtliche Zweifelsfragen
27.02.1982	Dipl.-Kaufmann Horst Rauer, Wirtschaftsreferent b. d. StA, Bremen: Steuerrechtliche Zweifelsfragen im Steuerstrafverfahren
27.02.1982	Staatsanwalt Lothar Spielhoff, Bremen: Strafrechtliche Zweifelsfragen im Steuerstrafverfahren
02.02.1983	Ltd. Oberstaatsanwalt Werner Hempler, Mainz: Die Kriminalität der Weinfälschung
06.06.1983	VRLG Dr. Wolfgang Müller, Mannheim: Vorbereitung und Durchführung der Hauptverhandlung in Wirtschaftsstrafsachen

Seminar am 16./17.9.1994 in Wremen, Marschenhof (Dritter von rechts: Vorst.-M. Dr. Heines)

06.06.1983	Prof. Dr. Günter Kohlmann, Köln: Ausgewählte Fragen des materiellen Steuerstrafrechts
07.06.1983	Kriminaldirektor Heinz Stüllenberg, Düsseldorf: Die illegale Arbeitnehmerüberlassung aus kriminalistischer Sicht
07.06.1983	Oberstaatsanwalt Dr. Horst Franzheim, Köln: Die illegale Arbeitnehmerüberlassung aus strafrechtlicher Sicht
07.06.1983	Staatsanwalt Hans-Gerd Meine, Hamburg: Empirische Erkenntnisse über die Strafzumessung in Steuerstrafsachen
07.06.1983	Oberstaatsanwalt Wolfgang Litzig, Bremen: Allgemeine Grundsätze der Strafzumessung in Wirtschaftsstrafsachen
19.11.1984	Bernd Meier, Bremen: Möglichkeiten einer unternehmensexternen Datenverarbeitung (Buchführung, Bilanzierung, betriebswirtschaftliche Auswertung usw.), dargestellt am Beispiel der DATEV
19.11.1984	Prof. Dr. Ellen Schlüchter, Köln: Irrtumsfragen im Steuerstrafrecht
20.11.1984	Richter am Finanzgericht Peter Bilsdorfer, Saarbrücken: Steuerstrafrechtliche Ermittlungen bei Banken Folgen einer Steuerhinterziehung, insbesondere aus steuerlicher Sicht
20.11.1984	Prof. Dr. M. Kussmann, Nordkirchen: Verwertungsverbote im Steuerstrafverfahren Einzelfragen zum Kompensationsverbot (§ 370 Abs. 4 Satz 2 AO)
11.11.1987	Ltd. Oberstaatsanwalt Werner Hempler, Mainz: Abrechnungsmanipulationen bei Honoraren und Arzneimittelabgaben
02.12.1992	Landespolizeidirektor Manfred Kittlaus, Berlin: Anmerkungen zur Regierungs- und Vereinigungskriminalität

– Brandstiftungskriminalität

15.11.1972	Branddirektor Dr. rer. nat. Jürgen Engelmann, Bremen: Schiffs- und Hafenbrände
28.11.1973	Dipl.-Chemiker Dr. rer. nat. Wilhelm Jach, Kiel: Brandstiftung und Versicherungsbetrug

23.11.1984   Paul Augustin, Geschäftsführer, Kiel:
Die Folgen vernachlässigter Brandprävention – ein Beispiel zur Ursachenforschung

23.11.1984   Kriminalhauptkommissar Rolf Weier, Hamburg:
Spuren am Brandort und ihre Bedeutung

23.11.1984   Dr. rer. nat. Jürgen Wasilewski, Wissenschaftl. Direktor, Hamburg:
Naturwissenschaftliche Untersuchungsmethoden bei Brandfällen

23.11.1984   Dipl.-Ing. Horst Lieder, Hamburg:
Elektrizität als Brandursache

14.02.1986   Dipl.-Chemiker Detlef Klingemann, Bremen:
Die Beschreibung von Unfall- und Brandgefahren (Experimentalvortrag)

07.03.1986   Prof. Dr. med. Dr. rer. nat. Willi Schumacher, Gießen:
Psychopathologie und Psychodynamik des Brandstifters

05.12.1986   Dr. rer. nat. Klaus Krönke, Wissenschaftl. Direktor, Kiel:
Tatbegehungsweisen und Beweismethoden bei Brandstiftungen

05.12.1986   Kriminalhauptkommissar Jochen Steiner, Dipl.-Verwaltungswirt, Köln:
Möglichkeiten und Grenzen bei der Beweisführung gegen vorsätzliche Brandstiftungen

05.12.1986   Dr. med. Manfred Kleiber, Rechtsmediziner, Hamburg:
Die Untersuchung von Brandleichen

05.12.1986   Versicherungskaufmann Günter Uschtrin, Rahmstorf:
Die kriminalistisch-kaufmännische Abwicklung von Brandfällen durch Schadensregulierer

05.02.1986   Polizeihauptkommissar Hartmut Hanke, Wiesbaden:
Der brennende Pkw

23.10.1987   Dipl.-Ing. Friedrich Himstedt, Hannover:
Blitzschutz und Blitzgefahren

23.10.1987   Wissenschaftl. Angestellter Horst Garbe, Hannover:
Defekte an elektrischen Haushaltsgeräten als Brandursache

23.10.1987   Dr. Ing. Thomas Facklam, Offenbach:
Die Bedeutung der VDE-Vorschriften für die Brandprävention

15.01.1988	Erster Kriminalhauptkommissar Karl Maulhardt, Wiesbaden: Mängel an Feuerungsanlagen als Brandursache (I und II)
15.01.1988	Wissenschaftl. Angestellter Eckart Hoppe, Kiel: Die Wertrekonstruktion nach Bränden
15.01.1988	Wissenschaftl. Angestellter Siegfried Stief, Kiel: Die Ermittlung von Brandausbruchzeiten
15.01.1988	Erster Kriminalhauptkommissar Karl Maulhardt, Wiesbaden: Gasexplosionen
15.01.1988	Dipl.-Betriebswirt Frank Golinski, Köln: Die Brandstiftung als Wirtschaftsdelikt
28.10.1988	Kriminalhauptkommissar Werner Breitfeld, Berlin: Ist die Brandversicherung ein kriminogener Faktor?
28.10.1988	Kriminaloberkommissar Klaus Jakobs, Bremen: Auffallende Brandhäufigkeiten
28.10.1988	Kriminalhauptkommissar Jochen Steiner, Köln: Brandkriminalistische Ermittlungsarbeit nach Großbränden
28.10.1988	Kriminalhauptkommissar Jochen Steiner, Köln: Die Vereitelung des Taterfolges durch zivilgerichtliche Verfahren
14.04.1989	Erster Kriminalhauptkommissar Karl Maulhardt, Wiesbaden: Tötungsdelikt und Versicherungsbetrug
14.04.1989	Prof. Dr. med. Klaus Püschel, Hamburg: Der Mordbrand
14.04.1989	Brandoberinspektor Carl Wilhelm Gerlach, Hamburg: Technische Vorbereitungen zum Erkennen und Bekämpfen von Bränden
14.04.1989	Kriminalhauptkommissar Wolfgang Lang, Wiesbaden: Kfz.-Brand und Versicherungsbetrug
14.04.1989	Kriminalhauptkommissar Klaus Waschkewitz, Hannover: Die Überprüfung der wirtschaftlichen Verhältnisse des Brandbetroffenen
16.02.1990	Landesinnungswart Rolf Häfker, Bremen: Die Aufgaben des Bezirksschornsteinfegermeisters in der Brandprävention

Besichtigung des Bundeskriminalamtes am 8.9.1994

16.02.1990   Prof. Dr. Ing. Klaus-Dieter Pohl, Wuppertal:
Die Unterscheidung von Bränden und Explosionen anhand des Schadensbildes (I und II)

16.02.1990   Prof. Dipl.-Ing. Ernst Achilles, Oberbranddirektor a. D., Frankfurt:
Der Brandschutz in Bauten besonderer Art und Nutzung

16.02.1990   Erster Hauptkommissar Uwe Schmidt, Berlin:
Brandstiftung und Korruption

25.01.1991   Brandrat Dipl.-Ing. Stefan Eppinger, Bremen:
Brandfolgen aus vernachlässigter Prävention

25.01.1991   Kriminalhauptkommissar Wolfgang Holzmann, Hannover:
Kriminalistische Tatortarbeit bei Brandereignissen einschließlich Todesermittlungssachen

25.01.1991   Dr. soz. Wolf R. Dombrosky, Bremen:
Das Fehlverhalten von Menschen im Umgang mit Feuer

25.01.1991   Prof. Dr. Ing. Klaus-Dieter Pohl, Wuppertal:
Brand- und Explosionsursachen aus naturwissenschaftlicher und sicherheitstechnischer Sicht
(Häuslicher Bereich – Betrieb – Kfz.)

24.01.1992   Kriminaloberkommissar Walter Panschar, Wildeshausen:
Schwierigkeiten und Fehler in der Zusammenarbeit zwischen Polizei und Feuerwehr am Brandort

24.01.1992   Kriminalhauptmeister Egon Meyenburg, Bramsche:
Taktische Schwierigkeiten bei der Bearbeitung von Brandfällen

24.01.1992   Dipl.-Betriebswirt Werner Völksen, Hannover:
Warum versichern wir – warum versichern wir nicht?

24.01.1992   Prof. Dr. Ing. Klaus-Dieter Pohl, Wuppertal:
Brandstiftung als Massendelikt?
(unter besonderer Berücksichtigung des Kfz.-Versicherungsbetruges)

21.01.1993   Dipl.-Ing. Michael Richter, Bremen:
Einführung in die Theorie der Brandverursachung und Elektrizität

21.01.1993   Dipl.-Ing. Karl Lucks, Kiel:
Brandgefahren durch die Elektrotechnik in der Landwirtschaft

21.01.1993   Dipl.-Ing. Wolfgang D. Flechner, Wilhelmshaven:
Unfälle und Elektrizität

21.01.1992   Dipl.-Ing. Eckart Hoppe, Kiel:
               Brände und Brandgefahren durch Feuerarbeiten

21.01.1992   Dipl.-Betriebswirt Werner Völksen, Hannover:
               Die rechtlichen Folgen aus der Verletzung versicherungsvertraglicher
               Obliegenheiten

13.01.1994   Branddirektor Dr. Joachim Held, Bremerhaven:
               Über die Freisetzung giftiger Substanzen durch Brände

13.01.1994   Biologierat Dr. rer. nat. Dietrich Inhülsen, Hannover:
               Spuren am Tatort und am Brandstifter, dargestellt anhand von Bei-
               spielen biologischer Selbstentzündung

13.01.1994   Chemieoberrat Dr. rer. nat. Heinz-Jürgen Hennig, Hannover:
               Die Spurensicherung an besonderen Materialien nach Bränden

13.01.1994   Dr. rer. nat. Wolfgang Lichtenberg, Wissenschaftl. Direktor, Magde-
               burg:
               Der Stromtod und Spurensicherungsprobleme

13.01.1994   Dipl.-Kaufmann Jürgen Hinzmann, Köln:
               Die Zusammenarbeit der Sachversicherer als Betrugsopfer mit Krimi-
               nalpolizei und Staatsanwaltschaft

09.02.1995   Kriminalkommissar Herbert Niemeyer, Bremen:
               Ein Serienkokeler im Einkaufszentrum

09.02.1995   Kriminalhauptkommissar Uwe Rösch, Bremen:
               Ein pathologischer Serienbrandstifter – vor und nach seiner Aburtei-
               lung –

09.02.1995   Forensischer Psychiater Dr. med. Wolfgang Glückselig, Bremen:
               Diskussion zwischen Brandermittlern und Psychiatern

09.02.1995   Dr. Ing. Bernhard Ziemann, Hamburg:
               Brandschutz als Gesamtkonzept des TÜV

09.02.1995   Handlungsbevollmächtigter Dieter Ehling, Eppstein:
               Betrugsverdacht nach Bränden und Einbruchsdiebstählen aus der
               Sicht der Versicherer

– Diebstahlskriminalität

20.10.1976   Dr. jur. M. Finnberg, Bundesverband dt. Wach- und Sicherungsunternehmen, Hamburg:
Der private Selbstschutz unter besonderer Berücksichtigung der Verhütung von Diebstählen

20.10.1976   Dipl.-Kaufmann Rolf-Dieter Zöllner, Düsseldorf:
Neuere Erkenntnisse auf dem Gebiet des Ladendiebstahls

24.02.1984   Polizeihauptkommissar Dieter Wüst, Rüsselsheim:
Regionalstrategische Bearbeitung des Fahrraddiebstahls

24.02.1984   Polizeiobermeister Ernst Eberl, Bobingen bei Augsburg:
Das taktische Vorgehen bei der Bearbeitung von Fahrraddiebstählen
(mit präventiver Zielsetzung)

13.03.1985   Kriminalhauptkommissar Willi Flormann, Münster:
Einbrüche in Wohnhäuser durch reisende Täter

23.01.1987   Polizeimeister Rainer Lindemann, Bremen:
Erfahrungen der Straßenstreife

23.01.1987   Polizeihauptmeister Johann Bavendamm, Polizeiobermeister Jürgen
Kok und Hans-Joachim Schmidt, Polizeimeister Michael Nägele und
Hubertus Nette, Bremen
Das Betreffen auf frischer Tat

23.01.1987   Polizeihauptkommissar Bodo Lorat, Berlin:
Wer macht sich wo und wann wodurch als Dieb verdächtig?

23.01.1987   Kriminalhauptkommissar a. D. Hermann Kalleicher, Hamburg:
Die Entstehung des Verdachts gegenüber Ladendieben

23.01.1987   Kriminalhauptkommissar a. D. Hermann Kalleicher, Hamburg:
Beweisführung nach Ladendiebstählen

20.01.1989   Polizeikommissar Karl-Heinrich Ahlers, Polizeikommissar Rainer
Rothkopf, Polizeioberkommissar Volkmar Sattler, Polizeiobermeister Thomas Weber, Polizeikommissar Ralf Töllner, Polizeikommissar Jürgen Mittelstädt, Bremen:
Betreffen auf frischer Tat

06.04.1990   Kriminalrat Klaus-Dieter Hennicke, Bremen:
Kriminaltaktische Beweisschwierigkeiten und Beweiserfolge beim
Auftreten bandenmäßig organisierter Wohnungsdiebe

Arbeitstagung am 19.1.95 „Die kriminalistische Bearbeitung von Einbruchdiebstählen"

06.04.1990   Kriminalhauptkommissar Kurt Heinz Beck, Berlin:
               Fehler und Erfolge bei der taktischen Bearbeitung von Wohnungsein-
               brüchen

06.04.1990   Prof. Michael Weiß, Hamburg:
               Wie steigere ich das Aufklärungsergebnis bei Wohnungseinbrüchen
               durch kleintaktische Regelbeachtung?

06.04.1990   Kriminaloberrat Horst Axel, Berlin:
               Wie können Ermittlungen gegen Hehler erfolgreicher abgeschlossen
               werden?

06.04.1990   Ltd. Kriminaldirektor a. D., Rechtsanwalt, Dr. jur. Herbert Schäfer,
               Bremen:
               Aktuelle Probleme des Einbruchsdiebstahls

03.10.1990   Polizeidirektor Michael Viehweger, Bremerhaven:
               Der zivile Streifendienst der Schutzpolizei

22.02.1991   Kriminaldirektor Rainer Schmid, Offenbach:
               Neue und altbewährte operative und taktische Methoden gegen
               Hehler

22.02.1991   Prof. Michael Weiß, Hamburg:
               Die Kunden der Hehler als Ermittlungsansatz

21.02.1992   Kriminalhauptkommissar Rolf Mengel, Salzgitter:
               Typische Ermittlungsfehler in der Bearbeitung von Einbruchdieb-
               stählen

21.02.1992   Staatsanwalt Roland Hermann, Verden:
               Beweisführungsfehler nach Einbruchdiebstählen

21.02.1992   Kriminalhauptkommissar Hans-Henning von Dincklage, Papenburg:
               Beweisführungsmethodik gegen bandenorganisierte Intensivtäter

21.02.1992   Kriminalhauptkommissar Peter Terstiege, Bremen:
               Drogenabhängige als Tageswohnungseinbrecher

25.02.1993   Kriminalhauptmeister Jörn Janßen, Bremerhaven:
               Der aufgebrochene Pkw – ein Schock für den Bürger?

25.02.1993   Polizeiobermeister Frank Seeliger, Bremen:
               Der Wohnungseinbruch – nur ein einfaches Eigentumsdelikt?

25.02.1993   Polizeiobermeister Dieter Wendt, Bremen:
               Die Vermehrung der Diebe und die Folgen für die öffentliche Sicherheit

25.02.1993   Polizeiobermeister Konrad Tülk, Bremen:
              Das heikle Gespräch mit dem betroffenen Bürger

25.02.1993   Kriminaloberrat Holger Gundlach, Hamburg:
              Der Straßenraub (unter besonderer Berücksichtigung des Handta-
              schenraubes) und seine operative sowie taktische Bekämpfung

25.02.1993   Dipl.-Kriminologin Ingeborg Legge, Hamburg:
              Die kriminologische Regionalanalyse als Voraussetzung für eine ratio-
              nale Bekämpfung der Kriminalität

10.02.1994   Dipl.-Ing. Wilhelm Overlander, Bremen:
              Beweisführungsmethoden nach Einbruchdiebstählen und Sachbe-
              schädigungen an Telefonzellen

10.02.1994   Kriminalrat Wolfgang Gebauer, Aschersleben:
              Aus der vernehmungspsychologischen Praxis des Kriminalisten

10.02.1994   Prof. Dr. med. Norbert Leygraf, Essen:
              Der Diebstahl als Symptom seelischer Leiden

10.02.1994   Direktionsbevollmächtigter Jochen Winzer, Köln:
              Vorgetäuschte Diebstähle aus der Sicht eines Versicherers

19.01.1995   Kriminalhauptkommissar Uwe Marquardt, Hannover:
              Der Glasbruch

19.01.1995   Dipl.-Psychologe Norbert F. Kaiser, Mainz:
              Die Körpersprache verrät den Dieb

19.01.1995   Kriminalhauptkommissar Peter Hofmann, Düsseldorf:
              Die Vortäuschung von Straftaten (Phaenomenologie und Aufklärung)

19.01.1995   Kriminalrat Michael Steines, Bremen:
              Die Überführung von Einbrechern und Dieben als Intensivtäter

– Sexualdelinquenz, Gewalt gegen Frauen

19.10.1972   Kriminaldirektor Günter Bertling, Hamburg:
              Die Notzuchtkriminalität Minderjähriger

20.10.1972   Privatdozent Dr. med. Eberhard Schorsch, Hamburg:
              Die Rolle der Gewalt im Sexualverhalten Minderjähriger

18.12.1973   Kriminalrat Ernst Fischer, Mainz:
              Die Kriminalität der Spanner

06.03.1974	Prof. Dr. med. Franz Petersohn, Mainz: Taktische Fehler bei Vernehmungen nach Sittlichkeitsdelikten
30.11.1977	Ltd. Oberarzt Dr. med. Günther Hartmann, Darmstadt: Das Täter-Opfer-Verhältnis bei Vergewaltigungen
25.04.1979	Prof. Dr. med. Dr. jur. Reinhard Wille, Kiel: Möglichkeiten und Grenzen der Therapie bei Sexualdelinquenten
31.01.1979	Dr. phil. Friedrich Arntzen, Bochum: Schädigungsfolgen bei jugendlichen Opfern von Sexualdelikten
05.05.1982	Prof. Dr. med. Dr. jur. Reinhard Wille, Kiel: Reaktionen gegenüber vergewaltigten Frauen
19.11.1982	Prof. Dr. jur. Kurt Weis, München: Die Tatopferrolle in Vergewaltigungsfällen
19.11.1982	Sozialpädagogin Christel Hempe-Wankerl, Bremen: Gewalt gegen Frauen als gesellschaftliches Phänomen
19.11.1982	Kriminalhauptkommissar Hans Wienberg, Hamburg: Kriminaltaktische Beweismethoden in Vergewaltigungsfällen unter besonderer Berücksichtigung vorgetäuschter Straftaten
19.11.1982	Dr. rer. nat. Ekkehard Kissling, Wissenschaftl. Direktor, Wiesbaden: Naturwissenschaftliche Beweisführung in Vergewaltigungsfällen
19.11.1982	Medizinaldirektor Dr. med. Dipl.-Psychologe Jobst von Karger, Bremen: Beweissicherungsmethoden nach Vergewaltigungen
19.11.1982	Kriminalhauptmeister Claus Warnke, Bremen: Das Vergewaltigungsopfer und die Reaktion seiner Umgebung
19.11.1982	Kriminalhauptmeister Rolf Junker, Bremen: Betreuung und Resozialisierung des Vergewaltigungsopfers
19.11.1982	Kriminalhauptmeister Hans Fehrmann, Bremen: Die vergewaltigte Frau und die Polizei
19.11.1982	Kriminalhauptmeister Wolfgang Luka, Bremen: Das Vergewaltigungsopfer und die sozialen Regeln
19.11.1982	Wissenschaftl. Rat Dipl.-Psychologe Michael C. Baurmann, Wiesbaden: Schädigungen bei Sexualopfern

19.11.1982	Dr. rer. nat. Else Michaelis-Arntzen, Bochum: Die Glaubwürdigkeit von Vergewaltigungsopfern
19.11.1982	Kriminalhauptmeister Klaus Jakobs, Bremen: Das Verhältnis der Vergewaltigungsopfer zur Staatsanwaltschaft und zum Gericht
01.12.1982	Ltd. Kriminaldirektor Dr. jur. Herbert Schäfer, Bremen: Die Vergewaltigung nach der Vergewaltigung
18.11.1983	Wissenschaftl. Rat Dipl.-Psychologe Michael C. Baurmann, Wiesbaden: Die Körpersprache der Opfer von Sexualdelikten
07.12.1983	Prof. Dr. med. Eberhard Schorsch, Hamburg: Über die Psychotherapie von Sexualdelinquenten
13.12.1985	Monika Bossong, Sozialarbeiterin, Bremen, Lieseltraud Leffers, Sozialpädagogin, Bremen: Gewalt gegen Frauen und Mütter
10.02.1987	Prof. Dr. med. Dr. jur. Reinhard Wille, Kiel: Der Panoramawechsel der Sexualdelinquenz
20.01.1989	Kriminalhauptkommissar a. D. Hermann Kalleicher, Hamburg: Verdachterregende Umstände bei Sexualstraftätern
29.11.1989	Regierungsdirektor Henning Hoff, Bremen: Die Beweisführung gegen einen planvoll handelnden Rückfallvergewaltiger
29.11.1989	Kriminaldirektor Dieter Harms, Verden: Beweisführung in einem Komplex von Sexualverbrechen durch Serientäter
29.11.1989	Kriminalrat Herbert Wittneben, Buchholz: Anhaltermorde
29.11.1989	Erster Kriminalhauptkommissar Hans Wienberg, Hamburg: Schwierigkeiten und Erfolge bei der Ermittlung von Sexualstraftätern
29.11.1989	Prof. Dr. jur. Lorenz Böllinger, Dipl.-Psychologe, Bremen: Psychologie und Psychotherapie schwerdelinquenter Sexualtäter
19.01.1990	Kriminaloberrätin Ellen Karau, Berlin: Ermittlungsmethoden gegen Telefonterror
19.01.1990	Kriminaloberkommissar Ulrich Thon, Alfeld: Die Überführung eines telefonierenden Verbalerotikers

19.01.1990   Kriminaloberkommissar Bernd Reibold, Cuxhaven:
              Der Verbalerotiker „Dr. X." und das Dunkelfeld

09.12.1994   Kriminaloberkommissar Dietrich Constabel, Bremen:
              Ein mordverdächtiger Nekrophiler und die Grenzen der Beweisführung

09.12.1994   Erster Kriminalhauptkommissar Günther Kröger, Hamburg:
              Der gefährliche Spanner

09.12.1994   Ltd. Kriminaldirektorin Ellen Karau, Berlin:
              Kinder und Jugendliche als Sexualopfer

09.12.1994   Dipl.-Pädagogin Kerstin Glanz, Magdeburg:
              Der Pferdemörder

09.12.1994   Erster Kriminalhauptkommissar Rainer Labonté, Düsseldorf:
              Der sexuelle Mißbrauch von Kindern und die Kinderpornographie

09.12.1994   Kriminaldirektor Erich Philipp, Celle:
              Zur Chronologie sexuell motivierter Knabenmorde

– Jugendkriminalität

04.02.1972   Kriminaldirektor Werner Schulte, Bonn:
              Probleme der Krawallkriminalität

19.10.1972   Prof. Dr. med. Franz Petersohn, Mainz:
              Die Rolle der Gewalt in der Kriminalität Minderjähriger

19.10.1972   Ltd. Kriminaldirektor Dr. jur. Herbert Schäfer, Bremen:
              Die Statistik der Jugendkriminalität unter besonderer Berücksichtigung der Gewaltkriminalität

19.10.1972   Kriminaloberrat Paul Bercke-Müller, Osnabrück:
              Vandalismus Minderjähriger

19.10.1972   Prof. Dr. jur. Günther Kaiser, Freiburg:
              Kriminelle Gruppen und Banden gewalttätiger Minderjähriger

20.10.1972 Kriminalkommissar Jürgen Wolter, Hamburg:
Rocker und Schläger

20.10.1972 Ltd. Kriminaldirektor Günther Bauer, Wuppertal:
Minderjährige Räuber

20.10.1972 Kriminaloberrätin Rosemarie Frommhold, Hamburg:
Kinder als Räuber

20.10.1972 Regierungskriminaldirektor Hans Joachim Hoeveler, Wiesbaden:
Die Jugendkriminalität in den USA unter besonderer Berücksichtigung der Gewaltkriminalität

20.10.1972 Dozent Fritz Bartelt, Detmold:
Die revolutionäre Unruhe der Jugend

03.10.1973 Prof. Dr. phil. Walter Jaide, Hannover:
Die Jugendkriminalität in beiden deutschen Staaten

10.12.1975 Rechtsreferendarin Dr. jur. Monika Traulsen, Stuttgart:
Kinderdelinquenz und Prävention

10.12.1975 Regierungsrat Hans-Albert Wulfken, Bremen:
Jugendhilfe als Prophylaxe gegen Jugenddelinquenz

20.10.1976 Prof. Dr. phil. Lieselotte Pongratz, Hamburg:
Die unbekannte Delinquenz der Kinder als Präventionsansatz

20.10.1976 Prof. Dr. jur. Arthur Kreuzer, Gießen:
Tatsächliche und polizeilich erfaßte Jugenddelinquenz sowie Betrachtungen zur Bedeutung des Dunkelfeldes

20.10.1976 Kriminaloberkommissar Arnold Zeller, Bremen:
Prognose der Jugendkriminalität in der Neuen Vahr (Bremen)

07.10.1981 Prof. Dr. phil. Peter H. Hofstätter, Hamburg:
Die Erziehung zum Ungehorsam

06.10.1982 Prof. Dr. paed. Hermann Loddenkemper, Koblenz:
Verwahrlosung und Kriminalität

11.01.1983 Prof. Dr. rer. pol. Heinz-Dietrich Ortlieb, Hamburg:
Die ruinierte Generation

05.10.1983	Dr. med. Arnold Richard, Bremen: Die Pubertät als Ursache delinquenten Verhaltens
08.05.1985	Dr. rer. pol. Ulrich Wienholt, Wissenschaftl. Angestellter, Hamburg: Möglichkeiten und Grenzen der Kriminalitätsprävention, dargestellt am Beispiel der Jugendkriminalität in Bremen
02.04.1986	Dr. phil. Gerd Langguth, Direktor, Bonn: Die Entwicklung der Protestbewegung
10.10.1986	Hochschullehrer Walter Schmolz, Bremen: Jugendliche Aussteiger
10.10.1986	Prof. Dr. phil. Gerhard Vinnai, Bremen: Erziehung und soziale Strukturen
10.10.1986	Kriminalrat Klaus Krumb, Frankfurt/Main: Anmerkungen zum Verhalten zwischen jungen Menschen und der Polizei
10.10.1986	Prof. Dr. phil. Narciss Göbbel, Bremen: Die Fußball-Fanclubs in der Bundesrepublik
10.10.1986	Polizeioberrat Heinrich Bernhardt, Frankfurt/Main: Die polizeiliche Prävention bei Sportveranstaltungen
12.11.1986	Privatdozent Dr. rer. nat. Willi J. Eggeling, Bremen: Kriminogene Anpassungsschwierigkeiten türkischer Kinder und Jugendlicher
15.02.1989	Med.-Direktor Dr. med. Arnold Richard, Bremen: Die Kriminalität der Kinder
17.09.1993 und 03.12.1993	Oberstudienrat Ingo Wörtl, Hamburg: Das Versagen der Eltern und des Familienbildes in der Sozialisation junger Menschen
17.09.1993	Politologe Raimund Hethey, Oldenburg: Mein Sohn, der Neo-Nazi
17.09.1993 und 03.12.1993	Prof. Dr. Walter Bärsch, Hamburg: Die Gewalt in der Schule – ein Sozialisationsmangel
17.09.1993 und 03.12.1993	Ltd. Kriminaldirektorin Ellen Karau, Berlin: Die repressiven und präventiven Reaktionen auf Jugendgangs in Berlin

17.09.1993 und 03.12.1994	Prof. Dr. Frank Baumgartel, Bremen: Entwicklungs- und sozialpsychologische Erkenntnisse als Grundlage der Beurteilung kindlicher Aussagen
18.09.1993 und 04.12.1994	Prof. Dr. phil. habil. Peter Kaiser, Oldenburg: Die Gewalt in der Familie als Prägefaktor
18.09.1993 und 04.12.1994	Prof. Dr. Franz Petermann, Bremen: Wie gehen wir mit gewaltgeneigten Jugendlichen um?

– Verkehrsunfallkriminalität

23.01.1974	Prof. Dr. med. Otto Pribilla, Dipl.-Chemiker, Lübeck: Rekonstruktion eines Verkehrsunfalles aus den Verletzungen des Opfers
20.03.1974	Rechtsanwalt Ernst Jacobi, München: Ursachen der Verkehrsunfälle
03.04.1976	Prof. Dr. med. Karl Luff, Frankfurt/Main: Zur Psychologie der Verkehrsunfallflucht
11.02.1983	Prof. Dr. med. H. Joachim, Heidelberg: Die Mechanik der Verletzungen bei tödlichen Verkehrsunfällen
15.02.1985	Dr. med. Manfred Kleiber, Hamburg-Eppendorf: Rechtsmedizinische Beiträge zur kriminalistischen Untersuchung von Verkehrsunfällen
15.02.1985	Polizeihauptkommissar Hartmut Hanke, Wiesbaden: Der Sachbeweis nach Verkehrsunfällen Referat I: Unfallopfer/Unfallfahrzeug – die Rekonstruktion der Sitzposition und des Beleuchtungszustandes nach Verkehrsunfällen Referat II: Unfallort – die Ermittlung der Anstoßstelle nach Pkw-Kollision
15.02.1985	Chemieoberrat Dr. rer. nat. Peter Göser, München: Der kriminaltechnische Sachbeweis durch Lackspuren bei Verkehrsunfällen
24.01.1986	Dr. med. Manfred Kleiber, Hamburg-Eppendorf: Rechtsmedizinische Beiträge zur kriminalistischen Untersuchung von Verkehrsunfällen

24.01.1986   Polizeihauptkommissar Hartmut Hanke, Wiesbaden:
             Der Sachbeweis nach Verkehrsunfällen (I und II)

24.01.1986   Chemieoberrat Dr. rer. nat. Peter Göser, München:
             Der kriminaltechnische Sachbeweis durch Lackspuren bei Verkehrs-
             unfällen

24.04.1987   Kriminalrat Eckard Mordhorst, Bremen:
             Methodik der Beschuldigtenvernehmung einschließlich des Erken-
             nens von Ausreden und ihrer Widerlegung

24.04.1987   Hochschullehrer Walter Schmolz, Bremen:
             Psychologische Probleme während der Vernehmung nach Verkehrs-
             unfällen

24.04.1987   Dipl.-Ing. Rolf Rädel, Osnabrück:
             Vorgetäuschte Verkehrsunfälle und deren Aufklärung (I und II)

12.02.1988   Medizinaldirektor Dr. med. Jobst van Karger,
             Dipl.-Psychologe, Bremen:
             Die Beweisführung für fahrlässige Körperverletzung in Verkehrsun-
             fällen

12.02.1988   Medizinaldirektor Dr. med. Jobst von Karger, Dipl.-Psychologe, Bre-
             men:
             Die Beweisführung nach Verkehrsunfällen unter Einfluß von Pharmaka

12.02.1988   Dipl.-Ing. Dietmar Otte, Hannover:
             Die Unfallrekonstruktion aus dem Verletzungsbild

12.02.1988   Ltd. Polizeidirektor Hans-Günter Hilse, Münster:
             Verkehrssicherheit und Kriminalität

12.02.1988   Rechtsanwalt Klaus Lohmann, Bremen:
             Wünsche eines Verkehrsanwaltes an die Verkehrskriminalistik

20.10.1989   Rechtsanwalt Klaus Lohmann, Bremen:
             Ermittlungsfehler bei der Untersuchung von Verkehrsunfällen

20.10.1989   Vorsitzende Richterin Ute Dietrich, Bremen:
             Die betrogenen Kfz.-Versicherer

20.10.1989   Polizeikommissar Rainer Dulias, Hannover:
             Ermittlungen gegen Verkehrsunfallflüchter

20.10.1989   Polizeidirektor Kurt Krügener, Braunschweig:
             Die Beweisführung in Fällen versicherungsbetrügerisch angelegter
             Verkehrsunfälle

20.10.1989   Polizeidirektor Kurt Krügener, Braunschweig:
Erfolge und Mißerfolge in der Beweisführung gegen Verkehrsunfall-
flüchter

20.10.1989   Kriminaloberkommissar Peter Hein, Bremen:
Die Kfz.-Leuchten-Datei „Luna" und ihre Bedeutung für die Ver-
kehrsunfallfluchtuntersuchung

05.11.1992   Polizeioberrat Günter Frankenfeld, Osterholz-Scharmbeck:
Verkehrsunfälle und Verkehrsunfallfluchten in der Statistik

05.11.1992   Polizeihauptkommissar Reinhold Hager, Düsseldorf:
Grundsätzliche Probleme der Verkehrsunfallaufnahme

05.11.1992   Polizeihauptkommissar Reinhold Hager, Düsseldorf:
Besonderheiten der Spurenlage nach Verkehrsunfallflucht

05.11.1992   Kriminalhauptmeister Manfred Koppe, Bremerhaven:
Betrugsfälle zum Nachteil von Versicherungen

05.11.1992   Dipl.-Ing. Jürgen Knoll, Bremen:
Ständig wiederkehrende Ausreden und deren Widerlegung aus dem
Spurenbild

05.11.1992   Kriminaloberkommissar Günter Farber, Düsseldorf:
Der vorgetäuschte Verkehrsunfall als massendeliktischer Betrug

04.11.1993   Polizeihauptkommissar Günter Hildebrand, Osterholz-Scharmbeck:
Verkehrsunfallflucht mit Todesfolge

04.11.1993   Kriminalhauptkommissar Gert Girod, Hannover:
Sonderkommission „Auto-Bumser"

04.11.1993   Schadenssachbearbeiter Peter Trapp, Hannover:
Betrug gegenüber Versicherungen

04.11.1993   Regierungsdirektor Dr. rer. nat. Herbert Papst, München:
Die Bedeutung von Anschmelzspuren als Indizien in verunfallten
Kraftfahrzeugen

04.11.1993   Wissenschaftl. Direktor Wilfried Stoecklin, Wiesbaden:
Die Beweisführung durch Lackspuren nach Verkehrsunfällen

10.03.1995   Polizeikommissar Thomas Dötter, Hamburg:
Indikatoren und Indizien bei vorgetäuschten Kfz.-Entwendungen

10.03.1995   Kriminaloberkommissar Karl Pfister, München:
Die Überführung von Autobumsern unter besonderer Berücksichtigung von Indikatoren

10.03.1995   Kriminalrat Siegfried Maetje, Hannover:
              Der organisierte Diebstahl und die Verschiebung von Pkw

10.03.1995   Abteilungsleiter Thomas Kluge, Hamburg:
              Auffindung und Rückführung von gestohlenen Fahrzeugen aus dem
              Ausland

10.03.1995   Richter Dr. Gerhard Dannert, Celle:
              Die Abwehr vorgetäuschter und manipulierter Verkehrshaftpflichtan-
              sprüche

– Kriminaltechnik

10.01.1973   Prof. Dr. phil. Hans-Jürgen Hundt, Mainz:
              Der Nachweis von Fälschungen archäologischer Bodenfunde

18.10.1973   Dr. rer. nat. Walter Koch, Köln:
              Urkundenfälschungen

26.01.1975   Kriminalhauptkommissar a. D. Herbert Paesler, Hamburg:
              Untersuchung und Nachweis von Urkundenfälschungen

01.03.1976   Chemiedirektor Dr. rer. nat. Friedrich Koppe, Bremen:
              Chemische und physikalische Untersuchung von Lebensmitteln und
              Bedarfsgegenständen

12.04.1978   Wissenschaftl. Direktor Dr. rer. nat. Manfred Wittig, Wiesbaden:
              Die Bedeutung von Haarspuren in der Kriminalistik

18.10.1978   Reg.-Chemierat Dr. rer. nat. Erhard Schneider, Stuttgart:
              Die kriminaltechnische Beweisführung in Umweltschutzdelikten

14.02.1986   Dr.-Ing. Albert Armbrüster, Bremen:
              Die Folgen der Nichtbeachtung von Unfallverhütungsvorschriften

14.02.1986   Dr.-Ing. Constantin Kinias, Bremen:
              Vorgehen beim Aufklären schwerer Betriebsunfälle

06.11.1990   Wissenschaftl. Oberrat Dr. rer. nat. Hermann Schmitter, Wiesbaden:
              Die Beweisführung durch den genetischen Fingerabdruck

24.03.1994   Archäologe Dr. Peter Pieper, Düsseldorf:
              Spurensicherung: Archäologie und Kriminalistik als zwei benachbarte
              Disziplinen

– Rechtsmedizin

29.10.1971   Prof. Dr. med. Emanuel Steigleder, Kiel:
Mörder und Totschläger

10.12.1971   Dozent Dr. jur. Dr. med. Reinhard Wille, Kiel:
Zur Spezifität abweichender Sexualstrukturen

17.12.1971   Prof. Dr. Dr. h. c. Wilhelm Hallermann, Kiel:
Die forensische Beurteilung von Aggressionsdelikten

04.10.1972   Prof. Dr. med. Franz Petersohn, Mainz:
Kriminalistische Leitsymptome an der Leiche

24.01.1973   Prof. Dr. med. Werner Janssen, Hamburg:
Zusammenarbeit von Rechtsmedizin und Ermittlungsbehörden bei
der Feststellung von Ursache und Entstehung unnatürlicher Todes-
fälle

06.02.1974   Privatdozent Dr. med. Felix Böcker, Erlangen:
Selbstmorde und Selbstmordversuche

13.11.1974   Prof. Dr. med. Karl Sellier, Dipl.-Physiker, Bonn:
Schußverletzung und Spurensicherung

03.11.1981   Prof. Dr. med. Werner Janssen, Hamburg:
Ärztliche Kunstfehler

11.02.1983   Dr. med. Manfred Kleiber, Rechtsmediziner, Hamburg:
Möglichkeiten und Grenzen der Leichenöffnung

12.12.1984   Privatdozent Dr. med. Klaus Püschel, Hamburg:
Forensisch-medizinische und kriminologische Aspekte der Kindesmißhandlung

08.03.1989   Prof. Dr. med. Wolfgang Poser, Göttingen:
Die Bewertung von Aussagen toxisch beeinflußter Personen

14.04.1989   Dr. med. Manfred Kleiber, Rechtsmediziner, Hamburg-Eppendorf:
Der Stromtod

04.12.1991   Prof. Dr. med. Manfred Oehmischen, Lübeck:
Medizinischer Verdacht auf eine Intoxikation

04.12.1991   Dr. med. Arthur Reiter, Dipl.-Chemiker, Lübeck:
Möglichkeiten und Grenzen des Vergiftungsnachweises

– Psychologie

17.03.1972   Dipl.-Psychologe Dr. phil. Friedrich Arntzen, Bochum:
Die Psychologie der Vernehmung

21.04.1972   Dipl.-Psychologe Steffen Hornthal, Hamburg:
Psychologische Erkenntnisse für die polizeiliche Praxis

22.01.1975   Dipl.-Psychologe Reiner Zeller, Fischerhude:
Zur Psychologie der Geiselnahme

31.03.1976   Dipl.-Psychologin I. Günther, Fischerhude:
Möglichkeiten und Methoden der Gehirnwäsche

26.01.1977   Dipl.-Psychologin Dorothea Kohlmann, Köln:
Vernehmungspsychologische Erfahrungen und Hinweise

18.01.1978   Dipl.-Psychologe Rudolf Mindt, Berlin:
Das unterschiedliche Aggressionsverhalten bei Attentätern und Gewalttätern

29.11.1978   Prof. Dr. phil. Fritz Stemme, Bremen:
Massenveranstaltungen und Krawallkriminalität

13.11.1982   Regierungsdirektor Horst Schuh, Dipl.-Psychologe, Euskirchen:
Die Psychologie der Verunsicherung durch das Wort (Gerücht und Desinformation)

18.11.1983   Prof. Dr. phil. Gisla Gniech, Bremen:
Die Körpersprache des Menschen als Hilfsmittel für das Erkennen und die Beurteilung

18.11.1983   Medizinaldirektor Dr. med. Jobst von Karger, Dipl.-Psychologe, Bremen:
Indikatoren zum Erkennen von Geisteskrankheiten

18.11.1983   Psychologiedirektor Klaus Thiessen, Wiesbaden:
Das Signalverhalten von Störerkernen und observierenden Polizeibeamten

18.11.1983   Hochschullehrer Walter Schmolz, Bremen:
Neue Hilfen durch die Vernehmungspsychologie

11.04.1984   Prof. Dr. rer. nat. Dr. med. Willi Schumacher, Gießen:
Gruppendynamik und Straftat

07.05.1986   Hochschullehrer Walter Schmolz, Bremen:
Zur Psychologie von Massenveranstaltungen und Krawallen

05.12.1990   Prof. Dr. med. Andreas Ploeger, Dipl.-Psychologe, Aachen:
Angstabwehrprozesse während und Folgeerscheinungen nach Geiselnahmen

– Psychiatrie

12.02.1971   Prof. Dr. med. Werner Janzarik, Mainz:
Zur forensischen Beurteilung von Affekttätern

26.11.1971   Dr. med. Hans-Jürgen Seeberger, Bremen:
Kriminelles Verhalten als Identitätskrise

27.11.1974   Prof. Dr. med. Wolfgang de Boor, Köln:
Sozialer Infantilismus

15.10.1975   Prof. Dr. med. Dr. phil. Paul H. Bresser, Köln:
Vorverlegte Volljährigkeit und Verantwortungsreife

21.10.1976   Prof. Dr. med. Wolfgang de Boor, Köln:
Diebstahl aus atypischen Motiven

06.04.1977   Prof. Dr. med. Dr. phil. Paul Bresser, Köln:
Die schwere seelische Abartigkeit als Merkmal der bedingten Schuld-
fähigkeit

05.10.1977   Staatsanwalt Dr. jur. Harald Körner, Frankfurt/Main:
Sexualentgleisungen alternder Menschen

15.11.1978   Prof. Dr. med. Dr. phil. Paul H. Bresser, Köln:
Die lebenslange Freiheitsstrafe

– Soziologie

01.10.1971   Prof. Dr. jur. Christian Helfer, Saarbrücken:
Zur Soziologie der Rechtsberufe

01.10.1972   Direktor Lorenz Bessel-Lorck, Köln:
Zur Situation der Gastarbeiter in der Bundesrepublik Deutschland

20.02.1973   Prof. Dr. jur. Fritz Sack, Regensburg:
Wandlungen der Familie

05.12.1973   Prof. Erich Kühn, Ministerialrat a. D., Aachen:
Die kinderfreundliche Stadt

30.04.1975   Prof. Dr. phil. Heinrich Ebel, Münster:
Soziologische Erkenntnisse für den praktischen Polizeidienst

21.01.1976   Hochschullehrer Wendelin Strubelt, Bremen:
Soziale Wirkung bebauter Umwelt

22.02.1977   Prof. Dr. rer. pol. Erwin Scheuch, Köln:
Leben wir in einem vorrevolutionären Stadium?

13.11.1982   Prof. Dr. rer. pol. Friedhelm Neidhardt, Köln:
Aufschaukelungsprozesse und organisationspsychologische Dynamik

– Strafprozeß

09.10.1970   Prof. Dr. jur. Karl Peters, Tübingen:
Ermittlungsfehler als Ursachen für Wiederaufnahmeverfahren

26.02.1971   Medizinaldirektor Dr. med. Jobst von Karger, Dipl.-Psychologe,
Bremen:
Sachverständigenkrise?

21.01.1972   Amtsgerichtsrat Dr. jur. Wolf Middendorff, Freiburg:
Legale und illegale Methoden der Prozeßvereitelung

21.03.1973   Bundesrichter Dr. Dr. jur. Richard Spiegel, Karlsruhe:
Der gegenwärtige Stand der Rechtsprechung bei Trunkenheitsdelikten im Straßenverkehr

10.12.1974   Oberstaatsanwalt Jan Frischmuth, Bremen:
Die Bedeutung des § 163 StPO für den Polizeibeamten

02.04.1975   Oberstaatsanwalt Dr. jur. Hans Janknecht, Bremen:
Der Präventionsgedanke in der Strafprozeßordnung unter besonderer Berücksichtigung der Wiederholungsgefahr

03.03.1976   Oberstaatsanwalt Dr. jur. Adolf Müller, Karlsruhe:
Prozeßverschleppung und Prozeßvereitelung

14.11.1982   Staatsanwalt Gert Hampf, Bremen:
Beweisschwierigkeiten am Tatort und vor Gericht

08.11.1983   Oberlandesgerichtspräsident Rudolf Wassermann, Braunschweig:
Menschen vor Gericht

– Strafvollzug

15.01.1971   Dr. med. H. J. Horn, Homburg/Saar:
Die Behandlung sexueller Triebtäter mit Hormonen

29.01.1971   Prof. Dr. jur. E. W. Hanack, Mainz:
Die sozialtherapeutische Anstalt

18.02.1972   Amtmann Helmut Theen, Bremen:
Resozialisierung und Rückfälligkeit jugendlicher Straftäter

18.04.1973   Prof. Dr. med. Stefan Wieser, Bremen:
Die Resozialisierung von Dissozialen und Straftätern

19.02.1975   Oberregierungsrat Horst Isola, Bremen:
Die Problematik von Liberalisierungsmaßnahmen im modernen Strafvollzug

23.03.1977   Oberpsychologierat Peter Grigun, Dipl.-Psychologe, Bremen:
Die Subkultur der Gefangenen

01.03.1978   Prof. Dr. jur. Hans-Jürgen Kerner, Bielefeld:
Das Dilemma von Strafe und Rückfall

12.01.1982   Regierungsdirektor Erhard Hoffmann, Bremen:
Die Justizvollzugsanstalt Bremen-Oslebshausen (Führung)

03.02.1982   Senatsrat Horst Isola, Bremen:
Hat der Strafvollzug noch eine Chance?

10.02.1987   Prof. Dr. jur. Hans-Jürgen Kerner, Heidelberg:
Geringere Sanktionen – geringere Prävention?

– Prophylaxe, Prävention

31.10.1973   Rechtsreferendar Michael Breland, Gießen:
Möglichkeiten und Grenzen vorbeugender Kriminalitätsbekämpfung

16.10.1974   Kriminalhauptkommissar Ernst Keller, Koblenz:
Erfolge der technischen Prävention

10.12.1975   Medizinaldirektor Dr. med. Jobst von Karger, Dipl.-Psychologe, Bremen:
Helfende und vorbeugende Beratung für Ehepaare

10.12.1975	Gotho von Irmer, Redakteurin des Musikschulfunks, Bremen: Präventionsvereitelung durch wirtschaftliche Interessen (dargestellt anhand von Einzelbeispielen aus der Schallplattenindustrie)
10.12.1975	Wissenschaftl. Assistentin Dr. jur. Ethel Behrendt, München: Asozialität in der UdSSR – Fakten, vorbeugende Maßnahmen, Sanktionen –
10.12.1975	Regierungsdirektor Hans Marschner, Dipl.-Psychologe, Bremen: Jugendhilfe als Prophylaxe gegen Jugenddelinquenz
20.10.1976	Prof. Dr. jur. Hans-Dieter Schwind, Bochum: Kriminalitätstheorien und ihre Bedeutung für die präventive Kriminalitätsbekämpfung
21.10.1976	Arnold Freiburg, Forschungsstelle für Jugendfragen, Hannover: Kriminalität in der DDR unter besonderer Berücksichtigung der Verhütung von Diebstählen
12.01.1977	Pastor Wilhelm Gröttrup, Bremen: Prophylaxe und Prävention in der Telefonseelsorge
26.10.1977	Ltd. Kriminaldirektor Dr. jur. Herbert Schäfer, Bremen: Die kriminalstrategische Planung koordinierter Maßnahmen der Prophylaxe und der Prävention
24.02.1984	Ltd. Kriminaldirektor Dr. jur. Herbert Schäfer, Bremen: Einweisung in die Grundzüge präventionskriminalistischer Überlegungen
24.02.1984	Ltd. Polizeidirektor Günther Waldow, Berlin: Der Kontaktbereichsbeamte in Berlin
24.02.1984	Polizeihauptmeister Klaus Balschat, Hamburg: Der Schutzmann zu Fuß, zum Anfassen, zum Ansprechen
13.12.1985	Katharina Abelmann-Vollmer, Dipl.-Pädagogin, Bremen: Kommentierung des Films „Gewalt gegen Kinder"
13.12.1985	Monika Dirzus, Dipl.-Psychologin, Bremen: Erscheinungsbild und Ursachen familiärer Gewalttätigkeiten gegen Kinder
13.12.1985	Felicitas Jung, Dipl.-Pädagogin, Bremen: Angemessene Reaktionsformen (mit präventiver Zielsetzung) auf Gewalttätigkeiten in der Familie

14.02.1986   Dipl.-Soziologin Angelika Pensky, Bremen:
              Einführung in die Problematik des Arbeits-, Gesundheits- und Unfall-
              schutzes

14.02.1986   Dr. Ing. Constantin Kinias, Bremen:
              Methodische Einführung in die Sicherheitstechnik

13.10.1993   Ltd. Regierungsdirektor Hans-Jörg Wilkens, Bremen:
              Gefahrenprognostik und Prävention bei Polizeieinsätzen

16.03.1994   Kriminaldirektor Eckard Mordhorst, Bremen:
              Prävention – Herausforderung für Polizei und Gesellschaft

28.10.1994   Ltd. Kriminaldirektor a. D. Dr. jur. Herbert Schäfer, Bremen:
              Die Prädominanz der Prävention

28.10.1994   Kriminaldirektor a. D. Helmut Koetzschle, Rosdorf:
              Der Sachstand der kriminalistischen Präventionsstrategien in
              Deutschland

28.10.1994   Kriminaldirektor Günter Jahn, Delmenhorst:
              Illusionen bei der Entwicklung regionaler Analysen und Kriminalstra-
              tegien

28.10.1994   Wissenschaftl. Assistent Dr. Axel Buchner, Trier:
              Das Unbewußte und die sogenannte Willensfreiheit

28.10.1994   Prof. Dr. Michael Kunczik, Mainz:
              Vorprägungen durch Gewaltmodelle

28.10.1994   Sozialarbeiter Wilfried Schneider, Bonn:
              Die prägende Negativ-Wirkung des Fernsehens und anderer Bild-
              medien

29.10.1994   Kriminaldirektor a. D. Heinz Stüllenberg, Kaarst:
              Stand und Entwicklung der privaten Sicherheitseinrichtungen

29.10.1994   Polizeioberrat Helmut Huber, München:
              Sicherheitswacht in Bayerischen Städten

29.10.1994   Rechtsreferendar Jürgen Stock, Gießen:
              Über die Arbeit eines Präventionsvereins

29.10.1994   Erster Kriminalhauptkommissar Eckard Stüve, Bergisch-Gladbach:
              Prävention durch Nachbarschaftshilfe

29.10.1994   Geschäftsführer Hermann Feuerlein, Nürnberg:
              Organisierte Prävention im Vorfeld der Polizei

– Polizei

06.11.1970   J. Sieber, Dipl.-Psychologe, München:
Der Kriminalist als Supermann?

06.11.1970   Kriminaldirektor Egon Rößmann, Hiltrup:
Bild und Zerrbild der Polizei

07.03.1973   Regierungskriminaldirektor Hans Joachim Hoeveler, Wiesbaden:
Das Federal Bureau of Investigation – Organisation und Praxis

04.04.1973   Gerhard Mauz, Journalist, Hamburg:
Polizei, Strafrechtspflege und Massenmedien

05.02.1975   Polizeivizepräsident Dr. jur. Gerhard Pfennig, Berlin:
Die Folgen der Entpolizeilichung der Verwaltungsbehörden

23.02.1977   Ltd. wissenschaftl. Direktor Dr. phil. Steffen Hornthal,
Dipl.-Psychologe, Münster:
Das Bild der Polizei

22.02.1991   Dr. rer. nat. Else Michaelis-Arntzen, Bochum:
Die unglaubwürdige Aussage (I und II)

20.03.1991   Ev. Polizeipastor Peter Walther, Bremen:
Das Menschenbild der Polizei

24.03.1993   Oberstaatsanwalt Hans-Georg von Bock und Polach, Bremen:
Die Rolle und das Selbstverständnis von Polizeibeamten vor Gericht

18.11.1994   Erster Staatsanwalt Willi Dreßen, Ludwigsburg:
Probleme und Erfahrungen der Ermittler in NSG-Sachen

18.11.1994   Dipl.-Psychologe Horst Waldmann, Berne
Sozialpsychologische Überlegungen zur Normtreue in Teilkulturen

18.11.1994   Prof.-Dr. phil. Monika Wagner-Haase, Bremen:
Psychosomatische Folgen des „Mobbing" und Prävention

19.11.1994   Kriminaloberrat Klaus Donicht, Hamburg:
Abweichendes Verhalten in einer Teilkultur und strafrechtliche Konsequenzen

XIX. Resultate? Erfolge?

Die zeitweilig divergierenden Auffassungen innerhalb des Vorstandes der KSG wurden hier (wenigstens teilweise) geschildert, um anhand von Beispielen zu zeigen, daß jeder Verein mit einem leistungsfähigen Vorstand und mit der Beteiligung der Mitglieder steht und fällt.

Es sollte auch gezeigt werden, daß ein Fortbildungsverein wie die KSG nicht statisch verwaltet, sondern dynamisch und lageangepaßt entwickelt werden muß, sonst läuft ihm die Wirklichkeit davon.

Und schließlich sollte deutlich werden, daß eine bessere, effektivere Kriminalistik von einer finanziellen Unterstützung abhängig ist. Jeder, der die Arbeit der KSG verhindert oder erschwert, dürfte an einer wirkungsvolleren Kriminalitätsbekämpfung durch bessere Einzeltataufklärung nicht interessiert sein.

Das Fach „Kriminalistik" ist nicht populär. Es fehlen der KSG daher sowohl die pressure groups als auch die Lobbyisten als auch die emotionale (und auch finanzielle) Unterstützung durch die breite Öffentlichkeit. Diese zahlt eher für Parks, Straßenfeste, Ausstellungsgebäude und skurrile Künste, als für die eigene Sicherheit. Die Öffentlichkeit jammert und mosert über Kriminalitätszustände, unterstützt aber letztlich diejenigen nicht, welche sich für die öffentliche Sicherheit zerschleißen.

Die KSG wurde 1993 auch nicht aus einem Elfmillionentopf für „Selbsthilfegruppen" (wie z. B. die „Aktion Krötenschutz" mit 5900,– DM oder wie der „Nichtraucher-Aktionskreis für rauchfreie Radtouren" mit 2500,– DM) gefördert. Die Art des „Umweltschutzes", wie ihn die KSG betreibt, ist natürlich nicht so spektakulär förderungswürdig wie z. B. die Tätigkeit des „Bundes für Umwelt- und Naturschutz" (256 000,– DM vom Finanzsenator und 202 000,– DM aus Lotto-Toto-Mitteln) oder der „Arbeitskreis Grünes Bremen" mit 5000,– DM Haushaltsmittel plus 250 000,– DM Lotto-Toto-Mittel oder die „Bremer Umweltberatung" (144 750,– DM öffentliche nebst 24 000,– DM Lotto-Toto-Mittel) usw. usf. (Weserkurier vom 10.9.1994). Die KSG unterhält auch kein „Lesbentelefon" (4700,– DM Subvention) und kein „Männerbüro" (5928,– Subvention).

Die soziale Prävention, die hier durchschimmern könnte, hat auch nach den kriminalistischen Erkenntnissen und den kriminologischen Lehren Vorrang. Allerdings bestimmt die politische Realität, was sozial, was Prävention ist und wohin die Mittel fließen. Die KSG befaßt sich „nur" mit der Verbesserung der Kriminalistik. Sie hat sich nach vielen Negativerfahrungen an dem prostitutiven Betteln um öffentliche Mittel auf der nach oben offenen Förderungsskala nicht mehr beteiligt.

Der Erfolg der KSG ist kaum meß- und nachweisbar. Ein Erfolg wird vielleicht am deutlichsten nach den Arbeitstagungen und den Seminaren. In der gemeinschaftsbildenden Funktion der Seminare liegt z. B. ein überlokales und überzeitliches Ergebnis. Solche Arbeitstagungen bringen durch ihre Diskussionen in der Abgeschiedenheit der Tagungsorte die Materialsichtungen sowie die langfristig wirksamen sachlichen und kollegialen Orientierungen mit Dauerprägung.

Wer die hochkonzentrierte Aufmerksamkeit der Teilnehmer an Arbeitstagungen und Seminaren immer wieder erleben darf, wer ihre Augen sieht und ihre Begeisterung über das ihnen gebotene Wissen und die neuen Erfahrungen, der weiß, daß bei solchen Gelegenheiten neben dem Fachwissen weitere Eindrücke vermittelt werden, die den Lebensweg unmerklich beeinflussen. Die Teilnehmer fühlen sich in ihrem Beruf ernst genommen und respektiert. Sie fühlen sich durch ein solches Seminar im nicht-materiellen Sinne beschenkt, durch eine Arbeitstagung belohnt. Daher lernen sie ernsthaft und fleißig.

Selbst negative Erfahrungen können die KSG nicht abschrecken: Über drei Jahre hinweg wurden immer wieder hochqualifizierte, mit Dias und Graphiken ausgestattete Referate über die Beweisführung nach betrügerischen Autobränden gehalten. Es wurde eine bebilderte Broschüre mit der Beschreibung der Verdachtschöpfungs- und Beweismethoden veröffentlicht. Trotzdem gibt es in einer überschaubaren (hier nicht näher zu bezeichnenden) Region zwar brennende Pkw, doch immer noch keine Anzeigen wegen Betrugsbrandstiftung.

Die KSG war und ist generell bemüht, nicht nur rückblickend aus abstrahierten Fallerfahrungen kriminalistisches Wissen zu vermitteln. Sie hat darüber hinaus frühzeitig auf kriminogene Lagen und Entwicklungstendenzen hingewiesen und Taktiken sowie operative Notwendigkeiten zur richtigen Aktion aufgezeigt. Dabei riskierte sie immer wieder, daß die Bedeutung der angebotenen Themen nicht erkannt, ja daß die Themen abgelehnt wurden.

So sprach der inzwischen weltweit bekannt gewordene Dopingspezialist Donicke, Köln, über den „Betrug durch Doping" in einer Zeit, als von Doping in der Öffentlichkeit noch nicht die Rede war und ohne daß der Vortrag eine entsprechende Akklamation erfuhr. Gleiches gilt für das Referat von Kindermann über die „Kriminalität im Sportbetrieb". Das erste – und einzige – Referat über die „Kriminalität der Asylanten" hielt sehr früh schon Berke-Müller, der damalige Leiter des LKA Niedersachsen. Weitere Beispiele mag der Leser den Referatsübersichten entnehmen.

Die seit 1970 betriebene Warnung vor der nach Art einer psychischen Epidemie sich ausbreitenden Rauschgiftkriminalität produzierte eine heftige Gegnerschaft von ahnungslosen und naiven Schwärmern, deren Kinder und Enkel inzwischen selbst hochgefährdet bzw. abhängig sind. Als Ende der siebziger Jahre selbst innerhalb der KSG der Widerstand gegen das aus taktisch-logistischen Gründen angelegte „Sonderspendenkonto Rauschgift" zur Auflösung dieses Kontos führte, mußte die Rauschgiftprävention außerhalb der KSG in dem Verein „Gesellschaft für Jugendhilfe und Kriminalitätsvorbeugung" organisiert werden.

Viele vorgestellte Themen behandelten schon im Frühstadium der Problementwicklung die kriminalistischen Methoden, die notwendig zu sein schienen, um den drohenden Lagen – auch in der Fallbearbeitung – Herr zu werden. Die neuen Wege, die (oft nur scheinbar) neuartigen Methoden weckten gelegentlich gerade durch konservierende Kriminalisten auch innerdienstlich Widerstände „bis aufs Messer".

So wehrte sich ein hochrangiger Teilnehmer der Arbeitstagung, „Gewinnen, Führen und Schützen von V.-Leuten", schriftlich und heftigst gegen die „Gefahr" einer Umsetzung der neuen Erkenntnisse im amtlichem Raume: Eine V.-Person-Behandlung „wie sie die Nachrichtendienste betreiben", sei in der Kriminalpolizei nicht praktikabel. Es sei nicht praktikabel, die V.-Person schriftlich zu verpflichten; die Personenakte über die V.-Person sei bedenklich; eine registrierte V.-Person sei ein Widerspruch in sich; der Begriff der organisierten Kriminalität sollte nicht verwendet werden, weil er nicht eindeutig definiert sei usw. usf. Die Einwände lesen sich zehn Jahre später seltsam an. Immerhin zeigten solche Widerstände rechtzeitig an, daß in der politischen und staatlichen Organisation solche nach vorn orientierten Überlegungen nicht immer gewollt und nicht überall durchsetzbar waren.

Für eine solche zurückhaltende, ablehnende Grundhaltung gibt es auch noch andere Zeichen: in 25 Jahren hat kein Bürgerschaftsabgeordneter jemals an einer Veranstaltung der KSG teilgenommen mit Ausnahme des MdBB, MdKSG, RA Ralf Borttscheller, Bremen. Nie hat eine Berufsvertretung oder ein Personalrat erkennbar und nachhaltig auf die Angebote der KSG hingewiesen oder zur Fortbildung dort animiert.

Die KSG reagiert sehr frühzeitig auf verdeckte kriminogene Abläufe.

Lange bevor von Korruption in der Polizei öffentlich die Rede war, referierte z.B. Sielaff, der Leiter des LKA Hamburg, über die Andockstellen der organisierten Kriminellen innerhalb der Verwaltung und der Polizei. Das Seminar „Prävention der Falschaussage" (18./19.11.94) zeigte die selbstkorruptive Kameraderie innerhalb psychologisch geschlossener Einheiten auf, noch ehe spektakuläre Geschichten bekannt wurden.

Die Referate der KSG haben stets vermieden, bloß kriminalistisches Schul-, Basis- und Standardwissen zu wiederholen. Statt dessen wurden die originalen Referate, bezogen auf zusammengehörige Straftatengruppen, über die Jahre hinweg in einer sinnvollen, weiterführenden, langfristig angelegten Konzeption mit neuen Akzenten und Inhalten organisiert und durch sehr gute, berufserfahrene Referenten angeboten.

Die KSG hat bis April 1995 mit 560 Vorträgen rund 13 000 fortbildungswillige, wissenshungrige Kriminalisten erreicht und ihnen sowohl thematisch als auch inhaltlich vertieftes Fachwissen vermittelt. 470 Mitglieder (Stand v. 31. März 1995) unterstützen diese Arbeit.

Die KSG ist mit dem Hochmut der Armen stolz darauf, politisch, weltanschaulich, ideologisch, gewerkschaftlich etc. unabhängig geblieben zu sein. Sie sitzt daher – vor allem wirtschaftlich – auf einem ehrenvollen Platz zwischen allen Stühlen. Daraus ergeben sich gnadenlose wirtschaftliche Konsequenzen und Beschränkungen in der Arbeit, welche primär die KSG selbst treffen, mittelbar jedoch sich gegen die Interessen der Allgemeinheit auswirken.

Wertet man die Tatsache, daß die Teilnehmer an allen Veranstaltungen der KSG aus Bremen, Niedersachsen, Hamburg, Berlin, Sachsen-Anhalt, Brandenburg, Sachsen, auch aus Nordrhein-Westfalen und Hessen kommen, und daß die Arbeitstagungen und die Seminare in der Regel durch frühzeitige Anmeldungen bereits Wochen vor Anmeldeschluß überfüllt sind, so hat die KSG eines ihrer Ziele, nämlich Bremen durch die Entwicklung einer Kriminalakademie zu einem Mittelpunkt kriminalistischer Fortbildung zu machen, teilweise erreicht.

Anschriften der Verfasser:

Bock und Polach, Hans-Georg, von, OStA, Klugkiststr. 11,
28209 Bremen

Buchner, Dr., Axel, Universität Trier, FB I Psychologie, Universitätsring 15,
54286 Trier

Frankenfeld, Günther, PD, Am Klöterbusch 8,
27711 Osterholz-Scharmbeck

Janknecht, Dr. jur., Hans, GenStA. Bremen, Herdentorsteinweg 7/IV
28195 Bremen

Koetzsche, Helmut, KD. a. D., Gartenstr. 4,
25548 Rosdorf

Mordhorst, Eckhard, KD, Polizeipräsidium Bremen, Am Wall 201,
28195 Bremen

Schäfer, Dr. jur., Herbert, LtdKD a. D., RA, Violenstr. 13/II,
28195 Bremen

Stock, Jürgen, Rechtsreferendar, Universität Gießen, Licher Str. 64,
35394 Gießen

Walther, Peter, ev. Polizeipastor, Elbinger Str. 35,
28237 Bremen

Wilkens, Hans Jörg, Leiter des Stadtamtes Bremen, Rembertiring 39,
28203 Bremen

Zachert, Hans-Ludwig, Präsident des Bundeskriminalamtes, Thaerstr.,
65193 Wiesbaden

Jeder Verfasser verantwortet seinen Beitrag